한 권으로 읽는

세종대왕실록

한 권으로 읽는

세종대왕실록

박영규 지음

웅진 지식하우스

세종의 진면목을 찾아서

　세종의 진면목을 책에 담겠다고 마음먹었던 때가 벌써 6년 전이다. 그런 까닭에 지난 6년 동안 세종이라는 이름은 내 머릿속에서 단 한순간도 지워진 적이 없었다. 다른 작업 중에도 틈만 나면 세종에 관한 자료를 모았고, 《세종실록》을 탐독했다. 혹 내가 간과한 사료가 있을지 모른다는 생각에 고서점을 들쑤시고 다녔고, 새로운 사료를 찾기 위해 사람을 사서 알아보게도 했다.
　그 과정에서 알게 된 사실은 세종에 관한 책이 너무 없다는 점이었다. 시중에 나와 있는 세종 관련 책자의 대부분은 아이들을 위한, 내용이 비슷비슷한 위인전이었고, 나머지도 일반인이 읽어내기 힘든 논문이거나 허구를 섞어 지은 소설이었다. 한국인이 가장 위대한 인물로 꼽는 세종, 하지만 그에 대해 제대로 알 수 있는 책을 거의 찾아보기 힘들다는 사실에 나는 몹시 놀라고 당황했다.
　도대체 사람들은 무슨 근거로 세종을 가장 위대한 인물로 평가하는 것일까? 정말 사람들은 그에 대해 제대로 알고 있기나 한 것일까? 혹 어린 시절에 읽었던 찬양조의 위인전에서 얻어낸 정보가 세종에 대한 지식의 전부는 아닐까? 솔직히 나는 이런 의구심을 가지지 않을 수 없었고, 그것은 세종을 평가할 수 있는 구체적인 정보를 담은 책을 묶어내야 한다는 열정에 촉매제 역할을 했다.

왜 세종에 관한 책이 별로 없을까? 어릴 때부터 위대한 인물이라고 귀에 못이 박이도록 들어왔던 그에 대해 사람들은 알고 싶지 않았을까? 아니다. 적어도 한국인이라면 세종의 진면목을 알고 싶어한다. 나부터도 그렇지 않은가. 내가 세종에 관한 책을 쓰겠다고 매달리게 된 이유가 그를 더 구체적으로 알고 싶어서였지 않은가? 그렇다면 사람들은 세종을 알고 싶어하지 않는 것이 아니라 혹 접할 길이 없었던 것은 아닐까?

이런 나의 결론은 사료와 관련 서적을 검토하면서 확신으로 굳어졌다. 정말 사람들은 세종을 알고 싶지 않았던 것이 아니라 세종을 알 수 있는 통로가 없었던 것이다.

문제는 세종에 관한 사료의 방대함에 있었다. 그 중에 가장 큰 부분을 차지하는 것은 《세종실록》이다. 이 책은 《조선왕조실록》 전체의 10분의 1쯤 되는데, 당시 책으로 163권 154책이고, 현재 번역본만 권당 400쪽 책으로 약 45권 분량이다. 여기에 《연려실기술》, 《필원잡기》, 《용재총화》 등등 60여 종의 야사집까지 포함하면 사료의 분량에 기가 질리기 십상이다. 어디 그뿐인가? 세종시대의 주요 인물의 행적을 살피고, 정책의 성공과 실패 여부를 판단하려면 《태조실록》, 《태종실록》과 《문종실록》, 《단종실록》, 《세조실록》까지 살펴야 한다.

더구나 실록은 사건의 처음과 끝을 일목요연하게 서술한 《연려실기술》 같은 고사본말체도 아니고, 《삼국사기》처럼 본기와 열전으로 이뤄진 기전체도 아니며, 하나의 사건을 제대로 알기 위해서는 실제 그 사건이 기록되고 다뤄진 날짜를 낱낱이 찾아내서 일일이 내용을 비교하고 살펴야 하는 편년체로 이뤄져 있다. 이는 연구자들에게 엄청난 시간적 부담과 땀을 요구하는 일이었고, 그것은 결과적으로 세종에 대한 구체적인 정보를 담은 서적의 빈곤 현상을 낳았던 것이다.

이런 현실을 타개하는 데 일말의 보탬이라도 되고자 이 책을 내놓게 되었다.

한국인이라면 거의 대부분 세종이 위대한 인물이라고 말한다. 그 예로 훈민정음 창제와 과학 혁명, 영토 확장, 음악의 발전 등등을 든다. 하지만 세종이 그 일들을 구체적으로 어떻게 진행했느냐고 물으면 그만 말문이 막히고 만다. 이 책은 근본적으로 그 막혔던 말문을 뚫어주기 위한 목적으로 쓰였다.

한 왕의 업적과 능력을 평가하기 위해서는 단순히 왕 한 사람만을 다뤄서는 알 수 없다. 그가 어떤 신하와 어떤 문제를 상의하고, 거기서 무슨 말을 했으며, 어떤 결론으로 치닫는지 구체적으로 알지 못하면 그의 능력을 평가할 수 없기 때문이다. 그런 까닭에 세종을 중심으로 그 시대를 풍미했던 인재들을 함께 다룰 수밖에 없었다.

세종과 그의 인재를 다룸에 있어 총 3부로 구성했다. 1부에서는 세종의 어린 시절과 즉위 과정, 세종의 업적과 정치적 편력, 세종의 가족과 친인척에 대해 다뤘고, 2부에서는 '세종실록 요략'이라는 제목 아래 세종의 즉위년부터 재위 32년까지의 주요 사건을 실록의 순서에 따라 기록하고 정리하였다. 마지막 3부에서는 세종시대를 이끈 인재들을 다뤘다.

세종에 관한 사료를 면밀히 살핀 결과로 책 한 권을 묶어내면서 나는 이런 말을 곁들이고 싶다.

"확실히 그는 위대한 왕이었다. 아니, 단순히 왕으로서만이 아니라 대단한 인격자이며 걸출한 인간이었다. 그에겐 인재를 알아보는 눈이 있었고, 사람을 적재적소에 배치하는 남다른 용인술이 있었으며, 신분을 따지지 않고 능력을 살 줄 아는 폭넓은 아량이 있었다. 왕이기 이전에 학자였고, 인간미 넘치는 선비였으며, 공평무사한 판관이었다.

다른 왕 아래선 전혀 재능을 인정받지 못하던 인물도 그를 만나 날개를 달았고, 다른 시대엔 쓸모없는 지식으로 여겨지던 것들도 그의 시대엔 부흥의 밑거름이 되었다. 그리하여 그의 시대에 만들어진 보석들은 조선왕조의 주춧돌이 되고, 대들보가 되었다."

어느 시민 강좌에서 나는 "태종의 업적 중에 가장 위대한 것이 있다면 그것은 바로 세종을 왕으로 세운 일이다."라고 말한 적이 있다. 그 말이 전혀 과장이 아님을 독자들은 이 책을 통해 확인할 수 있을 것이다.

모쪼록 이 졸저가 우리가 몰랐던 세종의 진면목을 접하는 계기가 되길 바란다.

(이 책 1부의 1장과 2장, 그리고 3부는 2002년에 《세종대왕과 그의 인재들》이라는 제목으로 출간된 바 있음을 밝힙니다.)

2008년 박영규

|머리말| 세종의 진면목을 찾아서 · 4

1부 조선왕조의 주춧돌을 마련한 세종의 삶과 정치

1장 왕자 충녕 · 21
너는 어째서 학문이 이렇지 못하느냐? | 충녕은 보통 사람이 아니다 | 너는 관음전에 가서 잠이나 자라

2장 폐세자 사건과 세종의 즉위 · 35
늘 미움받는 세자 | 태종의 전위 파동과 민무구 형제의 옥 | 엽색 행각을 일삼는 세자와 태종의 분노 | 폐위되는 양녕과 세자에 책봉되는 충녕 | 태종의 전격적인 전위

3장 국가 경영의 모범을 보인 세종 · 83

1. 세종의 생애와 치세 · 83

목숨을 위협받으며 왕위를 계승하다 | 태종의 무릎 아래서 보낸 4년 | 토론정치 시대를 열다 | 대의엔 타협이 없다 | 왕은 백성에겐 자애로워야 한다 | 국방은 강약 조율의 결정체 | 외교의 유일한 목적은 실리뿐이다 | 현실주의에 입각한 종교관 | 실용주의에 입각한 인재관 | 병마에 시달리다 | 고통스러운 재위 후반기 | 의정부서사제를 부활시키다 | 세자에게 섭정을 시키다 | 죽음을 맞이하다 | 기적 같은 업적들을 남기다 | 세종시대의 주요 신하

2. 훈민정음 창제와 문맹의 어둠에서 벗어난 조선 · 101

누가 만들었는가? | 세종의 문자 창제 작업 시기는? | 세종은 왜 새로운 문자를 원했을

까? | 최만리 등 7인이 반대 상소를 올리다 | 《훈민정음》이 밝히는 창제 원리 | 훈민정음은 어디서 기원했나?

3. 세종의 가족과 친인척 · 121
세종의 왕비 | 세종의 후궁들 | 세종의 아들들 | 세종의 딸과 사위 | 세종의 장인과 처족 | 세종의 주요 사돈
● 세종 가계도 · 140

 세종실록 요략(要略)

즉위년(1418년 무술년, 명 성조 영락 16년) · 143
즉위식을 거행하고 조정 백관 일부를 교체하다 | 선위에 대해 사신에게 해명할 일을 논하다 | 상왕이 강상인의 옥사를 핑계로 심온을 죽이다
● 즉위년과 원년의 차이 · 153

세종 1년(원년, 1419년 기해년) · 156
망궐례를 행하다 | 강원도의 굶주린 백성 729명의 조세를 덜어주다 | 명나라의 고명 사절을 맞이하다 | 병조에서 군사들이 조회하는 절차를 다시 정하여 올리다 | 지방에 파견되는 관리를 임금이 직접 만나는 제도를 정하다 | 집현전을 확대하고 무과에 사서 시험을 보게 하다 | 야은 길재가 죽자, 부조하다 | 대마도를 정벌하다 | 세 쌍둥이가 태어난 집에 쌀을 보내다 | 신하들을 시켜 비 오기를 빌다 | 특이한 간통 사건에 대한 처결 | 노상왕의 생일 풍경 | 대마도 정벌에 참여한 장수들을 위해 잔치를 베풀다 | 명나라는 양을 보내고, 조선은 사리를 바치다 | 정종이 승하하다 | 염장들이 소금세를 낮춰달라고 하다 | 동짓날 망궐례를 행하다 | 절간의 노비를 모두 없앨 것을 다짐하다 | 불교식 장례를 거부하고 정종의 장례를 치르다

세종 2년(1420년 경자년) · 171

행실이 바른 사람을 뽑아 표창하다 | 금과 은을 조공 물목에서 제외해달라고 하다 | 대마도에 대한 관할권을 확립하다 | 전국 산천에 제사 지내다 | 황제에게 올리는 문서에 날짜를 기록하지 않아 문책하다 | 송인산이 이발의 대사헌 임명을 거부하다 | 원경대비 민씨가 승하하다 | 상왕이 궁녀 둘을 죽이라고 하다 | 왜왕의 힐난에 분개하다 | 코끼리의 폐해를 보고받다

세종 3년(1421년 신축년) · 175

신장과 김자를 왕자 향의 글 선생으로 삼다 | 공양왕의 딸이 능지의 훼손 방지를 요청하다 | 임군례를 극형에 처하다 | 의관들이 치료에 관심을 갖게 하다 | 토지 소유제한법에 관해 논하다 | 장사치들의 밀무역을 방지하다 | 도성에 큰 홍수가 나다 | 왜학 장려책을 마련하다 | 상왕을 태상왕으로 높이다 | 장자 향을 세자로 책봉하다

세종 4년(1422년 임인년) · 181

왕의 딸을 공주로 칭하게 하다 | 경행을 폐지하여 불교 풍습을 축소시키다 | 관리의 정기 인사를 1년에 두 번으로 조정하다 | 정승 박은이 죽다 | 태종이 승하하다 | 정밀한 저울을 만들어 유포하다 | 대궐 문을 드나드는 규칙을 확립하다 | 전 호군 김인을 처단하다 | 임금의 몸이 약해져 고기를 올리다 | 홍천현감에게 장형을 치게 하다 | 고향 학장으로 있는 생원들에게 과거 기회를 주다 | 무과 시험에 경서의 비중을 높이다

세종 5년(1423년 계묘년) · 189

묵형에 대한 원칙 | 정승 성석린이 죽다 | 본처 버린 신하를 벌하다 | 남산 봉화대의 위치와 역할 | 대궐 안에서 간통한 남녀의 처결 | 신임 관료 신고식을 금하다 | 왕자를 때린 내시 | 백성이 굶어죽자, 고을원을 죄로 다스리다 | 고을원에 대한 감찰제도를 마련하다 | 흉작이 든 고을 향교의 생도들을 방학시키다 | 찰방들에게 고을원과 아전의 행패를 적어 보고토록 하다 | 우의정 정탁이 죽다 | 내시부의 벼슬 품계를 종2품으로 한정하다

세종 6년(1424년 갑진년) · 196

세종의 여동생 정선공주가 죽다 | 세종의 장녀 정소공주가 죽다 | 물시계 제작을 명령하다

| 겨드랑이에 종기가 나다 | 주전별감 백환이 새로운 동전을 만들어 바치다 | 명나라 영락제가 생을 마감하다 | 《수교 고려사》를 편찬하다

세종 7년(1425년 을사년, 명 인종 홍희 원년) · 202

세자빈 간택을 위한 혼인 금지를 풀다 | 대장경 목판을 달라는 일본의 요구를 거절하다 | 지방관의 6년 임기제를 놓고 대신들과 논쟁하다

세종 8년(1426년 병오년, 명 선종 선덕 원년) · 205

한성에 큰 화재가 난 이후 금화도감을 세우다 | 김용생 사건 | 관비의 출산 휴가 | 왕실과 이씨 사이의 결혼을 금지하다 | 사가독서제도를 확립하다

세종 9년(1427년 정미년) · 209

김오문의 딸을 세자빈으로 책봉하다 | 세종의 중풍 증세 | 양녕대군 일로 대사헌 등이 사임을 청하다 | 제주도의 행정조직을 혁신하다 | 신창 아전 살인 사건 | 33명의 공녀와 10명의 고자를 명나라에 바치다

세종 10년(1428년 무신년) · 213

정기적으로 제주도 말을 육지로 방출토록 하다 | 문과 시험을 경전 외우기에서 글짓기 중심으로 바꾸다 | 한성부 호적이 완성되다 | 정곤이 진사시를 부활해달라고 청하다 | 김화가 아버지를 죽였다는 말에 《효행록》 간행을 지시하다

세종 11년(1429년 기유년) · 218

신하들이 심온을 용서하자고 하자 답을 내리지 않다 | 원금을 넘는 이자를 받는 것을 금지하다 | 정초에게 《농사직설》을 편찬하게 하다 | 휘빈을 사가로 내쫓다 | 순빈 봉씨를 세자빈에 책봉하다

세종 12년(1430년 경술년) · 222

공신의 여종의 아들도 충의위에 소속시켜 벼슬을 주게 하다 | 박연의 건의에 따라 음악을

대폭 정비하다 | 세종의 스승 이수가 죽다 | 변계량이 죽다 | 혜령군 이지의 벼슬과 토지를 모두 회수하다 | 전세(田稅)제도를 공법으로 바꿀 것을 논의하라고 지시하다

세종 13년(1431년 신해년) · 229
《태종실록》이 완성되다 | 석가 탄신일의 연등놀이를 금지하다 | 유성의 변괴를 제대로 관찰하지 못한 심운기를 벌하다

세종 14년(1432년 임자년) · 231
노비종부법의 문제점을 개선하다 | 북방의 야인 토벌을 결심하다

세종 15년(1433년 계축년) · 235
한 달간 온천을 다녀오다 | 《향약집성방》을 완성하다 | 장영실에게 호군 벼슬을 내리다 | 국비 유학생을 선발하라고 지시하다

세종 16년(1434년 갑인년) · 238
정초가 죽다

세종 17년(1435년 을묘년) · 239
수레를 널리 보급하는 일을 논의하다

세종 18년(1436년 병진년, 명나라 정통 원년) · 242
윤회가 죽다 | 두박신 사건으로 민간이 뒤숭숭해지다 | 순빈 봉씨를 내쫓다

세종 19년(1437년 정사년) · 246
서무 결재권을 세자에게 넘기다 | 일성정시의를 완성하다 | 의정부 조직을 확대하고 의정부서사제를 정착시키다

세종 20년(1438년 무오년) · 251
흠경각이 완공되다 | 일본 지도를 완성하다 | 임금이 《태종실록》을 보려다가 정승들의 반대로 그만두다 | 관찰사의 임기를 1년으로 단축하다 | 맹사성이 죽다

세종 21년(1439년 기미년) · 254
세종이 믿고 의지하던 대신 허조가 죽다

세종 22년(1440년 경신년) · 256
고약해가 지방관 6년 임기제 폐지를 주장하다 파직당하다 | 좌찬성 이맹균의 여종 살인 사건 | 영의정 황희가 아들의 도둑질 사건으로 사직을 청하다

세종 23년(1441년 신유년) · 261
세자빈 권씨가 세손을 낳고 죽다

세종 24년(1442년 임술년) · 262
사역원 관리는 사역원 내에서 해당 외국어만 사용하게 하다 | 임금이 세자 섭정을 강력히 요청하다 | 세자궁에 첨사원을 설치하고 관속을 두다

세종 25년(1443년 계해년) · 266
세자에게 왕권을 대폭 이양하다 | 훈민정음을 창제하다

세종 26년(1444년 갑자년) · 268
도적 떼를 소탕하다 | 눈을 고치기 위해 초수리의 약수를 찾아가다 | 어진을 그리게 하다 | 소헌왕후의 모친 안씨가 죽다 | 광평대군 여가 죽다

세종 27년(1445년 을축년) · 271
평원대군 임이 죽다 | 왕위를 물려줄 뜻을 전하다 | 의염색을 설치하여 소금세를 강화하다 | 동해 바다 전설의 섬 요도를 찾도록 하다 | 최윤덕이 죽다

세종 28년(1446년 병인년) · 275
신개가 죽다 | 소헌왕후가 죽다

세종 29년(1447년 정묘년) · 276
《동국정운》을 간행하여 배포하다

세종 30년(1448년 무진년) · 277
정업원을 철폐하다

세종 31년(1449년 기사년) · 278

세종 32년(1450년 경오년) · 279
● 《세종실록》 편찬 과정 · 280

 황금시대를 일군 세종의 인재들

1장 왕도정치를 구현한 세종과 조정의 대들보들 · 285

1. 정무 처리의 귀재, 황희 · 290
두문동을 나와 조선왕조의 동량이 되다 | 태조와 정종의 미움을 받다 | 태종, 그의 능력을 높이 사다 | 양녕을 두둔하다 서인으로 전락하다 | 마침내 세종의 정승이 되다 | 살인 사건을 은폐하고 뇌물을 받아 망신당하다 | 만인지상 일인지하의 자리에 오르다 | 아이들에게 뺨 맞고도 웃는 재상

2. 정계의 음유시인, 맹사성 · 320
정희계 시호 사건으로 파직되다 | 정치 발전을 위한 5개 조목을 상언하다 | 노비 변정 사

건으로 유배되다 | 태종의 비서가 되다 | 조대림 사건으로 능지처참의 위기에 처하다 | 음률의 귀재로 돌아오다 | 세종의 재상이 되다 | 소 타고 피리 부는 재상

3. 청백리의 대명사, 류관 · 343
깐깐한 관리로 이름이 나다 | 형벌의 형평성을 간하다 | 대사헌에 오르다 | 고진감래의 세월 | 세종의 신뢰를 얻어 정승에 오르다 | 집 안에서 우산 쓰고 비 피하는 정승

2장 영토 개척과 국방의 주역들 · 359

1. 대마도 정벌의 영웅, 이종무 · 362
태종의 신임을 얻어 요직을 두루 거치다 | 태종, 대마도 정벌을 결심하다 | 삼군도체찰사에 임명되다 | 마침내 대마도에 이르다 | 하옥되는 영웅

2. 무관의 표상, 최윤덕 · 372
호랑이를 쏘아 죽이다 | 변방을 안정시키다 | 세종의 든든한 성곽이 되다 | 야인을 토벌하라 | 마침내 출병하다 | 정승의 자리에 오르다 | 소박하고 청렴한 목민관

3. 북방의 호랑이, 김종서 · 387
별 볼일 없는 관리 | 기아에 시달리는 백성을 돕다 | 승승장구의 세월 | 등청을 거부하다 옥에 갇히다 | 다시 세종 곁으로 | 마침내 6진 개척의 장도에 오르다 | 계유정난으로 비명에 가다

3장 세종의 학문적 스승들 · 405

1. 학문의 황금마차, 집현전 · 407
집현전의 유래 | 집현전에 인재를 모이게 하라 | 집현전의 변천사 | 야사 속의 집현전

2. 하늘이 낸 문재, 변계량 · 414

특출한 문재로 출세가도를 달리다 | 누나로 인해 망신살이 뻗치다 | 아, 이번엔 누나의 딸 때문에 | 아내를 학대하다 탄핵되다 | 집현전을 이끌다 | 좀팽이 대학자

3. 세종의 글 선생, 이수 · 429

충녕과 효령의 스승이 되다 | 태종의 특별한 배려 | 세종이 즉위하자 영화를 누리다 | 식자들의 조롱을 받다 | 마음을 잡고 관직에 충실하다

4. 술독에 빠진 문성(文星), 윤회 · 437

술 때문에 벼슬을 내놓다 | 마침내 학관직으로 | 태종과 세종 사이를 중재하다 | 집현전 제학이 되다 | 술이 천재를 앗아가다

5. 학문 진흥의 주춧돌, 정인지 · 448

내가 집는 것이 장원이다 | 험난한 초년 시절 | 집현전에 들어가 고속 승진하다 | 예문관 제학에 오르다 | 녹록지 않은 지방관 생활 | 불교 문제로 세종과 대립하다 | 《훈민정음》 창간을 이끌다 | 탐욕스러운 만년

4장 과학 혁명의 선구자들 · 463

1. 과학 혁명의 초석을 다진 정초 · 465

한 번 보면 뭐든지 외운다 | 직언하다 요직에서 밀려나다 | 수군에서 노역하다 다시 요직으로 | 세종을 만나 진가를 발휘하다 | 물시계 제작을 이끌다 | 《농사직설》 편찬을 주도하다 | 혼천의 제작과 《칠정산내·외편》 편찬

2. 천문학의 대가, 이순지 · 479

역산의 대가로 성장하다 | 간의대를 이끌다 | 《제가역상집》을 편찬하다 | 사방지 사건으로 파직되다

3. 세종의 '위대한 손' 장영실 · 487

관기의 아들로 태어나다 | 세종을 만나 날개를 달다 | 과학 혁명의 증거들 | 불경죄로 파직되다

5장 조선 음악의 거장, 박연 · 497

광대에게서 음을 배우다 | 마침내 악관이 되다 | 아악의 기틀을 잡다 | 민족 음악의 기틀을 다지다 | 소리만 듣고도 악기의 문제점을 찾아내는 세종 | 부끄러운 시절 | 팔순의 노구를 이끌고 낙향하다

부록   1. 조선시대의 정부기관 · 515
        2. 내명부와 외명부 · 523
        3. 《세종실록》 인물 찾기 · 526

| 일러두기 |

1. 이 책에 나오는 날짜는 모두 음력입니다.
2. 인용된 실록의 내용은 북한의 사회과학원 번역본과 남한의 민족문화추진위원회의 번역본을 사용했으며, 저자가 필요에 따라 내용을 요약하거나 새로운 문장으로 옮겼습니다.
3. 능 또는 무덤의 위치는 현재의 행정구역 명칭을 썼습니다.
4. 2부 '세종실록 요략'에서는 재위 6년까지는 사건의 구체적인 날짜를 기입했고, 7년부터는 몇 월에 일어난 일인지만 기입했습니다. 다만 같은 달에 여러 사건이 나올 경우엔 날짜를 기입했습니다.
5. 왕비와 대비의 칭호는 현직 임금을 중심으로 하되, 필요에 따라 이해하기 쉬운 쪽을 선택했습니다.

1부

조선왕조의 주춧돌을 마련한 세종의 삶과 정치

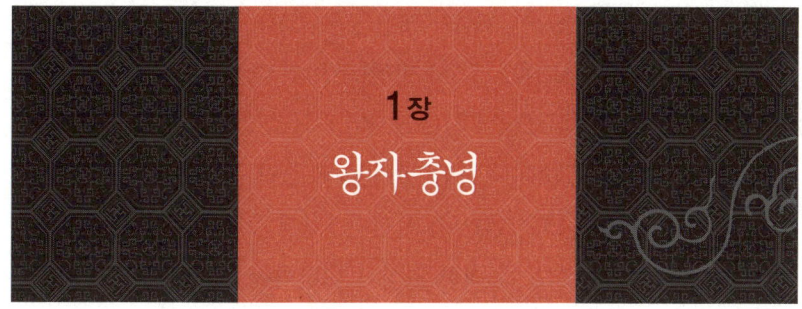

너는 어째서 학문이 이렇지 못하느냐?

　세종의 정식 묘호는 '세종장헌영문예무인성명효대왕(世宗莊憲英文睿武仁聖明孝大王)'이다. 세종은 조선에서 붙인 묘호이며, 장헌은 명나라에서 내린 시호이기에 흔히 세종장헌대왕이라 불렀다. '장헌'의 의미에 대해 이긍익의 《연려실기술》엔 "엄함과 공경으로써 백성을 대하는 것을 장(莊)이라 하고, 착함을 행하여 기록할 만함을 헌(憲)이라 한다."고 쓰고 있다. 나머지 단어들은 세종장헌대왕을 꾸미는 수사라고 볼 수 있는데, 이를 풀이하자면 '학문엔 영특하고 병법엔 슬기로우며 인자하고 뛰어나며 명철하고 효성스러운'이라는 뜻이다. 묘호에 붙은 이 기나긴 수사는 단순히 형식적인 치장에 불과한 것으로 보이나, 세종이라는 인물을 알고 나면 이것이 결코 과장된 것이 아님을 알게 된다.

세종은 태조 6년(1397년, 명나라 태조 홍무 30년) 정축년 4월 임진일(10일)에 한양 준수방에서 태조의 5남 방원(태종)의 3남으로 태어났다. 원경왕후 민씨 소생으로 휘(諱, 이름)는 도(祹), 자(字, 성인이 된 뒤 본명 대신 쓰는 이름)는 원정(元正)이다. 태종 8년(1408년)인 무자년 2월에 충녕군에 봉해졌으며, 태종 13년(1413) 임진년 5월에 충녕대군에 봉해졌다.

그는 어릴 때부터 학문에 대한 열성이 대단하여 늘 책을 끼고 살았는데, 심지어 몇 달 동안 앓아누워 있을 때도 손에서 책을 놓지 않았다고 한다. 태종은 그런 아들의 건강을 염려하여 시자들에게 왕자의 책을 빼앗아 감추라고 지시했다. 그런데 요행히도 책 한 권이 병풍 속에 끼어 있어, 병상에 누운 채 날마다 그 책을 천 번이나 되풀이해서 읽었다고 전한다(세종실록 127권의 세종 임종 후 평가).

그의 묘호를 꾸미는 수사의 첫머리가 '학문엔 영특하고'라는 말로 시작하는 것은 바로 이런 학구열에 기반한 것이다. 왕자 충녕의 학문에 대한 열정은 온 나라에 소문이 날 정도였는데, 양녕을 폐하고 충녕을 세자로 세울 때 부왕 태종이 한 말에서 잘 드러난다.

"충녕은 천성도 총명하지만 공부를 좋아하고 부지런하여 대단한 추위나 심한 더위에도 밤을 새워가며 글을 읽고 있다."(세종실록 1권 원년의 세자 책봉 과정)

충녕이 학문에 심취했다는 것은 당대의 학자들이 남긴 말에서도 확인할 수 있다. 태종 대의 최고 학자였던 변계량은 젊은 시절에 세자빈객(賓客, 세자에게 학문을 가르치는 사람)을 하였는데, 하루는 태종을 알현하고 세자 양녕에게 《중용》을 가르칠 것을 청했다. 그러자 태종은 이렇게 당부했다.

"예부터 자식을 바꿔서 가르쳤고, 또 세자가 이미 장성했으니, 내가 가르칠 수 없다. 경 등이 《중용》을 가르쳐서 그 뜻을 통하게 하라."

하지만 양녕은 학문에 관심이 적었다. 그는 놀기를 좋아했는데, 스물세 살이던 그 무렵엔 매를 한 마리 구해와 거기에 마음을 빼앗긴 터였다. 당시 필선(弼善, 세자시강원의 정4품 학관)으로 있던 정초 등이 양녕에게 매를 내보낼 것을 청하자, 양녕은 거절하며 이렇게 말했다.

"이것은 그저 작은 물건일 뿐이다. 내가 이것을 가지고 말을 달려 사냥을 가는 것도 아니고, 그저 보기만 할 뿐이니, 빈객에게는 이르지 말라."(태종실록 16년 9월 7일)

그 소리를 전해듣고 변계량은 몹시 당황했다. 세자가 공부를 게을리하면 결국 그 책임이 모두 빈객인 자신에게 돌려질 것이기 때문이었다.

당시 학자들은 세자빈객이 되는 것을 매우 영광스럽게 생각했다. 그것은 비단 자기뿐 아니라 가문 전체의 영광이기도 했다. 그 영광은 세자가 왕이 된 뒤에 더욱 빛을 발했다. 임금의 스승이니 중용되는 것은 당연했고, 벼슬과 품계도 몇 계단을 한꺼번에 뛰어오를 수도 있었다. 또한 웬만한 잘못을 저질러도 왕의 스승이라는 점이 감안되어 대개 용서되었다. 빈객은 그야말로 출세가 보장된 자리였던 것이다.

그러나 결코 좋기만 한 자리는 아니었다. 빈객으로 있으면서 세자와 관계가 악화되면, 세자가 왕이 된 뒤에 오히려 한직으로 쫓겨나거나 보복을 당할 우려도 있었다. 폭군으로 알려진 연산군은 자신에게 늘 깐깐하고 엄하게 굴던 빈객 조지서에게 원한을 품고 있다가 왕위에 오른 뒤에 죽여버리기도 했으니, 빈객의 처신이 얼마나 힘든지 알 만할 것이다. 그렇다고 무조건 세자가 하는 대로 내버려두면, 왕의 눈 밖에 나서 빈객 자리에서 쫓겨날 수도 있었다. 빈객에서 쫓겨나면 학자로서는 망신이고, 관리로서는 출세가도에서 탈락한 꼴이 된다.

빈객에게 가장 반가운 말은 세자가 학업에 열중하여 책에 파묻혀 산다는 것이었다. 하지만 양녕은 학문을 건성으로 하고 잡기에만 정신이 팔려 있었기에 변계량은 노심초사하지 않을 수 없었다. 더구나 세자의 아우 충녕대군이 학문에 심취해 있다는 소리가 들릴 때마다 몹시 당혹스러웠다. 세자와 충녕이 서로 비교되기라도 하면 그는 몸둘 바를 몰랐다.

그 때문에 변계량은 충녕의 학업에 무척 관심을 기울였다. 늘 충녕의 시관(侍官)에게 충녕이 무슨 글을 읽는지 물었고, 시관이 아무 글을 읽는다고 하면 반드시 칭찬하고 감탄하였다. 그리고 서연(書筵, 세자를 위한 강연장)이 열리면 충녕이 무슨 책을 읽고 있으며, 그 책을 잘 알고 있다는 것은 대단한 일이라고 칭찬하여 양녕의 분발을 유발하기도 했다. 충녕의 학문적인 열정을 도구로 삼아 양녕을 독려하려 했던 것이다. 그만큼 충녕의 학문에 대한 열정이 대단했음을 말해준다.

충녕의 학문은 날이 갈수록 깊어졌고, 어느새 당대의 모든 학자들이 그의 학문적 깊이를 인정했다. 태종 대의 원로라고 할 수 있는 남재도 충녕의 학문을 높이 평가했다. 그는 아우 남은과 함께 조선왕조 개국에 참여했고, 후엔 남은이 정도전의 편에 선 것과 달리 태종 이방원의 편에 서서 그의 반정을 도왔다. 그런 까닭에 태종이 매우 신임했다. 뿐만 아니라 그는 태종에게 학문을 가르친 스승이었고, 태종 즉위 후에는 서연관으로 양녕의 빈객이 되기도 했던 인물이다.

당시의 평가에 따르면 남재는 성품이 활달하고 도량이 넓은 인물이었다. 그렇다고 허술한 성격은 아니었다. 오히려 치밀하고 꼼꼼하여 입이 무거웠고, 산술에 정통하여 '남산(南算)'이라는 별명을 얻을 정도였다. 하지만 할 말이 있으면 직언을 했고, 어떤 일에도 거리낌이 없었다. 어느 날 충녕대군이 여러 사람들과 함께 그를 찾아왔다. 남재의 나이 65세 되던 해였다. 이 자리에서 남재는 의미심장한 말을 던졌다.

"옛날 주상(태종)께서 잠저에 계실 때, 내가 학문을 권하니 주상께서 말씀하시길 '한갓 왕자는 참여할 곳이 없으니, 학문을 해서 뭣 하겠습니까?' 하시기에, '군왕의 아들이 누가 임금이 되지 못하겠습니까?' 했지요. 지금 대군께서 학문을 좋아하는 것이 이와 같으니, 제 마음이 기쁩니다."(태종실록 15년 12월 30일)

이 말은 왕이 되려면 학문을 게을리 하지 말아야 하며, 비록 세자가 아니더라도 학문이 뛰어난 자가 왕이 될 수 있다는 뜻이었다. 또한 충녕을 앞에 두고 한 말이니, 충녕의 학문을 매우 높게 평가한 것이기도 하다.

이는 양녕의 입장에선 몹시 기분 나쁜 소리였고, 자칫하면 이 언사로 인해 남재는 죽음을 자초할 수도 있었다. 그러나 태종은 그 말을 전해듣고 그저 웃어넘겼다.

"그 늙은이가 과했구나."

사실 신하들뿐 아니라 태종도 충녕의 학문을 매우 높게 평가하고 있던 터였다.

태종 16년 7월 18일의 일이다. 태종과 상왕(정종)이 경회루에서 술자리를 베풀었는데, 세자와 종친들이 대거 참석했다. 그들 앞에선 한바탕 공연이 벌어지고 있었다. 갑사들이 방패와 목검을 들고 서로 겨루기도 하였고, 태껸, 말타기, 활쏘기 등을 겨뤄 이긴 자에게 상을 내리며 흥겹게 즐기는 자리였다. 또한 재상급의 노신들도 함께 둘러앉아 서로 글귀를 이어가니, 자연스럽게 학문의 깊이가 드러났다. 그러다가 "노성(老成, 노숙함을 이루다)한 사람을 버릴 수 없다"는 문장이 나오자, 충녕대군이 말했다.

"서(書)에 이르기를 '기수준재궐복(耆壽俊在厥服)'이라 했습니다."

《서경》에 있는 이 말을 풀이하자면, '노숙하고 뛰어난 사람들이 해당되는 자리에 있어야 한다'는 뜻이었다. 태종이 이 말을 듣고 충녕의 학문 수준에 감탄하더니 세자를 돌아보며 꾸짖었다.

"너는 어째서 학문이 이렇지 못하느냐?"

이렇듯 충녕의 학문은 만인의 칭송을 얻었지만, 그와 대비되는 양녕은 늘 욕을 먹는 처지였다.

일반 선비들에 비하면 양녕도 결코 학문적으로 크게 뒤떨어지는 인물은 아니었다. 그러나 충녕의 학문이 워낙 출중하였기에 양녕의 학문은 형편없는 것으로 비쳤던 것이다.

스무 살을 갓 넘긴 충녕의 학문적 깊이를 가늠하게 하는 기록이《태종실록》18년 1월 26일에 보인다.

성녕대군 이종이 완두창이 나서 병이 위독하자 태종은 총제 성억에게 향을 받들고 흥덕사에서 기도를 드리게 하였다. 또 승정원에 명하여 점을 잘 치는 자들을 불러모아 성녕의 길흉을 점치게 하니, 모두 "길합니다." 하고 대답했다. 하지만 병세는 날로 심해졌다. 이 때문에 청성군 정탁이 태종을 안심시키기 위해《주역》으로 점을 쳐서 왕에게 올렸는데, 충녕대군이 이를 정확하게 풀이하였다. 그러자 그 자리에 있던 신하들은 물론이고, 세자 양녕까지 감복하여 칭찬을 아끼지 않았다고 한다.

충녕은 사서삼경은 물론이고, 주역에도 정통했던 것이다. 당시 학자들 가운데 주역에 정통한 사람은 손에 꼽을 정도였으니, 충녕의 학문적 깊이와 넓이는 당대 어느 누구와 견주어도 손색이 없었음을 알 수 있다.

충녕은 보통 사람이 아니다

태종 14년 10월 26일, 태종의 부마 청평군 이백강의 집에서 연회가 벌어졌다. 이백강은 이거이의 차남이다. 이거이의 장자 이저는 태조의 부마였고, 차남인 백강은 태종의 맏딸 정순공주와 결혼하여 역시 부마가 되었다. 이날 연회가 베풀어진 것은 백강의 아버지 이거이의 상(喪)이 끝난 까닭에 대군들이 그를 위로하기 위함이었다.

이 자리엔 세자 이제(양녕)를 비롯하여 여러 종친들이 함께 했고, 충녕대군도 끼어 있었다. 밤이 깊도록 연회는 계속되었다. 세자는 기생 초궁장(楚宮粧)을 끼고 흥청거렸다. 세자뿐 아니라 종친들도 모두 기생을 끼고 놀았던 모양인데, 중간에 세자가 초궁장을 데리고 정순공주의 대청으로 찾아들었다. 그리고 문득 공주에게 이렇게 말했다.

"충녕은 보통 사람이 아닙니다."

《태종실록》엔 왜 양녕이 그런 말을 했는지 기록되어 있지 않다. 아마도 연회 중에 충녕이 기생을 안고 노는 양녕을 훈계했던 모양인데, 양녕이 화가 나서 누나에게 찾아들어 그런 말을 했을 것이다.

그 말은 곧 태종의 귀에 들어갔다. 그러자 태종은 근심 어린 얼굴로 생각에 잠겼다가 양녕을 불러 말했다.

"세자는 여러 동생들과 비할 바가 아니다. 그저 예나 지키고 돌아오라 했는데, 어째서 이같이 방종하게 즐기었느냐?"

태종은 양녕이 충녕을 질시하고 있다고 생각했다. 그런 감정이 심화될 경우 훗날 형제간에 피를 볼 수 있다고 판단하고 일단 양녕을 추켜세운 것이다. 하지만 양녕이 이제 막 탈상한 집에 가서 난잡하게 놀아난 것을 함께 꾸짖었다.

'충녕은 보통 사람이 아니다.'

양녕의 이 말 속엔 뼈가 들어 있었다. 충녕이 세자인 자신을 제치고 조정 대신들의 마음을 얻고 있는 것에 비해 정작 자신은 늘 충녕과 비교되어 형편없는 인물로 전락한 것 같았다. 양녕은 충녕에게 대단한 콤플렉스를 느끼고 있었던 것이다. 그만큼 충녕은 여러모로 뛰어난 것이 사실이었다.

태종 16년 12월 9일의 일이다. 태종이 충녕을 앞에 두고 말했다.

"집에 있는 사람이 비를 만나면 반드시 길 떠난 사람의 노고를 생각할 것이다."

그러자 충녕이 이렇게 대답했다.

"《시경》에 이르기를 '황새가 언덕에서 우니, 부인이 집에서 탄식한다.'고 했습니다."

태종은 충녕의 총명함에 감탄하며 속에 있는 말을 그대로 내뱉었다.

"세자가 따를 바가 아니구나."

이 소리는 곧 세자의 귀에도 들어갔다. 태종의 태도가 이러하니, 양녕이 충녕을 질투하는 것은 당연했다.

한번은 이런 일도 있었다. 세자가 태종과 독대하여 문무에 관해서 논하는 자리였는데, 문득 양녕이 이런 말을 했다.

"충녕은 용맹하지 못합니다."

비록 충녕은 학문이 뛰어나고 아는 것이 많아 문(文)에는 밝을지 몰라도, 용맹하지 못해 무(武)는 모른다는 말이었다.

그러나 태종은 그의 면전에 대고 단언하듯이 충녕을 두둔한다.

"비록 용맹하지 못한 듯하나 큰일에 임하여 대의를 결단하는 데에는 당세에 더불어 견줄 사람이 없다."

태종의 이런 태도는 충녕에 대한 양녕의 콤플렉스를 더 심화시켰다. 《태종실록》 17년 2월 28일에 "충녕대군이 편치 못한 까닭에 환궁하고자 하다."라는 기록이 있는데, 이는 태종이 충녕을 극진히 생각했음을 보여주는 대목이다.

충녕은 단순히 총명하기만 한 것이 아니었다. 왕자들 중에서 성격이 가장 어질고 동정심도 많았다.

태종 15년 11월 6일 대언이 태종에게 이렇게 아뢰었다.

"걸식하는 사람이 미처 진휼을 받지 못하여 충녕대군에게 여쭌 자가 있습니다."

그러자 태종이 정색을 하고 말했다.

"서울과 외방의 굶주린 백성을 이미 해당 관사로 하여금 자세히 물어서 구제토록 했는데, 무슨 까닭으로 관사는 제대로 고루 나눠주지 못하여 그들이 충녕에게 말하게 했던가? 충녕이 굶주리고 추워하는 사람을 불쌍히 여기는 것을 알고 그러는 것이다. 지난번에도 이와 같은 자가 있었는데, 내가 특별히 주라고 했다."

태종의 말에 정역이 아뢰었다.

"대군이 굶주리고 불쌍한 사람을 불쌍하게 여기기 때문인데, 만일 그 일을 불가하다고 한다면 백성은 더욱 곤궁해질 것입니다."

이 기록들은 충녕이 인정이 많아 불쌍한 사람을 그냥 지나치지 못했다는 사실을 알려주고 있다. 충녕의 이런 어진 성품은 충녕보다 네 살 많은 누나인 경안궁주의 졸기(卒記, 신하의 행장)에서도 확인된다. 경안궁주는 마음이 어질고 지혜로우며 총명했다고 전하는데, 그녀의 졸기에 충녕은 이렇게 언급되어 있다.

"궁주와 충녕대군은 천성과 기품이 서로 닮아서, 궁중에서 그 어짊을 함께 일컬었다. 궁주는 매양 충녕의 덕기가 날로 높아짐을 감탄하였으니, 실로 보통 사람이 아니었다."

비록 양녕이 술김에 마음속에 품은 질시를 드러내며 "충녕은 보통 사람이 아니다"고 했지만, 그것이 결코 틀린 말은 아니었던 것이다.

하지만 왕자가 너무 뛰어나서 세상의 마음을 얻으면 위험해지는 법이다. 이 때문에 당시 좌의정으로 있던 박은은 충녕의 장인 심온에게 이렇게 말했다.

"충녕대군이 어질어서 중외에서 마음이 쏠리니, 마땅히 여쭈어서 처신할 바를 스스로 알게 하시오."(태종실록 17년 10월 6일)

하지만 심온은 사위 충녕대군에게 그 말을 전하지 않았다. 그러다 하루는 박은이 충녕과 마주 앉게 되자, 행동을 조심하라고 충고하려 했다. 그때 장인 심온이 박은의 속내를 알아차리고 충녕에게 눈짓을 하여 그 자리를 피하게 했다.

양녕의 말대로 충녕은 보통 사람이 아니었지만, 그 사실 때문에 조금씩 위험한 처지로 내몰리고 있었다. 양녕이 "충녕은 보통 사람이 아니다"라고 한 것은 바로 그에 대한 경고였던 것이다.

너는 관음전에 가서 잠이나 자라

태종 16년 1월 19일의 일이다. 세자 양녕이 화려하게 차려 입고 막 동궁을 나서고 있었다. 스물세 살의 혈기왕성한 청년이던 양녕은 그 무렵 여색에 깊이 빠져 있었다. 세 살 아래인 아우 충녕은 형의 그런 행동을 매우 못마땅하게 여기고 있었다.

동궁을 나서던 양녕이 주변 시자들을 둘러보며 말했다.

"내 차림이 어떤가?"

그러자 옆에 서 있던 충녕이 정색을 하고 양녕에게 충고했다.

"먼저 마음을 바로잡은 뒤에 용모를 닦으시기 바랍니다."

충녕의 말에 함께 있던 신하 하나가 거들었다.

"대군의 말씀이 정말 옳습니다. 저하께서는 이 말씀을 잊지 마시기 바랍니다."

양녕은 붉은 낯빛으로 아무 말도 하지 않았다. 그 뒤 양녕은 모후 원경왕후에게 이렇게 말했다.

"충녕의 어진 마음은 결코 우연히 생긴 것이 아닙니다. 후에 충녕과 국가 대사를 함께 의논하겠습니다."

말은 그렇게 했지만 양녕은 충녕을 꺼리고 있었다. 충녕의 입바른 소리 때문에 양녕은 자주 무안을 당하여 화를 냈고, 그 사실을 알고 있던 조신들은 혹여 양녕이 왕위에 오르면 충녕에게 해를 끼칠지도 모른다고 생각하고 있었다. 물론 형제간에 그런 불화가 일어나지 않을까 가장 염려하는 사람은 원경왕후 민씨였다. 양녕이 민씨를 찾아가 충녕을 추켜세운 것은 민씨의 그런 불안감을 씻어주기 위함이었을 뿐 진심은 아니었던 것이다.

충녕은 거의 모든 문제에서 양녕과 의견을 달리했다. 그 원인은 늘 양녕이 제공하곤 했는데, 두 달 뒤인 3월 20일의 일도 마찬가지였다.

이날 태종이 인덕궁에 행차하자 상왕(정종)은 아우 태종을 반기는 마음으로 종친들을 불러 술자리를 베풀었다. 연회가 끝나자, 그 기회를 놓치지 않고 양녕은 기생 칠점생을 데려오라 하여 동궁으로 함께 가려 했다. 칠점생은 매형인 이백강이 축첩한 기생 중 하나였는데, 양녕이 그녀에게 눈독을 들이고 있다가 그날 취하기로 한 것이다.

하지만 양녕이 매형이 거느리던 첩과 동침하려 한다는 사실을 전해듣고 충녕이 달려와 만류했다.

"친척끼리 이같이 하는 것이 어찌 옳겠습니까?"

말인즉, 매형이 거느리던 여자를 어떻게 처남이 또 거느릴 수 있는가 하는 꾸지람이었다. 언제나 그렇듯이 충녕은 틀린 말이라곤 한마디도 하지 않는 인물이고, 어설픈 반론을 폈다간 또 무슨 망신을 당할지 몰랐다. 그래서 양녕은 결국 칠점생을 포기하고 말았는데, 사사건건 자신의 행동에 간섭하는 충녕에게 몹시 화가 나서 한마디 쏘아붙였다.

"너와 나는 도(道)가 같지 않아 말이 통하지 않으니, 앞으로 내 일에는 나서지 말라!"

태종이 그 일을 전해듣고 혹시 충녕에게 해가 갈까 염려하여 대군들을 시종하는 사람의 수를 대폭 줄였다. 충녕의 눈과 귀를 좁혀 양녕의 행동에 간섭하지 못하도록 하기 위함이었다. 충녕도 태종의 뜻을 알아차렸으나, 그렇다고 양녕의 행동을 묵과할 충녕이 아니었다. 어쨌든 도리에 어긋나고, 위신을 손상하는 행동은 절대 그냥 넘기지 않는 성품이었으니 말이다.

칠점생 일로 언쟁을 벌인 지 6개월 뒤에 또 한 번의 다툼이 있었다. 9월 19일인 이날, 세자 양녕과 대군들은 흥덕사에 가서 신의왕후 기신(忌辰, 기일을 높인 말)에 소향(燒香)했다. 신의왕후는 태조 이성계의 첫 부인으로 양녕에겐 친할머니였다. 그런데 양녕은 할머니 제사를 지내고 바둑 두는 사람 셋을 불러 바둑을 뒀다. 충녕이 그 광경을 참지 못하고 그들이 있는 자리에서 양녕에게 또 한 번 입바른 소리를 했다.

"지존인 세자로서 아래로 간사한 소인배와 놀음놀이를 하는 것도 불가한 일인데, 하물며 할머니 기신에 와서 이러십니까?"

그러자 양녕은 짜증을 내며 소리쳤다.

"너는 관음전에 가서 잠이나 자라!"

그렇다고 물러날 충녕이 아니었다. 평소부터 양녕이 세자로서 근신하지 못하는 것을 불만스럽게 생각하고 있던 터라 충녕은 단호한 어조로 말했다.

"조물주가 이빨을 주고, 뿔을 없애고, 날개를 붙이고, 두 발을 주는 데엔 다른 뜻이 있으며, 성인 군자와 야인의 분수를 명백히 밝혀놓았으니, 여기엔 변할 수 없는 법칙이 있어 어지럽혀서는 안 되는 것입니다. 어찌 군자가 하찮은 사람들과 더불어 오락을 즐길 수 있습니까?"

충녕의 말이 틀리지는 않으니, 양녕은 얼굴만 붉힐 뿐 반론을 제기하지 않았다. 그래서 그저 짜증 섞인 음성으로 대꾸했다.

"너는 관음전에 가서 낮잠이나 자라고 하지 않았더냐!"

이 사건 이후에도 충녕은 자주 양녕의 행동에 간섭했다. 그 때문에 양녕은 늘 충녕의 눈을 피해 다녔지만, 양녕이 뭔가 일을 꾸밀 때마다 충녕은 용케 알고 찾아와서 만류하곤 했다.

하지만 충녕이 아무리 충고해도 소용없었다. 양녕의 엽색 행각은 날이 갈수록 심해졌고, 급기야 양녕을 폐세자로 몰고 간 어리(於里) 사건이 터졌다.

어리는 원래 곽선의 첩이었다. 그녀는 장안에 소문이 자자할 정도로 인물이 절색이었던 모양인데, 양녕이 수하를 시켜 그녀를 빼앗아 궁궐로 데리고 들어왔다. 그 말을 듣고 태종이 세자를 무섭게 꾸짖고 어리를 내쫓았다. 하지만 그 뒤 양녕의 장인 김한로는 자신의 어머니가 궁궐에 들어갈 때 어리를 동행시켜 양녕에게 도로 바쳤다. 양녕은 그녀와 몰래 동침하였고, 결국 임신까지 시켜 궁 밖에서 아이를 낳게 하였다. 그 후 어리는 다시 동궁으로 들어왔다. 태종이 그 사실을 알고 노발대발했다.

당시 태종은 개성에 머물고 있었는데, 이 일로 양녕은 한양으로 내쫓겼다. 1418년 5월 11일이었다. 이때 충녕은 대자암에서 불사를 하고 개성으로 돌아가고 있었는데, 마산역 도상에서 한양으로 쫓겨가던 세자와 맞닥뜨렸다. 충녕을 보자 세자는 대뜸 화난 얼굴로 다그쳤다.

"어리의 일을 네가 아뢰었지?"

충녕은 아무 대답도 하지 않았다. 양녕은 분통을 터뜨리며 획 돌아서서 한양으로 향했고, 충녕은 침울한 얼굴로 개성으로 돌아갔다. 양녕이 그렇게 5리쯤 갔을 때, 별감이 말을 타고 달려와 양녕에게 태종의 소환 명령을 전했다.

개성 궁궐로 돌아온 양녕을 태종은 무섭게 책망했다. 대전에서 물러난 양녕은 분을 이기지 못하고 태종에게 따지고자 하였다. 아버지 태종은 이미 여러 후비를 거느리고 있으면서, 동궁인 자신은 왜 여자 하나 거느리지 못하게 하느냐고 따질 심사였다. 충녕이 그 소식을 듣고 달려와 양녕을 만류했다. 하지만 양녕은 막무가내로 다시 대전으로 뛰어들려 하였다. 충녕은 양녕의 소매를 억지로 끌며 겨우 달랬다. 그리고 가까스로 한양으로 돌려보냈다. 하지만 그 뒤 양녕은 기어코 마음에 품었던 말들을 모두 글로 써서 태종에게 올리고 말았고, 이는 결국 폐세자로 이어진다.

당시 사람들은 양녕이 충녕의 충고를 새겨들었더라면 폐위되지는 않았을 것이라고 말했다. 하지만 양녕은 충녕과는 전혀 다른 가치관을 가진 인물이었다. 양녕은 자유주의자이자 쾌락주의자인 반면, 충녕은 원론주의자이자 도덕주의자였다. 양녕이 "너는 관음전에 가서 잠이나 자라."고 한 것은 바로 충녕의 그런 면에 대한 비아냥거림이었다. 양녕이 보기에 충녕은 지나치게 학구적이고, 너무 경직되어 있으며, 법도와 예절에 얽매여 정말 답답하게 살아가는 재미없는 모범생이었던 것이다.

다소 향락적이고 매사에 충동적인 행동을 일삼았던 양녕이 그렇게 생각하는 것은 어쩌면 당연한 일일 것이다. 그의 눈으론 충녕의 내면 깊숙이 자리하고 있는 치세에 대한 불길 같은 열정과 탁월한 가치관, 그리고 맏형이자 세자였던 자신에 대한 진심 어린 충정을 간파할 수 없었을 것이기 때문이다.

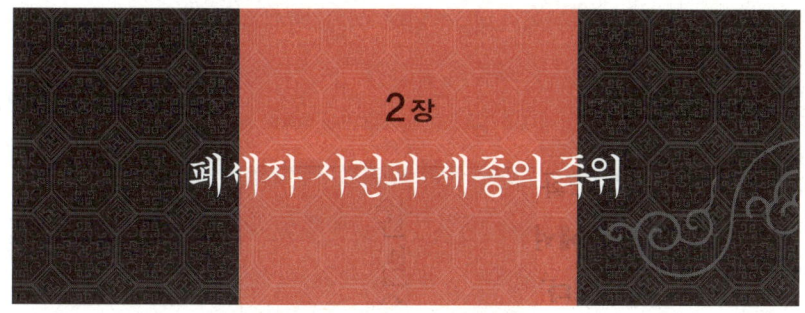

2장
폐세자 사건과 세종의 즉위

늘 미움받는 세자

태조 이성계의 세자 방석은 태종 이방원에게 참살되었고, 정조의 아버지 사도세자는 부왕 영조에 의해 뒤주에 갇혀 굶어죽었으며, 소현세자는 부왕 인조에 의해 독살되었다. 이렇듯 세자의 자리에서 내쫓긴 사람들은 한결같이 비명횡사하였으나, 양녕대군만은 다르다. 그는 조선사를 통틀어 세자에 책봉되었다가 폐위된 뒤에도 목숨을 잃지 않고 천수(天壽)를 누린 유일한 인물이다.

하지만 그가 천수를 누린 것은 우연히 이뤄진 것이 아니다. 그는 세자에서 쫓겨난 뒤에 정치에 전혀 관심을 두지 않았고, 오직 사냥과 주색에만 빠져 지냈으니, 이는 목숨을 부지하는 데 가장 요긴한 방책이었다. 아우 세종이 양녕을 탄핵하는 숱한 상소에 귀 기울이지 않고 우애를 지킨 것도 또 하나의 요인이었으니, 양녕이 여느 폐세자와 달리 천수를 누린 것은 타고난 성품과 아우 세종의 보살핌 덕이라 할 것이다.

양녕은 1394년에 태종의 장남으로 태어났으며, 이름은 제(褆), 자는 후백(厚伯)이다. 1404년에 열한 살의 나이로 세자에 책봉되었으나 태종의 사랑을 받지 못했다. 태종은 세자가 학문에 열중하여 장차 문치의 도(道)를 이루는 왕이 되길 바랐으나, 양녕은 어린 시절부터 공부에는 소홀하고 놀이에만 열중했다.

서연에 들었을 때도 빈객의 가르침은 뒷전이고, 뜰에 설치한 새덫에만 마음이 쏠려 있곤 했다. 그러다 새덫에 새가 기어들기라도 하면 갑자기 뛰쳐나가 새를 잡아오곤 하여 빈객을 당혹스럽게 했다.

계성군 이래(李來)는 1407년에 세자좌빈객이 되었는데, 양녕에게 매우 엄격했던 모양이다. 이래가 몇 년간 세자시강원에서 학관 생활을 하다가 잠시 다른 부서로 옮긴 뒤, 다시 좌빈객이 되어 첫 강의를 하기 위해 동궁으로 오던 날이었다. 동궁 앞에 이르자, 궁 안에서 매 부르는 소리가 들렸다. 당시 열다섯 살이던 양녕은 매사냥에 푹 빠져 있어서 서연 시간이 되었는데도 매를 훈련시키느라 정신이 없었던 것이다. 이래가 동궁 안으로 들어서서 엄한 눈빛으로 한마디 훈계를 하였다.

"신이 들은즉, 저하께서 매 부르는 소리를 하시니, 이는 세자가 행할 바가 아니올시다. 학문에 독실한 뜻을 두시고, 다시는 그런 소리를 하지 마소서."

그러자 양녕은 무슨 소리냐는 듯 놀라는 체하며 대꾸했다.

"내가 평생에 매를 보지 못했는데, 어찌 매 소리를 하겠소?"

하지만 이래는 꼬장꼬장한 목소리로 세자의 거짓말을 지적했다.

"산 사냥을 할 때, 팔에 걸고 토끼를 쫓는 것이 매올시다. 저하께서 보지 못하였을 까닭이 없습니다."

세자가 사냥을 좋아하여 기회만 있으면 사냥길에 나선다는 것은 장안에 파다하게 퍼져 있는 소문이었다. 양녕도 그 정도는 알고 있었지만, 혹여 태종에게 매의 존재가 알려져 빼앗길까 염려하여 둘러댄 것이다. 대개 빈객들은 그 정도면 세자의 체면을 봐서 속아주는데, 이래는 그냥 지나치지 않았다.

그 뒤로도 양녕이 잘못을 저지르면 이래는 절대 그냥 지나치는 법이 없었다. 양녕이 건성으로라도 잘못을 반성할 때까지 끝없이 간언하였다. 그 때문에 양녕은 이래를 원수처럼 여겼고, 여러 사람에게 누차에 걸쳐 이런 말을 해댔다.

"하여튼 계성군만 생각해도 머리가 아프고 마음이 뒤숭숭하다. 어쩌다 꿈에라도 보이면, 그날은 반드시 오한이 난다."(용재총화 4권)

양녕이 빈객들과 사이가 좋지 않았던 이유는 오직 한 가지, 그가 공부를 싫어했기 때문이다. 하지만 그가 공부를 게을리 하면 정작 고통을 당하는 것은 그의 시종들이었다.

태종 5년, 즉 양녕이 열두 살 되던 해 9월 14일의 일이다. 태종은 자신의 환관들을 시켜 세자전의 환관들에게 종아리를 치게 하였다. 태종이 세자에게 경서의 문장을 외도록 했는데, 세자가 외지 못하자 시종들이 대신 매를 맞은 것이다. 비록 아버지라 할지라도 왕자들에게 매를 들지 못하는 것이 조선 왕실의 법도였다. 이는 왕자의 자존심과 명예를 생각한 법이었는데, 그렇다고 잘못을 그냥 지나칠 수 없었다. 그래서 세자 대신 환관이 매를 맞은 것이다.

세자전의 환관을 매로 때리게 한 뒤, 태종은 정당문학으로 있던 허조를 시켜 하교했다.

"만일 후일에도 오늘처럼 외지 못하면, 그때는 서연관을 벌주겠다."

서연관이란 곧 세자의 스승들이었다. 자기 때문에 시자들은 물론이고 스승들까지 벌을 받게 된다는 말에 양녕은 밤늦은 시간까지 글을 읽었다.

하지만 태종의 위협도 약효가 오래가지는 못했다. 한 달쯤 뒤인 10월 21일, 태종은 대전 환관 노희봉을 시켜 세자전의 환관 노분의 볼기를 때리도록 했다. 세자가 대전과 빈객들의 눈치만 살피고 공부를 하지 않는다는 소리를 듣고, 태종이 다시 세자를 시험해본 것이다. 결과는 역시 이전과 다를 바가 없었다. 화가 난 태종은 차마 빈객들을 죄주지는 못하고 다시 세자전의 환관인 노분에게 매질을 가한 것이다. 대전 환관들에게 실컷 볼기를 맞고 온 노분이 울먹이며 세자에게 따졌다.

"이것이 어찌 소인의 죄입니까?"

그 말에 세자는 다소 무거운 얼굴이 되었지만, 천성이 공부에 관심 없는데, 하루아침에 바뀔 리가 없었다. 이를 보다 못한 서연관들이 세자를 찾아가 타일렀다. 당시 세자사(世子師)로 있던 성석린, 빈객 권근, 유창, 이래, 조용 등이 모두 몰려왔다. 먼저 말을 꺼낸 것은 성석린이었다.

"세자께서 마땅히 알아야 할 것은 효도이고, 마땅히 힘써야 할 것은 학문인데, 지금 만일 부지런히 배우지 아니하여 주상(主上)의 마음을 흔들리게 한다면 불효가 막대할 것이오. 세자께서는 마땅히 주상의 뜻을 기쁘게 해드리도록 항상 마음을 다잡아야 할 것입니다."

말인즉, 학문을 게을리 하여 태종의 마음이 변하면 세자 자리에서 쫓겨날 수도 있다는 경고였다. 여기에 권근이 몇 마디 훈계를 덧붙였다.

"어떤 이는 말하길 '보통 사람은 배워야 입신성명(立身成名)하지만, 세자라면 어찌 꼭 배운 뒤에 입신하겠느냐'고 하는데 옳지 않은 말이오. 또 '과거에 급제할 일도 없지 않으냐'고 하는데 이것도 옳지 않소이다. 보통 사람은 비록 한 가지 재주만 능해도 입신할 수 있지만, 주상의 자리에 있으려면 배우지 않고는 정치를 할 수 없고, 정치를 하지 못하면 나라를 망치게 되는 것이오."

서연관들의 말에 양녕은 아무 말도 하지 못했다. 열두 살의 어린 나이에 치세의 도와 나라의 운명에 대한 가르침을 쉽게 알아들을 리 없었다. 그는 그저 세간의 평범한 소년들처럼 벌판을 뛰어다니며 놀고 싶을 뿐이었다. 그런 그에겐 서연관들의 존재조차도 짜증나는 일이었고, 아버지의 책망과 노여움이 무서울 뿐이었다. 그러나 세자라는 신분은 어쩔 수 없었다. 그 일이 있은 뒤 왕이 세자에게 문장을 외게 하겠다는 전언이 오면, 양녕은 밤을 새워서라도 글을 읽고 외웠다.

그러나 태종은 여전히 그를 미더워하지 않았다. 태종은 곧잘 양녕을 불러 함께 식사를 하곤 했는데, 그때마다 양녕의 식사 습관이 예에 어긋난다며 나무랐다. 흔히 개도 밥 먹을 땐 건드리지 않는다 했는데, 태종은 밥 먹는 자리에서도 양녕의 흠을 그냥 지나치지 않았던 것이다. 태종의 그런 태도는 자신이 왕실의 법도를 배우지 못하고 자랐다는 콤플렉스에서 비롯되었을 것이다. 그는 양녕을 훈계하는 자리에서 이런 말을 한다.

"내가 젊었을 적에 편안히 놀기만 하고 배우지 아니하여, 거동에 절도가 없었다. 지금 백성의 임금이 되어서도 백성들의 바람에 부합하지 못하니 부끄럽기 그지없다. 네가 비록 나이는 어리나, 그래도 원자(元子, 적자 중에 맏아들)가 아니더냐. 어찌하여 언어와 거동에 절도가 없느냐? 서연관들이 가르치지 않았더냐?"

양녕에게 태종은 늘 이렇듯 무서운 얼굴이었다. 보기만 하면 훈계하고, 혀를 차고, 그것으로도 모자라서 위협하거나 짓눌렀다. 비록 능력 있는 왕으로 키우려는 마음에서 나온 것이라고 할지라도 이는 양녕의 마음에 큰 응어리가 지게 하였다. 양녕이 날이 갈수록 더 엇나간 것은 늘 자신을 미워하기만 하는 부왕에 대한 반항심이 크게 작용했으리라.

태종의 전위 파동과 민무구 형제의 옥

전위 파동

태종 6년(1406년) 8월 18일, 태종은 느닷없이 세자에게 왕위를 물려주겠다고 공언했다. 양녕의 나이 불과 열세 살 때의 일이었다. 아직까지 조정 돌아가는 형편은 물론이고, 옳고 그름도 제대로 분간하지 못하는 어린 세자에게 왕위는 그야말로 족쇄나 다름없는 버겁고 무서운 자리였다. 가뜩이나 양녕은 세자 신분에 염증을 내며 늘 궁 밖으로 나갈 일만 생각하는 철없는 아이였다. 그런 사실을 모르지 않는 태종이건만, 무슨 까닭에선지 세자에게 전위(傳位)하겠다고 고집을 부렸다.

태종은 이 일을 공포하기 전에 장인인 여흥부원군 민제, 좌정승 하륜, 우정승 조영무, 안성군 이숙번 등에게 은밀히 속을 내비친 바 있었다. 그러자 대신들은 한결같이 반대했다. 그러나 태종은 뜻을 굽히지 않고 밀어붙였다.

백관들이 그 소식을 듣고 대궐로 달려왔다. 의안대군 이화, 영의정부사 성석린, 그리고 조정의 원로들이 대거 몰려와서 대전 앞에 열을 갖춰 앉고는 지신사(知申事) 황희에게 아뢰게 하고, 성석린이 대표로 간했다.

"전하께서 아직 춘추가 한창이고, 세자의 나이는 성년에 이르지 못했는데, 아무 변고도 없는 상황에서 전위코자 하시니 신 등은 그 이유를 알지 못해 황공해하고 있습니다."

태종의 전위 표명, 그것은 조정 대신들로선 보통 곤혹스러운 문제가 아니었다. 전위를 받아들이면 임금에 대한 불충이요, 받아들이지 않으면 차기 임금에 대한 불충이었다. 이래도 불충이고, 저래도 불충이니, 그 처신이 쉽지 않았던 것이다. 더욱이 태종은 갓 불혹에 접어든 때로 연로한 것도 아니요, 나라에 특별한 변고가 생긴 것도 아니었다. 앞뒤를 아무리

재봐도 태종이 왜 전위 소동을 일으키는지 대신들은 도대체 알 수가 없었다. 그래서 일단 태종의 속내를 알아보고 있는 중이었다.

성석린의 말을 전해들은 태종의 말이 전해졌다.

"내가 아직 늙지 않았고, 세자가 어린 것 또한 알고 있다. 그러나 내 마음이 이미 결정되었으니 바꿀 수 없다. 내가 전위하려는 까닭은 이미 두 정승이 알고 있다."

두 정승이란 하륜과 조영무를 지칭한 것이다. 하지만 그들도 역시 전위를 반대하고 있었다. 그들에게 태종이 무슨 말을 했는지 알 수 없지만, 뭔가 태종의 심사를 긁는 일이 있음이 분명했다. 태종은 그 일을 해결하기 위해 고의로 일을 저지른 것이다.

이조판서 남재가 간곡한 어조로 아뢰었다.

"나라가 창업한 지 오래되지 못하여 마치 물이 처음으로 얼어서 견고하지 못한 것과 같사오니, 나이 어린 임금이 왕위에 오를 때가 아닙니다."

이어 하륜이 가세했다.

"이제 나라가 겨우 안정되긴 했으나, 전 임금이 두 분이나 계시온데, 전하께서 또 전위하시면 전왕이 세 분 계시는 것입니다. 중국에서 듣게 되면 뭐라고 하겠으며, 온 나라 백성들도 무엇이라 하겠습니까?"

사실 하륜은 왜 태종이 그런 일을 벌이고 있는지 정확하게 알고 있었다. 하지만 그 심중을 모르겠다는 듯 시치미를 떼고 있었다.

곧 태종의 말이 전해졌다.

"이미 전왕이 두 분 계시니, 비록 전왕이 셋인들 무엇이 해롭겠는가? 또 주(周)나라의 성왕은 어려서 천하에 군림하였지만 천하가 태평하였다. 내가 사직을 타인에게 선위(禪位)한다면 여러 신하들이 모두 간해도 좋겠지만, 이제 내 아들에게 전하는 것인데, 어찌 불가하겠는가!"

하륜과 남재가 함께 아뢰었다.

"성왕이 즉위하였던 것은 형세가 부득이했던 것이고, 주공(周公)이란 성인이 있어서 왕실을 도왔던 것입니다. 그럼에도 떠도는 말이 많아 종사가 무너질 뻔하였습니다. 세자와 성왕이 어린 점은 같으나 형세로 보면 전혀 다르니, 같은 일로 치부할 수 없습니다. 또한 주공과 같은 신하가 보필하지도 못하는 처지가 아닙니까? 종묘사직이 지중하니 전하께서 능히 유지할 수 있다는 것을 보장할 수 있겠습니까? 또 민심이 불안하게 되면 하늘의 뜻에도 맞지 않는 것입니다. 옛날에 인군(人君)의 명령이 옳지 않으면 신하가 따르지 않은 적이 있었으니, 신 등은 감히 왕지(王旨)를 받들지 못하겠습니다. 왕위가 지중한데, 어찌 이와 같은 일을 용납할 수 있겠습니까?"

백관이 강하게 나오자, 태종은 한 발짝 물러서는 모양새를 취했다.

"오늘 꼭 전위하려는 것은 아니다. 내 다시 생각할 터이니 경 등은 물러가는 것이 좋겠다."

그 말에 백관들은 숨을 돌리고 일단 물러났다가 다음 날 다시 대전으로 몰려왔다. 태종에게 전위 의사를 철회하겠다는 약속을 받아내기 위함이었다.

"전날에 말을 올린 데 대하여 전하의 의향을 듣지 못했습니다. 지시를 내려주시기 바랍니다."

태종은 전날과 같은 말로 대신들을 물리치려 했다.

"내가 아무리 변변치 못한 사람이지만, 이런 큰일을 두고 어찌 두서없이 함부로 하겠는가. 다시 더 생각해보려고 한다."

하지만 대신들은 쉽게 물러나지 않았다. 그러자 태종이 말했다.

"전위하기가 어려운 줄 내 이미 요량하였다."

그 말을 들은 대신들은 전위 의사를 철회한 것으로 믿었다. 그래서 곧 환관 노희봉을 시켜 사은(謝恩)하기를 청하니, 태종이 그저 싱긋이 웃으면서 대답했다.

"그러려무나."

대신들은 얼굴에 희색이 만연해져서는 정렬하여 네 번 절하고 세 번 천세를 불렀다. 그러나 그것은 태종의 속임수였다.

그날 밤 2경에 태종은 노희봉을 시켜 옥새를 세자전에 갖다주라 하였다. 희봉이 은밀히 세자전에 옥새를 갖다줬지만, 관원들은 전혀 눈치 채지 못했다. 다음 날 아침 그 사실이 알려지자 조정이 발칵 뒤집혔다. 사간원과 사헌부에서 상소가 빗발치고, 원로대신과 종실 인사들이 대거 몰려와 대전 아래 진을 쳤다.

하지만 태종은 요지부동이었다. 성석린이 나서서 임금의 언행이 일치하지 않은 점을 지적하며 실망스럽다면서, 국가의 중대사를 대신과 의논하지 않고 행하는 것은 옳지 않다고 간언했다. 하륜은 명나라에서 납득하지 못할 것이라고 압박하였고, 남재는 임금과 신하의 도리와 관계를 따지며 옥새를 되찾아올 것을 주장했다.

지신사 황희가 그들의 말을 종합하여 태종에게 아뢰자, 태종은 고개를 내저었다.

"일이 이미 이렇게 되었는데 어떻게 물릴 수 있겠는가? 경도 세자궁으로 가게나. 내 이미 그런 지시를 내렸는데, 왜 아직도 안 가고 있는 게야! 빨리 세자궁으로 가서 다시는 돌아오지 말게. 이미 전위가 이뤄졌으니 지신사는 마땅히 신왕(新王)을 보필해야 옳지 않은가?"

그 무렵 세자전에서도 한바탕 소동이 일어났다. 갑작스럽게 옥새를 받아든 어린 세자는 어쩔 줄을 몰라 울먹였고, 세자전의 환관들은 옥새를 대전에 돌려줄 묘안을 짜고 있었다.

"저하, 옥새를 받아서는 절대 아니 되옵니다. 여차하면 불충이고, 또 여차하면 불효가 되옵니다."

비록 어린 소년이었지만, 세자 역시 그 점을 모르지 않았다. 그러나 세자는 도대체 부왕의 속내를 알 수가 없었다. 무슨 심사로 갑자기 그런 파동을 일으켜 자신을 어려운 처지로 내모는지 알 수가 없었던 것이다.

사실, 태종이 전위 파동을 일으킨 것은 세자와 무관하지 않았다. 세자는 어린 시절에 외가에서 자랐는데, 그런 탓에 외삼촌들과 매우 친근했다. 양녕이 세자가 된 뒤, 그들 외숙들은 매우 거만해졌다. 거기다 민무구의 형제들이 세자의 안위를 위해 효령과 충녕 등의 대군들에게 위해를 가할지도 모른다는 말이 태종의 귀에 들렸다. 또한 많은 대신들이 민씨 형제 쪽에 기울어져 있었다. 태종이 전위 파동을 일으킨 것은 바로 그런 위기 의식 때문이었다. 민씨 형제의 권력이 강해지면 필시 그 소문들이 현실로 드러날 수 있다고 판단하고 전위 파동을 일으켜 그들을 제거할 명분을 얻고자 했던 것이다.

태종의 예상대로 민씨 형제들은 태종의 전위를 적극적으로 만류하지 않았다. 태종은 그 점을 빌미 삼아 민씨 형제에게 어린 세자를 끼고 정권을 도모하려 했다는 죄를 뒤집어씌울 요량이었다. 하지만 대부분은 태종의 속내를 눈치 채지 못했다. 측근인 하륜과 이숙번 정도만 알고 있을 뿐이었다.

하륜과 이숙번은 어쩌면 태종에게 민씨 형제에 대한 경각심을 일깨운 장본인일 수도 있었다. 의심 많고 권력에 대한 집착이 강한 태종의 성정을 이용하여 정적인 민씨 형제들을 제거하려는 술수였는지도 모른다. 어쨌든 태종은 그들을 만난 뒤 파동을 일으켰다.

태종이 민씨 형제들을 제거한다면, 세자는 심대한 타격을 입을 수밖에 없었다. 민씨 형제들은 세자가 믿고 따르는 사람들이었고, 그들 또한 세자의 그런 면을 믿고 권세를 부렸다. 만약 그들이 제거된다면, 세자는 막강한 지지세력을 상실하는 셈이었다. 하지만 어린 세자의 헤아림이 그런 정치적 계산에까지 닿을 리 없었다.

세자는 그저 한시라도 빨리 소동이 사그라졌으면 하는 마음뿐이었다. 물론 세자전의 환관들도 마찬가지였다. 따라서 세자전의 선택은 오직 한 가지였다.

세자는 직접 옥새를 받들어 정전에 갖다뒀다. 그리고 대전 환관 노희봉을 시켜 말을 전하게 했다.

"신은 아직 나이가 어리고 아는 것이 없어서 감당해내지 못하겠습니다."

물론 세자의 그런 언사는 세자전의 환관들이 일러준 말일 것이다. 그 점을 짐작한 태종이 노희봉을 시켜 세자전의 시자내관(侍者內官)인 황도를 무섭게 꾸짖었다.

"네 놈이 세자에게 그렇게 가르쳤더냐?"

황도는 혼비백산한 얼굴로 대꾸했다.

"어제 저녁에 옥새를 세자궁에 갖다놓자 세자는 놀라서 울었습니다. 밤이 깊어 서연관을 불러서 묻기를 '내가 도로 가져가려고 하는데 어떻겠소?' 했습니다. 서연관이 대답하기를 '세자의 생각대로 할 뿐입니다.' 했습니다. 이렇게 하여 세자가 온 것이지 저야 무엇을 알겠습니까?"

세자가 옥새를 받들어 정전에 갖다뒀다는 소식을 듣고 대신들은 반색을 하였다. 성석린 이하 대신들이 그 일을 들추며 대전에 고했다.

"신 등이 대궐 문밖에 엎드려 지시를 기다리고 있던 차에 마침 세자가 옥새를 가지고 와서 왕위를 넘겨준다고 하는 지시를 감히 받들 수 없다고 하는 말을 듣고 신 등은 매우 기뻐하였습니다. 전하는 세자가 사양하는 것을 받아들이기 바랍니다."

노희봉이 그 말을 전하자 태종은 화살을 메워 쏘려고 하였다. 희봉이 놀라서 겁에 질린 얼굴로 뛰쳐나갔다. 태종은 이내 궐 안의 노비 수십 명을 소집하여 옥새를 가져오라고 하였다.

　그 말을 듣고 성석린과 조영무가 간했다.

　"옥새는 천자가 내린 것으로 이보다 소중한 것이 없는데, 어찌 궐 안의 종들에게 가져오라고 하십니까? 매우 옳지 못한 처사입니다. 상서사(尙瑞司)의 관리들에게 가져오라고 하십시오."

　하지만 태종은 명령을 철회하지 않았다. 그 바람에 궐 안의 종들이 사색이 되어 대신들에게 하소연했다.

　"전하께서 저희들에게 말씀하시길, 만약 옥새를 가지고 들어오지 못하면 죽을 줄 알라고 하셨습니다. 어찌해야 좋습니까?"

　종들은 그 말을 남기고 정전의 옥새를 받들어 내전으로 들어가려 했다. 조영무가 그들 앞을 가로막으며 윽박질렀다.

　"너희들이 감히 그렇게 할 수 있더냐?"

　그리고 상서사의 관리들을 시켜 옥새를 지키도록 하였다. 태종에게 옥새를 돌려주면 필시 또 내관을 시켜 세자전에 보낼 것이 뻔했기 때문이다.

　그날 밤 대신들이 물러가자 태종은 다시 내시를 시켜 옥새를 세자궁에 갖다두도록 했다. 이튿날 대신들이 다시 몰려와 옥새를 받아올 것을 청했다. 세자도 다시금 옥새를 정전에 갖다놓았다. 이쯤 되자 태종도 며칠 만에 못 이긴 척 전위 의지를 철회했고, 신하들도 사배(四拜)를 행하고 물러났다.

　하지만 전위 파동은 한 번으로 끝나지 않았다. 1409년 8월 11일에도 세자에게 전위하는 문제를 검토하라는 고지를 내려 또 한 번 조정이 발칵 뒤집혔다. 1410년 10월 19일에도 전위 소동을 일으켰다.

　이 세 번의 전위 파동은 신하들의 내심을 파악하고, 동시에 민씨 형제와 같이 눈에 거슬리는 세력들을 척결하기 위해 태종이 계획적으로 벌인 일이었다. 이는 1409년 9월에 태종이 한 말에서도 확인된다.

"내가 자식을 두어 명 뒀는데, 민무구 등이 해하려고 했기 때문에 지난 병술년에 왕위를 사퇴하여 피하려고 했었다. 그러나 신하들의 저지를 받아 행하지 못했는데, 이 때문에 민무구는 안색에 노기를 드러냈다."

이날 태종은 이천우, 김한로, 이응, 황희, 조용, 김과 등을 불러놓고 내심을 털어놓았고, 전위 파동이 민무구 형제로부터 왕자들을 보호하는 것이 목적이었음을 피력했다. 하지만 태종은 단순히 왕자들을 보호하는 차원을 넘어서서 민무구 형제를 완전히 제거하고자 했다. 그가 무려 세 번에 걸쳐 전위 파동을 일으킨 목적은 바로 민씨 일가의 숙청이었던 것이다.

민씨 일가를 몰락시키는 태종

그 뒤 태종은 곧바로 민무구, 무질 형제를 제거하는 일에 나섰다. 그들의 죄목은 이른바 '협유집권(挾幼執權)', 즉 어린 세자를 끼고 권력을 잡으려 했다는 것이다. 또 이를 위해 세자를 제외한 대군들을 죽이려 했다는 죄목까지 추가되었다.

그들을 탄핵한 것은 의안대군 이화였다. 이화는 태조의 이복형제로 태종에겐 숙부가 되는 인물이다. 그는 평소 하륜, 이숙번, 성석린 등과 교분이 두터웠는데 태종 7년 7월 4일에 의정부 영사가 되었다. 그가 의정부 영사가 된 뒤 가장 먼저 한 일이 바로 민무구 형제의 탄핵이었다. 이일을 위해 이화와 하륜 등은 지난 1년 동안 치밀한 준비를 했다. 물론 그들의 행동은 태종의 의중을 반영한 것이다. 태종은 즉위 이후 줄곧 민씨 형제를 제거하려는 뜻을 품고 있었지만, 원경왕후 민씨와 장인 민제 때문에 선뜻 행동으로 옮기지 못했다. 하지만 민씨 일가의 힘이 점점 커지자 위기감을 느낀 태종은 하륜, 이숙번 등의 측근들을 움직여 민무구와 무질을 제거하는 계획을 구체화했다. 전위 파동은 바로 그 신호탄이었다.

이화 등이 태종의 의중을 대변했다는 것은 민무구 형제를 탄핵한 상소문에서 그대로 드러난다. 의정부 영사가 된 지 엿새 뒤인 7월 10일에 올린 이화의 상소문은 이러했다.

《춘추》의 법에는 신하 된 사람의 죄 가운데 임금을 어떻게 하려는 마음을 먹는 것보다 더 큰 죄는 없다고 하였습니다. 그 죄를 크게 다루는 것은 간악한 마음을 막아 애초에 반란의 근원을 없애기 위함입니다.

여강군 민무구와 여성군 민무질 등은 왕궁에 드나들면서 전하의 은덕을 과분하게 받아 한 집안의 형제들이 모두 높은 벼슬로써 호화로운 생활을 누리고 있습니다. 그럴수록 모든 것에 조심하고 직무에 성실하여 교만하거나 안일하지 말며 은혜를 보답하기 위하여 노력해야 할 것입니다. 허나 그들은 저희들의 처지를 돌아보지 않고 권력을 틀어쥘 것만 꿈꾸면서 임금을 어떻게 해볼까 하는 마음을 먹고, 기어이 일을 내려고 욕심을 부려오고 있습니다.

지난해에 전하가 왕위를 물려주려고 할 때에 온 나라의 신하와 백성이 모두 가슴 아파하였지만, 무구 등은 다행하게 여기며 기쁨을 감추지 아니하였습니다. 전하가 백관의 기대에 순응하여 다시 자리를 지킨 뒤에 온 나라의 신하와 백성은 모두 기뻐하였지만, 무구 등은 도리어 실망했습니다. 그것은 어린 임금을 끼고 권력과 부귀를 마음대로 부려보자는 충성치 못한 심보를 훤히 드러내는 일이었습니다.

또 그때 전하께서 왕실의 자손들을 장구히 안전하게 하기 위한 계책을 세우려고 하자, 무구는 감히 이렇게 말했습니다.

"만일 꾀거나 부추기는 사람이 없다면 그냥 이대로 놔두는 것이 좋겠습니다."

전하가 이 말을 듣고 놀라서 곧 무구에게 말씀하셨습니다.

"예부터 제왕에게는 본처의 맏아들 이외에는 다른 아들이 아주 없어야 좋겠는가?"

안암에 피접 갔을 때, 전하가 또 무구에게 물었습니다.

"임금은 꼭 아들을 하나만 둬야 하는가?"

그러자 무구는 이렇게 대답했습니다.

"일찍이 신이 그렇게 말하지 않았습니까?"

무구의 속마음은 왕실의 자손들은 맏이고 아래고 모두 없애자는 심보입니다. 앞으로 어떤 화가 생길지 알 길이 없습니다.

더구나 무질은 지난번 전하가 임금 자리에 오른 지 얼마 안 됐을 때, 특별한 대우를 받으면서도 정승 이무의 집에 찾아가서 마치 무슨 불만이라도 있는 듯 불평을 하면서, 전하가 나를 종내 그냥 두지 않을 모양인데, 어떻게 하면 좋겠느냐고 했습니다. 이무가 예의를 차려 차근차근 타일러주니, 그제야 잘못 생각했노라고 했습니다. 그때는 애초부터 우려할 문제가 없었는데도 무질이 스스로 의심을 품어 안절부절못했습니다. 그 속마음이 무엇이겠습니까?

들건대, 무구 등이 전하께 말하기를

"세자 이외에는 영특한 왕자가 없어야 좋습니다."

라고 했다고 하는데, 이는 그가 임금을 어떻게 해보려는 마음을 품었다는 것을 명백하게 말해줍니다. 또 지난날 전하 곁에 있으면서 취산군 신극례를 충동질하여 감히 임금의 친아들이 쓴 글씨를 찢어 던지면서 이렇게 말했습니다.

"임금의 아들 중에서 영특한 사람이 많으면 변란이 생긴다."

이것도 왕실의 맏이나 그 아래를 다 없애자는 수작이 아니겠습니까?

전하께서는 충성되지 못한 그의 속내를 환히 알면서도 공로 있는 친척이라는 점을 고려하여 살려주려는 생각에서 극진한 은혜를 베풀어 용서했던 것입니다.

무질은 또 구종지의 집에 가서 "전하가 우리를 의심하고 있다"느니 "전하가 중상하는 말을 잘 믿는다"느니 하면서 불손한 말을 한 것도 한두 번이 아닙니다. 딴마음을 먹은 죄가 이보다 더 클 수는 없습니다.

바라건대 전하께서는 큰 의리로써 처결하여 무구, 무질, 극례 등을 해당 관청에 넘기고, 그 죄상을 심문하여 변란의 근원을 막아야 할 것입니다.

이화의 상소문을 자세히 살펴보면, 태종과 민무구 두 사람만 알고 있는 일들이 몇 군데 기록되어 있다. 이는 태종이 민무구와 나눈 대화를 이화와 그 일당에게 발설했다는 뜻이며, 이화가 민무구와 무질을 탄핵한 사건에 태종이 깊숙이 연루되어 있다는 것을 알려준다. 태종은 민씨 형제들을 제거하려 했고, 이화 등은 태종의 의중을 반영하여 탄핵 상소문을 올렸던 것이다. 말하자면, 이화가 민무구 형제를 탄핵한 것은 바로 태종의 뜻이었다는 것이다.

하지만 태종은 쉽게 속내를 드러내지 않았다. 오히려 상소문을 깔아두고 조정에 내려보내지 않았다. 겉으론 민씨 형제를 보호하는 것처럼 보이기 위해서였다.

당시 태종은 장인 민제와 장모, 또 원경왕후 민씨 등을 염두에 두지 않을 수 없는 처지였다. 민제는 장인이기 이전에 국가의 원로였고, 태종의 스승이었으며, 원경왕후는 그의 조강지처였다. 때문에 상소문이 올라오길 기다렸다는 듯이 즉시 민무구 형제를 벌주면, 그들과의 관계가 크게 꼬일 게 분명했다.

사실, 당시 원경왕후 민씨와 태종의 관계는 크게 악화되어 있었다. 태종은 즉위 이후 무려 11명이나 되는 후비를 받아들였다. 그 중에는 민비의 몸종이었던 여인도 포함되어 있었다. 그 일을 두고 민비는 태종을 몹시 비난했고, 부부 사이가 극도로 나빠졌다. 그 바람에 민씨의 동생들인 무구와 무질, 무회, 무휼 등에 대한 태종의 시선도 곱지 않게 되었다. 태종이 민씨 형제들을 제거하려 한 이유에는 민비에 대한 악감정도 한몫을 하고 있었다.

태종은 가급적 천천히 조금씩 민씨 형제들의 목을 조이고자 했다. 너무 빠르게 진행되면 여전히 군부에 영향력을 행사하고 있는 민씨 형제가 변란을 일으킬 수도 있었고, 민비와의 관계 악화로 세자와 대군들을 볼 면목이 없어지는 면도 있었다. 탄핵 상소가 올라오자마자 그들을 제거하면, 지난날의 전위 파동이 민씨 형제를 제거하기 위한 고육책이었다는 사실도 드러날 수밖에 없었다. 그리 되면 체면이 땅에 떨어지고, 위신이 크게 실추될 수도 있었다.

어차피 탄핵 상소가 올라왔으니 어떤 형태로든 조치를 취해야 할 것이다. 태종이 상소문을 깔아놓고 조정에 내려보내지 않으면, 대간에서 민씨 형제에 대한 탄핵이 빗발칠 것은 뻔한 일이었다. 그러면 태종은 못 들은 척 계속 상소문을 깔아놓고 시간을 끌다가 어느 순간에 이르러 신하들의 뜻에 밀린 척 일단의 조치를 취하면 될 것이었다.

태종은 그런 마음으로 느긋하게 기다리며 시간을 끌 요량이었다. 그러나 일은 오히려 저절로 풀려가고 있었다. 민무질이 해명할 기회를 달라고 청을 올린 것이다. 태종은 무질의 청을 받아들여 그에게 변명의 기회를 줬다. 도둑이 제 발 저리는 격으로 무질이 스스로 죽을 자리를 찾아들었으니, 태종으로선 문제를 쉽게 해결할 기회를 얻은 것이다.

태종은 민무질과 병조판서 윤저, 의정부 참찬 류량, 총제 성발도, 평강군 조희민, 칠원군 윤자당, 이조참의 윤향, 호조참의 구종지 등을 한자리에 불러모았다. 여섯 대언(代言, 왕명 출납을 맡은 비서관으로 훗날의 승지)과 의령군 남재, 칠성군 이원, 사간 최함, 정언 박서생, 집의 이조 등이 신문을 맡았다.

먼저 구종지에게 물었다.

"그대는 무질에게서 무슨 말을 들었는가?"

종지가 대답했다.

"지난해 8월에 신이 무질의 집에 갔을 때, 무질이 말하길 '상당군(이 저, 이거이의 장남)이 쫓겨난 뒤부터 늘 임금이 나를 의심하는 것을 두려워했는데, 이제 군권을 내놓고 나니, 마음이 좀 놓인다.'고 했습니다. 신은 이 말을 듣고 성발도에게 알려줬습니다."

지난해 8월이라면 바로 태종이 전위 소동을 일으키던 그때였다. 말하자면 무질은 그때 이미 태종의 화살이 자신들에게 올 것이라는 점을 짐작했던 것이다.

성발도 역시 구종지의 말을 들었다고 하자, 무질은 크게 화를 내며 소리쳤다.

"내 입으로 그런 말을 한 적이 없는데, 도대체 누가 내 말을 들었단 말이냐?"

하지만 구종지도 지지 않았다.

"지금 죽느냐 사느냐 하는 판에 내가 무슨 거짓말을 하겠는가?"

다음엔 윤향에게 질문했다.

"자넨 무슨 말을 들었는가?"

윤향이 대답했다.

"지난달 7일에 무질이 신의 집에 와서 하는 말이 '듣건대, 전날에 광연루에서 임금이 이숙번에게 지금 가뭄이 계속되는 것은 아래에 불순한 신하가 있기 때문이라고 하니, 숙번은 불순한 신하를 없애야 한다고 대답했다고 한다. 아마도 나를 두고 한 말일 것이다. 그대도 이런 말을 들었는가?'라고 했습니다. 그래서 제가 '그날 나는 사신을 맞는 일로 밖에 나가서 듣지 못했다. 무슨 일이 있기에 그런 의심까지 들게 되었는지 들려줄 수 없겠는가?'라고 물었습니다. 무질이 말하길 '이숙번이 우리들을 해치려고 임금을 충동질하는 것이지, 충심에서 그런 말을 한 것은 아니다.'라고 했습니다."

무질에게 사실 여부를 물었다.

"무질 자네가 정녕 그런 말을 했는가?"

이번엔 무질도 아무 변명을 하지 못하고 침묵하였다.

그 다음에 류량에게 질문을 던지자, 그가 말했다.

"공신들이 한 번 모임을 가졌던 날에 윤저가 신에게 하는 말이 '지난 가을에 임금이 자리를 물려주려고 할 때, 민씨네는 벌써 왕궁 안에 상주할 재상들을 비밀리에 짜놓았었다. 조희민도 그 중 한 사람이었다.'라고 했습니다. 신이 들은 것은 그저 그 말뿐입니다."

그러자 이번엔 윤저에게 확인 질문을 했고, 윤저는 윤자당에게 들었으며, 윤자당은 이간에게 들었다고 했다. 윤자당은 확신하며 말했다.

"신이 분명히 들었습니다. 언젠가 이숙번이 신의 집에 와서 이간을 불러다가 재차 확인했는데, 분명한 사실이었습니다."

그 말을 듣고 무질이 따지듯이 윤저를 쏘아붙였다.

"그대가 어쩌자고 근거 없는 소리를 하는가?"

또 조희민이 얼굴을 붉히며 윤저를 돌아보며 말했다.

"이 조희민이 아무리 똑똑하다고 한들 민씨가 그런 처지가 되는가?"

윤저 역시 지지 않고 되레 조희민을 꾸짖었다.

"만약 자네가 아니라면 민씨가 누구에게 궁중의 일을 맡기려 했겠는가?"

평소 민씨 형제와 조희민이 보통 사이가 아니었으니, 윤저의 말에 다들 고개를 끄덕였다. 무질은 아무 말도 못하고 얼굴만 붉게 달아올라 있었다.

그쯤 해서 신문이 끝났다. 신문에 참여한 대간들은 태종에게 보고할 문건을 만들었고, 남재를 비롯한 공신들은 민무질, 민무구, 신극례에게 죄줄 것을 요청했다. 하지만 태종은 선뜻 대답하지 않고 이렇게 말했다.

"내가 생각해봐서 처결하겠소."

그로부터 이틀 뒤, 태종은 민무구, 민무질, 신극례를 각자가 원하는 곳으로 보내서 거주를 제한하도록 조처했다. 얼핏 보면 유배 같으나 직첩을 빼앗은 것도 아니고, 그렇다고 형벌을 준 것도 아니었으니, 일종의 근신 조치였다. 탄핵 상소문엔 그들이 반역을 도모한 것으로 서술되었는데 그 정도로 가볍게 넘어가니, 대간들이 그냥 지나칠 리 없었다.

대간에서는 연일 민씨 형제와 신극례를 대역죄로 다스려야 한다고 연명 상소를 올렸고, 하륜을 비롯한 공신들도 그 대열에 합류했다. 하지만 태종은 여전히 상소문을 깔아두고 내려보내지 않았다. 그러자 탄핵의 열기는 더욱 가열되었다. 대간과 형조가 연명했고, 공신과 조신이 대거 참여했으며 성석린, 권근 등의 중도파들도 합류했다.

태종은 그들에게 단호하게 말했다.

"경들이 아무리 강하게 나와도 나는 끝끝내 듣지 않을 것이다. 돌아들 가라!"

하지만 한 번 시작된 탄핵 행렬은 쉽게 끝날 일이 아니었다. 더구나 탄핵하지 않는 자는 오히려 민씨 형제의 동조자로 낙인이 찍힐 판이었다. 상소문은 나날이 수북하게 쌓였고, 그렇게 보름이 흘렀다. 마침내 태종은 못 이긴 척 민무구와 무질의 공신첩을 회수하라고 지시했다.

그쯤에서 물러날 신하들이 아니었다. 특히 신극례에 대한 조치가 없음을 강하게 언급하며 탄핵 상소를 계속 올렸다. 신극례뿐 아니라 민씨 형제의 매형이자 태종과 동서 간인 조박까지 탄핵 상소문에 거명되었다.

그 외에 조희민, 김첨, 유기, 박은 등도 탄핵되었다. 민씨 형제와 어울리거나 친분이 있는 자는 모두 하나둘 이름이 오르기 시작했다.

물론 그 배후에는 이숙번과 하륜이 있었다. 이참에 아예 정적들을 모두 제거하려는 속셈이었다. 하지만 태종의 목적은 민씨 형제들을 제거하는 것이었다. 일이 확대되어 나머지까지 모두 제거되면 이숙번과 하륜이 권력을 농단하게 될 게 뻔했다. 그럴 경우 조정은 균형을 잃을 수밖에 없었다. 일이 너무 확대되고 있다고 판단한 태종은 일단 대간의 관리들을 옥에 가두고 성석린, 이무, 하륜, 조영무 등을 불러 다그쳤다.

"오늘날 무구 등의 꼴이 내일 경들의 꼴이 될 것이다. 죄를 진 사람이 몇 사람인데, 그 죄를 엮고 엮어서 다른 사람들까지 연루시키려고 하는가? 무질 등이 이미 충성치 못하다는 죄명을 받아 지방으로 내쫓기지 않았는가? 조박과 같은 사람이 무슨 죄가 있단 말인가?"

태종이 강하게 나오자 하륜이 무마했다.

"전하의 말씀이 옳습니다. 대간에서 그렇게까지 한 줄은 몰랐습니다."

다음 날부터 대간의 상소에 민무구와 무질, 신극례의 이름만 거명되었다. 그러자 태종은 옥에 가둔 대간들은 풀어주고, 여전히 상소문은 깔고 앉았다.

그렇게 넉 달이 흘러 어느덧 11월이었다. 여전히 대간과 공신들은 민씨 형제와 신극례를 대역죄로 다스려야 한다는 상소를 올리고 있었다.

태종은 그들의 상소에 밀린 듯 마지못한 얼굴로 명을 내렸다.

"민무구와 민무질의 직첩을 회수하고, 신극례에 대해선 논하지 말라."

그때 이미 신극례는 사망하고 없었다. 신극례는 10월 그믐에 양주에서 죽었다. 태종은 죽은 사람에게 어떻게 또 죄를 주느냐며 대간의 청을 거절했다. 하지만 대간에선 이런 논리를 폈다.

"역적을 처결하는 일엔 그 당사자의 생존과 사망에 관계하지 않는 것이 오랜 관례입니다. 요행히도 신극례가 하늘과 땅의 귀신에게 벌을 받아 목숨을 다했지만, 그렇다고 역적을 그대로 둬서는 아니 됩니다."

그러나 여전히 태종은 상소문을 내려보내지 않았다. 오히려 신극례의 죽음을 애도하며 사흘 동안 조회를 정지하고, 그의 빈소에 가서 제사를 지내주라고 조치했다. 민무구와 무질에 대해서도 목숨만은 살려주려 한다고 공포했다. 또 대간의 배후에 하륜이 있음을 알고, 황희를 시켜 하륜에게 이렇게 전했다.

"그대가 지난날 내 앞에서 허튼소리 한 것을 기억하고 있는데, 그 말을 다른 곳에 옮기지는 않았는가? 만약 옮겨졌다면 내 입이나 네 입에서 나온 것이리라."

말인즉, 과거에 한 말을 책잡아 죽이자면, 하륜도 예외가 아니라는 뜻이었다. 하륜이 뜻을 알아듣고 대답했다.

"살 길을 열어주시니, 몸둘 바를 모르겠나이다."

하지만 이미 민무구 형제에 대한 탄핵은 들불처럼 번져가고 있었다. 불길은 커질 만큼 커진 터라 쉽게 수그러들 기세가 아니었다. 대간은 물론이고 그저 지켜보던 신하들까지 가세하여 상소를 올렸다. 태종은 결국 11월 21일에 무구를 여흥에, 무질을 대구에 유배 조치했다. 이는 그들의 부친인 민제가 제안한 것이다. 그대로 뒀다간 유배형이 아니라 극형에 처해질 것을 염려한 고육책이었다.

민씨 형제의 일은 그쯤에서 끝나는 듯했다. 어쩌면 태종도 그 정도로 일을 마무리하려 했는지도 모른다.

그러나 민무구를 탄핵했던 사람들은 그렇게 끝낼 순 없었다. 만약 민무구 형제가 살아남은 가운데 태종이 죽고 세자 제가 즉위한다면, 그 뒷감당이 만만치 않았기 때문이다. 필시 민씨 형제는 복수를 할 것이고, 탄핵에 가담한 무리들은 대거 숙청당할 것이 뻔했다. 그 점을 모르지 않는 하륜, 이숙번 등은 대간들을 통해 지속적으로 그들 형제를 극형에 처할 것을 상소했다. 그런 가운데 여흥부원군 민제가 죽었다. 한편 민씨 형제 편에 서 있던 이무, 조희민, 강사덕 등은 자위책을 강구하기 위해 은밀히 민씨 형제와 연락을 취했는데, 이 일이 발각되어 사건은 걷잡을 수 없이 확대되었다. 결국 1409년에 정사공신 이무가 죽음을 당하였고, 민씨 형제는 제주도로 유배되었다. 그러자 이번에는 종친들과 세자의 장인인 김한로, 심지어 세자까지 민씨 형제를 죽여야 한다고 상소했다. 그리고 이듬해인 1410년(태종 10년) 태종은 마침내 민씨 형제에게 자진 명령을 내렸다. 또 6년 뒤인 1416년엔 그들의 두 아우인 무휼과 무회에게도 자진하도록 조치했다. 그들의 처자도 모두 변방으로 내쫓았다. 외척을 경계하고자 태종이 벌인 이 사건은 결국 네 처남의 목숨을 모두 빼앗은 뒤에야 비로소 종결되었다.

엽색 행각을 일삼는 세자와 태종의 분노

양녕은 세자가 된 뒤로 공부를 게을리 하고, 서연에 참여하지 않는 일이 많아 태종으로부터 몹시 미움을 받았다. 하지만 태종은 이런 일로 세자를 폐하지는 않았다. 양녕이 폐위된 직접적인 원인은 그의 엽색 행각 때문이었다.

양녕은 열네 살이 되던 1407년에 김한로의 딸에게 장가들어 이성에 눈을 떴는데, 열일곱 살이 되던 1410년부터 다른 여자에게 눈을 돌리기 시작했다. 나이로 보면 성욕이 가장 극에 달할 때였고, 결혼한 지도 4년째 접어들어 아내 숙빈에 대한 열정이 사그라질 무렵이었다.

처음으로 그의 눈을 사로잡은 여자는 기생 봉지련이었다. 1410년 11월에 명나라 사신이 왔는데, 세자도 그 자리에 참석했다. 사신을 위해 연회를 베푸는 자리인 만큼 많은 기생들이 동원되었고, 그 중에 유독 봉지련이 양녕의 마음을 사로잡았던 것이다.

연회가 파한 뒤 양녕은 치맛자락을 하늘거리며 춤추고 노래하던 봉지련의 모습이 눈앞에 아른거려 견딜 수 없었다. 고민 끝에 결국 시종 두 명을 앞세우고 그녀의 집에 몰래 찾아들어 사통했고, 급기야 그녀를 궁중으로 불러들이기까지 하였다.

그 소리를 듣고 태종은 세자를 안내한 시종 두 명에게 곤장을 치게 하고, 봉지련을 옥에 가둬버렸다.

봉지련을 잃은 양녕은 그때부터 식음을 전폐했고, 태종은 혹 세자가 상사병으로 큰 탈이 날까 염려하여 봉지련을 풀어주고 비단을 하사하기까지 했다.

그러나 세자가 봉지련을 동궁으로 불러들이는 것은 금지되었다. 세자는 그녀를 보고 싶은 마음을 누를 길이 없었고, 결국 몰래 궁 밖으로 빠져나가는 수밖에 없었다. 하지만 시자들은 태종의 엄명이 무서워 감히 세자를 안내하길 꺼렸다. 그러자 세자는 궐 밖에서 새로운 안내자를 구했는데, 은아리와 이오방이라는 인물이었다. 은아리는 사직(司直, 오위에 속한 군직)의 신분으로 무술이 뛰어나고 도성 사정에 밝았으며, 이오방은 음률과 춤에 능한 악공이었다. 세자는 이들에게서 민가의 음률과 춤, 그리고 매사냥 하는 법을 배웠다. 또 이들을 앞세우고 장안의 기생집을 누비고 다녔고, 그 때문에 곧잘 서연에 참석하지 않았다.

그런 일들이 계속되자 1411년 10월 17일에 좌사간대부 정준이 지신사 김여지를 만나 은아리와 이오방을 내쳐야 한다고 말했다.

"이 두 사람은 뚜렷한 직책도 없는데, 세자전을 마음대로 출입하고 있으니 내쫓아버리기 바랍니다."

김여지가 이오방과 은아리를 불러 함부로 동궁을 드나들지 못하도록 훈계하면서 꾸짖었는데, 그 소리를 듣고 세자가 정준에게 내시를 보내 말했다.

"두 사람이 비록 궁중에 출입하기는 하였으나, 어찌 나를 그릇되게 할 수 있겠는가? 또 경 등의 말을 듣고 내보냈으니 성총을 번거롭게 하지 말라."

이미 두 사람을 내쳤으니 태종에게 이르지 말라는 당부였다. 하지만 그 뒤에도 세자는 이오방은 물론이고 내섬시 종 허원만, 예빈시 종 조덕중, 갑사 허수련 등을 은밀히 동궁에 출입시키고 기생을 불러들여 놀곤 하였다. 이 일은 급기야 태종의 귀에 들어갔다. 태종은 분노하여 동궁전의 환관 세 명을 불러 다그쳤다.

"내가 들으니, 세자가 매를 궁중에 두고 있다는데 너희들은 이를 아느냐? 만약 알면서도 금하지 않았다면 직무를 유기한 것이 아니더냐?"

환관 조상이 대답했다.

"궁중의 일을 신이 어떻게 알겠습니까?"

태종이 환관들을 둘러보며 말했다.

"근일에 세자전에서 풍악을 울리며 밤을 새우고, 또 매를 기른다고 한다. 즉시 사람을 보내어 매를 내보내게 하라."

태종은 세자전에 기생을 들여 춤을 추게 하고, 풍악을 울린 죄를 물어 허원만, 조덕중, 허수련 등에게 장형을 내리고, 모두 파직시켜 수군에 예속시켰다.

그 뒤로도 양녕은 태종 몰래 동궁전에서 매를 키웠고, 곧잘 매사냥을 다녔다. 그 때문에 태종은 세자전의 환관들에게 장을 때려 유배시키는 조치를 취하기도 했다. 이 일로 양녕은 태종을 몹시 원망하였고, 병을 핑계로 문안 인사를 중단하기도 했다. 태종이 대로하여 세자전의 환관과 노비들을 잡아가자, 단식을 하며 저항했다. 결국 태종도 어쩔 수 없이 서연을 중단시키는 조치까지 내리며 세자를 달래야 했다.

이 사건 이후 양녕은 한층 대담해졌다. 1414년 1월 2일에 동궁으로 창기를 끌어들여 상간하였다. 그것도 장인인 김한로의 말을 빌려 창기를 태워온 것이다.

창기 이외에도 악공과 한량들이 자주 동궁을 출입하였고, 양녕은 그들과 어울려 놀다가도, 서연관들이 서연에 참석하여 청강할 것을 청하면 병을 핑계하고 나가지 않았다.

그 무렵 양녕 앞에 나타난 또 한 명의 여자가 있었는데, 바로 기생 초궁장이었다. 그녀는 원래 정종이 가까이했던 기생이었다. 양녕은 그 사실을 모르고 그녀와 사통하였다가 태종의 분노를 사게 된다.

당시 세자는 장안의 절색이라는 기생은 거의 모두 알고 있었고, 초궁장도 그 중 하나였다. 그가 초궁장을 처음 만난 것은 1414년 10월 26일에 매형 이백강의 집에서 벌어진 연회석에서였다. 그 뒤로 곧잘 초궁장을 궁으로 불러 사통하곤 했는데, 나중에야 그녀가 정종과 사통하던 기생이었다는 것을 알았다. 하지만 양녕이 그 사실을 알았을 땐, 이미 태종이 동궁에 초궁장이 드나든다는 것을 안 뒤였다. 태종은 자신의 친형인 정종이 사통하던 기생이 아들 세자와도 사통한다는 사실에 부끄러움을 감추지 못했다. 화가 난 태종은 당장 초궁장을 동궁전에서 내쫓았다.

초궁장 이후 양녕의 눈에 든 기생은 칠점생으로, 원래 매형 이백강이 거느리고 있던 첩이었다. 양녕은 1416년 3월 20일에 이백강이 베푸는 연회에서 그녀를 보고 마음에 들어 궁으로 데려오려 했다.

이를 안 충녕이 양녕을 가로막고 강하게 만류했다.

"친척끼리 이같이 하는 것이 어찌 옳겠습니까?"

충녕의 강한 제지에 밀려 양녕은 칠점생을 포기해야 했다. 그러면서 양녕은 말했다.

"충녕과 나는 도(道)가 같지 않다."

그 뒤 양녕은 다시 초궁장을 동궁으로 데려와 사통했고, 이오방의 주선으로 자주 궁 밖에서 칠점생을 만나곤 했다.

양녕은 1417년에 또 한 번의 간통 사건을 벌이는데, 바로 곽선의 첩 어리 소동이다.

이 소동은 양녕을 폐세자 신세로 전락시키는 결정적인 사건으로 확대되는데, 그 전말은 이렇다.

1416년 12월에 악공 이오방이 몰래 동궁전을 찾아가 세자에게 이렇게 말했다.

"전 중추원 곽선의 첩 어리가 자색이 뛰어나고 재예를 두루 갖췄다고 하는데, 한 번 보실랍니까?"

당시 곽선은 경기 적성에 있었다. 그런데 곽선의 양자 이승이 적성에 갔다가, 어리가 도성에 있는 족친들을 보고 싶다고 하여 데려온 터였다.

어리가 절색의 미인이라는 소리를 듣고 양녕은 대뜸 이오방에게 그녀를 도모하게 했다. 이오방은 같은 패 홍만과 함께 곽선의 생질녀 남편 권보를 찾아가 어리를 세자에게 바칠 일을 논의했다. 권보는 이렇게 말했다.

"곽선은 나와 인친의 은혜가 있어 속일 수 없다. 그러나 감히 명을 받들지 않을 수 있겠는가?"

권보는 자신의 첩 계지를 시켜 어리에게 세자가 보잔다고 알리도록 했다. 계지는 처음에 어리에게 효령대군이 보잔다고 거짓말을 했다가, 다시 세자가 관심을 보인다고 했다. 이에 어리가 거절하며 말했다.

"나는 본래 병이 있고, 얼굴도 예쁘지 않은 데다 더욱이 지금은 남편이 있으니, 안 될 말이오."

그러자 악공 이법화가 세자에게 이렇게 권했다.

"신물(信物)을 보내소서."

양녕은 곧 패물을 그녀에게 보냈다. 어리는 사양했으나 이오방이 억지로 두고 돌아왔다.

어리는 곧 세자가 자신을 탐하고 있다는 말을 이승에게 알리고, 이승의 집에 유숙했다. 그 소식을 접한 이법화가 세자에게 급히 고했다.

"이 기회를 놓쳐서는 안 됩니다. 이승의 집으로 가소서."

세자는 곧 대궐 담을 넘어 이오방의 집을 찾은 뒤, 곧 이승의 집으로 향했다. 이오방이 어리를 내놓으라고 하니, 이승이 순순히 듣지 않았다. 이에 세자가 직접 나서서 이승을 강압하여 어리를 이법화의 집으로 데려와 사통했다. 그리고 곧 동궁으로 그녀를 납치했다.

세자는 이승을 다독이기 위해 자신의 활을 선물로 보냈고, 어리는 이승의 처에게 비단을 보냈다.

하지만 이 일은 이듬해 2월에 큰 문제로 확대되었다. 세자가 곽선의 첩을 납치해와 동궁에서 함께 지내고 있다는 사실을 태종이 안 것이다. 태종은 우선 이승을 불러 신문했다. 그리고 미리 알리지 않은 죄를 물어 매를 치게 하고, 직첩을 회수하였다. 또 이 일에 관련된 권보, 이법화, 이오방, 환관 김기 등을 모두 의금부에 하옥시켰다. 또 공주로 달아난 이오방과 동궁 문을 지키던 삼군 진무 인인경 등을 모두 가두도록 했다.

이후 태종은 세자를 폐할 것을 결심하고 신하들에게 의견을 물었다. 하지만 신하들은 한결같이 세자의 주변인들이 문제라며 세자를 폐하지 말 것을 주청했다. 태종은 신하들이 모두 나간 뒤에 조말생과 이원을 남게 하여 다시 물었다.

"세자의 행실이 이러하니 내쫓고자 하는데, 어떻게 생각하는가?"

이원이 대답했다.

"명하신 말씀은 옳으나, 세자는 본래 천성이 아름다우니 주변에 따르는 자들을 제거하고 정직한 사람을 골라 가르치게 한다면, 앞으로 반드시 허물을 고칠 것입니다."

이원의 말을 듣고, 태종은 한 번만 더 세자를 지켜보기로 하였다. 하지만 그냥 지나칠 수는 없는 일이었다. 그래서 세자를 김한로의 집에 머물게 하고, 공적인 일을 일절 못하게 했다.

빈객 변계량과 탁신이 세자를 찾아가 다시는 이런 일을 저지르지 않겠다는 약조를 받고, 태종을 배알했다.

"신들이 세자를 만나 다시는 이런 일을 저지르지 않겠다는 약조를 받았습니다."

태종은 그 말을 믿고 다시 변계량에게 밀조를 내렸다.

"경 등이 세자의 실수를 극진히 아뢰어 세자로 하여금 뉘우쳐 깨닫게 하고, 세자가 다시는 전일의 행동을 밟지 않도록 종묘에 맹세토록 하라."

이제 단순한 약속만으로는 안 되겠다고 생각한 태종은 그렇게 세자를 바로잡으려 했다.

변계량이 세자에게 태종의 뜻을 알리자, 세자가 대답했다.

"나의 마음은 지극하지만, 어떻게 해야 할지 알지 못하겠소. 그러니 빈객들이 나를 밝게 지도하면 내 그대로 따르겠소."

"다시는 이런 일을 하지 않겠다고 하늘에 고하고, 문소전(태조의 비 신의왕후의 사당)에 고하고, 사직에 고하고, 종묘에 고한다고 하시는 것이 좋을 것입니다. 그러나 하늘과 사직은 머니 종묘에 고하소서."

"그러면 빈객들이 내 말을 듣고 지으시오. 종묘에 고하고 나서 또 임금께 상서하고자 하니, 아울러 글을 지으시오."

변계량이 이 말을 태종에게 그대로 전하니, 태종이 말했다.

"그래, 만약 성심으로 허물을 고쳐 종묘에 고한다면 내 어찌 믿지 않겠는가? 이미 종묘에 고하고서 또 전일과 같은 짓을 한다면 그것은 실로 조종의 영령을 속이는 것인즉, 내 어찌 믿지 않겠는가?"

어리 문제는 이렇게 매듭지어지는 듯했다. 하지만 며칠 뒤 공조참판 이안우의 입을 통해 세자의 또 다른 엽색 행각이 알려졌다.

이안우가 의금부 제조로서 권보를 추국할 때, 세자가 수진방에 사는 임상좌의 양녀를 사랑하여 밤마다 그곳을 출입했다는 말을 들었다고 김점에게 말했다. 그 말을 들은 김점은 세자의 과실을 듣고 임금에게 고하지 않았다며 이안우를 크게 꾸짖고, 하옥하여 국문케 했다. 하지만 태종은 단지 이안우를 파직하는 것으로 일을 마무리지었다. 이는 임금이 세자의 일로 여러 사람을 고통스럽게 했다는 오명을 남길까 봐 그 일을 숨겼다는 이안우의 말을 참작했기 때문이다.

며칠 뒤 세자는 약속대로 종묘에 고하는 글과 임금께 올리는 글을 올렸다. 두 글은 모두 빈객 변계량이 썼는데, 그 내용이 매우 절절하고 간곡하여 태종을 감동시키기에 충분했다.

그러나 맹세를 한 지 겨우 두 달이 지났을 때, 세자는 또다시 간통을 저질렀다. 세자전의 시자 중에 이귀수라는 인물이 있었다. 그는 본래 세자의 장인 김한로의 노비였으며, 숙빈(세자빈)의 유모 소생이었다. 세자가 시자 진포에게 미색의 처녀가 없느냐고 물으니, 진포는 이귀수에게 알아보았다. 이귀수는 다시 최학에게 수소문하였고, 최학은 자신의 동서 옥세침에게 물었다. 그러자 옥세침이 이렇게 말했다.

"방유신의 손녀가 자색이 뛰어나다."

이귀수가 이 소리를 듣고 진포와 더불어 세자에게 고했다. 세자는 시자인 이귀수, 조이, 중보 등을 방유신의 집에 보내 자색을 보고 오라고 했다. 하지만 방유신은 손녀를 내놓지 않았다. 그러자 세자는 해질 무렵에 직접 방유신의 집으로 찾아갔다. 하지만 방유신이 이미 손녀를 숨긴 뒤였다.

그 뒤 세자는 또다시 갑작스럽게 방유신의 집으로 들어가 다짜고짜 손녀의 방으로 날아들었다. 그리고 얼굴을 살펴본 뒤 돌아왔다.

그러자 사섬서(지폐 찍는 곳) 권지직장(종7품 직장의 하나) 진기가 찾아와 세자전의 시자 조이에게 이렇게 전하게 했다.

"전날에는 방유신 부처가 실례했다고 합니다. 청컨대 다시 가소서."

하지만 웬일인지 세자는 고개를 내저었다.

"나는 다시 안 갈란다. 다른 사람에게 시집가라고 해라."

그래도 진기가 재삼 청하자, 못 이기는 척 가기로 했다. 그리고 이귀수에게 이불보를 짊어지게 하고, 방유신의 집에서 합궁하고 한밤중에 돌아왔다.

그러나 이 일은 곧 발각되어 이귀수가 처형되고, 진기와 방유신은 장 100대에 3천 리 밖으로 쫓겨났다.

그 사건이 벌어지고 있는 때에 세자는 또 은밀히 어리를 동궁에 들여놓았다. 김한로의 어머니, 즉 숙빈의 할머니가 숙빈을 보러 올 때, 어리를 시종으로 변장시켜 몰래 데리고 온 것이다.

세자와 어리가 상간하여 그녀의 배가 불러오자 다시 세자빈의 할머니가 어리를 데리고 나가 아이를 낳게 하였다. 어리는 아이를 낳은 뒤 또다시 동궁에서 지냈는데, 태종이 그 사실을 안 것이다. 이때가 태종 18년인 1418년 5월 10일이다.

태종은 노기를 드러내며 세자를 옛 궁궐인 한양에 나가 거처하게 하였다.(태종은 1418년 당시 한양에 머무는 것이 마음이 편치 못하다고 하여 2월 15일에 개경으로 옮겨가 있었다. 태종은 개경에 7월 27일까지 머무른 후 환도했다.) 또 숙빈을 궁궐에서 쫓아내 친정에 거처하게 했으며, 김한로는 나주로 유배시켰다.

폐위되는 양녕과 세자에 책봉되는 충녕

세자를 한양으로 내쫓을 때, 태종은 이미 세자를 폐위할 것을 결심한 터였다. 그 점을 간파한 세자도 가만히 있지 않고 태종에게 이런 글을 올렸다.

전하의 시녀는 다 궁중에 들이는데, 어찌 그것이 다 신중하게 생각하여 들인 것이겠습니까? 제 계집을 내보내고자 하시나, 그가 살아가기가 어려울 것을 불쌍하게 생각하였고, 또 바깥에 내보내 사람들과 서로 통하게 하면 소문이 좋지 못할까 염려되어 내보내지 아니하였습니다.

지금까지 신의 여러 첩을 내보내어 곡성이 사방에 이르고, 원망이 나라 안에 가득 찼습니다. 어찌 전하에게선 잘못을 찾지 않으십니까?

착한 일을 하라고 꾸짖으면 정이 떠나고, 정이 떠나면 그보다 더 큰 불행은 없습니다. 신은 악기의 줄을 일부러 끊어버리는 것과 같은 행동은 하지 않았사오며, 앞으로도 음악과 여색에 쏠리는 마음을 참을 생각이 없습니다. 그저 마음 내키는 대로 하다가 이렇게 살겠습니다.

한나라 고조는 산동에 있을 때, 재물을 탐하고 여색을 좋아했으나 마침내 천하를 평정하였고, 진왕 광은 비록 어질다고 일러왔지만, 막상 왕위에 올라서는 자신이 위태롭게 되고 나라가 망하였습니다. 신이 나중에는 큰 효자가 되지 않으리라는 것을 전하가 어떻게 아십니까?

첩 하나를 두지 못하게 하면 손실은 많고 이득은 적을 것입니다. 천대 만 대를 내려가면서 자손들의 첩을 다 금지한다는 것은 손실이 더 많은 일입니다. 한 명의 첩을 내보내지 않음으로써 그런 손실을 막는 것이 더 이득이 아닙니까?

임금이란 개인적인 정이 없어야 합니다. 신효창은 태조를 옳지 못한

데로 빠뜨려 죄가 컸지만, 용서해줬습니다. 한로는 오직 신의 마음을 기쁘게 해주려고 한 것뿐인데, 선비 시절의 우정도 잊어버리고 그를 버린다는 것은 포악한 일이며, 공신들이 이로부터 위태롭게 될 것입니다.

숙빈은 아이를 잉태하여 죽조차 먹지 않고 있는데, 하루아침에 사고가 생기면 보통 일이 아닐 것입니다.

이제부터 스스로 새로운 길을 나감으로써 털끝만큼이라도 전하가 화를 내는 일이 없도록 하겠습니다.

양녕의 편지를 받고 태종은 기가 찼다. 재상들에게 "나는 세자의 글을 보고 몸서리가 쳐진다."고 말할 정도였다.

태종은 곧 여섯 대언과 변계량에게 세자의 글을 내보이며 말했다.

"이 말은 다 나를 욕한 것이니, 말인즉 아비인 나도 옳은 길을 가지 않는다는 뜻이다. 내가 만약 부끄러운 생각이 있다면 어떻게 그대들에게 이 글을 보이겠는가? 모두 허망한 일을 가지고 말한 것이니 나는 명백히 해명하려고 한다."

태종은 변계량을 시켜 해명하는 글을 쓰려고 했다. 그러자 변계량이 말했다.

"이 말들은 모두 허망한 것인데, 무슨 회답해줄 나위가 있겠습니까?"

태종은 변계량의 말이 옳다고 했지만, 분을 이기지 못하고 내시 박지생에게 자신의 말을 받아 적게 했으니, 그 내용은 이랬다.

며칠 전에 내가 너에게 여자를 들여보낸 한로의 문제를 말했었다. 그러면서 말하기를 이 말이 만약 흘러나가면 나라에서 반드시 그를 죽이라고 할 것이라고 하였고, 한로 자신도 열 번 죽을죄를 지었다 하였다. 그런데 너는 무슨 연고로 한로에게 죄가 없다고 하느냐?

신효창은 지시를 받고 태조를 따라간 것이기 때문에 해당 관청에서는 죄를 줄 것을 청했으나, 내 마음에 죄주는 것이 타당하지 않다고 생각되어 승인하지 않았다. 그런데 너는 어째서 효창의 죄가 중하다고 하느냐?

숙빈은 아들을 뒀기 때문에 죄인의 딸이지만 궁전으로 돌아오게 하였다. 설사 죽은들 내가 애석하게 여길 이유가 무엇이냐? 그런데 너는 무엇 때문에 죽도 먹지 못한다느니, 죽으면 보통 일이 아니라느니 하면서 나를 놀라게 하려고 하느냐?

스승과 빈객들이 한로와의 관계를 끊고 친척으로 여기지 말게 하자고 하였기 때문에 끊어버리고 나주에 보내서 거주 제한을 시켰는데, 만일 다시 주청이 오면 죽음을 면치 못할 게 틀림없다.

박지생을 한양으로 보낸 태종은 이튿날 박은 등 세자의 서연관들을 불러 세자를 가르쳐보라고 하였다. 서연관들은 세자에게 만나기를 청했으나, 세자는 차일피일 미루다가 병을 핑계하고 나오지 않았다. 서연관들은 서연에 참석하지 않아도 좋으니, 자신들과 간단한 대화만 나누자고 누차 제의했다. 세자는 이런저런 핑계를 대며 만나지 않다가, 그들의 끈질긴 요구를 이기지 못하고 만났다.

서연관들의 손엔 태종이 내린 또 하나의 서신이 들려 있었다. 지난번 박지생에게 안긴 편지로는 성이 차지 않았던 모양이다.

네가 그전에는 담을 넘어가서 남편이 있는 여자를 끌어들이고, 어떤 때는 밤중에 담을 넘어 밖으로 나갔으니, 네가 악공의 집치고 모르는 집이 있더냐? 이 때문에 처단된 사람이 도대체 몇 명이냐? 아버지와 아들 사이에는 친구처럼 권고나 책망도 할 수 없기 때문에 나는 말하지 않는다.

네가 지난번에 말하기를 김한로의 죄를 온 나라 사람들이 다 아는 터이니 마땅히 극형에 처해야 한다고 하더니, 왜 지금은 말이 달라졌느냐?

내가 병술년에 네게 나랏일을 맡기고 아침저녁으로 태조에게 효성을 다하려고 하였으나, 사람들의 마음이 너무 험악하였기 때문에 그렇게 하지 못하여 참으로 부끄러운 마음이 있었다.

신효창, 정용수의 문제를 내가 왜 모르겠느냐? 내가 그때 효창 등에게 지시하여 태조를 호위하라고 하였기 때문에 이미 경중을 참작하여 죄를 줬었다. 너는 왜 전날의 잘못을 빨리 고쳐 스스로 새로운 길로 나가지 못하느냐? 아버지와 아들 사이에 어떻게 매질하면서 가르칠 수 있겠느냐?

너의 편지를 보니, 네가 글을 모른다고 할 수는 없겠다. 서연에는 네가 나가고 싶으면 나가고, 나가기 싫으면 나가지 말라. 하지만 날마다 빈객을 만나서 좋은 말을 들려달라고 해야 할 것이다.

그러나 빈객과 서연관이 세자와 대화를 나눠보니, 전혀 반성의 빛이 없고 개선의 여지도 없었다. 그들은 또한 태종이 이미 세자를 폐할 마음을 품고 있다는 사실도 간파했다. 이를 반영하듯 태종은 다음날인 6월 2일에 의정부 대신과 공신, 육조, 삼군도총제부, 각 관청의 관리들을 모두 소집했다. 그리고 조말생과 이명덕에게 지시를 내려 전달했다.

"세자 제는 간사한 신하의 말을 듣고 여색에 빠져 옳지 못한 행동을 함부로 저지르고 있다. 훗날 만약 살리고 죽이며, 주고 빼앗는 권한을 차지하게 되면 어떤 형편으로 치달을지 예측하기 어렵다. 여러 재상들이 잘 살펴서 그렇게 하지 못하게 해야 할 것이며, 조정에서는 응당 정당한 절차를 밟아 시행해야 할 것이다."

조정 대신들은 태종이 세자를 폐할 결심을 한 것을 깨닫고 세자 폐위를 청하는 상소를 잇달아 올렸다. 이 대열에는 의정부와 육조, 삼군도총제부, 사간원, 사헌부 등 모든 정부기관의 관리들이 거의 동참했다.

태종은 그들의 상소문을 읽어보고 이렇게 말했다.

"모든 관리들의 상소문을 보니 소름이 끼친다. 하늘도 이미 버린 것이기에 어쩔 수 있겠는가? 세자 제를 내쫓도록 하라."

세자를 폐위하자 곧 새로운 세자 책봉 문제가 대두되었다. 이 문제에 관해 태종은 이런 지시를 내렸다.

"세자의 행동이 도리에 극히 어긋나서 왕위를 계승할 수 없기 때문에 높고 낮은 관리들의 제의에 의해 이미 내쫓았다. 사람이 잘못을 고치기는 어려운 만큼 옛사람 중에도 능히 잘못을 고친 사람은 태갑(太甲)뿐이었다. 말세에 와서 궁벽한 나라에 사는 내 아들이 어떻게 태갑과 같겠는가?

이제 세자를 새로 정하지 않을 수 없다. 만약 정하지 않는다면 사람들의 마음이 뒤숭숭할 것이다.

옛날에는 유복자를 왕으로 세우고 죽은 임금의 옷을 놓고 조회를 하였을 뿐 아니라, 큰집의 맏아들을 세우는 것은 예나 지금이나 정상적인 규례다. 제에게 아들이 둘 있으니, 맏이는 다섯 살이고, 둘째는 세 살이다. 나는 제의 아들을 대신 세우려고 한다. 혹 맏아들이 사고가 있으면, 그 동생을 세워서 뒤를 잇도록 하려고 하니, 왕세손이라 부르겠는가? 왕태손이라 부르겠는가? 옛 규례를 상고하고 토의하여 보고할 것이다."

태종이 이런 뜻을 밝히자, 신하들은 크게 두 부류로 나뉘었다. 한상경을 비롯한 몇몇 신하는 태종의 말대로 폐세자의 아들 중에서 새 세자를 세우자고 하였지만, 류정현을 비롯한 심온, 김점 등 열다섯 명은 어진 사람을 세워야 한다고 주장했다. 그들이 내세운 어진 사람이란 곧 충녕대군이었다.

조말생이 그런 신하들의 뜻을 전하자, 태종은 "내가 점을 쳐서 결정하겠다."고 말하고는 곧 내전으로 가서 원경왕후를 만났다.

"재상들은 어진 사람을 골라 세워야 한다고 말합니다."

그러자 원경왕후는 결사적으로 반대했다.

"형을 내쫓고 동생을 세우는 것은 변란의 근원입니다. 안 됩니다."

태종은 고개를 끄덕였다. 내심 스스로도 염려하는 바였기 때문이다. 하지만 폐세자의 아들을 세워도 파란이 예상되긴 마찬가지였다. 더욱이 양녕의 큰아들은 불과 다섯 살밖에 안 된 어린아이였다. 어린 세자가 세워지면 왕권이 불안해질 것은 당연했고, 혹여 자신이 일찍 죽게 되면 나라가 위태로워질 수도 있었다.

태종은 고민에 고민을 거듭했다. 그리고 마침내 결론을 내렸다.

"응당 어진 사람으로 고르는 것이 옳다."

신하들의 대세에 따른 결정이었다. 그의 마음 한쪽에 충녕을 세자로 삼고자 하는 마음이 간절했으니, 스스로의 선택이라 할 수도 있었다.

그런 결정이 나자 재상들이 또 의견을 냈다.

"아들을 알아내고, 신하를 알아내는 일에는 아버지와 임금만 한 이가 없습니다."

즉 태종 스스로 효령과 충녕 중에 한 명을 선택하라는 뜻이었다. 그 문제에 대해 태종은 이미 결심을 굳힌 터였다.

옛사람이 말하기를 손윗사람이 임금이 되는 것이 나라의 복이라고 하였다. 그러나 효령대군은 몸도 약하고 융통성도 없다. 앉아서 내 말을 듣고는 그저 빙그레 웃을 뿐이다. 나나 왕비는 효령만 보면 웃음이 나곤 한다. 충녕대군은 천성이 총명하고 학문도 좋아하여 아무리 모진 추위나 더위에도 밤새도록 글을 읽는다. 나는 혹시 병이라도 날까 봐 밤에 글 읽는 것을 금하였으나, 나에게 있는 큰 책들을 모조리 요청해서 가져갔다.

그리고 가끔 엉뚱한 데가 있긴 하지만, 정사를 다루는 원칙을 알아서 중대한 문제가 있을 때마다 제안하는 것이 꼭 맞았다.

큰 나라의 사신을 접대하게 되면 풍채며 인사며 몸가짐이 예의에 맞는다. 술을 마시는 것이 유익하지는 않지만, 큰 나라 사신을 상대하여 주인이 한 잔도 마시지 않는다면, 어떻게 손님에게 권할 것이며, 환심을 살 수 있겠는가? 충녕이 술을 잘 마시지는 못하나 알맞게 마시고 그만둔다. 또한 그 아들도 장래성이 있다.

효령대군은 술을 한 잔도 마시지 못하니, 이것도 안 될 일이다. 충녕대군은 큰 자리를 맡길 만하기에 나는 충녕을 세자로 삼고자 한다.

태종의 결정이 전해지자 류정현 등의 대신들은 자신들이 말한 어진 사람이 바로 충녕대군이라고 밝혔다. 하지만 황희 같은 인물은 폐세자를 반대하며 태종에게 세자의 위를 되돌릴 것을 간언하다 유배되기도 했다.

세자로 충녕이 결정된 뒤, 태종은 목이 쉬도록 울었다. 실컷 울고 난 후 새로운 세자 책봉례를 거행하도록 하고, 그 사실을 종묘에 고하도록 했으며, 명나라에 사신을 보내 세자 책봉을 청하는 표문을 올렸다.

태종의 표문을 가지고 사신으로 간 원민생은 조선에 사신으로 자주 왔던 황엄을 만났다. 황엄은 늘 충녕대군을 칭찬하며 "총명하기가 아버지와 같으니, 동국의 왕위가 이 분에게 돌아갈 것이다."라고 했던 인물이다. 그런데 원민생이 세자 책봉 문제로 북경에 도착하자, 황엄이 이렇게 말했다.

"충녕을 세자로 책봉하려 함이지요?"

한편 이때 양녕은 귀양지에 머물러 있었다. 애초에 신하들은 그를 춘천으로 귀양 보내자고 했다. 하지만 원경왕후가 결사적으로 반대하는 바람에 태종은 그냥 한양에 머물게 하려고 했다. 그러나 대신들이 강하게 반대하여 별 수 없이 한양에서 멀지 않은 광주(廣州)로 귀양 가게 하였다.

세종이 즉위한 뒤에 양녕은 곧잘 귀양지에서 이탈하여 전국을 떠돌며 기생들과 어울리곤 하였는데, 이 때문에 대간에서 누차 양녕에게 죄줄 것을 청했다. 심지어 양녕을 죽여야 한다는 상소도 있었다. 그러나 세종은 끝까지 죄를 주지 않았다. 오히려 종종 대궐로 불러 술을 대접하여 함께 즐기기도 하였다.

그리하여 양녕은 세종과 문종을 거쳐 단종 대까지 살아 있었다. 그는 수양대군(세조)과 친근하여 그를 편들었는데, 왕위에 오른 뒤 세조는 가끔 그를 불러 말벗을 삼곤 했다.

하루는 세조가 이렇게 물었다.

"나의 위무가 한 고조 유방에 비해 어떠합니까?"

양녕이 대답했다.

"전하께서는 아무리 위무가 대단하시더라도 한 고조처럼 선비의 관에다 오줌을 누지는 않을 것입니다."

세조가 크게 웃고, 다시 물었다.

"내가 부처를 좋아하는데, 양 무제에 비해서 어떻습니까?"

양녕이 대답했다.

"전하께서 비록 부처를 좋아하시나 밀가루로 희생물을 대용하지는 않을 것입니다."

(이는 양나라 무제가 불교를 숭상하여 종묘의 제를 올리는 데 고기를 쓰지 않고 곡식 가루를 썼다는 고사에서 따온 것이다.)

세조가 또 물었다.

"고금의 제왕 중에 당 태종이 최고라 하는데, 저는 따를 수 없겠지요?"

양녕이 손사래를 치며 대답했다.

"전하께서는 당 태종보다 훨씬 낫습니다."

"숙부, 그게 무슨 말씀이오. 과하십니다."

"과하다니요? 당 태종은 작은 일로 장온고를 죽였지만, 전하는 그렇게 하지 않을 것입니다. 가법(家法)의 바른 것이 당 태종이 따를 바가 아닙니다."

(이는 당 태종이 동생 원길을 죽인 뒤에 원길의 처를 데리고 살면서 아들을 낳은 것을 빗댄 말이다.)

서거정의 《필원잡기》와 성현의 《용재총화》에 나오는 이 이야기들은 양녕이 단순한 호색한이 아니었음을 보여준다. 남효온의 《추강냉화》에는 양녕이 주색에 빠져 세자의 위를 잃긴 했으나 천성이 너그럽고 활달하여 평생 자기의 사생활을 잘 유지했다고 나와 있는데, 이는 양녕이 나름대로 처세에 뛰어난 인물이었음을 시사한다. 김시양의 《자해필담》에 양녕이 일부러 색광인 것처럼 행동하여 세자에서 쫓겨났으며, 이는 태종의 마음이 충녕에게 있음을 알았기 때문이라고 전하는 것도 양녕의 그런 면모를 엿보게 하는 대목이다.

태종의 전격적인 전위

1418년 7월 6일, 태종은 네 번째 전위 파동을 일으켰다. 충녕을 세자로 책봉한 지 불과 한 달 만이었다. 하지만 이번 파동은 이전과는 달랐다. 태종의 의지는 확고했고, 신하들이나 세자를 시험해보려는 음흉한

뜻도 없었다. 말 그대로 순순하게 전위하려 했던 것이다.

이날 태종은 여섯 대언을 불러서 친히 지시했다.

"효령대군과 최한 등을 시켜 전달케 하려다가 아무래도 자세하게 전달되지 못할 듯하여 직접 너희들을 보고 말한다.

왕위에 오른 지도 벌써 18년이나 되었고, 그동안 홍수와 가뭄이 계속되었다. 지난 병술년에 왕위를 넘겨주려다가 그렇게 하지 못했고, 그 후로도 제(양녕대군)의 행동이 규범에 맞지 않는 까닭에 늘 염려하였다.

지금의 세자는 천성이 순진한 데다가 재주가 뛰어나고 사물에 정통하여 나라를 맡길 만하다. 세자로 책봉하던 날에 나는 벌써 왕위를 물려줄 것을 결심하고 마음이 편안해졌다. 대국에 간 원민생이 돌아오면 곧 자리를 넘겨줘 왕으로서 황제를 뵈러 갈 것이니, 얼마나 좋은 일이냐?"

당시 원민생이 명나라에 사신으로 갔는데, 그는 조정의 결의에 따라 다음번엔 세자가 황제를 배알할 것이라고 명나라 조정에 알린 터였다. 태종은 세자의 신분으로 명나라에 가는 것보다 왕의 신분으로 가는 것이 낫지 않느냐고 말하고 있는데, 이는 태종의 본심이 아니었다. 태종은 오히려 세자가 명나라에 입조하는 것을 꺼리는 입장이었다. 몇 달간 세자가 자리를 비운 사이에 자칫 자신의 지병이 악화되면 조정에 변고가 생길 수도 있다고 본 것이다. 그럼에도 그런 말을 한 것은 대언들이 세자의 입조 문제를 내세워 전위를 반대하는 것을 차단하기 위함이었다.

태종의 말이 이어졌다.

"높고 낮은 관리들이 나를 진심으로 사랑한다는 것을 나도 이미 알고 있다. 그러나 성녕(태종의 4남)이 일찍 죽은 뒤로 상념에 젖지 않은 날이 없어 나라를 다스릴 여념이 없다. 또 왕위를 물려주는 문제에 대해 규례를 상고해보건대, 신하들이 간할 수 없는 일로 되어 있다. 재상들과 조정에 내 뜻을 전해 간하지 못하게 해야 할 것이다."

태종의 말을 듣고 여섯 대언이 눈물을 흘리며 간했다.

"아직 한창 젊고 몸에 병환도 없는 만큼 세자에게 정사하는 방법을 알려줄 때입니다. 그런데 어째서 시기를 놓쳐서는 안 된다고 말씀하십니까? 또한 옛적에도 임금이 친히 황제에게 조회하러 간 전례가 없습니다. 만약 이런 전례 탓에 대국이 태평하지 못할 때 부른다면 어떻게 하겠습니까?"

그 말에 태종이 고개를 끄덕였다.

"그 말이 옳다. 내가 미처 그런 폐단까지 생각하지 못했구나. 세자가 황제에게 갔다가 돌아온 뒤에 다시 이 문제를 결정하겠다. 너희들은 이 말을 입 밖에 내지 말아야 할 것이다."

그로부터 한 달 뒤인 8월 8일, 태종은 경회루에 거둥하여 지신사 이명덕, 좌부대언 원숙, 우부대언 성엄 등을 불렀다. 중국에 사신으로 간 원민생은 아직 돌아오지 않았고, 세자 또한 입조하지 않은 때였다.

태종은 담담하면서도 분명한 어조로 전위 의지를 피력했다.

"내가 왕위에 있은 지 벌써 18년이다. 비록 덕망은 모자라나 의리에 어긋나는 일을 한 적은 없다. 하지만 하늘의 뜻에 보답하지 못해 홍수와 가뭄과 해충으로 인한 재변을 숱하게 겪었다. 거기다 지병이 요즘 들어 더욱 심해져 세자에게 자리를 물려주려고 한다. 아버지가 아들에게 왕위를 물려주는 것은 예나 지금이나 떳떳한 일인 만큼 신하들은 탄하거나 간할 수 없는 일이다."

당시 태종은 중풍 증세를 보이고 있었다. 이를 고치기 위해 많은 약을 썼지만 별 효과가 없자 이천으로 거둥하여 온천욕을 하기도 했다. 그렇다고 중풍 증세가 심각한 것은 아니었다. 또 몸에 종기가 나서 고생하기도 했으나, 그 역시 심각한 지경은 아니었다. 그가 병을 핑계한 것은 전위할 명분을 얻으려는 것이었다.

태종이 말을 이어갔다.

"나는 생김새부터 임금의 기상이 아니고, 풍채라든지 행동이라든지 다 임금의 자격에 맞지 않는다. 《상서》의 무일편을 상고해보면, 왕위에 머무는 기간은 10년도 되고 20년도 된다. 20년만 해도 임금 노릇을 오래한 것이니, 나도 임금 노릇을 오래한 축에 든다.

그동안 태조가 사랑하는 두 아들을 잃은 것을 가슴 아파하는 일에 대해서도 생각해보았고, 한 나라의 임금으로서 아버지의 눈 밖에 난 나 자신의 처지에 대해서도 생각해보았으며, 관리들을 이끌고 아버지께 나아갔다가 뵙지도 못하고 돌아온 일들도 생각해보았다. 정말이지 왕위를 헌신짝처럼 버리고 말 한 필과 관리 한 명만 데리고 조석으로 다니면서 문안이나 올리는 것으로 내 본심을 보이고 싶기도 했다.

그런 뜻으로 병술년에 세자에게 자리를 물려주려고 했는데, 모든 관리들이 말리고 어머니의 혼령이 눈물을 흘리는 꿈을 꾸었으며, 민씨 형제 사건이 일어난 데다 대간들이 들고일어나는 바람에 그만두었다.

원민생이 돌아오고 세자가 조회하러 갔다 온 다음에 자리를 물려주면 일이 순조로울 것이라 생각되기도 하지만, 거기에도 타당치 못한 점이 있다.

지금 왕비의 병환이 위독하고, 나도 병이 도졌으니 세자가 어떻게 중국으로 조회를 가겠는가? 더구나 회안대군의 부자(이방간과 이맹종)가 살아 있고, 양녕이 형제간인 데다 변란을 일으킬 인물이 아니라지만 어제까지 세자로 있다가 쫓겨난 만큼 그 틈을 노리고 덤빌 사람이 왜 없겠는가? 그래서 조회하러 가는 것은 중지하고, 자리를 물려주려고 하늘과 종묘에 고했다. 이 일에 대해 신하들은 탓하고 나설 것이 못 된다.

또 원민생이 대국에 가서 세자가 조회하러 오겠다고 말했다 해도 공문을 낸 것도 아니고, 말만 했을 뿐이다. 사고란 것은 무시로 생기고, 왕위에 앉은 몸으로 쉽사리 자리를 뜰 수 없는 것이니, 황제인들 외국의 일을 가지고 트집을 잡기야 하겠는가? 내가 8월 4일에 병이 나았다는 내용으로 공문을 보내면 황제는 반드시 책봉문을 내려줄 것이다. 그때에 지금 마련해놓은 금은과 말을 가지고 가서 은혜에 사례하면 될 것이다."

태종은 대언과 조정에서 전위의 부당함으로 내세울 내용을 미리 점검하여 그에 대한 해답까지 만드는 치밀함을 보이며 전위 의지를 천명한 것이다. 거기다 대신들의 염려를 불식시키는 말까지 곁들였다.

"자리를 물려준 뒤에도 나는 늙은 재상들과 함께 정사를 돕고 보살펴주겠다. 그러나 당나라의 예종처럼 5일에 한 번씩 조회를 받지는 않을 것이다. 너희들은 간하지 말고 각기 내 말을 기록했다가 의정부의 의정들에게 전달하고 나의 의도를 짐작하게 하라."

대언들이 안 된다고 극구 만류하자 태종이 웃으면서 말했다.

"18년 동안이나 호랑이를 타고 앉아 있었으니, 그 정도로 무던하지 않았느냐?"

결국 태종의 의지를 꺾지 못한 이명덕과 대언들은 의정부와 육조에 태종의 지시를 전달했다. 하지만 재상들이 용납하지 않았다.

영의정 한상경, 좌의정 박은, 우의정 이원 등과 육조의 판서와 참판들이 연명하여 전위 반대 상소를 올렸다.

전하가 아직 연로하시지 않고, 병세도 정사를 볼 수 없을 정도에 이르지 않았습니다. 또 원민생을 보내어 세자를 새로 세울 것을 요청하고, 세자가 조회를 하러 간다고 보고하게 해놓고 몇 달이 되지 않아 자리를 물려주고 스스로 편안하게 지내고자 하는 것은 결코 안 될 말입니다.

더구나 왕위를 물려주는 것은 나라의 큰일인 만큼 사람들이 순응하는 마음이 있어야 하는데, 억지로 간언하지 못하게 하는 것은 옳지 않습니다. 전하가 왕위에 오른 뒤로 백성들의 삶이 평안하고 물자가 풍부하여 이처럼 태평한 때가 없었습니다. 그런데 늘 있는 홍수와 가뭄을 탓하여 전하의 의사가 하늘과 맞지 않는다고 하는 것은 타당치 않습니다.

상소를 듣고 태종이 단호하게 천명했다.
"아버지가 아들에게 전위하는 것은 신하들이 간할 문제가 아니다. 그런 일로 신하들이 간하라는 말이 어느 경서, 어느 법에 있더냐? 내 뜻은 벌써 결정되어 절대로 고칠 수 없으니 다시는 말하지 말라."
태종은 한낮이 되자 옷과 갓을 단정히 차려 입고 지팡이를 짚은 채 보평전으로 옮겨갔다. 그리고 승전색인 내시 최한을 시켜 승정원에 지시했다.
"오늘 인장을 찍을 일이 있으니, 빨리 옥새를 가져오라."
이 말을 듣고 대언들이 크게 울면서 보평전 문밖으로 가니, 태종은 문을 걸고 그들을 들이지 않았다. 또 내시를 시켜 세자를 불러오게 하고, 상서사에 지시하여 옥새를 바치라고 재삼 독촉했다.
돈녕부 영사 류정현과 의정부, 육조의 관리들, 공신들, 삼군총제, 여섯 대언들이 모두 보평전 출입문을 밀고 들어가 태종이 머물던 보평전 중문 앞에서 통곡하며 전위 명령을 철회할 것을 간언했다. 또 옥새가 오자, 옥새를 붙잡고 안으로 들여보내지 않았다.
태종이 이명덕을 불러 호통을 쳤다.
"임금이 지시하는 것을 신하가 듣지 않는 것이 옳으냐?"
태종의 노기 서린 음성에 밀린 이명덕이 결국 옥새를 임금 앞에 가져다 놓았다.
그때 세자 도가 허겁지겁 달려와 보평전 서쪽 문으로 들어서자, 태종이 나와서 세자에게 말했다.
"애야, 이제 옥새를 네게 줄 것이니 받도록 해라."

세자가 바닥에 엎드린 채 일어나지 않으니, 태종이 세자의 팔 소매를 잡아 일으켜서 옥새를 주고는 곧 안으로 들어가버렸다.
　세자는 어찌할 바를 몰라 그만 옥새를 상 위에 올려놓고 안으로 따라 들어가서 누차 사양하였다. 바깥에서는 신하들이 소리를 합쳐 간언했다.
　"세자를 책봉하겠다고 천자에게 청하여 아직 비준도 받지 않았는데, 어떻게 갑자기 전위를 서두르십니까?"
　하지만 태종은 그 말에도 동요하지 않았다.
　"그 일이야 설마 보고할 구실이 없겠느냐? 내가 벌써 국왕과 마주 앉았으니 경 등은 더 이상 그런 말을 하지 말라."
　태종은 세자에게 옥새를 가지고 대궐에 머물러 있으라고 명한 뒤, 왕을 상징하는 붉은 양산을 내주고, 상서사의 관리와 대언 한 사람이 옥새를 지키면서 그곳에서 자라고 지시했다. 그리고 탈 것을 내놓으라고 하더니, 내시 10여 명의 호위를 받으며 서쪽 문을 통해 전에 양녕이 동궁 시절에 머물던 연화방으로 거처를 옮겼다.
　관리들이 모두 쫓아가 다시 왕위에 오를 것을 청했고, 세자도 따라가 옥새를 도로 바치며 굳이 사양했지만, 태종은 요지부동이었다.
　밤이 되자 태종은 세자를 조용히 불러 말했다.
　"그동안 내 결심을 두세 번이나 일러줬는데, 어찌 너는 내게 효도할 생각은 하지 않고 이렇듯 시끄럽게 구느냐? 내가 신하들의 청을 듣고 왕위에 되돌아가면 제명에 죽지 못할 것이다."
　태종은 세자의 손을 잡고 다시는 왕위에 돌아가지 않겠다고 북두칠성을 향해 맹세했다. 또 내시 최한을 시켜 대신들에게 지시했다.
　"이렇게 하늘에도 종묘에도 맹세를 다졌는데 어떻게 감히 변경한단 말이냐?"
　세자가 황공하여 이명덕을 돌아다보며 어떻게 해야 하느냐고 하자, 명덕이 대답했다.

"임금의 결심이 정해진 바에야 효성을 다해야 하지 않겠습니까?"

그 말에 세자도 태종의 뜻을 받들기로 결심하고, 이명덕을 시켜 옥새를 받들고 나가라고 한 뒤, 경복궁으로 돌아왔다. 그러자 왕비 민씨도 태종을 따라 연화방으로 옮겨왔다.

이튿날 사간원 우사간대부 정상, 사헌부 집의 정초 등이 전위를 중지해달라는 상소를 올렸고, 모든 문무 관리들이 같은 상소를 올렸다.

하지만 그것은 요식 행위에 지나지 않았다. 신하로서 임금의 퇴위를 받아들이지 않는 것은 당연한 노릇이었고, 그 예를 지키는 것이 도리였다. 그러나 세자가 태종의 뜻을 받아들였고, 태종의 의지도 확고한 만큼 전위는 이미 이뤄진 것이나 다름없었다.

8월 9일 아침부터 밤까지 신하들은 입을 모아 전위 명령을 철회해줄 것을 요구했지만, 태종은 전혀 귀 기울이지 않았다. 전위를 받아들이지 않으려면 자신을 찾아오지도 말라고까지 명령했다.

8월 10일 아침까지 실랑이가 계속되었다. 공식적으로 전위 표명한 지 3일째였다. 그쯤 되면 신하들도 간할 만큼 간했고, 세자도 사양할 만큼 사양한 상태였다. 이제 서로 지킬 예의를 다 지킨 터였다.

그날 정오가 되기 전에 태종은 명령을 받고 온 세자에게 드디어 전위했다. 세자는 소매 속에 사양하는 글을 넣고 와서 올렸으나, 어디까지나 형식에 지나지 않았다.

태종이 세자에게 친히 왕을 상징하는 충천각모를 씌운 다음에 임금의 의장을 차려 경복궁에서 왕위에 오르는 의식을 거행하라는 명령을 내렸다. 세자는 충천각모를 쓴 채로 대신들 앞에 나와 말했다.

"나는 철이 없고 우둔하여 큰일을 감당하기 어렵기 때문에 성심을 다하여 사양하였으나, 결국 승인을 얻지 못하고 부득이 경복궁으로 돌아가게 되었습니다."

　신하들은 세자가 충천각모를 쓴 것을 보고 울음을 그치고 무릎을 꿇고 엎드렸다. 또 세자가 왕을 상징하는 붉은 양산을 받쳐 쓰고 경복궁으로 오니, 좌의정 박은이 말했다.

　"세자는 우리 임금의 적자다. 굳이 사양하다가 승인을 얻지 못하고 이미 충천각모를 썼으니 더 이상 청해볼 도리가 없다. 할 수 없는 노릇이다."

　박은의 말이 끝나자 신하들도 모두 고개를 끄덕였다. 그리고 곧 근정전에서 세자 도의 왕위 즉위식이 거행됐으니, 그가 바로 조선 제4대 임금 세종이다.

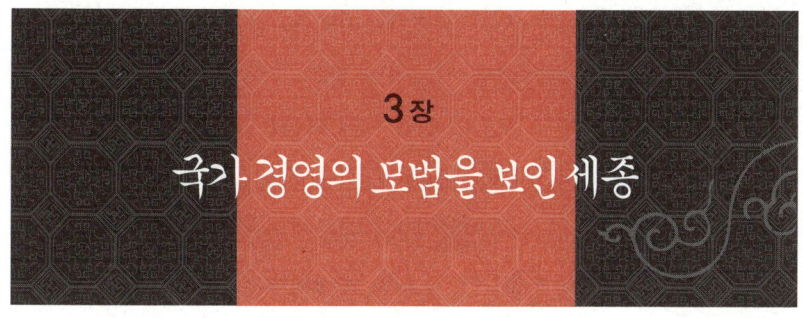

3장
국가 경영의 모범을 보인 세종

1. 세종의 생애와 치세
1397~1450, 재위 기간 1418년 8월~1450년 2월, 31년 6개월

목숨을 위협받으며 왕위를 계승하다

세종(世宗)대왕은 태종과 원경왕후 민씨 사이에서 태어난 적자 중 셋째 아들이며 1397년 4월 10일에 한양의 잠저에서 태어났다. 이름은 도, 자는 원정이며, 세자에 책봉되기 전에는 충녕대군에 봉해졌다.

그는 어린 시절부터 책을 좋아하고 학문에 열중하여 태종과 원경왕후의 사랑을 받았다. 그에 비해 세자에 책봉되어 있던 큰형 제(양녕대군)는 학문보다는 놀기를 좋아하고 주색잡기에 열중하여 태종의 미움을 받았다. 이 때문에 외숙인 민무구는 태종에게 "왕에게는 맏아들 이외의 아들은 필요 없다"는 식의 말을 하여 세자의 안위를 위해서는 효령과 충녕을 죽일 수도 있어야 한다는 뜻을 전하기도 했다.

원래 양녕대군은 민무구의 집에서 어린 시절을 보냈기 때문에 외숙들과 남달리 친했다. 더구나 민무구 형제는 태종이 왕위에 오를 때 사병을 동원하여 큰 도움을 준 세력이었다. 그 때문에 당시 권력이 그들에게 집중되어 있었다. 그런 상황에서 세자가 왕위에 오르면 두 대군의 목숨이 끊어질지도 모른다는 것이 태종의 판단이었다. 특히 충녕대군 도에 대한 태종의 신임이 두터웠기 때문에 도는 목숨을 부지하기 어려울 것으로 보였다.

태종은 두 대군의 목숨을 지키기 위해 전위 파동을 일으켜 민무구 형제들을 제거하고, 나아가 맏아들 제를 세자에서 내쫓고 충녕대군 도를 세자로 세우기에 이르니, 이때가 1418년 6월이었다.

충녕대군 도는 자라면서 맏형 세자와 자주 부딪쳤다. 세자는 사냥을 자주 다니고, 무뢰배들과 어울려 놀기를 좋아했으며, 기생을 동궁으로 끌어들이거나 심지어 남의 첩이나 양가집 처녀까지 납치를 해오는 일까지 벌이는 등 왕실을 욕 먹이는 행동을 일삼았다. 충녕대군은 그런 형의 행동을 못마땅하게 여기고 자신의 종들을 모두 동원해서라도 형의 엽색 행각을 막고자 하였다. 그래서 세자가 기생들과 어울리는 자리에 나타나 기생을 쫓아 보내고 형을 훈계하는 일도 서슴지 않았다. 또한 태종에게 세자의 행동거지를 소상히 일러바치곤 하였다. 이 때문에 태종은 충녕이 양녕에게 미움을 살까 염려하여 충녕이 부리는 종의 숫자를 줄여 양녕을 감시하는 행동을 못하도록 하기도 하였다.

태종은 여러 방법으로 양녕의 행동을 규제하며 제왕 수업에만 열중하도록 닦달했으나 양녕은 결코 행동을 고치지 않았다. 오히려 첩을 두는 문제로 태종과 대립하며 "아버지는 여러 첩을 두면서 왜 나는 한 명도

첩을 두지 못하게 하느냐'고 따지는 글까지 올리기도 했다. 이 글을 읽고 태종은 대신들을 불러 "세자 이야기만 들으면 머리가 아플 지경"이라며 세자를 폐하겠다는 결심을 전달하기에 이른다.

결국 양녕은 세자 자리에서 쫓겨났고, 충녕이 그 자리에 올랐다. 그렇게 되자, 양녕은 충녕에게 "이 모든 것이 네가 아버지께 사사건건 내 일을 고자질했기 때문이다."라고 원망하는 말을 쏟아놓기도 하였다.

한편 태종은 세자의 자리를 충녕에게 넘겨준 지 불과 두 달 뒤인 1418년 8월에 전격적으로 왕위를 넘겨주었다. 이때 왕실에는 태종의 형 정종이 상왕으로 물러나 있는 상태였는데, 다시 태종이 세종에게 왕위를 물려줌으로써 도성에 무려 세 명의 임금이 머물고 있는 진풍경이 연출된다.

태종의 무릎 아래서 보낸 4년

세종은 이렇게 두 명의 상왕을 머리에 이고 국사를 이끌어야 하는 처지로 왕위를 물려받은 것이다. 더구나 태종은 물러나면서도 병권만큼은 세종에게 물려주지 않았다. 말하자면 비록 왕위를 물려주긴 했으나 국가 권력의 핵심이라고 할 수 있는 병권은 내주지 않음으로써 언제든 정치가 혼란스러우면 복귀하겠다는 복심을 가지고 있었던 것이다. 따라서 태종이 살아 있던 초기 4년의 세종 정치는 그야말로 살얼음판 정치라고 해도 과언이 아니었다.

이 4년 동안 세종은 감당하기 힘들 정도의 큰일들을 감내해야만 했다. 왕위에 오른 첫 해에 태종이 심온을 제거하기 위해 고의로 확대시킨 '강상인의 옥'을 겪어야 했고, 이로 인해 장인 심온이 죽고, 왕비인 소헌왕후의 일족이 모두 노비로 전락하는 사태를 지켜봐야 했다. 거기다 태종의 왕위 이양에 대해 역모에 대한 의심의 눈초리로 따지고 드는 명나라 사신들을 설득하고 달래야만 했으며, 아버지가 선택한 신하들에 둘러싸인 채 늘 부왕의 의중을 살피지 않으면 안 되었고, 태종이 주도한 대마도 정벌을 구경꾼처럼 지켜봐야 하는 처지였다.

이런 상황에서도 세종은 나름대로 자기 목소리를 내며 국사를 이끌었다. 우선 소헌왕후 심씨에 대한 폐위 문제를 왕위를 걸고 막아내는 단호함을 보였고, 집현전을 확대하여 인재를 양성했으며, 무과에도 사서 등의 내용을 묻는 서술 시험을 도입하여 장수의 질을 높이는 토대를 마련했고, 소금을 국가 전매 사업으로 전환시킬 토대를 마련하여 세수 확충에 주력했다. 또한 사찰의 수를 과감하게 줄이고 절간의 노비를 공노비로 전환시킴으로써 국가 재산을 확충하고 관청의 안전을 도모하였다.

이 외에도 대마도의 관할권을 확립하고, 왜학을 비롯한 외국어 관련 학문을 장려하여 외교의 기반을 강화하였고, 왕실의 계급 체계와 호칭 문제를 정리하는 성과를 일궈냈다.

세종은 이런 일들을 추진하는 과정에서 주로 자기 목소리를 강하게 내기보다는 의정부와 육조 장관들의 의견을 경청하고 합의를 이끌어내는 방식을 취했다.

토론정치 시대를 열다

세종의 국정 운영 방식은 부왕 태종의 3년상이 끝난 시점인 1424년 가을부터 다소 달라졌다. 그동안 주로 신하들의 의견을 듣고 다수의 의견에 따르는 경향이 강했다면 이때부터는 어떻게든 자신의 목소리를 담으려 했다. 그 이후로 세종이 가장 즐겨 쓰는 말은 "서로 토론하여 보고하라"는 것이었다. 국가 중대사에 해당되는 문제는 의정부와 육조, 삼사의 핵심들에게 토론을 부쳤고, 작은 일들은 해당 부서에서 토론하게 하여 그 의견을 취합한 후 자신의 결정을 내놓는 방식을 취했던 것이다.

대의엔 타협이 없다

이 무렵부터 세종은 비록 대세가 아니더라도 옳다고 판단되는 일이라면 거의 양보하지 않고 자신의 의지를 관철시켰다. 대표적인 사건이 지방관 임기 문제였다. 당시까지 지방관의 임기는 3년제였다. 하지만 당시 이조판서였던 허조나 영의정 류정현은 지방관의 임기가 길어야 체계가 안정되고 백성들이 편안할 수 있다는 주장을 하였다. 세종은 이 의견을 받아들여 지방관의 임기를 6년제로 바꾸었다. 이에 대해 대다수의 신하들이 반발하였다. 하지만 세종은 숱한 상소와 격론에도 불구하고 끝까지 소신을 바꾸지 않았다. 신하들은 10년 이상을 지속적으로 이 문제를 거론하며 3년제로 돌아갈 것을 주장했지만, 세종은 요지부동이었다. 덕분에 지방관이 안정되고, 지방정책도 자리를 잡아갔다.

왕은 백성에겐 자애로워야 한다

하지만 모든 문제에 고집을 세우지는 않았다. 전체 백성의 이권이 관계되어 있는 세금제도 같은 것을 확정할 때엔 아무리 시간이 걸려도 여론을 수렴하고, 민정을 살피는 과정을 절대 생략하지 않았다. 대표적인 사례가 공법(貢法) 확립이다. 공법제도를 도입하기 위해 모든 관료들에게 의견을 묻고, 각 지방의 농민 대표들의 여론을 듣기도 했는데, 이때 여론 조사를 통해 의견을 물은 대상이 무려 17만여 명에 이를 정도였다. 그렇게 하고도 각 도마다 특색을 고려하여 조심스럽게 진척시킨 결과 1420년에 발의된 이 법은 69년 뒤인 1489년에 이르러 전국에 확대 실시될 정도였다.

공법 확립에 대한 세종의 이런 태도는 백성을 사랑하는 마음에서 비롯되었다. 공법 확립 과정은 하나의 사례에 불과하다. 또 하나 대표적인 사례를 든다면 환곡 제도일 것이다. 환곡은 춘궁기에 쌀을 빌려주고 가을 수확기에 갚게 한 제도인데, 흉년이 계속되면 환곡을 갚기가 어려웠다. 그런데 관리들은 몇 년의 흉년 끝에 풍년이 오면 한꺼번에 환곡을 모두 회수하라고 주청하곤 했는데, 그때마다 세종은 "몇 년 흉년 끝에 한 번 풍년이 왔다고 환곡을 모두 회수하면 백성들은 또다시 흉년을 맞은 것이나 다름없다."며 끝내 환곡을 거둬들이지 않았다. 모든 대신과 담당 기관의 관료들이 끊임없이 주청해도 결코 환곡을 회수하지 않은 일도 여러 차례 있었다.

세종의 이런 국정 운영의 뿌리는 바로 백성을 사랑하는 마음이었다.

국방은 강약 조율의 결정체

이렇듯 세종은 사안에 따라 과감성과 세심함을 적절하게 드러내며 국정을 조율하였는데, 특히 국방 정책에 있어서는 이 두 가지 성향을 가장 잘 조화시켰다고 할 수 있다. 영토에 관한 문제에 있어서는 세종은 한편으론 매우 단호하고 한편으론 매우 세심했다. 당시 국경을 위협하던 여진족의 침입에는 단호하게 대처하며 군대를 동원하여 과감한 토벌전을 감행하였고, 그러면서도 그들 여진족을 조선의 백성으로 끌어들이기 위해 여러 유화책을 구사하였다. 그 결과 4군과 6진을 개척하여 영토를 확대하였고, 동시에 변방을 안정시켰으며, 여진족을 정착시켜 인구를 늘렸다.

외교의 유일한 목적은 실리뿐이다

그러나 세종이 과감성이나 세심함보다는 실리적 측면에만 몰입했던 부분이 있다. 그것은 다름 아닌 외교 문제였다. 특히 명나라와의 외교 관계에 있어서는 굴욕적이라고 할 수 있을 정도로 철저한 사대외교로 일관했다. 비록 자존심이 상하는 일이라도 명나라의 비위를 건드리는 일이면 절대로 하지 않았다. 심지어 환관 신분인 명나라 사신들이 별의별 행패를 부리며 엄청난 뇌물을 요구해도 거의 들어주었다. 가끔 신하들에게 불편한 심기를 드러내는 일은 있었으나 결코 그들의 비위를 건드리지는 않았다.

세종은 늘 몇 명의 사신에게 주는 것을 아끼다가 자칫 국가적인 손해를 볼까봐 노심초사했다. 말하자면 그들의 감정을 건드려 국가 관계가 꼬이는 것보다는 차라리 원하는 물건을 주고 명나라와 친분을 유지하는 것이 이익이라는 생각이 강했다는 것이다. 이를 두고 세종을 철저한 사대주의자라고 몰아붙이는 학자도 많다. 특히 명나라에 공녀를 보내기 위해 미스 코리아를 뽑듯 전국에서 처녀를 선발한 일이나 사신으로 온 환관이 조선 백성을 마음대로 죽이는 것도 묵과했다는 것을 알면 그런 비판을 가하지 않을 수 없을 것이다.

하지만 여진족을 치기 위해 명나라 국경을 넘어 조선 군대를 파견할 때 당당하게 국경을 넘게 해달라고 요구하는 태도를 접하면 세종의 그런

비굴한 태도가 국가의 안위를 위한 실리주의 정책이라는 것을 이해하게 된다.

사실 세종은 명나라의 국가 경영에 대해서는 아주 형편없다고 생각하고 있었다. 특히 환관들을 사신으로 보내오고, 국정을 환관이 농단한다는 소리를 듣고는 혀를 차기도 했다. 비록 국력이 약하여 사대외교를 하고 있긴 하지만 정치 문화는 별로 본받을 게 없다는 것이 명나라에 대한 세종의 개인적인 감정이었다. 그럼에도 그런 속내를 사신들에게 드러내는 법이 없었다.

이렇듯 비록 명나라에 대해서는 철저한 사대주의로 일관했지만, 일본에 대해서는 대등한 외교를 이끌었고, 대마도나 유구 등의 소국과 변경을 위협하던 야인들에게는 오히려 대국으로서의 면모를 보이며 엄격함과 인자함을 동시에 드러냈다.

세종은 또 유난히 영토에 대한 개념이 뚜렷한 임금이었다. 그래서 대마도가 확실히 경상도 관찰사의 관할 구역이라는 것을 문서로 대마도주에게 알리게 하였고, 지금은 우리가 너무 잘 알고 있는 땅이지만 당시는 그저 "요도라는 섬이 동해 바다 가운데 있다"는 전설에 의지하여 찾아 나서게 했던 독도에 대한 열망도 그의 영토에 대한 가치관을 잘 보여주는 것이라 하겠다.

현실주의에 입각한 종교관

이런 세종의 여러 면모를 종합하면 그를 철저한 현실주의자 또는 실용주의자로 규정할 수 있을 것이다.

세종의 현실주의적 측면은 특히 종교나 사상에 대한 관점에서 잘 나타난다. 우선 무속 신앙이나 사주팔자 등에 대해 아무 근거 없는 헛된 말이라고 일축하는가 하면, 불교의 기복적인 신앙에 대해서도 전혀 신뢰하지 않았다. 때문에 억불정책을 강화하고 수많은 사찰을 헐어버렸다.

하지만 그렇다고 그런 것들을 완전히 무시하지는 않았다. 수많은 백성들이 불교와 무속, 명리학, 음양사상 등에 의존하여 정신적 안정을 얻는 것을 인정했기 때문이다. 말하자면 현실적인 관점에서 볼 때 그런 것들은 모두 허망한 것이라 믿지 못할 것이라고 판단하고 있었지만, 백성들이 그것에 의존하고 있는 엄연한 현실은 받아들였던 것이다.

일식이 자연 현상의 하나에 불과하고 그것을 과학적으로 잘 이해하고 있으면서도 일식이 있는 날이면 하늘에 제사를 지냈던 것도 바로 그런 면모라 할 수 있다. 비록 학자들은 일식을 하나의 자연 현상에 지나지 않는다는 것을 알고 있지만 대다수 백성들은 그것이 하늘의 조화라고 믿고 있는 이상, 그 백성의 어버이인 임금은 백성들의 마음을 안심시키기 위해서라도 하늘에 제사를 지내야 한다는 것이 그의 현실적인 판단이었던 것이다.

기우제나 기청제를 지내고 산신제나 수륙제를 지내는 것도 같은 의미에서 이해할 수 있는 대목이다.

실용주의에 입각한 인재관

세종의 실용주의적 측면은 인재관에서 잘 드러난다. 익히 알려져 있듯 장영실 같은 인물은 비록 천인임에도 불구하고 그의 재주를 높이 평가하여 과학 발전에 기여하게 하였고, 외교 관계를 원활하게 하기 위해 사역원을 확대하고 국비로 장학생을 지원하기도 했으며, 사가독서제도를 만들어 관리로서 학자적 면모를 갖춘 사람이 경제적인 걱정 없이 학문에 전념하도록 하기도 했다. 뿐만 아니라 벼슬을 내림에 있어서는 적자와 서자를 가리지 않고 능력 위주로 등용하였고, 비록 도덕적인 흠결이 있다고 하더라도 뛰어난 능력이 있으면 그 능력을 발휘할 기회를 주었다. 대표적으로 황희 같은 인물은 뇌물과 청탁 문제로 여러 차례 탄핵을 받고, 심지어 살인 사건을 은폐하려는 시도도 했지만 그의 뛰어난 정무 처리 능력과 탁월한 대인관계를 높이 평가하여 20년이 넘도록 정승 자리에 머물게 했다. 또 허조 같은 인물은 예와 법에 밝긴 했으나 지나치게 꼬장꼬장하고 융통성이 별로 없어 세종과 의견이 부딪치는 일도 많았으나 끝까지 곁에 두었으며, 고약해 같은 인물은 말버릇이 없고 행동에 절제가 없어 임금에게 함부로 덤비는 일도 있었으나 쓸모가 있다는 이유로 끝까지 등용하여 부렸다.

열거한 것들은 인재의 등용에 있어서 세종의 실용적인 측면의 극히 일부에 지나지 않는다. 세종은 어떻게 하면 적재적소에 인재를 배치하고, 그래서 그들 인재들이 자신의 능력을 제대로 발휘하여 국익에 도움을 줄 수 있을까 하고 골몰했다. 세종시대의 정치, 외교, 국방, 문화, 과학, 교육 등 다방면에서의 성공은 바로 이런 실용적인 인재관에 기인한 것이라 할 수 있다.

병마에 시달리다

세종의 업적과 행적을 보면 그가 엄청난 강골이라고 생각될 것이다. 하지만 그는 늘 병을 달고 살았다. 서른도 되지 않은 나이에 벌써 중풍이 왔고, 사십 초반부터 눈이 잘 보이지 않아 고생했으며, 당뇨를 앓고 있는 환자였다.

그럼에도 그는 국사에 소홀하지 않았다. 또한 끊임없이 공부했다. 그래서 스스로 학자로서의 면모를 갖췄으며, 발명가로서의 능력도 키웠다. 우리 역사상 가장 위대한 발명품이라고 할 수 있는 훈민정음은 바로 그 결정체였다.

그는 나름대로 병을 고치기 위해 부단히 노력했다. 눈을 고치기 위해 온천이나 약수를 찾아 다니기도 했고, 풍병으로 정사를 중단하기도 했다. 그러다 몸이 더 이상 견딜 수 없을 것 같은 생각이 들었을 때 정사에서 손을 떼기로 결심한다.

고통스러운 재위 후반기

세종이 세자에게 왕위를 넘겨주려고 했던 데엔 건강 악화가 가장 큰 이유였지만, 또 다른 이유도 있었다. 세종 정치는 1437년을 분수령으로 크게 변하는데, 이때 전국에 기근이 계속되고 도적 떼가 들끓어 백성의 삶이 매우 곤궁하였다. 세종은 이를 자신의 능력이 부족한 탓이며, 국사를 태만하게 다룬 결과라고 자책하였다. 그리고 그 원인은 건강 악화와 열정 부족이라고 판단했다. 말하자면 비록 마흔을 갓 넘긴 나이지만, 20년 가까이 왕위에 있다 보니 정신적으로 늙었고, 새로운 활력을 도모할 열정이 없다고 생각했던 것이다.

이를 극복하기 위해 택한 방법이 의정부서사제 부활과 세자 섭정이다.

의정부서사제를 부활시키다

1437년, 세종은 전격적으로 육조직계제를 포기하고 의정부서사제를 도입한다. 육조직계제는 육조의 모든 일을 직접 결재하는 제도로서 임금이 엄청난 격무에 시달릴 수밖에 없는 제도였다. 하지만 세종은 더 이상 체력이 남아나지 않았다. 19년을 엄청난 격무에 시달리다 결국 몸이 돌이킬 수 없을 만큼 나빠진 것이다. 그래서 되돌린 것이 의정부서사제였다.

의정부서사제는 조선 초의 국정 운영 방식이었다. 육조직계제와 가장 큰 차이점은 의정부의 결재권 유무였다. 육조직계제에서는 의정부의 결재를 받을 필요가 없이 육조 장관이 바로 임금의 결재를 받으면 되었다. 그러나 의정부서사제에서는 정책 결정 과정에서 의정부의 결재가 필수적이었다. 따라서 의정부 재상들의 힘이 강화될 수밖에 없었다.

이는 전적으로 임금의 업무를 줄이기 위한 정책이었다. 이때부터 세종의 재상정치가 본격화된다. 말하자면 정승을 좌우에 끼고 그들의 의견을 십분 존중하며 정무를 처리해 나갔던 것이다. 덕분에 나라는 정승의 위엄 아래 놓이고, 결과적으로 신하의 힘이 강화되어 국가 조직이 안정되었다.

세자에게 섭정을 시키다

의정부서사제로 재상정치를 이끌어낸 세종은 이번엔 세자 정치를 이끌어내려 했다. 세종이 세자에게 정권을 넘기려고 시도한 것은 1419년이 처음이었다. 하지만 조정 관료들의 엄청난 반대에 부딪혀 실현하지 못했다. 그 뒤로 세종의 건강은 점점 악화되었다. 세종은 대신들을 불러

놓고 고통스러운 신음까지 늘어놓으며 수년에 걸쳐 세자에게 서무 결재권을 넘겨주겠다는 의지를 피력한다. 그러나 대신들이 받아들이지 않자, 아예 독단으로 서무 결재권의 일부분을 세자에게 넘겨버린다.

임금이 그렇게까지 나오자, 대신들도 하는 수 없이 세자의 대리 정치를 인정하기 시작했다. 그러나 거기서 끝나지 않았다. 세종은 얼마 뒤에는 아예 첨사원이라는 세자의 정무 관청을 설치하여 서무 결재권의 대부분을 넘겨버렸다.

그 뒤에는 정승들을 불러놓고 왕위를 세자에게 넘겨주고자 한다는 말을 여러 차례 하였지만, 성사시키지 못했다. 대신 대부분의 서무 결재권을 세자에게 넘겨주는 조치를 단행한다.

그렇게 정무에서 상당히 자유로워진 틈을 타서 세종은 훈민정음 작업에 박차를 가하여 마침내 세종 25년(1443년)에 훈민정음 창제에 성공한다.

훈민정음 창제 이후 세종은 이를 반포하고 모든 백성이 익히도록 제도화한다. 하지만 훈민정음 창제에 너무 몸을 혹사한 탓인지 늘 병을 달고 살았다. 눈병은 더욱 악화되었고, 소갈증(당뇨)도 그를 몹시 괴롭혔다. 그리고 그것은 그에게 죽음을 예고하고 있었다.

세종도 자신의 죽음을 준비하기 시작했다. 왕자들을 시켜 능자리를 알아보게 하였고, 스스로 해왔던 일들을 정리하기 시작했다. 정치적으로는 국방과 법에 관련한 문제를 제외하곤 세자에게 모두 넘겨버렸다.

그런 가운데 광평과 평원대군을 잃고, 딸들도 잃었다. 그 일로 세종은 몹시 고통스러워했다. 거기다 평생의 반려 소헌왕후의 죽음도 지켜봐야 했다. 죽음의 그림자가 자신에게도 닥쳐오고 있다는 것을 예감했.

1449년부터 세종은 자주 앓아누웠다. 그때마다 번잡한 궁궐을 벗어나 왕자들의 집에서 요양을 했다. 앓았다가 회복하고, 다시 앓았다가 회복하기를 서너 번 반복했다.

죽음을 맞이하다

열거하기도 벅찰 정도로 많은 업적을 남긴 세종은 재위 31년 6개월 만인 1450년 2월 17일에 적자 중 8남인 영응대군의 집에서 54세를 일기로 생을 마감했다.

명나라 조정에서 시호를 장헌(莊憲)이라 하였고, 조선에서는 묘호를 세종으로 올렸다. 여기에 여러 시호와 존호가 추가되어, 정식 칭호는 '세종장헌영문예무인성명효대왕(世宗莊憲英文睿武仁聖明孝大王)'이다.

능은 원래 헌릉(서울 서초구 내곡동) 서쪽 산에 조성했다가 예종 원년인 1469년 3월 6일에 경기도 여주 서북편 성산으로 옮겼다. 이승소가 묘지(墓誌)를 짓고, 윤회가 행장을 지었으며, 정인지가 신도비(神道碑, 종2품 이상 관원의 무덤 근처 큰길에 세우던 비석)의 글을 지었다. 하지만 정인지의 글은 이장할 때 원래 능이 있던 곳에 묻어두고 쓰지 않았다. 능호는 영릉(英陵)이다.

세종은 정비 1명과 5명의 후궁을 뒀으며, 정비에게서 적자 8명과 적녀 2명, 후궁들에게서 서자 10명과 서녀 2명을 얻었다.

기적 같은 업적들을 남기다

세종 대는 태종이 이룩해놓은 왕권의 안정을 바탕으로 정치, 경제, 문화, 사회 전반에 걸쳐 기틀을 확립한 시기였다. 집현전을 통해 많은 인재가 배출되었고, 유교정치의 기반이 되는 의례제도가 정비되었으며, 다양하고 방대한 편찬 사업이 이루어져 문화 발전의 원동력이 되었다. 또한 훈민정음의 보급, 농업과 과학기술의 발전, 의약기술과 음악 및 법제의

정리, 공법의 제정, 국토의 확장 등 모든 분야에 걸쳐 민족 국가의 기틀을 확고히 다져나갔다.

세종 집권 초기에는 태종이 상왕으로 있었기에 정치는 아직 태종의 영향 아래 있었다. 1422년 태종이 죽은 뒤 세종은 놀라운 정치력을 보이기 시작했다. 세종 대에는 개국공신 세력이 거의 사라졌고, 그 덕분에 과거를 통하여 정계에 진출한 유학자와 유학적 소양을 지닌 국왕이 만나 왕도정치를 꿈꿀 수 있었다.

세종시대의 권력 구조나 정치 양상은 세종 19년(1437년)을 분수령으로 두 시기로 구분된다. 세종은 이때를 전후하여 국가 기강의 중심이었던 육조직계제를 의정부서사제로 변혁하여 임금에게 집중되어 있던 국사를 의정부로 넘기는 한편, 세자로 하여금 서무를 재결하도록 하는 등 이전에 비해 더욱 유연한 정치를 펼쳐나갔다. 또 언관과 언론에 대한 임금의 태도도 이전에 비해 훨씬 부드러워졌으며, 이들에 대한 탄압이나 징계는 거의 없어졌다.

이와 같은 정치적 분위기는 일차적으로 유교정치의 진전에 의한 것이었다. 집현전을 통하여 배출된 많은 유학자들에 의해 유교제도의 정리가 가능했고 편찬 사업이 활기를 띠기 시작하면서 유교정치의 기반이 안정되었다. 그래서 강력한 왕권 중심의 정치 형태인 육조직계제에서 의정부서사제로 이행할 수 있었던 것이다. 이러한 정치체제의 변화는 한편으로는 세종의 건강 문제와도 밀접한 관계가 있었다. 세종은 젊은 시절부터 소갈증을 앓고 있었기에 정무가 과다한 육조직계제는 감당할 수 없었던 것이다.

세종은 후반기로 접어들면서 건강이 상당히 악화되었지만 의정부서사제의 정착에 힘입어 오히려 신권과 왕권이 조화된 유교적 왕도정치를 이끌어냈다. 이는 황희를 비롯하여 맹사성, 최윤덕, 신개 등 의정부 대신들의 신중하고 치밀한 보좌와 관료들의 탄탄한 정치 기강, 언관들의 이상적인 유교정치 구현 노력 덕분이었다.

세종 대의 이러한 업적은 집현전의 효율적 운영에 따른 것이었다. 집현전은 이미 고려시대에 설치된 기관으로, 조선 정종시대에도 설치된 적이 있었지만 세종조 초에 이르러 기능이 대폭 확대되었다.

세종 3년(1421년) 3월에 확대 개편된 집현전은 단순한 학문적 사업을 위한 기관이 아니라 인재의 양성과 새로운 문화의 정착에 목적을 두고 있었다.

세종은 명나라와의 사대관계를 원만히 수행하기 위해 필요한 인재의 양성과 학문의 진흥, 그리고 이를 지속하기 위한 정책적 배려를 아끼지 않았다. 이에 따라 집현전은 젊고 유망한 학자들이 채용되었고, 그들에게는 여러 가지 특전이 주어졌다. 학문에 전념할 수 있도록 생활비를 지원하는가 하면 집현전에 소속된 관원은 경연관, 서연관, 시관, 사관 등의 직책을 겸하였고, 중국의 옛 제도를 연구하거나 각종 편찬 사업에 동원되기도 했다. 세종은 이들 관원 중에 학술에만 몸담고자 하는 이들에게는 다른 관직에 이직시키지 않고 집현전에만 10년 또는 20년씩 머물도록 해주었다.

집현전 인재들은 주로 책 편찬 사업에 투입되었다. 그리하여 《농사직설》을 비롯한 실용 서적과 역사, 법률, 지리, 문학, 유교, 어학 등 다양한 분야에서 획기적인 성과를 얻어낼 수 있었다.

이러한 학문적 성과는 과학기술 분야에도 영향을 미쳤다. 천문학을 전문적으로 연구하는 서운관이 설치되어 '혼천의' 같은 천체 관측 기계를 만들었으며, 해시계인 앙부일구, 물시계인 자격루와 옥루, 세계 최초의 강우량 계측기인 측우기 등을 만들어 백성들의 생활에 실질적인 도움을 주기도 했다.

그러나 세종은 비단 이런 학문적인 사업에만 치중하지는 않았다. 국토의 개척과 확장을 통하여 국력을 신장하는 일 또한 세종이 심혈을 기울인 정책 중의 하나였다. 김종서를 보내 두만강 방면에 6진을 개척했으며, 압록강 방면에는 4군을 설치하여 두만강과 압록강 이남을 조선의 영토로 편입하는 대업을 이루어냈다. 이와 같은 업적을 이룰 수 있었던 것은 세종이 문치(文治)에 편중하지 않고 군사 훈련, 화기 개발, 성의 수축, 병선 개량, 병서 간행 등 국방책을 소홀히 하지 않았기 때문이다.

이 밖에도 세종은 박연을 등용해 아악을 정리하게 하고 금속 화폐인 조선통보를 주조했다. 또 언문청(정음청)을 중심으로 불서 번역 사업을 펼치는 한편, 단군사당을 따로 세워 섬기게 하고 신라, 고구려, 백제의 시조묘를 사전(祀典)에 올려 제를 올리게 하였다.

세종 대에 이처럼 빛나는 유산과 업적을 남길 수 있었던 것은 임금을 훌륭하게 보필한 신하들과 학자들의 노력도 간과할 수 없지만, 무엇보다도 세종이 이들의 보필을 수용할 만한 인격과 능력을 갖추었기 때문이다. 유교와 유교정치에 대한 깊은 소양, 다양하고 높은 학문적 성취와 탐구력, 역사와 문화에 대한 통찰력과 판단력, 중국 문화에 경도되지 않는 주체성과 독창성, 의지를 관철시키는 추진력과 신념, 백성과 신하 그리고 스스로에 대한 인간애 등을 고루 간직했던 세종의 뛰어난 인성은 정치, 사회, 문화, 학문 분야의 업적을 일구어내는 구심체였다.

세종시대의 주요 신하

세종시대의 재상으로는 이원, 정탁, 류관, 조연, 황희, 맹사성, 권진, 최윤덕, 노한, 허조, 신개, 하연 등이 있었으며, 문형으로는 윤회, 권제,

안지, 정인지 등이 있었다. 또 유림을 대표하는 인물로는 윤상, 김구, 김말, 김반, 김숙자 등이 있었고, 그 외에 이름난 신하로 이수, 이변, 허척, 허성, 정척, 어변갑, 강선덕, 박연, 정갑손, 신석조, 안숭선, 최치운, 김담, 김조, 김돈, 김하, 이맹균, 정초, 신상, 권홍, 김문, 하경복, 이종무, 이순몽, 김효성, 조수, 조오 등을 꼽는다. 이들 중에서 세종의 묘정에 배향된 신하는 황희, 최윤덕, 허조, 신개, 이수 등 다섯 명이다.

2. 훈민정음 창제와 문맹의 어둠에서 벗어난 조선

세종대왕은 여러 업적을 세웠지만, 단언컨대 그 모든 업적을 합한다 해도 훈민정음 창제에 필적할 수 없다. 더구나 훈민정음은 세종이 거의 홀로 만든 것이다. 이런 사실은 훈민정음 창제가 그의 다른 업적과 전혀 다른 차원에서 이해되어야 한다는 것을 가르쳐준다. 그를 단순히 한 시대를 잘 다스린 뛰어난 임금 정도로 받아들이는 차원을 넘어서서 인류가 낳은 가장 위대한 언어학자로 인식해야 한다는 뜻이다.

《총, 균, 쇠》의 저자 제레드 다이아몬드는 한국어판 서문에서 이렇게 말하고 있다.

> 나의 한국 방문에서 가장 즐거웠던 기억 중 하나는 그동안 그토록 많이 들어왔던 한글을 가는 곳마다 보면서 유명한 세종대왕의 문자를 읽는 방법을 배웠던 일이었습니다. 이런 모든 특성들로 인해 한글은 전 세계의 언어학자들로부터 세계에서 가장 뛰어나게 고안된 문자 체계라는, 어쩌면 당연한 칭송을 받고 있는 것입니다.

그는 서문 곳곳에서 한글에 대해 '위대한', '세계에서 가장 우수한'이라는 수식어를 사용하고 있다. 비단 제레드 다이아몬드뿐 아니라 세계의 석학들이 입을 모아 한글의 위대성과 과학성을 극찬하고 있다. 한글, 즉 훈민정음은 그야말로 인간이 만든 가장 위대하고 기념비적인 문자인 까닭이다.

세종은 이 기념비적인 작업을 거의 홀로 했다. 임금의 업무 중 가장 중요한 요소인 서무 결재를 세자가 대신 처리하게 할 정도로 훈민정음 창제 작업에 강한 열정을 쏟았다.

그 작업은 6년여 동안 거의 은밀히 진행됐으며, 왕자들과 측근에 됐던 집현전 학자들조차 그가 무슨 일을 계획하고 있는지 정확하게 알지 못했다. 그리고 마침내 훈민정음이 완성되자 그야말로 기습적으로 공표해버렸다.

이에 대해 집현전 학자들과 대신들의 반발은 대단했으며, 심지어 세종의 학문을 힐난하기도 했다. 그러나 세종은 물러서지 않았다. 오히려 우리 문자의 필요성을 역설하며 그들의 편협한 가치관을 꾸짖었다.

다행히 훈민정음을 적극적으로 지지하는 일군의 무리가 있었다. 당시의 대표적인 언어학자인 정인지와 신숙주, 성삼문, 최항, 박팽년, 이선로, 이개 등의 집현전 학사와 돈녕부 주부로 있던 강희안이 그들이었다.

세종은 그들을 시켜 훈민정음 창제 원리와 사용 방법을 설명하는 해설서인 《훈민정음》을 편찬하고 《홍무정운 역훈》, 《동국정운》 등의 언어학 서적을 발간했다. 또 세자 이향과 수양대군 이유, 안평대군 이용 등 아들들을 동원하여 《석보상절》 등의 불경과 《내훈》 등의 계몽서, 《용비어천가》 같은 개국찬가 등을 훈민정음으로 번역하는 작업을 병행했다.

또 '정음청'을 설치하여 훈민정음 관련 사업을 전담토록 했고, 일반 관리는 의무적으로 훈민정음을 배우게 하는 한편 관리 시험에 훈민정음을 포함시키고, 일반 백성들이 관가에 제출하는 서류를 훈민정음으로 작성토록 했다. 또한 형률 적용 과정에서 그 내용을 훈민정음으로 번역하여 알려주도록 했으며, 궁중의 모든 여인들에게 훈민정음을 익히도록 하고, 자신은 조정 대신들과 육조에 훈민정음으로 글을 내리기도 했다.

이런 까닭에 훈민정음은 순식간에 민간으로 퍼져나갔고, 학자는 물론이고 반가의 여자들과 평민, 심지어 노비들까지 쉽게 접하고 익힐 수 있었다. 덕분에 모든 백성이 문자의 혜택을 누리는, 그야말로 세계 언어학사에 일획을 긋는 혁명적인 사건이 동방의 작은 나라 조선에서 일어난 것이다.

누가 만들었는가?

훈민정음은 누가 만들었는가? 이 물음에 대해 아직까지 명확한 결론을 내리지 못하고 있는 것이 학계의 현실이다. 그러나 실록을 자세히 살펴보면 이에 대한 대답은 명백하다.

흔히 훈민정음은 세종과 집현전 학자들이 공동으로 만들었거나 집현전 학자들이 만들고 세종이 후원한 것으로 알려져 있다. 하지만 이는 잘못된 이해다. 훈민정음은 세종이 거의 홀로 만든 것이다. 아니 홀로 만들 수밖에 없었다.

당시 훈민정음 창제 작업은 공식적으로 진행할 수 없는 일이었고, 그런 까닭에 집현전 학자들을 투입할 수 없었다. 물론 집현전 학자들 중 일부가 도움을 줬을 수는 있다. 그러나 그것은 어디까지나 세종의 질문에 답하는 정도의 조력자 위치에 불과했다. 정인지 등의 집현전 학자들은 세종이 무슨 의도로 운학(韻學, 언어학)에 관심을 두는지 몰랐다. 세종이 훈민정음을 공식적으로 공표할 때까지 그들은 왕이 스스로 문자를 만들어낼 줄은 상상도 못했을 것이다. 왜냐하면 세종의 창제 작업은 철저하게 비밀리에 진행됐기 때문이다.

만약 세종이 비밀리에 창제 작업을 진행하지 않았다면, 적어도 실록에 그에 대한 언급이 한마디라도 있어야 정상이다. 그러나 세종이 훈민정음을 공표할 때까지 문자 창제에 관한 언급은 단 한마디도 없다. 임금의 공식적인 행동과 말이 모두 기록되던 당시에 공식적인 사안이 전혀 기록되지 않는다는 것은 불가능하다. 실록에 무기 제작과 같은 극비 사항마저 기록된 것을 감안한다면 훈민정음 창제는 극비리에 진행된 국가 사업도 아니었다는 뜻이다. 즉 훈민정음은 그야말로 세종이 홀로 극비리에 진행한 일이었던 것이다.

세종은 왜 이 일을 홀로 극비리에 진행했을까? 그 답은 훈민정음 반포에 반대했던 최만리의 상소문에 잘 나타나 있다.

최만리의 상소문을 요약하자면, 첫째는 새 문자를 만들어 단독으로 쓴다는 말이 중국에 흘러들어가면 비난을 받을 수 있다는 것이고, 둘째는 중화의 문자인 한자를 대신하여 훈민정음을 쓰면 스스로 오랑캐가 된다는 논리, 셋째는 설총의 이두로써 가능한 일을 굳이 훈민정음으로 대체할 필요가 없다는 것, 넷째는 창제 취지 중 하나로 훈민정음 보급이 억울한 사람을 줄일 수 있다는 논리가 옳지 않다는 것 등이다. 그러나 이 내용의 골자는 '사대(事大)'와 '권위'였다.

당시 대개의 유학자들은 성리학을 삶의 지표로 삼고, 동시에 대국인 중국을 섬기는 것을 당연하게 여겼다. 그들은 이 두 가지 원칙을 국가를 유지시키는 철칙으로 여겼으며, 이러한 철칙은 그들의 권력을 지키는 수단으로 작용했다. 또한 그들의 내면엔 학자 또는 선비로서 갖는 권위주의가 도사리고 있었다. 적어도 문자는 자기들만이 아는, 따라서 학문은 자신들만의 고유한 영역이라는 사고에 빠져 있었다.

그들의 학문을 떠받치고 있는 것은 유학과 한자였다. 그들에게 평민은 이두 정도나 알고 있는 무식쟁이였고, 천민은 그것조차도 모르는 짐승 같은 존재에 불과했다. 그들은 그런 사실에 자부심을 가졌고, 그 자부심의 밑천이 한자였다. 그들 양반들은 문자와 학문을 권력의 기반으로 삼고 있었던 것이다. 그러니 평민이나 천민이 쉽게 익힐 수 있는 훈민정음의 등장은 결코 달가운 일이 아니었다. 만약 많은 서적들을 평민들이 쉽게 읽을 수 있게 된다면, 양반들은 그때까지 누리던 학문적 권위를 잃게 될 것이고, 그 연장선에서 권력의 상당 부분을 잃게 될 것이다.

최만리 등이 세종의 훈민정음을 거부한 근본적인 이유는 바로 이런 것들이었다. 세종은 그런 현실을 간파하고 있었다. 만약 새로운 문자를 만드는 일을 공식적인 회의를 거쳐 진행한다면, 시작도 하기 전에 엄청난 반대에 부딪힐 게 불을 보듯 뻔했다. 만약 세종이 그 일을 강력하게 추진한다면 대신들은 중국 사신들의 힘을 빌려 세종을 협박했을 게 분명했다.

세종이 쉬운 문자를 만들고자 했던 것은 훈민정음 창제 동기에서도 잘 드러나듯 "어리석은 백성이 이르고자 할 바 있어도 이르지 못하는 사람이 많아" 그런 "백성들을 편안하게 하기 위함"이었다. 그러나 당시 양반 사회는 그러한 결심을 받아들일 수 없는 분위기였다. 심지어 그들은 일반 백성들이 법의 내용을 아는 것이나, 또 학정을 일삼는 관리를 고발하는 것조차 법으로 금지해야 한다고 주장했으니 말이다.

세종이 직접 훈민정음을 창제했다는 근거는 또 있다. 세종 대에 쓰인 모든 책엔 편찬에 참여한 사람들이 열거되어 있고, 또 당대에 만들어진 모든 과학적 산물에도 제작자와 참여 인사들의 이름이 거명되어 있다. 그러나 훈민정음만 유독 "임금이 친히 언문 28글자를 만들었다."고 기록되어 있다(세종실록 25년 12월 30일).

훈민정음의 창제 취지와 원리를 설명하고 있는 《훈민정음》에도 '세종어제(世宗御製)'라고 표현하고 있어 세종이 직접 만들었음을 명확히 밝히고 있다. 이는 단순히 세종 대에 만들어졌다는 표현이 아니다. 만약 이것이 세종 대에 만들어졌다는 표현이라면 당대에 편찬된 모든 책과 과학 기기에도 같은 표현을 써야 옳다. 그러나 '친제'와 '어제'라는 표현을 사용한 예는 훈민정음밖에 없다. 이는 훈민정음을 세종이 혼자 만들었음을 확실히 보여주는 대목이다.

하지만 의문은 여전히 남는다. 세종은 정말 문자를 창제할 만한 언어학적 소양이 있었는가 하는 점이다. 물론 세종의 언어학에 대한 깊이는 대단했다. 당대 최고였다고 해도 과언이 아니다.

세종은 최만리의 훈민정음 반대 상소문을 읽고 그를 불러 "네가 운서(韻書)를 아느냐? 사성칠음에 자모가 몇이나 되느냐?"며 그의 운학에 대한 무식함을 꼬집었다. 또 최만리의 언어 가치관이 지닌 논리적 결함을 조목조목 반박하고 설총이 만든 이두의 한계를 정확하게 지적하고 있다. 이는 세종이 설총의 이두를 깊이 연구했음은 물론이고, 언어학 서적도 두루 섭렵했음을 의미한다. 또 "내가 운서를 바로잡지 않으면 누가 이를 바로잡을 것이냐?"는 반문에서도 언어학에 대한 자부심을 엿볼 수 있다. 게다가 《홍무정운 역훈》과 《동국정운》, 《훈민정음》 등의 서문에 세종의 언어학적 가치관이 고스란히 반영되어 있다. 정인지를 위시한 당대의 언어학자들이 모두 세종의 영향을 받았다는 뜻인데, 이런 사실은 세종이 당대 어느 누구보다도 언어학에 대한 지식이 깊었음을 확인시켜준다.

세종의 문자 창제 작업 시기는?

세종은 언제부터 훈민정음 창제 작업을 시작했을까? 《세종실록》 1444년 2월 20일 기사에 따르면 세종은 최만리에게 이런 말을 했다.

"내가 늙어서 국가의 서무를 세자에게 맡겼으니, 비록 작은 일이라도 동궁이 참여하여 결정함이 마땅하거늘, 하물며 언문 사업에 세자가 참여하는 것이 무슨 문제가 된단 말이냐?"

이 말은 세종이 세자에게 훈민정음 반포 사업을 주관토록 한 점에 불만을 품은 최만리에게 내세운 논리다. 이 말에서 알 수 있듯 세종은 당시 세자 향에게 정무 처결의 서무 결재권을 넘긴 상태였다. 뿐만 아니라 정부구조도 육조직계제에서 의정부서사제로 바꾼 상태였다. 자신의 업무를 대폭 줄이고 세자와 정승들에게 상당 부분을 할애한 것이다.

육조직계제는 말 그대로 육조의 업무를 왕이 직접 챙기는 구조다. 따라서 왕의 업무가 과중하고 피로도가 심할 수밖에 없다. 그러나 의정부서사제는 정승들이 육조를 챙겨 서로 협의한 뒤에 일괄 보고하는 방식이다. 때문에 육조직계제에 비해 왕의 업무가 훨씬 줄어들 수밖에 없다. 세종이 이 같은 구조적 변화를 꾀한 것은 재위 18년(1436년)이었다.

거기다 세자에게 서무 결재권까지 넘기려고 했다. 이 두 가지 결정의 근거는 그의 지병이었다. 세종은 젊어서부터 소갈증을 앓고 있었는데, 이 때문에 과중한 업무를 볼 수 없다는 말이었다. 의정부서사제는 신하들도 원하던 일이라 조정에서 쉽게 수용되었지만 서무 결재권을 넘기는 문제는 반대가 많았다. 그러나 세종은 뜻을 굽히지 않았다.

세종이 의정부서사제를 추진한 때의 나이가 마흔 살이고, 세자에게 서무 결재권을 넘긴 때가 마흔한 살이었다. 비록 조선시대라는 점을 감안해도 한창 일할 나이였다. 그런 까닭에 세종은 나이를 핑계거리로 삼을 순 없었고 결국 지병 때문이라고 둘러댔다. 그런데 최만리에게 말할 땐 병 때문이라는 말은 없고 "늙어서 국가의 서무를 세자에게 맡겼다"고 말하고 있다. 하지만 마흔한 살인 그가 나이 때문에 임금의 가장 중요한 업무인 서무 결재권을 세자에게 넘겨줬다는 것은 설득력이 없다. 즉 세종이 서무 결재권을 넘겨준 것은 다른 목적이 있어서였다는 뜻이다.

묘하게도 세종이 운학에 몰두하기 시작한 것이 이 시점부터였다. 《세종실록》 22년 6월 26일의 기록은 그 점을 증명하고 있다.

경연에 보관되어 있는 《국어》와 《음의》 1책은 탈락된 곳이 매우 많아 중국에서 딴 판본을 구해왔는데, 빠지고 없어진 곳이 많았으며 주해도 역시 소략하였다. 일본에서 또 상세한 것과 소략한 것 두 본, 《보음(補音)》 세 권을 구해왔으나 완전하지 않았다. 이에 집현전에 명하여 경연에 간직하고 있는 구본(舊本)을 중심으로 여러 판본들을 참고해서 잘못된 곳을 바로잡고 탈락된 곳은 보충하게 하였다. 동시에 《음의》와 《보음》에서 번잡한 것은 정리해서 해당 절목 아래에 나눠 넣고 그래도 완전치 못한 것은 운서로 보충하라고 하였다. 뒤이어 주자소에 지시하여 그대로 찍어서 널리 배포하라고 하였다.

경연이 보유한 책은 주로 왕이 읽거나 왕을 위한 강의용이다. 따라서 이 기록은 세종이 1440년에 이미 일본과 중국에서 많은 운서를 수입하여 섭렵했다는 사실을 알려주고 있다. 세종은 잘못된 부분까지 구체적으로 지적할 정도로 각 운서의 내용을 면밀하게 분석하고 파악한 상태였다. 또 그 문제점을 보완하기 위해 중국과 일본으로 사람을 보내 책을 구해왔다. 그럼에도 문제가 해결되지 않자 집현전 학자들에게 새로운 책을 만들고, 인쇄하여 배포하도록 명령했다.

세종이 그토록 운서에 집착한 이유는 바로 새로운 문자를 고안하기 위해서였고, 그 결과물이 바로 훈민정음이었다.

즉 세종은 새로운 문자를 창제하기 위해 1436년부터 정부 구조를 의정부서사제로 바꿔 업무량을 대폭 줄였고, 그래도 시간이 모자라자 세자에게 서무 결재권까지 넘겼던 것이다. 이후 세종은 우선 운서를 섭렵하여 언어학적 지식을 쌓았고, 그 지식이 깊어지자 마침내 본격적으로 새로운 문자 창제 작업에 들어갈 수 있었다. 따라서 세종의 훈민정음 창제 작업은 조정을 의정부서사제로 개편하던 1436년부터 시작되었다고 보아야 할 것이다.

세종은 왜 새로운 문자를 원했을까?

세종은 훈민정음을 창제한 이유를 "어리석은 백성들이 이르고자 할 바가 있어도 이르지 못하는 사람이 많기" 때문이라고 스스로 밝히고 있다. 하지만 세종이 새로운 문자를 만들기로 결정한 과정은 이 한 문장으론 다 담아내지 못했다.

세종이 스스로 말했듯이 훈민정음 창제 취지는 백성들이 자신의 의사를 쉽게 표현할 수 있도록 하는 데 있었다. 그러나 더 직접적인 이유는 당시까지 일반 백성들이 사용하고 있던 이두의 문제점 때문이었다.

조선은 태조 때 《원육전(元六典)》을 이두로 편찬하여 관아의 아전과 관리들이 쉽게 읽을 수 있도록 배려했다. 그러나 일반 백성들에겐 큰 도움이 되지 못했다. 그러자 세종은 한 걸음 더 나아가 재위 14년 11월 7일에 율문(律文)을 이두로 번역하여 반포할 것을 명령했다. 이날 정사를 보다가 세종은 좌우 근신들에게 이렇게 일렀다.

"비록 사리를 아는 사람이라 할지라도 율문에 의거하여 판단을 내린 뒤에야 죄의 경중을 알게 되는 법인데, 하물며 어리석은 백성이야 어찌 자신이 범한 죄가 크고 작음을 알아서 스스로 고칠 수 있겠는가? 비록 백성들이 율문을 다 알게 할 수는 없겠으나, 따로 큰죄의 조항만이라도 뽑아 적고, 이를 이두문(吏讀文)으로 번역하여서 민간에 반포하고, 어리석은 남녀로 하여금 스스로 범죄를 피할 줄 알게 하는 것이 어떻겠는가?"

이때가 1432년으로 세종의 나이 36세였다. 장년의 열정으로 가득하던 세종이 그야말로 백성의 입장에 서서 내놓은 속깊은 발상이었는데, 이조판서 허조가 면전에서 반박하고 나섰다.

"신은 폐단이 일어날까 두렵습니다. 간악한 백성이 율문을 알게 되면, 죄의 크고 작은 것을 골라내서 두려워하고 꺼리는 바 없이 법을 제 마음대로 농간하는 무리가 생길 것입니다."

세종이 허조를 무섭게 쏘아보며 나무랐다.

"그렇다면 백성들은 알지도 못하고 죄를 범하는 것이 옳단 말인가? 백성에게 법을 알지 못하게 하고 그 범법한 자를 벌주게 되면, 법이 한낱 조삼모사(朝三暮四)의 술책밖에 더 되겠는가? 더욱이 선대의 대왕께서 율문을 읽게 하는 법을 세우신 것은 사람마다 모두 알게 하고자 함인데, 경 등은 고전을 상고하고 의논하여 아뢰라."

허조가 물러간 뒤에 세종은 승지들을 향해 말했다.

"허조는 백성들이 율문을 알게 되면 쟁송(爭訟)이 그치지 않을 것이고, 윗사람을 능멸하는 폐단이 생길 것이라 생각하는데, 모름지기 백성으로 하여금 금지하는 법을 알게 하여 두려워서 피하게 함이 옳지 않겠는가."

세종은 곧 집현전에 명령하여 옛적에 백성들에게 법률을 익히게 했던 일을 상고하여 정리해오도록 했다.

하지만 법률을 이두로 번역하여 백성들에게 반포하는 작업은 이뤄지지 않았다. 왜 이 일이 추진되지 않았는지 기록엔 없지만, 아마도 이두가 지닌 근본적인 한계 때문이었을 것이다. 이두는 비록 한문에 비해 쉽긴 했지만, 적어도 기본적인 한자라도 알아야만 읽어낼 수 있었는데, 일반 백성들에겐 그것도 용이한 일이 아니었다. 때문에 법률을 이두로 옮겨 백성들에게 전한다 하더라도 실질적인 효과를 거둘지는 의문이었다.

그 뒤에 세종은 일반 백성들에게도 유학을 가르쳐야 한다는 생각으로 경서에 이두 번역문을 함께 표기하는 방안을 내놓기도 했다. 하지만 이역시 정초 등의 학자들이 실효성이 없다고 하여 포기했다.

결국 세종은 이두의 한계를 극복하고 누구나 쉽게 배울 수 있는 문자를 만들어내지 않으면 안 된다는 판단을 하게 되었고, 그것이 훈민정음 창제로 이어진 것이다. 역설적이지만 만약 일반 백성들이 이두로 의사를 전달하는 것이 전혀 불편하지 않았다면 훈민정음은 창제되지 않았을 것이다. 즉 '백성들이 이르고자 할 바'를 제대로 전달하지 못하는 이두의 불편함과 한계성이 곧 새로운 문자를 창제하게 된 직접적인 동기가 된 셈이었다.

최만리 등 7인이 반대 상소를 올리다

세종이 새로운 문자를 고안하여 대대적으로 백성들에게 보급할 방도를 마련하려 하자, 집현전 학자들이 대거 반발했다. 당시 세종의 훈민정음에 대한 학자들의 반응은 양분되었다. 예문관 대제학 정인지를 비롯한 집현전 교리 최항, 부교리 박팽년, 수찬 성삼문, 부수찬 신숙주, 이개, 최항, 이선로, 강희안 등은 호의적이었지만, 집현전 부제학 최만리, 직제학 신석조, 직전 김문, 응교 정창손, 부교리 하위지, 부수찬 송처검, 저작랑 조근 등은 거부감이 심했다. 당대 대표적인 학자들이 훈민정음 반포를 앞두고 둘로 갈라진 셈이다.

급기야 훈민정음에 대한 반감을 결집시킨 최만리 등 7인의 학사는 1444년 2월 20일에 임금을 힐난하는 문투가 섞인 반대 상소를 올려 조정을 발칵 뒤집어놓았다. 다음은 이들이 작성한 상소문의 첫 구절이다.

"신 등이 엎드려 생각하건대 제작하신 언문(諺文, 훈민정음을 낮춘 말로 '상말'이라는 뜻)은 지극히 신묘하와 만물을 창조하시고 지혜를 운전하심이 천고에 뛰어나시오나, 신 등의 구구한 소견으로는 오히려 의심되는 것이 있사와 감히 간곡한 정성을 펴서 삼가 뒤에 열거하오니, 부디 거룩한 검토를 바라옵니다."

이렇게 시작된 글은 훈민정음에 대한 여섯 가지의 반대 논리로 이어졌다.

첫째는 만약 새로운 문자 창제 소식이 중국에 흘러들어가면 비난받게 될 것이라는 주장이다. 그들은 세종이 훈민정음의 창제 과정에 대해 "옛 글자를 본뜬 것이고 새로 된 글자가 아니다."라고 말한 부분을 꼬집으며, 음을 쓰고 글자를 합하는 것이 옛 글자와 반대된다고 분석했다. 그런 반발을 의식하여 세종이 옛 글을 본떠 만든 것이라고 미리 둘러댄 것인데, 사실 옛 글과 쓰임새와 조합 방식이 전혀 다른 것은 사실이었다. 전혀 새롭게 만든 것이니 다를 수밖에 없었다. 하지만 모양이나 성조 등은 중국어와 유사한 면이 있었다.

둘째, 언문을 만드는 것은 중국을 버리고 스스로 오랑캐가 되려는 행동이라는 것이다. 몽골, 서하, 여진, 일본, 서번 등은 자기 글자가 따로 있지만 한결같이 오랑캐라는 사실을 들먹였다. 즉 중국어를 국어로 취하지 않고 따로 자국어를 가진 나라는 오랑캐라는 것이다.

셋째, 설총의 이두가 있는데 굳이 언문을 만들 이유가 없다는 것이다. 또 이두는 기본적으로 기초적인 한자를 알아야 쓸 수 있는 것이므로 한자의 일부로 봐도 무방하지만 언문은 한자와 전혀 상관이 없어 학문을 약화시키는 한낱 기예에 지나지 않는다고 했다.

넷째, 말과 글이 같아도 어리석은 백성의 원통함을 푸는 데 도움이 안 된다는 것이다. 그 근거로 이두를 아는 자도 매를 견디지 못해 허위 자백을 하는 경우가 허다하다고 했다. 즉 형옥의 공평함은 말과 글의 일치가 아니라 옥리의 청렴도에 달려 있다는 주장이다. 이는 훈민정음을 공표하면서 "문리를 알지 못하는 어리석은 백성이 한 글자의 착오로 혹 원통함을 당할 수도 있을 것인데, 이제 훈민정음으로 직접 써서 읽고 듣게 하면 어리석은 백성이라도 쉽게 알아들어서 억울함을 품은 자가 없을 것이다."라는 세종의 창제 취지를 힐난한 것이다.

다섯째, 문자의 보급은 국가 대사인데, 어째서 조정 대신들과 충분한 협의도 거치지 않고 임금이 독단으로 결정하여 시행하느냐는 것이었다. 더구나 흉년으로 공무를 집중시켜야 할 일이 많은데, 어째서 그다지 급하지도 않은 언문 보급을 다급하게 서두르느냐는 지적이다. 그들이 절차상의 문제를 지적한 것은 옳았다. 하지만 세종은 절차를 거치면 필시 대신들의 반대로 유야무야될 것이라 판단했다.

여섯째, 왕이 외곬으로 정책을 고집하는 것은 옳지 않으며, 또한 근친을 앞세워 그 일을 실시하는 것은 부당하다는 것이다. 이는 세종이 세자 향을 시켜 언문 정책을 주도하도록 한 것에 대한 비판이며, 동시에 세종의 언문 정책이 지나친 아집의 발로라는 힐난이었다.

이 상소문을 읽고 세종은 그들을 불러 언성을 높이며 반론을 제기했다. 먼저 훈민정음이 옛 글과 배치된다는 그들의 주장에 반박했다.

"너희들이 이르기를 음을 사용하고 글자를 합한 것이 모두 옛 글에 위반된다 했는데, 설총의 이두도 역시 음이 다르지 않느냐. 또 이두를 제작한 본뜻이 백성을 편리하게 하려 함이 아니냐. 만일 이두가 백성을 편리하게 한 것이라면, 언문 또한 백성을 편리하게 하려 한 것이 되어야 하지 않느냐. 너희들은 어째서 설총은 옳다고 하면서 자기 임금이 하는 일은 그르다고 하느냐."

이어 세종은 언어학에 대한 그들의 무지함을 질타했다.

"좋다, 그러면 하나 물어보자. 너희가 운서를 아느냐? 사성칠음에 자모가 몇인지 말해보라."

아무도 선뜻 대답하지 못했다. 그 누구도 운서를 제대로 접하지 못했던 것이다. 당시 선비들은 언어학에 전혀 관심이 없었다. 설사 관심이 있다고 해도 책을 구해볼 수도 없었다. 그 때문에 세종은 사람을 시켜 일본과 중국으로 백방 수소문하여 책을 구해 읽어야 했다. 구해온 책은 제일 먼저 세종이 섭렵하였고, 그 뒤에 집현전 학자들에게 읽혀 문제점을 찾고 내용을 보완했다. 그런 까닭에 세종은 당대 제일의 언어학자였으니, 이 분야에서 세종을 능가하는 이가 있을 리 없었다. 세종의 말 속엔 그런 자부심이 배어 있었다.

"만일 내가 운서를 바로잡지 못하면 누가 이를 바로잡겠느냐?"

임금이 외곬으로 운서와 문자 창안에 매달린다는 그들의 주장에 일침을 놓는 말이었다. 당대 최고의 언어학자인 자신의 학문적 권위를 내세운 것이다.

"너희들 글에 이르기를 운문을 '새롭고 기이한 하나의 기예에 지나지 않는다'고 했는데, 정말 그러하냐? 내 늘그막에 세월 보내기 어려워서 오직 서적으로 벗을 삼고 있는데, 어찌 나더러 옛것을 싫어하고 새것만 좋아한다고 말할 수 있느냐. 내가 산이나 들로 다니며 매사냥이나 하고 있다면 모를까, 너희들 말이 너무 지나치지 않느냐.

또 내가 늙어서 국가의 서무를 세자에게 맡겼고, 그런 까닭에 세자는 세세한 일이라도 모두 참여하여 결정해야 한다. 그런데 세자가 언문 사업에 참여하는 것이 무슨 문제가 된단 말이더냐? 그렇다면 세자는 동궁에만 있게 하고 언문 사업은 환관들에게 맡겨야 옳겠느냐? 너희들이 임금을 시종하는 신하로서 내 뜻을 잘 알고 있으면서도 이런 말을 함부로 하는 것은 옳지 못하다."

세종의 말이 끝나자, 최만리는 자신들의 종래 주장을 되풀이했다.

"설총의 이두는 음이 다르고 해석의 차이가 있지만, 어조와 글자는 문자를 그대로 딴 것입니다. 그런데 언문은 여러 글자를 합하여 함께 사용하고, 그 음과 해석 또한 변한 것이며, 근본적으로 글자의 형상이 아닙니다. 이를 기이한 하나의 기예라고 한 것은 상소문의 전체 논조에서 그런 말을 한 것이지, 문맥의 의미가 그런 것은 아닙니다.

또 동궁은 공적인 일이라면 아무리 작은 일이라도 마땅히 참결해야 할 것이나 급하지도 않은 일에 시간을 허비하며 심려를 다할 필요가 있겠습니까?"

그러자 세종은 무리 속에 앉아 있던 김문을 지적하며 말했다.

"지난번에 너는 내게 언문을 제작함에 불가(不可)할 것이 없다고 하지 않았느냐? 그런데 왜 지금 와서 불가하다고 하느냐?"

김문이 아무 말도 하지 못하자, 이번엔 무리에 섞여 있던 정창손을 지적하며 말했다.

"지난번에 내가 너에게 '만일 언문으로 《삼강행실도》를 번역하여 민간에 반포하면 어리석은 남녀가 모두 쉽게 깨달아서 충신과 효자, 열녀가 무리로 나올 것이다.'고 했는데, 네가 뭐라고 했느냐? 《삼강행실도》를 반포한 후에 충신, 효자, 열녀의 무리가 나옴을 볼 수 없는 것은, 사람이 행하고 행하지 않음은 아는 것에 달린 것이 아니라 자질 여하에 달렸으니, 언문으로 번역해도 본받을 수 없을 것이라 했것다. 그러면 인간이 왜 성인의 가르침을 들어야 하느냐? 도대체 네가 선비의 이치를 알기나 하고 한 말이더냐? 너 같은 자를 두고 아무것에도 쓸모가 없는 용렬하고 속된 선비라고 하는 것이다."

그렇듯 정창손을 무섭게 꾸짖은 후에 전체를 둘러보며 세종은 말을 보탰다.

"내가 너희들을 부른 것은 죄를 주고자 함이 아니었다. 다만 상소문 내용 중에 한두 가지를 물어보고자 함이었다. 그런데 너희들이 사리를 돌아보지 않고 말을 바꾸니, 너희들은 죄를 벗기가 어려울 것이다."

세종은 그들을 모두 하옥시켰다가 이튿날 석방시켰다. 그러나 선비로서 학문의 근본을 알면서도 사익을 위해 말을 돌린 정창손은 파직시키고, 말을 바꾼 김문은 그 사유를 국문토록 했다. 결국 김문은 말을 바꾼 죄로 장 100대에 징역 3년형에 처해졌다. 다만 장 100대는 벌금으로 대신하게 했다. 이것으로 훈민정음 반포와 관련한 집현전 학사들과 세종의 대치는 끝났다. 세종의 강력한 추진 의사와 학문적 논리, 그리고 언어학자로서의 권위 앞에 최만리 등이 굴복한 셈이다.

《훈민정음》이 밝히는 창제 원리

1940년 7월, 안동의 한 고가(古家)에서 세계 언어학사에 일획을 긋는 오래된 책 한 권이 발견되었는데, 다름 아닌 《훈민정음》이었다. 이 책에 대한 기록은 《세종실록》 세종 28년 9월 29일 기사에 실려 있으나, 창제 취지와 자모의 발성 현상만 있고, 창제 원리와 사용법에 대한 언급이 없다. 이런 까닭에 훈민정음 창제 원리는 베일 속에 가려져 있었고, 한때 세종이 우연히 창살의 모양을 보고 착상했다는 설이 정설로 여겨지기도 했다. 그러나 《훈민정음》이 발견됨으로써 그와 같은 터무니없는 가설들은 일거에 사라졌다.

《훈민정음》은 33장 1책으로 구성되었으며, 8명의 학자들이 세종이 만든 훈민정음을 한문으로 해설한 것이다. 내용은 세종어제(世宗御製) 서문과 훈민정음의 음가(音價, 발음기관의 부문별 조건에 따른 소리 현상) 및 운용법을 밝힌 예의편이 본문으로 되어 있고, 이를 해설한 해례편이 제자해, 초성해, 중성해, 종성해, 합자해, 용자례의 순서로 기술되어 있다. 그리고 책 끝에는 정인지의 서문이 실려 있다. 집필자는 정인지, 신숙주, 성삼문, 최항, 박팽년, 강희안, 이개, 이선로 등 총 8명이다.

《훈민정음》 예의편은 '세종어제훈민정음'이라는 제목으로 《월인석보》

의 책머리 부분에도 실렸는데, 이는 한자본이 아닌 언해본(국역본)이다. 《월인석보》가 1459년에 간행된 책임을 감안할 때, 이 책은 적어도 그 이전에 만들어진 것이다. 이 국역본에는 한문본에 없는 치음에 대한 규정이 있는데, 이는 1455년(단종 3년)에 완성된 《사성통고(四聲通攷)》에도 실려 있다. 따라서 1455년 이전에 이 책이 형성된 것은 분명한데, 아마도 세종 재위 시에 만들어진 것으로 보인다.

《훈민정음》을 구체적으로 살펴보면, 우선 예의편에선 음가와 운용법을 알려주고 있다. 자음에 대해선 "기역은 어금닛소리이니 군(君)의 처음소리와 같고, 나란히 쓰면 끃(虯)의 처음소리와 같고, 키읔은 어금닛소리이니 쾌(快)의 처음소리와 같다."는 식으로 설명하고 있다. 모음에 대해선 "ㆍ는 툰(呑)의 가운뎃소리와 같고, ㅡ는 즉(卽)의 가운뎃소리와 같다."는 식으로 설명하고 있다. 이렇게 해서 훈민정음의 자음은 초성, 중성, 종성 중에 초성과 종성을 차지하고 어금닛소리, 혓소리, 입술소리, 잇소리, 목구멍소리 등으로 구분되며, 모음은 중성을 차지한다고 서술하고 있다.

이렇듯 예의편은 자모의 음가만 설명하고 있는 데 비해 해례편은 구체적으로 그 소리의 근원과 원리를 알려주고 있다.

해례편에 따르면 초성과 종성을 이루는 자음에서 어금닛소리 기역은 혀뿌리가 목구멍을 막는 꼴을 본뜨고, 혓소리 니은은 혀가 윗잇몸에 붙는 꼴을 본뜨고, 입술소리 미음은 입 모양을 본뜨고, 잇소리 시옷은 이의 모양을 본뜨고, 목소리 이응은 목의 모양을 본떠 자음 17개를 만들어내고, 쌍자음 6개를 만들어낸 것이다. 중성을 이루는 모음은 천[ㆍ], 지[ㅡ], 인[ㅣ]을 본떠 기본 글자를 만들고, 이들을 서로 결합하여 11개의 중성을 만들어냈다.

이들 훈민정음 28자의 낱자 이름이 언제 정해졌는지는 분명치 않으나,

16세기 저작인 최세진의 《훈몽자회》에 그 이름이 등장하는 것을 보면, 세종 당대에 이미 정해졌던 것으로 보인다.

훈민정음은 어디서 기원했나?

훈민정음의 기원에 대해선 아직도 학계의 의견이 분분하다. 그런 까닭에 여러 기원설이 제기되었다. 훈민정음 기원설은 훈민정음이 어느 문자의 계통을 밟고 있는지를 밝히기 위한 노력에서 비롯됐는데, 그 첫째는 발음기관 상형설로 가장 설득력을 얻고 있는 학설이다. 홍양호, 최현배 등의 언어학자가 주장한 이 논리는 글자가 발음될 때 발음기관의 상태나 작용을 본떠 만들었다는 설명이다. 이는 《훈민정음》해례편에서도 설명되고 있는 부분이다.

두 번째는 고전 기원설이다. 세종 25년 12월 기사와 최만리의 반대 상소문, 정인지의 서문 등에서 훈민정음이 옛날 고전 속에 나오는 글자를 본떴다고 쓰고 있는 것에 근거한 것이다.

세 번째는 범어(梵語, 고대 인도 문자인 산스크리트어)에서 기원했다는 범자 기원설이다. 범자 기원설을 처음 주장한 것은 《용재총화》의 저자 성현이다. 그는 이 책에서 훈민정음의 글자체는 범자를 따라 만들어졌다고 쓰고 있다. 성현의 주장에 근거하여 이수광은 《지봉유설》에서 "우리나라 말과 글은 모두 범자를 본떴다."고 쓰고 있다. 영조 때의 황윤석이나 일제시대의 이능화도 같은 주장을 했는데, 그 근거에 대한 설명이 미진하여 설득력을 잃고 있다.

네 번째는 주역의 원리를 이용하여 만들었다는 역리 기원설이다. 훈민정음이 역학의 원리에 의해 창제되었다고 하는 설인데, 이는 훈민정음의 소리가 음양오행설과 일치하는 부분이 있기 때문이다. 모음은 양을 대표하는 천(天)과 음을 대표하는 지(地)를 중심으로 그 사이에서 중용의 존재인 인(人)을 합한 방식이고, 자음은 어금니, 혀, 입술, 이, 목 등 다섯으로 구분되어 오행을 의미한다는 것이다.

다섯 번째는 창 문살에서 따왔다는 창문상형 기원설인데, 이는 민간에서 떠돌던 주장이며, 서양학자 에카르트가 주장하기도 했던 설이다.

여섯 번째는 몽골에서 흘러왔다는 몽골자 기원설이다. 이 주장은 이익이 《성호사설》에 써놓은 것인데, 순조 때 유희의 《언문지》에서도 이 주장은 반복된다.

일곱 번째는 고대문자 기원설인데, 영조 때의 학자 신경준의 《훈민정음운해》의 서문에 나오는 학설이다. 그는 동방에는 원래 민간에서 쓰던 문자가 있었다고 주장한다. 《환단고기》에 소개되고 있는 가림토문자도 신경준의 주장과 일맥상통한 면이 있는데, 이 책에서는 가림토문자가 고조선시대에 우리 민족이 쓰던 문자로 보고 있다. 일부 학자는 《환단고기》에서 말하는 가림토문자는 돌궐문자라고 주장하고 있는데, 돌궐이 고조선시대에 우리 민족과 같은 지역에 살던 족속이라는 점을 감안한다면 돌궐문자 속에 고조선의 문자가 남아 있을 가능성도 열어둬야 할 것이다.

여덟 번째는 일본 신대(神代)문자 기원설이다. 흔히 '가무나가라'라고 불리는 이 신대문자는 현재 일본 남단에 위치한 시코쿠(四國)의 작은 마을 비석에 새겨져 있다. 일본인들은 이 글자가 한문이 들어오기 전에 사용하던 신대문자라고 주장한다. 이와 관련하여 한국 학자들 중에는 우리 고대문자가 흘러들어간 것이라는 논리를 펴기도 한다.

놀랍게도 이 문자는 한글과 똑같은 음으로 읽는다. 이런 신대문자는 오늘날에도 신사에서 부적을 쓸 때 사용하고 있는데, 비석이나 청동검, 청동거울 등에서도 발견된다. 세종이 언어학 서적을 구입할 때 일본에서도 여러 권을 구해온 만큼 일본의 신대문자도 참고했을 법하다.

하지만 이 글자가 발견되기 시작한 것은 19세기 초반부터였다. 신대문자가 처음 소개된 책은 19세기 초에 출간된 《신자일문전》인데, 일부 일본 학자들은 이것이 저자에 의해 조작된 것이라고 주장하고 있다. 하지만 아직 그 진위가 밝혀지지 않아 의문으로 남아 있다.

그 밖에도 팔리문자 기원설, 서장문자 기원설 등 여러 주장이 있지만, 설득력을 얻지 못하고 있다.

훈민정음이 인위적으로 만들어진 것이라면 분명 여러 다른 언어를 참고할 수밖에 없었을 것이다. 따라서 앞에 열거한 기원설들은 부분적으로 모두 옳을 수 있다. 그러나 여러 주장들 중에서 가장 설득력을 얻고 있는 것은 발음기관을 본떠 만들었다는 학설이다. 이는 창제 당시에 편찬된 《훈민정음》의 해설과도 일치하기 때문이다. 그러나 비록 발음기관을 본떴다 하더라도 그것은 글자를 만든 원리였을 것이고, 모양은 옛부터 전해져오던 고대문자에서 따왔을 가능성이 높다. 어쩌면 그것은 《훈민정음운해》와 《환단고기》의 주장대로 고조선시대부터 전해져오던 글자였는지도 모른다. 또 이는 당연히 고전에 기록되었을 것이므로 고전에서 본떴다는 고전 기원설과도 맥을 같이한다.

결국 훈민정음의 제자 원리는 발음기관이 움직이는 모양을 보고 착안하여 고대문자와 고전 기록을 참고하여 만들었다는 복합적인 해석을 내릴 수 있다. 어쨌든 훈민정음은 창제 당시에 조선에서 얻을 수 있던 모든 언어와 언어학이 총체적으로 결집되어 만들어진 당대 최고의 발명품이었던 셈이다.

3. 세종의 가족과 친인척

세종의 왕비

소헌왕후 심씨(1395~1446년)

소헌왕후 심씨는 불행한 왕비였다. 시아버지 태종의 외척에 대한 지나친 경계심 때문에 그녀의 아버지는 물론이고 척족들도 거의 모두 죽음을 당했으며, 어머니와 형제들은 노비 신세로 전락하고 말았다.

그녀는 심덕부의 손녀이자, 영의정을 지낸 심온의 딸로서 본관은 청송이다. 1395년 9월에 양주에서 태어났으며, 열네 살 되던 1408년에 두 살 아래인 충녕군 도와 혼인하였고, 1417년 삼한국대부인에 봉해졌다. 이듬해 6월 충녕대군이 왕세자에 책봉되자 경빈에 봉해졌으며, 같은 해 8월 세종이 즉위하자 12월에 왕비로 책봉되었다.

그녀가 왕비가 된 뒤 상왕 태종은 심씨의 아버지 심온에게 국구의 대접을 해줘야 한다며 영의정 벼슬을 내렸다. 그런데 심온이 명나라에 사신으로 갈 때, 그를 환송하는 행렬이 장안을 가득 메웠다는 소리를 듣고 태종은 외척에게 힘이 실릴까 염려하게 된다.

심온의 권력 팽창을 우려한 태종은 심온의 아우 심정이 군사 문제를 상왕인 태종이 처리한다고 불평했다는 말을 듣고, 이 일을 기회로 심정뿐만 아니라 심온마저 제거하고자 했다. 그런 사실도 모르고 명나라에서 돌아와 의주에 도착한 심온은 영문도 모른 채 의금부로 압송되어 사약을 받아야 했다.

당시 조정에서는 심온을 직접 취조한 뒤에 사건의 전모를 파악하는 것

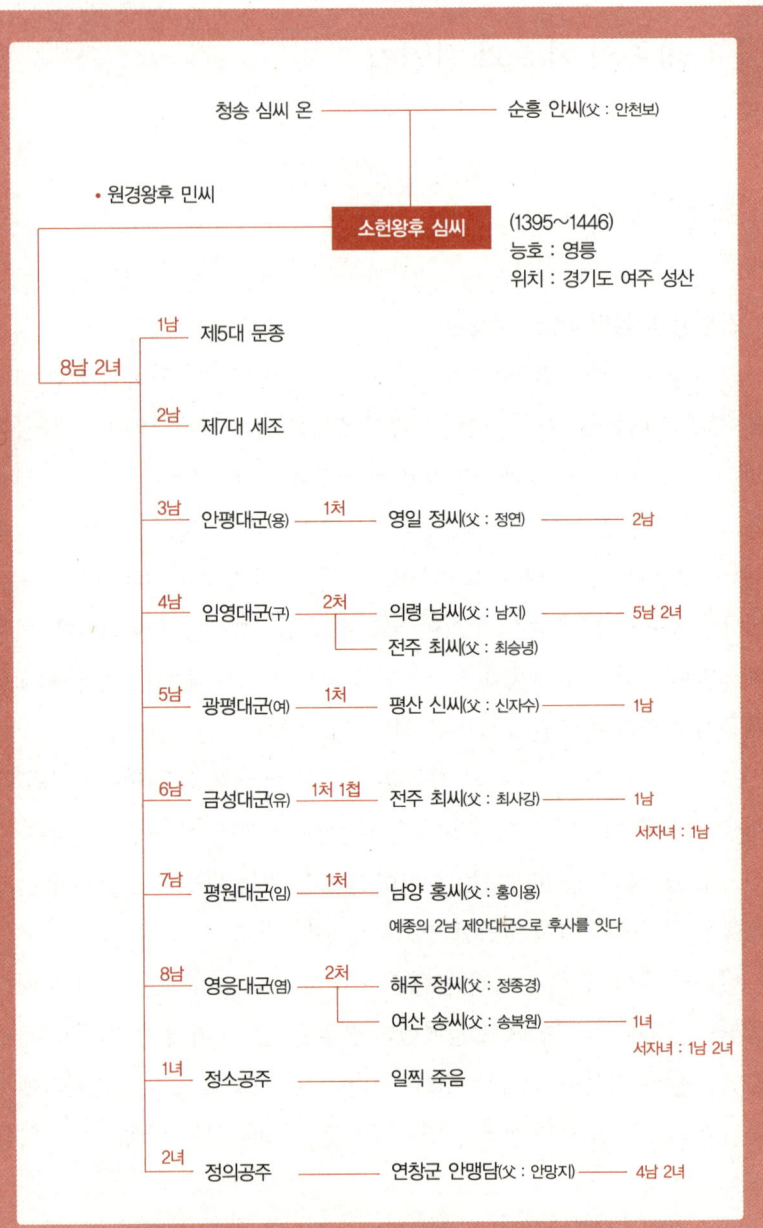

이 우선이라는 주장이 강했으나 태종의 의중을 읽은 좌의정 박은이 심온을 죽여야 한다고 강력하게 청했고, 태종은 박은의 주청을 받아들이는 형식을 빌려 심온을 죽였던 것이다.

심온이 죽으면서 자신을 죽게 한 원흉이 박은인 줄 알고 후손들에게 절대로 박씨와 결혼하지 말 것을 유언했는데, 이 때문에 조선 중기까지는 청송 심씨와 박씨 사이에 거의 혼인이 이뤄지지 않았다고 한다.

심온을 죽인 태종은 소헌왕후를 폐비하려고 했다. 그러나 세종이 강력하게 반대하여 다행히 심씨는 쫓겨나지 않았다. 하지만 그녀의 혈족들은 모두 노비로 전락하였고, 심지어 심비의 어머니 안씨까지 천비 신세가 되어 마음대로 만날 수도 없는 처지가 되었다. 다행히 1426년에 안씨는 천비의 신분에서 풀려났지만, 여전히 심온의 직첩이 회복되지 않아 양반의 신분을 되찾지 못한 채 죽었다. 이 일로 심비의 상심이 컸지만, 그녀가 죽을 때까지 세종은 장인 심온을 죄인의 신분에서 풀어주지 않았다. 세종은 아버지 태종의 판단을 함부로 번복할 수 없다는 생각에 끝까지 심온의 관작을 회복시키지 않았고, 문종에 이르러서야 비로소 심온의 영의정 직책이 회복되고, 안효공이라는 작위가 내려졌다.

중전의 자리에 있으면서 천비의 신분이 된 어머니와 형제들을 가슴 아프게 바라보던 소헌왕후는 1446년 3월 24일에 수양대군 유의 집에서 52세를 일기로 생을 마감했다. 죽은 뒤에는 세종과 함께 합장되었다. 능호는 영릉이다. 심씨는 맏아들 향(문종)을 비롯하여 수양(세조), 안평, 임영, 광평, 금성, 평원, 영응 등 아들 8형제와 정소, 정의 등 두 딸을 낳았다.

세종의 후궁들

세종의 후궁은 영빈 강씨, 신빈 김씨, 혜빈 양씨, 숙원 이씨, 상침 송씨 등 5명이다.

영빈 강씨(생몰년 미상)
강씨에 대한 기록은 거의 전무하다. 그녀 소생으로 화의군 영이 있다.

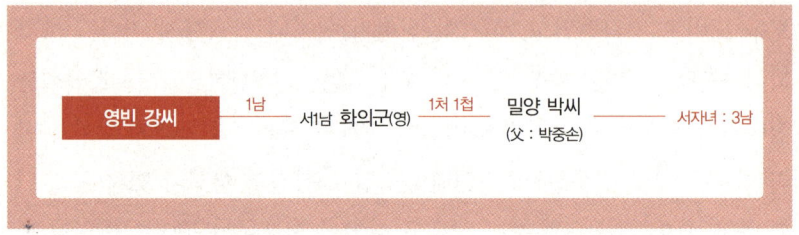

신빈 김씨(?~1464년)

김씨는 세종의 후궁으로 들어와 빈의 칭호를 받았고, 세종이 죽은 뒤에는 여승이 되었다. 1452년에 단종이 머리를 기르도록 명령했지만, 그녀는 듣지 않았다. 불교를 우대하던 세조 대에 이르러 그녀는 후한 대접을 받았고, 큰 저택을 하사받기도 했다. 1464년 9월 4일에 죽었는데, 세조는 쌀과 콩 70석을 부조했다. 계양군, 의창군, 밀성군, 익현군, 영해군, 담양군 등 여섯 왕자를 낳았다.

혜빈 양씨(?~1455년)

양씨는 궁인으로 세종을 모셔 귀인이 되었고, 다시 빈에 책봉되었다. 세종과 문종이 죽고 단종이 왕위에 올랐을 때, 내명부의 어른으로서 국상 중에 단종의 가례를 명령하여 성사시켰고, 수양대군(세조)과 대립하며 단종의 왕위를 지키기 위해 안간힘을 썼다. 이 때문에 세조의 미움을 받아 단종이 왕위에서 쫓겨난 뒤인 1455년 6월에 가산을 빼앗기고 유배되었다가 그해 11월에 교수형을 받아 죽었다. 그녀의 소생으로는 한남군, 수춘군, 영풍군 등이 있다.

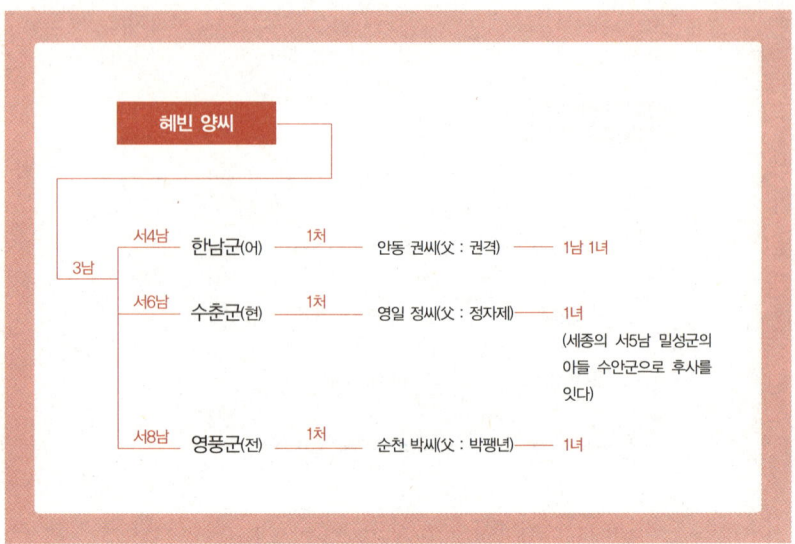

숙원 이씨(생몰년 미상)

이씨에 관한 기록은 전무하다. 다만 그녀가 낳은 딸이 정안옹주라는 사실만 전한다.

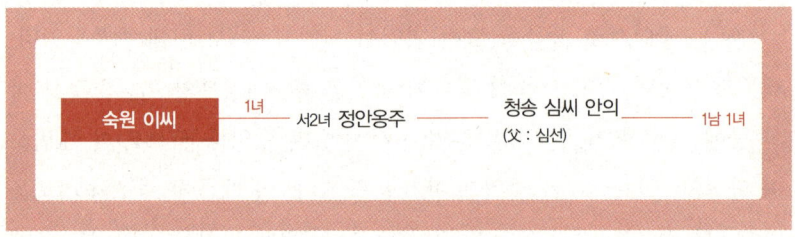

상침 송씨(생몰년 미상)

송씨는 궁인으로 궁궐에 들어가 세종의 침실을 돌보는 궁관이 되었다. 궁관이었던 까닭에 세종의 아이를 낳았지만 상궁의 신분을 벗어나지 못했다. 그녀의 소생으로는 정현옹주가 있다.

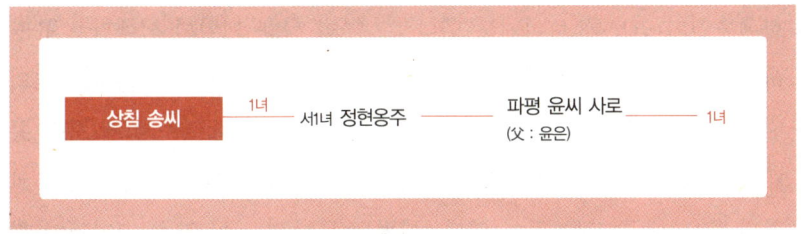

세종의 아들들

세종은 조선의 역대 임금 중에 아들을 가장 많이 두었다. 18명의 아들 중에 정비 심씨의 소생이 8명, 영빈 강씨의 소생이 화의군 1명, 신빈 김씨의 소생이 계양군, 의창군, 밀성군, 익현군, 영해군, 담양군 등 6명, 혜빈 양씨의 소생이 한남군, 수춘군, 영풍군 등 3명이었다. 이들 중 문종과 세조를 제외한 적자 6명은 한 명씩 따로 언급하고, 나머지 서자 10명은 묶어서 함께 기술한다.

안평대군 용(1418~1453년)

세종의 3남인 안평대군 용(瑢)은 1418년(태종 18년) 세종과 소헌왕후 사이에서 태어났다.

자는 청지(淸之), 호는 비해당, 낭간거사, 매죽헌이다. 1428년(세종 10년)에 안평대군에 봉해지고 열두 살인 이듬해에 좌부대언 정연의 딸과 혼인하였다.

어려서부터 학문과 서화를 좋아했으며 시, 서, 화에 모두 능해 삼절(三

絶)이라 불리기도 했다. 또한 그 못지않게 식견과 도량이 넓어 당대 사람들의 흠모를 받았으며, 유명한 서화를 많이 수집, 소장하고 교류하는 문화예술인의 면모를 보이기도 했다. 그 또한 당대 제일의 서예가로 유명하여 한때는 그의 서풍이 조선팔도를 휩쓸었다고 한다. 현존하는 그의 진필로는 〈몽유도원도〉 발문이 대표적이다. 금석문으로는 현재 서울 동대문구 청량리 세종대왕기념사업회에 있는 〈세종대왕 영릉신도비〉, 과천의 〈임영대군묘표〉 등이 있다. 이렇듯 문사 기질이 강한 그였지만 함경도에 6진이 신설되었을 때는 직접 나아가 야인을 토벌하기도 하였고, 황보인, 김종서 등의 문신들과 뜻을 같이해 수양대군 세력과 맞서 인사 행정을 장악하는 등 조정의 배후실력자로 나서기도 하였다. 1453년 계유정난으로 수양대군이 정권을 잡자 강화도로 귀양 갔다가 교동으로 옮겨진 후에 사사되었다. 향년 36세였다. 1747년(영조 23년)에 복권되었다. 시호는 장소(章昭)다.

부인 영일 정씨와의 사이에 2남을 두었다.

임영대군 구(1420~1469년)

세종의 4남인 임영대군 구(璆)는 1420년(태종 19년) 세종과 소헌왕후 사이에서 태어났다. 자는 헌지(獻之)다. 아홉 살 되던 1428년에 대광보국 임영대군에 봉해졌다. 천성이 활달하고 무예를 즐겼던 그는 일찍부터 세종의 총애를 받았으나, 1441년에 궁궐 안으로 여자를 남장시켜 들여오다가 문지기에게 발각되어 직첩과 과전을 회수당하는 수모를 겪기도 했다. 그러나 이듬해인 1442년에 원윤이 되면서 관작이 회복되었다.

세종은 무예에 능한 그에게 1445년에 총통 제작의 감독을 맡겼고 1450년에는 문종의 명을 받아 화차를 제작하기도 하였다. 계유정난으로 세조가 정권을 잡자 그를 보좌하여 크게 신임을 얻고 영화를 누리다가 예종 1년에 50세를 일기로 생을 마쳤다. 시호는 정간(貞簡)이다.

두 명의 부인을 두었는데 첫 부인은 의령 남씨 지의 딸이고 둘째 부인은 전주 최씨 승녕의 딸이다. 두 부인에게서 5남 2녀를 얻었다.

광평대군 여(1425~1444년)

세종의 5남인 광평대군 여(璵)는 1425년(세종 7년) 세종과 소헌왕후 사이에서 태어났다. 자는 환지(煥之)다. 여덟 살에 광평대군에 봉해지고 열두 살이던 1436년에 성균관에 입학하였다. 성품이 너그럽고 총명했던 그는 《효경》, 《소학》, 사서삼경, 《좌전》 등에 능통했을 뿐만 아니라 국어, 음률, 산수에도 밝았다. 1437년에는 태조의 일곱째 아들이자 신덕왕후 강씨의 첫째 소생인 방번(무안대군)의 봉사손이 되어 후사를 이었다. 이듬해에는 새로 개척한 북방 6진의 국방 강화 및 풍속 교화를 위해 한양에 경재소를 두었을 때 종친으로서 그 일을 맡아 주관했다. 자태가 뛰어나고 효도와 우애가 지극했으며 서예와 격구에도 능했던 그는 아깝게도 20세의 나이로 요절하고 말았다. 세종 26년의 일이었다. 시호는 장의(章懿)다.

부인은 평산 신씨 자수의 딸이고, 아들 하나를 두었다.

금성대군 유(1426~1457년)

세종의 여섯째 아들인 금성대군 유(瑜)는 1426년(세종 8년)에 세종과 소헌왕후 사이에서 태어났다. 1433년에 금성대군에 봉해지고 열두 살 되던 해에 전주 최씨 사강의 딸과 혼인하였다. 성품이 강직하고 효심과 충성심이 지극하였던 그는 세종과 문종의 뜻을 받들어 끝까지 어린 조카인 단종을 보호하려 하였다. 1452년 단종이 즉위하자 수양대군과 함께 물품을 하사받으면서 좌우에서 임금을 보필할 것을 약속하였다. 하지만 계유정난으로 수양대군이 실권을 잡자 수양대군에 반대하며 더욱더 단종을 보호하기로 결심한다. 그러나 2년 뒤인 1455년, 마지막 남은 임금의 측근과 종친을 제거하려는 수양대군의 모함을 받고 삭녕에 유배당한다. 이후에도 광주, 순흥 등지로 여러 유배지를 전전하였다. 성삼문, 박팽년 등이 일으킨 단종복위 사건의 실패로 단종이 노산군으로 강등되어 영월로 유배당하자, 금성대군은 유배지인 순흥에서 부사 이보흠과 함께 또다시 단종복위 계획을 세운다. 그러나 거사를 앞두고 관노의 고발로 체포되어 역모죄로 처형당했다. 이때 그의 나이 32세였다.

《연려실기술》에서는 이 대목을 다음과 같이 기술하고 있다.

> 금성대군이 상왕의 복위를 꾀하다가 안동 옥사에 갇혔을 때, 감시가 소홀한 틈을 타 알몸으로 도망하였다. 모든 관원들이 총동원되어 안동부를 크게 수색하였으나 잡지 못하였다. 그런데 한참만에 금성대군이 나타나 웃으며 말하기를 "너희들이 비록 무리는 많으나 하잘것없구나. 내가 도망할 사람 같으냐? 우리 임금님은 영월에 계시다." 하고는 의관을 정제하고 북향하여 통곡하고 단종 임금께 네 번 절하고 죽음을 받았다. 이를 본 사람들이 불쌍히 여기지 않는 이가 없었다.

1791년(정조 15년)에 단종에게 충성을 바친 신하들에게 어정배식록을 편정할 때 육종영(六宗英, 안평대군을 비롯한 6인의 종친)의 한 사람으로 선정되었다.

부인은 참찬 최사강의 딸이고, 아들 하나를 두었다.

평원대군 임(1427~1445년)

세종의 일곱째 아들인 평원대군 임(琳)은 1427년(세종 9년)에 세종과 소헌왕후 사이에서 태어났다. 자는 진지(珍之)다. 여덟 살에 평원대군에 진봉되었고 열한 살인 1437년에 남양 홍씨 이용의 딸과 혼인하였다. 이후 학문에 진력하여 시, 서, 예에 능숙하였으나 1445년 열아홉 살에 천연두에 걸려 죽었다. 성품이 온화하고 효성과 우애가 돈독하여 세종으로부터 사랑을 받았으나 급병으로 요절하여 세종을 매우 고통스럽게 하였다 한다. 그의 죽음은 세종의 지병인 소갈증을 악화시키는 한편 세종이 불교에 호의를 갖게 된 계기가 되었다.

자식이 없었으므로 훗날 예종의 둘째 아들인 제안대군 현이 그의 봉사손이 되었다. 시호는 정덕(靖德)이다.

영응대군 염(1434~1467년)

세종의 여덟째 아들인 영응대군 염(琰)은 1434년(세종 16년) 세종과 소헌왕후 사이에서 태어난 막내 아들이다. 원래 1441년에 영흥대군에 봉해졌으나 1443년에 역양대군으로 개봉되고 1447년에 영응대군으로 최종 개봉되었다. 소헌왕후 소생 중에 막내였기에 세종의 총애가 남달랐는데, 1450년에 세종의 승하도 그의 저택인 동별궁에서 이루어진 것만 보더라도 알 수 있는 일이다. 서, 화에 능하고 음률에도 뛰어났으며 1463년(세조 9년)에는 《명황계감》의 가사를 한글로 번역하기도 하였다. 시호는 경효(敬孝)다.

부인은 둘인데, 첫 부인은 해주 정씨 충경의 딸이고 둘째 부인은 여산 송씨 복원의 딸이다. 송씨와의 사이에 딸 하나를 두었다.

세종의 서자들

세종의 서장자는 화의군 영(瓔)으로, 영빈 강씨 소생이다. 세조의 즉위에 반대하다 유배되었으며, 성종 연간에 유배지에서 죽었다. 죽기 전인 성종 20년(1489년)에 자신의 서자를 선원록에 올려달라고 상소한 기록이 있다. 부인은 밀양 박씨 중손의 딸이다. 박씨에서는 자식을 얻지 못했고, 첩에게서 서자 3남을 얻었다.

서2남은 계양군 증(璔)으로, 신빈 김씨 소생이다. 세조의 정변을 도와 좌익공신이 되었다. 1464년(세조 10년)에 죽었다. 부인은 청주 한씨 확의 딸이며 3남 3녀를 낳았다.

서3남은 의창군 공(玒)으로, 신빈 김씨 소생이다. 세조의 반정에 적극 협조하였기에 세조가 매우 아꼈다. 1460년 2월에 술병으로 죽으니, 세조가 많은 부조를 하였다. 부인은 연안 김씨 수의 딸이며, 1남 2녀를 낳았다.

서4남은 한남군 어(𤥢)인데, 혜빈 양씨 소생이다. 혜빈 양씨가 단종을 보호하려고 애쓰다가 세조에게 미움을 받아 죽음을 당했을 때, 그도 연좌되어 유배되었다. 부인은 안동 권씨 격의 딸로, 1남 1녀를 낳았다.

서5남은 밀성군 침(琛)으로, 신빈 김씨 소생이다. 세조의 정변에 동조하여 익대좌리공신이 되었다. 부인은 여흥 민씨 승서의 딸이며, 4남 2녀를 낳았다.

서6남은 수춘군 현(玹)으로, 혜빈 양씨 소생이다. 안평대군과 친했으며, 혜빈 양씨와 함께 단종을 보호하려다 수양대군의 미움을 받아 유배되어 1455년에 죽었다. 부인은 영일 정씨 자제의 딸이다. 그녀는 남편이 죽자 삭발하고 출가하였으나 성종 9년에 왕명으로 환속하였다. 딸 하나를 낳았다.

서7남은 익현군 관(璭)으로, 신빈 김씨 소생이다. 세조의 정변에 호응하여 좌익공신에 책록되었고, 세조의 총애를 받았다. 주색을 즐겨 자주 창기를 불러들여 폭음을 했는데, 이로 인해 몸이 쇠약해져 1464년 5월에 죽었다. 그가 죽자, 세조는 이틀 동안 조회를 중지하고 많은 부조를 하였다. 부인은 평양 조씨 철산의 딸로, 1남 1녀를 낳았다.

서8남은 영풍군 전(瑔)으로, 혜빈 양씨 소생이다. 혜빈 양씨가 세조와 대립한 일로 연좌되어 형들과 함께 유배되어 죽었다. 부인은 순천 박씨 팽년의 딸이다. 그녀는 1녀를 낳았다.

서9남은 영해군 당(瑭)으로, 신빈 김씨 소생이다. 초명은 장이었다가 당으로 바뀌었다. 성종 9년(1478년)에 43세를 일기로 죽었다. 부인은 평산 신씨 윤동의 딸로, 2남 1녀를 낳았다.

서10남은 담양군 거(璖)인데, 신빈 김씨 소생이다. 1450년 3월에 12세의 어린 나이로 죽었다.

세종의 딸과 사위

세종에게는 적녀 2명과 서녀 2명이 있었다. 그 중 장녀 정소공주는 일찍 죽었으므로 언급을 생략하고 나머지 세 자매와 그 남편에 대해 간략하게 언급하겠다.

정의공주와 안맹담

정의공주는 세종의 차녀로, 소헌왕후 심씨 소생이다. 역산에 밝아 천문을 알았고, 언어학에도 조예가 깊어 훈민정음 창제에 기여했다. 세종은 공주의 그런 지혜를 무척 아꼈고, 자주 공주의 집으로 이어하여 지냈다. 그녀는 연창위 양효공 안맹담에게 시집가서 4남 2녀를 낳았으며, 성종 8년(1477년)에 죽었다.

부마 안맹담의 본관은 죽산이며, 도관찰사를 지낸 안망지의 아들이다. 그는 1428년에 정의공주와 결혼하여 죽성군에 책봉되고, 뒤에 연창군으로 개봉되었다. 술을 지나치게 좋아하여 몸을 해쳤고, 이 일로 세종이 그의 인사를 받지 않기도 했다. 세종은 정의공주를 염려하여 안맹담을 불러 술을 먹지 말도록 종용했으나, 맹담은 듣지 않았다. 심지어 세종은 맹담과 함께 술을 마신 자들을 대궐로 불러 호통치며 겁을 주기까지 했다. 맹담은 1462년 12월에 죽었다. 세조는 이틀간 조회를 철회하고, 쌀, 콩, 포 등을 부조했다.

정현옹주와 윤사로

정현옹주는 세종의 서장녀로, 상침 송씨 소생이다. 1436년에 영천군 윤사로에게 시집갔으며, 딸 하나를 두었다. 성종 11년(1480년) 11월에 죽으니, 성종이 쌀, 콩, 종이, 정포 등을 내렸다.

부마 윤사로는 참의 윤은의 아들로, 본관은 파평이다. 1436년에 정현옹주와 결혼하여 영천군이 되었고, 후에 좌익공신 좌찬성 영천부원군 벼슬을 얻었다. 사로는 본래 부호의 집안에서 태어나 재물 모으기를 좋아했는데 윤사윤, 정인지, 박종우 등과 더불어 당대 4대 부호로 꼽혔다. 선비를 대접할 줄 알고, 성품이 너그러워 따르는 사람이 많았지만 재물에 관해서는 매우 인색하고 깐깐하였다. 세조 9년(1463년) 12월에 죽으니, 세조가 이틀 동안 조회를 중지하고 애도했다.

정안옹주와 심안의

정안옹주는 세종의 서차녀로, 숙원 이씨 소생이다. 청성위 심안의에게 출가하여 1남 1녀를 낳았으며, 1461년 10월에 죽었다. 그녀가 죽자, 세조는 사흘 동안 조회를 중지하고 부조했다.

부마 심안의는 관찰사를 지낸 심선의 아들로, 본관은 청송이다. 정안옹주와 결혼하여 청성위에 책봉되었다. 세조의 정변에 순응하고 관직에 나가 벼슬이 광덕대부에 이르렀으며, 도총부 오위도총관을 지내기도 했다. 그는 성격이 유하고 용모가 장대하여 장수의 풍모를 지녔다. 성종 7년(1476년)에 죽으니, 이때 그의 나이 39세였다.

세종의 장인과 처족

소헌왕후의 아버지 심온과 그 일족

심온은 개국공신 심덕부의 아들로, 자는 중옥(仲玉)이고, 본관은 청송이다. 고려조 때 문과에 급제하여 벼슬길에 나갔으며, 아버지를 따라 조선 개국에 동참하였고, 개국 초에는 병조와 공조의 의랑을 지냈다. 이후 대호군, 상호군 등으로 진급되었다가 태종 대에는 대사헌, 형조판서, 이조판서 등을 역임했다.

1408년에 태종의 셋째 아들 충녕대군에게 딸을 시집 보내면서 그는 왕실의 인척이 되었고, 뜻밖에도 10년 뒤인 1418년에 양녕대군이 폐위되고, 충녕대군이 세자가 된 덕분에 세자의 장인이 되었다. 또 그해 8월에 세자 도(세종)가 왕위에 오르자, 상왕 태종은 그에게 영의정 벼슬을 내렸다.

불과 44세의 젊은 나이로 국구로서 영의정에 오르자, 심온은 조정의 핵심 권력으로 부상했다. 하지만 태종은 그가 혹 권력을 독식할까 봐 경계하였다. 그런 가운데 심온이 명나라에 사신으로 가게 되었는데, 그가 출발할 때에 사대부들이 앞다퉈 나와 전송하니, 그들의 거마(車馬)가 도성을 뒤덮을 정도였다는 소문이 태종의 귀에 들어왔다. 심온의 권력 팽창을 두려워한 태종은 병조참판 강상인이 병력에 관한 보고를 자신에게 하지 않고 세종에게 한 것을 트집 잡아 치죄하고, 다시 총제(지금의 군사

령관)를 맡고 있던 심온의 아우 심정을 연관시켜 하옥시켰다. 심정을 엮는 데 성공한 태종은 다시 심온을 엮었고, 즉시 강상인과 심정 등을 참형에 처했다. 그리고 1418년 12월, 명나라에 사신으로 갔다가 돌아오는 심온을 의주에서 붙잡아 의금부로 압송하여 사약을 내려 죽게 했으니, 심온은 그야말로 영문도 모르고 사약을 마신 셈이다.

심온을 죽인 태종은 그의 일족을 모두 관비로 삼았다. 세종의 왕비 소헌왕후도 여러 차례 쫓겨날 뻔했지만, 그때마다 세종의 보호로 가까스로 모면하곤 했다. 그녀는 관비가 된 어머니를 만날 수 없어 늘 눈물로 한을 달랬다고 전한다.

태종이 심온을 죽이려 할 때 많은 신하들이 대질 신문을 한 연후에 형을 내리는 것이 옳다고 간했지만, 태종의 사주를 받은 좌의정 박은은 심온을 죽여야 한다고 강력하게 주장하였다. 그의 주장에 힘입어 태종은 사약을 내렸다. 이 때문에 심온은 자손들에게 절대로 박씨와는 결혼하지 말라는 유언을 했다고 하는데, 실제로 심씨들이 박씨들과 결혼한 경우는 거의 없었다.

세종의 주요 사돈

세종 대는 정치가 안정되어 조정 내부의 파란이 적었던 까닭에 외척이 큰 변을 겪지 않았고, 권력의 핵심으로 부상하지도 않았다. 하지만 문종의 병약함으로 정치적 불안감이 조성되고, 단종과 세조 대에 이르러 심각한 혼란을 겪게 되는데, 이때 세종의 외척들도 그 소용돌이에 휘말리게 된다.(20여 명에 이르는 세종의 사돈들 중에서 당시의 정치적 지각 변동과 관련된 인물인 정연, 최사강, 박팽년에 대해서만 간략하게 언급한다.)

남편과 불화 겪은 딸 덕에 가문 유지시킨 정연(1389~1444년)

정연(鄭淵)은 안평대군 용의 장인이다. 그는 성격이 강직하여 절개가 곧고 바른 소리를 잘하는 전형적인 선비형 관료였다. 세종 시절에 사헌부 집의를 거쳐 이조와 병조의 참판, 형조판서, 병조판서 등을 역임했고, 세종의 신임을 받았다. 그가 병들어 누웠을 때 세종은 내의를 보내고 문병을 계속할 정도였다. 물론 세종이 아끼던 안평대군의 장인이었으니 당연한 처사였는지도 모른다.

그런데 이상한 사실이 하나 있다. 그가 안평대군의 장인이라는 사실만으로도 세조 시절에 멸문지화를 당했을 법한데, 실상은 전혀 다르다. 오히려 그의 네 아들 자원, 자양, 자제, 자숙 등은 세조 시절에 승승장구했다. 안평대군의 처남인 그들이 목숨을 부지한 것도 모자라 세조의 공신이 될 수 있었던 것은 우습게도 안평대군과 그의 처 정씨와의 불화 덕이었다.

안평대군의 처 정씨는 단종 원년(1453년) 4월 23일에 죽었는데, 안평대군이 그녀를 몹시 박대했다고 실록은 기록하고 있다. 그들의 불화가 얼마나 심했던지 죽기 7, 8년 전부터 서로 얼굴도 보지 않고 살았다. 심지어 안평대군은 그녀의 임종을 지키지 않은 것은 물론이고, 죽었다는 소리를 듣고도 시신을 보지 않았고, 장례에 제대로 참석하지도 않았다. 이런 사태를 두고 당시 사람들은 "한낱 서인이 죽어도 저렇게는 하지 않을 것이다."라고 개탄했다고 한다.

안평대군의 이런 처사는 정씨 형제들이 세조 편에 서게 된 결정적인 이유가 되었다. 말하자면 아내에 대한 안평대군의 박대가 정씨 집안을 구하는 결과를 낳은 것이다.

왕실과 세 겹 사돈 맺은 최사강(1385~1443년)

최사강(崔士康)은 태종 시절에 관직 생활을 시작하여 세종 초에는 승정원에서 대언 생활을 했고, 병조판서 등을 거쳐 의정부 우찬성을 역임하다가 1443년 4월에 죽었다.

그는 태종과 세종, 두 임금과 사돈 관계를 맺었다. 태종의 서자 중 둘째인 함녕군을 큰사위로, 세종의 6남 금성대군을 둘째 사위로 맞아들였다. 또 그의 손녀(장남 최승녕의 딸)는 세종의 4남 임영대군과 결혼했다. 말하자면 왕실과 세 겹 사돈지간이었던 셈인데, 덕분에 세종 대에 크게 출세하였고, 가문의 몰락도 모면했다.

그의 사위인 금성대군은 단종복위 사건을 일으켜 대역죄로 죽었는데, 다른 사위인 임영대군은 세조를 보좌하여 공신이 되었다. 그의 집안은 하마터면 금성대군의 죄에 연루되어 화를 당할 뻔했으나 임영대군의 공에 힘입어 무사했던 것이다.

사육신 사건의 주역 박팽년(1417~1456년)

사육신으로 잘 알려진 박팽년은 세종의 서자 중 8남인 영풍군의 장인이다. 그는 판서를 지낸 박중림의 아들인데, 세종 시절에 문과에 급제하여 신숙주, 최항, 성삼문 등과 함께 집현전 학사로 이름을 날렸던 인물이다. 문장이 뛰어나고 필법이 좋았으며 말수가 적고 절개가 굳었다.

그의 사위 영풍군은 세종의 후비 혜빈 양씨 소생인데, 단종을 보호하기 위해 수양대군과 대립하다 1455년에 세조가 즉위하면서 유배되어 죽었다.

박팽년의 죽음은 그 이듬해에 닥쳤다. 이른바 사육신 사건의 주역으로 지목되어 능지처참을 당했는데, 죽을 당시 그의 벼슬은 형조참판이라는 고위직이었다.

그가 죽을 때에 그의 아들 순의 아내 이씨는 임신 중이었다. 조정에서는 그녀가 아들을 낳거든 죽이라고 명령했는데, 마침 집안 종 가운데 임신한 여자가 있어 같은 시기에 해산을 했다. 박순의 아내는 아들을 낳고 종은 딸을 낳았는데, 아이를 바꾼 덕에 둘 다 살렸다. 성종 대에 이르러 박순의 동서 이극균이 종의 아들로 살고 있던 박순의 아들을 자수시키니, 성종이 특별히 용서하고 '일산'이라는 이름을 내렸다. 덕분에 팽년의 대가 끊어지지 않았다.

박팽년의 아내 이씨는 죽을 때까지 관비로 지내며 수절한 것으로 전해진다.

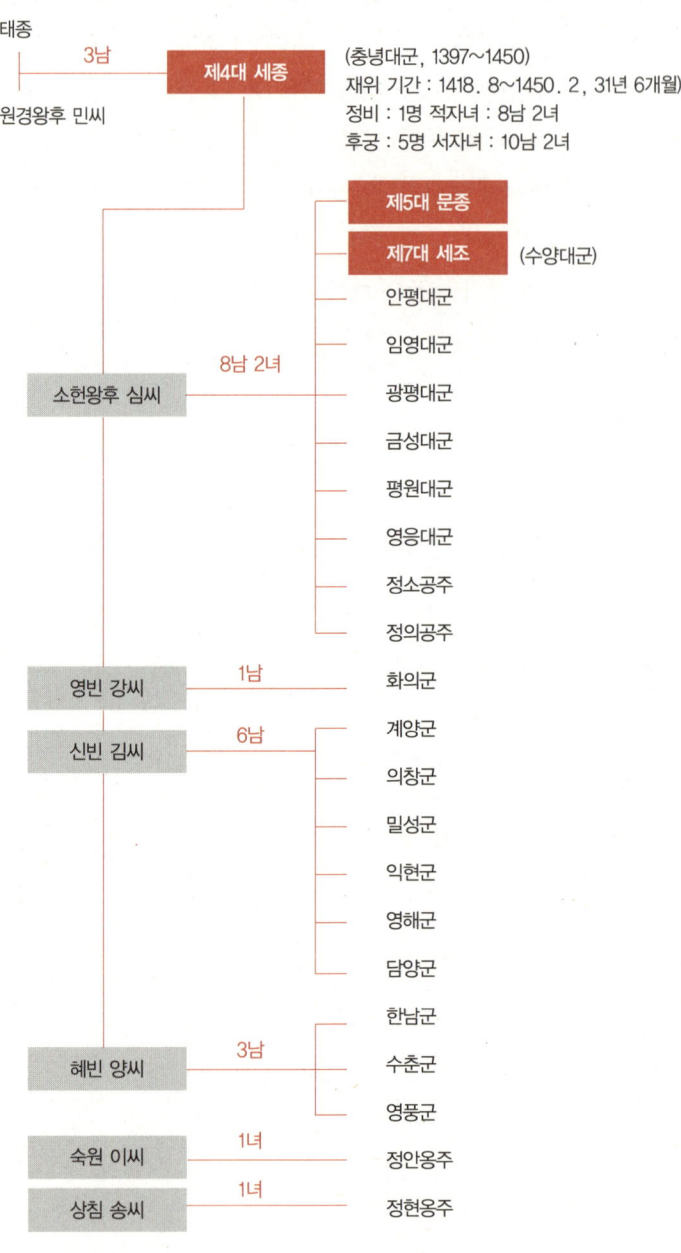

2부

세종실록 요략(要略)

《세종실록》은 세종 즉위년인 1418년 8월부터 1450년 2월까지 31년 6개월의 기록을 163권 154책으로 묶은 책이다. 이는 400쪽 가량의 책으로 45권 정도에 해당하는 분량이다.

2부에서는 이런 방대한 《세종실록》의 주요 사건 중에서 핵심을 뽑아 요약정리한다. 서술 과정에서 비록 아주 중요한 일이 아니더라도 역사 이해를 위해 필요한 내용이라고 판단되면 간단하게라도 언급할 것이다. 또한 해마다 반복되는 내용이나 다른 단락에서 다루고 있는 내용들은 생략하거나 간단한 언급으로 대신할 것이다.

전체 실록의 짜임새를 이해할 수 있도록 세종 즉위년부터 6년까지는 비교적 여러 내용을 다룰 것이며, 세종 7년부터 32년까지는 해마다 주요 사건만 다룰 것이다.

즉위년
1418년 무술년, 명 성조 영락 16년

즉위년의 세종 치세는 불과 4개월도 채 되지 않았지만, 사건이 많았다. 즉위식을 거행하고 백관을 교체한 것과 왕위를 넘겨준 것에 대해 명나라에 해명한 것은 순리를 따른 일이라 할 수 있었으나 강상인의 옥사와 관련하여 장인 심온이 죽고, 그 일족이 노비로 전락한 일은 세종에게 엄청난 부담과 충격을 안겨주었다.

즉위식을 거행하고 조정 백관 일부를 교체하다

1418년 무술년(명나라 영락 16년) 8월 10일, 세종은 경복궁 근정전에서 즉위식을 거행함으로써 마침내 왕위에 올랐다. 이날 세종은 대사면령을 내리고 부왕 태종을 태상왕으로 받들고자 했다. 하지만 태종이 형 정종을 태상왕으로 하고, 자신은 상왕으로 낮춰야 한다고 말하므로 세종은 정종에게 태상왕 칭호를 올리려 했다. 그러나 정종 또한 사양하므로 결국 정종과 태종을 모두 상왕으로 부르게 되었다. 하지만 두 상왕을 구분하기 위해 정종을 노상왕이라고 불렀다.

즉위 후 세종은 조정 백관의 일부를 교체하였는데, 세종이 세자의 신분에서 왕의 신분으로 격상된 것에 따른 조치였다. 또한 태종이 상왕이 됨에 따라 지신사(훗날의 도승지) 등 여러 신하의 직위 변경이 불가피했다.

세종이 처음으로 꾸린 조정 신하의 면면은 이러했다.

영의정 한상경, 좌의정 박은, 우의정 이원, 돈녕부 영사 류정현, 이조판서 정이, 호조판서 최이, 예조판서 변계량, 병조판서 박습, 형조판서 조말생, 공조판서 맹사성, 예문관 대제학 류관, 대사헌 허지 등이었다. 또한 승정원에는 지신사에 하연을 필두로 각 대언(승지)을 임명하였으니, 좌대언(승지)도승지에 원숙, 우대언에 김효손, 좌부대언에 성엄, 동부대언에 이수를 임명하였다. 이수는 원래 낮은 벼슬에 있었으나 세종의 어린 시절 스승인 만큼 특별히 동부대언에 임명한 것이다.(이때 우부대언은 누구였는지 확인할 수 없었다.)

이들 신하들은 모두 태종이 명단을 작성하고 세종이 임명하는 순서를 거쳤으니, 엄밀히 말하자면 세종이 꾸린 조정은 아니었다.

선위에 대해 사신에게 해명할 일을 논하다

8월 23일에 충녕대군의 세자 책봉 관계로 명나라에서 사신이 온다 하여 장천군 이종무를 시켜 의주에서 맞이하도록 하였다. 하지만 이종무를 보내기 전에 결정해야 할 문제가 있었다. 그것은 아직 명나라로부터 세자로서의 칙서를 받지도 않은 충녕대군이 왕위를 넘겨받은 것을 명나라 측에 설명해야 하는 일이었다.

이 때문에 상왕은 정승과 육조의 판서를 불러놓고 사신에게 왕위를 물려준 까닭을 어떻게 설명할 것인지 논의하게 하였다.

이 문제를 놓고 신하들은 두 가지 의견으로 갈렸다. 한쪽은 상왕이 병이 생겨서 임시로 나랏일을 맡겼다고 하면서 세자가 나가서 사신을 맞이하고, 상왕은 나가지 않는 것이 좋겠다고 했다. 다른 한쪽은 충녕대군을 세자로 책봉할 것을 허락하는 칙서를 태종이 직접 받아야 하는데, 태종이 사신을 맞이하기 위해 나가지 않으면 예의에 어긋난다고 했다. 때문에 상왕은 왕위를 물려준 사실을 숨기고 임금으로서 칙서를 맞이해야 옳다는 의견이었다. 그리고 사신이 돌아간 뒤에 다시 명나라에 사신을 보내 왕위를 물려주겠다는 내용을 알리면 된다는 주장이었다.

하지만 태종은 이렇게 대답했다.

"이미 새로운 왕이 즉위한 것은 세상이 다 아는 일인데, 사신이 어찌 의주에서 이 소식을 듣지 못하겠는가? 숨긴다면 괜히 정직하지 못한 것이 될 뿐이다. 그러니 나의 병이 무시로 발작하기 때문에 정무를 세자에게 임시로 맡겼지만, 세자 책봉에 대한 칙서를 받지 못한 상태에서 왕위를 물려준 사실을 황제에게 보고하기는 어려웠다고 하면 된다. 그리고 세자로 하여금 지금 부왕의 병이 좀 나은 관계로 병을 이겨가면서 사신을 맞이하러 나올 것이라고 전하게 하면 될 것이다."

이렇게 결정한 뒤에 상왕은 명나라에 사은사 보낼 일을 의논하면서 사은사로 세종의 장인 심온을 보내기로 했다. 심온을 보내기로 한 것은 그가 임금의 장인인 데다 명나라 사신으로 왔던 황엄과 친분이 있다는 이유였다. 하지만 심온은 사은사로 갔다가 돌아와 영문도 모르고 죽음을 당하게 된다.

상왕이 강상인의 옥사를 핑계로 심온을 죽이다

8월 25일 임인일에 상왕이 병조참판 강상인과 좌랑 채지지를 의금부에 가두라고 지시했다. 이들이 군사에 관한 일을 상왕에게 먼저 보고하지 않고 세종에게 먼저 보고했기 때문이다. 원래 태종이 세종에게 왕위를 물려줄 때 군사에 관한 권한은 내어주지 않았다. 그래서 세종은 강상인이 자신에게 먼저 군사 업무를 보고하면 아버지에게 왜 먼저 보고하지 않았는지 따져 묻곤 했다. 이 소리를 들은 상왕은 강상인을 불러 이렇게 물었다.

"상아패와 오매패는 무엇에 쓰는 것인가?"

강상인이 대답했다.

"재상들을 불러들이는 데 쓰는 것입니다."

그러자 상왕은 상아패와 오매패를 다시 돌려주며 말했다.

"정사에 관한 것이라면 임금에게 가야지, 왜 이곳으로 왔는가? 어서 임금에게 가져가라."

그 후 강상인이 그것을 들고 세종에게 가자, 세종도 같은 질문을 하였다.

"이것이 어디에 쓰는 패입니까?"

"장수들을 불러들이는 것입니다."

이에 세종이 정색을 하고 말했다.

"그렇다면 아버님께 가져가도록 하시오."

이에 강상인이 다시 태종에게 그것을 가져가자, 태종이 면전에서 임금을 속인다 하여 하옥시킨 것이다.

강상인은 원래 무인 출신으로 태종의 가신이자 심복이었다. 그런데 세종에게 왕위를 물려주고 난 뒤에 태종이 군권을 그대로 쥐고 있는 것을 못마땅하게 여긴 모양이다. 그래서 내심 군권을 세종에게 몰아주려는 마음이 있었던 것이다. 태종은 강상인의 그런 속내를 읽고 그를 괘씸하게 여기고 있던 터였다.

다음 날인 8월 26일엔 강상인의 사건과 관련하여 병조판서 박습, 참의 이각, 정랑 김자온과 이안유, 양여공, 좌랑 송을개, 이숙복 등을 추가로 의금부 옥에 가뒀다.

그리고 의금부 제조 류정현에게 그들을 신문할 것을 지시하고, 형조판서 조말생과 헌부 대사헌 허지, 사간원 우사간 정상과 호조참판 이지강 등을 함께 그 자리에 있도록 하였다.

이렇듯 강상인 사건으로 병조의 관리들이 하옥되자, 상왕과 세종은 조말생을 병조판서로, 김여지를 형조판서로, 최윤덕을 중군도총제로 임명했다. 또한 강상인 사건으로 병조의 관리들이 출근을 하지 않자, 병조의 관리들을 대거 교체했다.

강상인 사건 이후, 조정 대신들은 강상인과 박습에 대해 죄를 줘야 한다는 상소를 연이어 올렸다. 세종이 이를 받아들여 상왕에게 보고했으나 상왕은 받아들이지 않았다. 덕분에 강상인은 목숨을 구해 단천 고을의 관노가 되었으며, 박습을 비롯한 병조의 관리들은 귀양살이를 하게 되었다. 사건은 그렇게 매듭지어지는 듯했다. 하지만 그것이 끝이 아니었다.

그로부터 며칠 뒤인 9월 2일에 태종은 정승들을 모아놓고 세종의 장인 심온을 영의정으로 삼아야 한다는 말을 했다. 그리고 9월 3일에 영의정 한상경을 서원부원군에 봉하고, 청천부원군 심온을 영의정에 임명했다.

9월 4일에 세종이 명나라로부터 세자 책봉 칙서를 받자 심온은 사은사가 되어 명나라로 떠나게 되었다. 그가 떠날 때에 사대부들이 앞다퉈 나와 전송하는 바람에 수레와 말이 도성을 뒤덮을 정도였다. 이 소문을 들은 태종은 심온을 그대로 두면 민무구나 민무질처럼 외척이 득세할 것이라고 판단했다. 그래서 심온을 축출할 방도를 모색하다가 강상인 사건에 엮어 넣기로 하였다.

태종이 강상인 사건을 떠올린 이유는 병조의 군부에 심온의 동생 심정이 있었기 때문이다. 말하자면 강상인과 심정을 연루시키고, 다시 심온을 심정과 연루시켜 심온을 강상인 사건의 주모자로 만들 속셈이었다.

마침내 그해 11월 3일, 태종은 조말생과 원숙, 장윤화, 하연 등을 불러 이렇게 말했다.

"전날에 강상인의 문제를 이야기하다가 다 끝내지 못했는데, 다시 경들에게 그 이야기를 하려고 한다."

이때까지만 해도 대신들은 태종의 의중을 몰랐다. 그래서 다소 어리둥절해 있는데, 태종이 계속 말을 이었다.

"상인은 내가 많은 은혜를 베풀어 일개 생원에 불과한 자를 높은 벼슬에 올려놓았는데, 여러 차례 나를 속였다. 그래서 가만히 생각해보니 고약하기 짝이 없다. 그를 다시 고문하여 죄의 진상을 밝혀야겠다. 만약 강상인이 반역할 마음을 품고 있었다면 상인뿐 아니라 그 윗자리에 있던 자들도 모두 조사해야 할 것이다."

태종은 곧 장윤화를 시켜 좌의정 박은에게 의견을 구했는데, 박은이 이렇게 말했다.

"강상인의 죄는 아주 엄중한데 벌을 너무 가볍게 받은 것이 사실이다. 이제 다시 신문하여 반드시 나머지 죄를 밝혀내야 할 것이다."

이렇게 되자 강상인과 박습, 채지지, 이각 등이 다시 의금부로 압송되었다. 하지만 그때까지는 심정이나 심온이 이 사건과 연루된 정황이나 의혹은 드러나지 않았다.

이렇듯 강상인의 사건을 확대하고자 할 때, 태종의 속을 끓이는 문제가 있었다. 바로 심온의 딸 소헌왕후 심씨의 왕비 책봉례가 다가오고 있었던 것이다.

뼈 아프게도 태종은 왕비 책봉례 이전에 강상인을 신문할 시간적 여유가 없었다. 책봉례는 11월 10일에 있었고, 강상인과 박습 등은 12일에 한양에 도착하여 신문을 받아야 했던 것이다.

태종은 강상인에게 모진 고문을 가하면서 역모의 마음을 품은 것을 자백하라고 강요했다. 하지만 강상인은 자신이 배신을 할 이유가 없다면서 끈질기게 버텼다. 이에 누차에 걸쳐 압슬형을 가하자, 고문을 이기지 못한 강상인이 이렇게 말했다.

"임금이 본궁에 있을 때 내가 일이 있어서 갔다가 보니, 동지총제 심정이 궁전 문밖에 장막을 치고 있었습니다. 그때 심정이 나에게 '내금위나 내시위에는 결원이 많아서 왕궁 호위가 허술하게 되는데, 왜 제때에 보충되지 않느냐'고 물었습니다. 그래서 나는 '군사를 한군데로 모으면 허술할 이유가 없다'고 대답했습니다."

말하자면 군권을 상왕이 가지고 있기 때문에 행정이 임금과 상왕에게 양분되어 군무를 원활하게 처리할 수 없다는 불만을 늘어놓은 셈이었다.

그러나 사실 강상인의 이 말은 일부러 고문을 가하여 토하게 한 것이었다. 즉 강상인의 잘못을 심정과 심온에게 확대시키기 위해 강상인에게 고문을 가하여 허위자백을 하도록 만들었다는 뜻이다.

강상인의 허위자백은 거기서 그치지 않았다. 당시 이조참판이었던 이관도 같은 생각이었다고 했고, 총제를 지낸 조흡도 동조했다고 했다.

강상인의 그런 자백이 있자, 태종은 지체없이 심정과 이관, 그리고 조흡을 잡아들였다. 그리고 그들에게 심한 고문을 가한 뒤에 억지 자백을 받아냈다.

그 결과, 세 사람은 모두 강상인의 자백을 인정할 수밖에 없었는데, 그래도 태종은 성이 차지 않았다. 그가 목표로 하는 인물은 심온이었기 때문이다. 그래서 태종은 초주검이 된 강상인에게 압슬형을 한층 심하게 가했다. 그러자 고문을 이겨내지 못한 강상인의 입에서 이런 말이 흘러나왔다.

"날짜는 기억하지 못하겠지만 상왕의 궁전 문밖에서 영의정 심온을 만나 의논하면서 군사와 관련된 일은 의당 한군데로 집중시켜야 한다고 했더니 심온도 같은 생각이라고 했습니다. 또 장천군 이종무를 만나 같은 말을 했더니 그도 빙그레 웃으면서 제 말에 동의하였습니다. 그리고 우의정 이원을 만나서는 군사를 나눠서 소속시키는 것이 어떻겠느냐고 했더니 어째서 그런 말을 하느냐고 제게 되물었습니다."

태종은 강상인이 그런 자백을 했다는 보고를 듣고는 이렇게 말했다.

"며칠 전에 내가 말한 것의 진상이 과연 오늘에야 드러났구나. 이종무도 잡아다가 신문하고, 이원도 궁으로 오라 하여 옥에 가두라."

이후 이원과 이종무가 옥에 들어가서 강상인과 대질 신문을 하였다.

이원이 강상인에게 화를 내며 먼저 이렇게 말했다.

"강 참판은 괜한 사람을 물고 들어가지 말라."

이에 상인이 대답했다.

"고문을 견디지 못해서 한 말입니다. 모두 거짓말입니다."

이에 이원과 이종무는 얼마 뒤에 풀려났다.

한편 세종도 의금부의 일에 신경을 곤두세우고 있었다. 그리고 승전색 내시 김용기가 강상인이 본방(임금의 처가)도 연루되었음을 자백했다고 하자, 세종은 한숨을 쏟아내며 말했다.

"상왕의 지시가 이미 그렇게 된 이상 어떻게 할 수 있겠는가?"

세종은 곧 김용기가 한 말을 그대로 상왕에게 보고했다. 그러자 상왕 태종은 곧 좌의정 박은을 불렀다. 하지만 박은은 병을 핑계하고 오지 않았다. 그래서 태종은 재차 그를 불러오라고 했다. 결국 불려온 박은에게 태종이 물었다.

"심온이 군사는 한군데로 모으는 것이 옳다고 했다는데, 경은 어떻게 생각하는가?"

박은이 대답했다.

"심온이 한군데라고 말한 것은 상왕을 가리킨 게 아닐 것입니다. 틀림없이 임금을 가리킨 것일 것입니다. 그 심정이야 물어보지 않아도 알 수 있지 않겠습니까?"

박은이 이렇게 말한 것은 심온에 대한 개인 감정이 있었기 때문이다. 박은이 언젠가 경복궁에서 심온의 사위 유자해를 만난 일이 있는데, 유자해는 임금 옆에 선 채로 박은에게 이렇게 말했다.

"저 사람은 물러가서 제 집안에 엎드려서 있을 일이지, 왜 아직까지 거들먹거리고 다니는지 모르겠습니다."

이 일로 박은은 심온에게 앙심을 품게 되었는데, 마침 심온이 강상인의 사건과 연루되자, 심온을 몰아붙인 것이다.

한편 이조참판 이관에게도 압슬형이 가해졌는데, 이관은 고문을 이기지 못하고 심온이 병권을 임금이 가지는 것이 옳다는 말을 한 적이 있다고 했고, 심정도 고문 끝에 자기 형이 병권은 한군데로 집중되어야 한다고 했다는 자백을 했다. 그리고 자신도 형님의 말이 옳다고 맞장구를 쳤다고 말했다.

태종은 그 말을 듣고 이렇게 결론지었다.

"진상은 이미 드러났다. 더 신문할 것도 없다. 주모자는 심온이다. 그자는 아직 돌아오지 않았지만 그 패거리들인 강상인, 이관 등을 마땅히 극형에 처하고, 5도에 조리를 돌릴 것이니 빨리 처결하여 보고하라."

그로부터 며칠 뒤에 상왕 태종은 박은, 조말생, 이명덕, 원숙 등을 불러놓고 심온이 돌아오는 대로 죄인들과 대질 신문을 시켜야 하지 않겠는가 하고 물었다. 이에 박은이 대답했다.

"심온이 범한 죄가 명백한 이상 굳이 대질 신문이 무슨 필요가 있겠습니까?"

이 말을 듣고 태종은 강상인의 사지를 찢어 죽이고, 박습과 심정, 이관 등을 참형에 처했다. 그의 형제와 친척들은 모두 유배 보냈다.

이때 박습은 이미 옥에서 사망한 상태였고, 강상인은 형벌을 받기 위해 수레에 오르면서 이렇게 고함쳤다.

"나는 죄도 없이 고문을 견디지 못해 죽는 것이다!"

태종은 그들을 죽인 뒤, 심온의 처와 딸들을 천민으로 전락시키고, 심온의 재산을 모두 몰수했다.

그리고 얼마 뒤인 12월 5일, 심온이 명나라에서 돌아온다는 소식을 듣자, 태종은 역관 전의에게 군사 10명을 내주고 심온에게 칼을 씌워 압송해오라고 했다.

심온이 의금부로 압송되어온 것은 그로부터 17일 후인 12월 22일이었다. 심온은 자신이 대역죄를 지었다는 소리를 듣고 강상인 등과 대질 신문을 시켜줄 것을 요구했다. 하지만 의금부에서 그들이 이미 참형을 당했다고 하면서 고문을 가하자, 심온은 이렇게 말했다.

"결국 죽음을 면할 수 없겠구나!"

그러면서 강상인 등이 말한 내용이 모두 사실이라고 자백하였다. 이는 중전인 자신의 딸과 살아남은 가족들을 위한 배려라 할 수 있었다.

심온의 자백이 있었다는 보고가 있자, 태종은 형을 가해 죽일 수는 없다고 하면서 자진 명령을 내렸다. 이에 심온은 사약을 받고 자진하였다.

이로써 심온 사건은 마무리되었다. 태종은 죄도 없이 죽은 그에게 미안했는지 이렇게 말했다.

"심온에 대해서는 물론 규례에 정해진 장사는 지내줄 수 없다고 하더라도 후하게 지내주지 않을 수 없다."

그리고 이양달을 시켜 무덤 자리를 정하게 하고, 수원부에 지시하여 장사를 치르게 했으며, 초상에 필요한 관과 종이와 석회도 내려줬다. 또 내시를 보내 장사를 주관하게 했으며, 그 고을에 지시하여 제사도 지내게 했다.

이후 소헌왕후 심씨를 폐위해야 한다는 상소가 많았으나 태종과 세종이 이에 동조하지 않았다. 하지만 심온의 아내와 딸들은 노비의 처지에서 풀려나지 못했다. 태종이 죽은 뒤에도 세종은 아버지의 판단을 번복할 수 없다는 이유로 심온의 신분을 회복시키지 않았다. 그리고 문종 대에 이르러 비로소 심온의 영의정 직책이 회복되고 안효공이라는 작위가 내려졌다.

즉위년과 원년의 차이

조선왕조는 즉위 이듬해를 신왕의 원년(元年)으로 삼는다. 이는 《춘추》의 예법에 따른 것이다.

왕조 시대의 통치 형태에서 언제를 새 왕의 원년으로 삼는가를 결정하는 법을 칭원법이라 한다. 칭원법에는 훙년칭원법(薨年稱元法)과 유년칭원법(踰年稱元法)이 있다. 또 훙년칭원법을 세분하여 훙월칭원법과 유월칭원법으로 나눈다.

훙년칭원법은 선왕이 죽고 신왕이 왕위에 오른 그해를 신왕의 원년, 즉 통치를 시작하는 해로 삼는 것을 말한다. 즉 통치를 시작한 해부터 죽은 해까지를 통치 기간으로 삼는 것이다. 대표적인 것이 《삼국사기》 연표다.

그런데 훙년칭원법을 할 경우 선왕이 죽은 해와 신왕이 등극한 해를 양쪽 왕에게 다 포함시킴으로써 양쪽에 중복 계산되는 문제가 있다. 이 때문에 훙년칭원법에도 다시 훙월칭원법과 유월칭원법이 등장하게 된 것이다.

훙월칭원법은 선왕이 죽은 그달에 신왕이 왕위에 오르기 때문에

선왕이 죽은 달을 기점으로 원년을 칭하는 것이고, 유월칭원법은 선왕이 죽은 다음 달에 신왕의 원년을 칭하는 것을 말한다. 또 훙월칭원법에도 같은 달이 두 번 겹치므로 훙일칭원법과 유일칭원법이 있다. 훙일칭원법은 선왕이 죽은 바로 그날을 기점으로 삼고 유일칭원법은 그 다음 날을 기점으로 삼는다.

유년칭원법은 선왕이 죽은 이듬해를 원년으로 삼는 것을 말한다. 대표적인 경우가 《고려사》와 《조선왕조실록》 연표다.

유년칭원법에서는 같은 해가 두 왕의 통치 기간으로 겹치지는 않으나, 통치 기간이 정확하지 않은 문제점이 있다. 만약 선왕이 7월에 죽었다고 할 경우, 나머지 5개월도 선왕의 통치 기간으로 설정되는 문제가 있다. 때문에 유년칭원법에서는 즉위년과 원년을 구분하여 사용한다. 말하자면 선왕의 훙년, 즉 죽은 해의 신왕 통치 기간을 즉위년으로 설정하여 계산하는 것이다. 《고려사》와 《조선왕조실록》의 계산법은 이런 경우다.

앞에 예로 든 두 가지 이외의 계산법이 또 있다. 훙년이 아니라 즉위년이 기준이 되는 법칙인데, 즉위년을 원년으로 삼고 죽은 해 전년도까지를 재위 기간으로 삼는 방법이다. 대표적인 것이 《삼국유사》 연표다.

그런데 이 경우엔, 선왕의 재위 기간 일부가 신왕의 재위 기간으로 설정되는 문제가 있다. 즉 선왕이 7월에 죽었을 경우, 그해의 1월부터 7월까지도 신왕의 재위 기간으로 삼게 되는 것이다. 그리고 이 신왕이 어느 해 12월에 죽었을 경우 죽은 해의 12개월 동안의 치세는 그의 재위 기간에 속하지 않는 문제가 있다. 또 1년을 채우지 못하고 왕이 물러났을 경우엔 계산이 매우 복잡해진다. 즉 어느 왕이 3월에 등극하여 7월에 죽었다면 이 왕은 재위 기간 자체가 없어지는 꼴이 되는 것이다.

따라서 칭원법에 있어 가장 합리적인 방법은《고려사》와《조선왕조실록》의 유년칭원법이라 할 수 있다. 즉 원년은 즉위 이듬해로 삼되, 즉위한 해를 즉위년으로 따로 구분하여, 그 속에서 훙월, 훙일 기점법을 사용하는 것이다. 이럴 경우 어느 해의 5개월만 왕위에 있었다고 하더라도 단지 원년을 설정하지 못할 뿐 재위 기간은 명확하게 설정할 수 있다.

《조선왕조실록》이 유년칭원법을 사용했지만 예외인 경우도 있었다. 그것은 찬탈 또는 반정을 통해 왕위에 오른 세조, 중종, 인조의 경우다. 이들 실록은 전왕을 내쫓고 왕위에 올랐으므로 왕위에 오른 그 해를 원년으로 삼고 있다.

세종 1년
원년, 1419년 기해년

망궐례를 행하다

정월 초하루 병오일에 임금이 면류관과 곤룡포 차림으로 여러 신하들을 거느리고 멀리 황제에게 망궐례를 행했다. 이후 원유관과 강사포로 갈아입고 인정전에 나와 여러 신하들의 축하를 받았다. 중들과 회회족과 왜인들도 함께 축하를 올렸다.

의정부에서는 긴 수건을 바치고 각 도에서도 모두 토산물을 바쳤다.

임금이 다시 면류관과 곤룡포 차림으로 여러 신하들을 거느리고 상왕의 궁전으로 가서 새해를 축하하는 의식을 올렸다. 상왕에게 안팎 옷감과 안장 갖춘 말을 선물로 올리고 대비에게도 안팎 옷감을 올렸다.

공비(소헌왕후 심씨)도 상왕과 대비에게 안팎 옷감을 올렸다. 이에 대해 의정부에서 공비가 거상 중이므로 수건을 올리는 것이 옳지 못하다 하였으나 상왕이 올릴 것을 허락하므로 이뤄진 일이다.(당시 소헌왕후는 아버지 심온의 죽음으로 거상 중이었다.)

강원도의 굶주린 백성 729명의 조세를 덜어주다

1월 6일 강원도에 파견 법관으로 간 감찰 김종서가 제의했다.

"원주, 영월, 홍천, 인제, 양구, 금성, 평강, 춘천, 낭천, 이천, 회양, 횡성에서 굶주리고 있는 백성 729명이 조세를 덜어달라고 청합니다."

세종이 이 의견에 찬성하여 그들의 조세를 덜어주자, 변계량이 강력하게 반대하였다. 변계량은 혹 향후에도 흉년이나 굶주림을 핑계 삼아 조세를 내지 않는 백성이 늘어날까 봐 염려했다. 이에 세종이 이렇게 말했다.

"임금이 되어서는 백성들이 당장 굶주리고 있다는 말을 들으면서 차마 조세를 내라고 할 수는 없는 노릇이다. 더구나 지금 묵은 곡식이 다 없어져가는 판에 창고를 털어내어 백성들에게 구제한다고 해도 성에 차지 않을 것이다. 그런데 되레 백성들에게 조세를 재촉하겠는가? 그뿐 아니라 감찰을 보내서 백성들이 굶주리고 있는지 알아보라고 해놓고 조세도 덜어주지 않는다면 임금으로서 백성들에게 어떤 혜택을 줄 수 있겠는가?"

이런 세종의 말은 그의 민생관을 잘 엿보게 한다. 세종은 조세의 틀이나 국가 재정의 안정보다는 우선 민생을 살리는 것에 역점을 뒀고, 민생이 안정된 후에야 조세를 안정시키는 절차를 밟았다. 그러나 가진 자에 대해서는 연분 9등, 전분 6등이라는 철저한 조세법을 마련하여 원칙적이고 강력한 정책을 실시했다.

명나라의 고명 사절을 맞이하다

1월 19일에 명나라 황제가 태감(환관) 황엄에게 세종의 왕위 계승을 인정하는 고명을 가지고 와서 전달하게 하였다. 태종은 면류관에 곤룡포 차림으로 교외로 나가 맞이하였고, 세종은 아직 세자의 신분이므로 붉은 옷에 옥띠 차림으로 태종의 뒤를 따라 나와서 고명 사신을 맞이하였다.

예식이 끝난 뒤에 황엄이 황제의 지시라고 하면서 환관 40명과 불경을 찍을 종이 2만 장을 요구했다. 왕이 사신 유천에게도 여러 번 하사품을 내렸으나 그는 사신의 도리가 아니라면서 받지 않았다.

하지만 윤천이 하사품을 받지 않은 것은 본의가 아니었다. 그는 태감 황엄의 눈치를 보느라 청렴한 척했던 것이다. 이는 24일에 윤천이 통역관을 몰래 만나 여러 가지 귀한 물품을 달라는 요구를 함으로써 드러났다.

이렇듯 중국에서 온 사신들은 조선 조정에 선물을 요구하는 것을 관례처럼 여겼고, 중국 황실은 성종 초에 이르기까지 환관과 공녀를 조공물로 바치라고 요구하였다.

당시 조선에 온 중국 사신들은 크게 접대받는 것을 좋아했고, 그런 접대 상황에서 불꽃놀이도 벌어졌던 모양이다.

1월 21일에 사신 황엄이 불꽃놀이를 구경하고 싶다고 하여 상왕이 태평관에 불꽃놀이를 준비하라고 하였다. 불꽃놀이가 시작되자 황엄은 놀라서 여러 번 자리를 떴다고 기록되어 있다.

이는 당시 조선의 불꽃놀이 기술이 명나라보다 훨씬 뛰어났음을 보여주는 것이다.

세종 재위 당시 명나라 사신들의 요구는 횡포에 가까울 정도로 지나친 면이 많았으나, 세종은 그들을 극진히 대접했고, 그들의 요구를 거절하는 일은 거의 없었다. 그 때문에 세종이 사대주의적 가치관을 가졌다고 비판하는 사학자도 있다.

병조에서 군사들이 조회하는 절차를 다시 정하여 올리다

1월 26일에 병조에서 새로운 군사 조회 규칙을 올려 승인을 받았는데, 그 내용은 이렇다.

매달 초하루와 16일에 정기적인 군사 조회를 실시한다.

조회 시 첫 번째 신호로 북이 울리면 해당 관청에서는 궁전 뜰에다 의장을 정열한다. 두 번째 북이 울리면 군사들이 모두 궁전 문밖에 도착해야 하며, 세 번째 북이 울리면 좌군, 우군, 중군 등 삼군의 판사 이하 군사와 겸직 및 전직의 군사들이 동쪽이나 서쪽의 문을 통해 궁전 뜰에 들어와 동서로 갈라 선다.

이런 상황에서 임금이 자리에 오르면 군사들은 네 번 절하는 예를 행하고 나간다. 다음엔 좌군, 우군, 중군의 갑사들과 도성위, 각 도의 별패와 시위패들이 뜰에 들어와서 예를 행한다.

만약 중군이 수직 중에 있다면 좌군은 동쪽에 서고, 우군은 서쪽에 선다. 또 좌군이 수직 중에 있다면 중군이 동쪽에 서고, 우군이 서쪽에 선다. 또 우군이 수직 중에 있다면 중군이 동쪽에 서고, 좌군이 서쪽에 선다. 즉 군의 서열이 중군, 좌군, 우군 순서이므로 서열이 높은 쪽이 동쪽, 낮은 쪽이 서쪽에 선다는 뜻이다.

그 외에 내금위, 충의위, 의금부, 사복시, 훈련관, 군기감 등은 동쪽에 서고, 내시위와 별시위, 응양위는 서쪽에 서며, 도성위와 경기, 경상, 충청, 전라의 별패와 시위패는 동쪽에 서고, 강원도와 황해, 함길, 평안도의 별패나 시위패는 서쪽에 선다.

패두는 각각 패의 군사들을 거느리고 예를 행하며, 그 나머지 직무를 맡고 있거나 직무가 없는 모든 군사들은 각기 벼슬의 순차대로 선다.

이렇듯 조선 군대는 한 달에 두 번 사열을 받았으며, 이를 통해 군의 기강을 점검하고, 임금이 군의 통수권자임을 확인시켰다.

지방에 파견되는 관리를 임금이 직접 만나는 제도를 정하다

1월 30일 경연에서 세종이 곤경에 처한 백성들을 구제할 방도를 묻자, 변계량이 말했다.

"백성을 구제하는 데 가장 중요한 것은 사람을 잘 쓰는 것입니다."

이에 정초가 제의하였다.

"각 도의 감사들이 고을원들을 제대로 평정하지 못하여 백성들이 어려움에 처하는 일이 많습니다. 그러니 이제부터 고을원으로 파견되는 자는 전하께서 직접 만나보고 현명한지 여부를 판별하여 부임하게 하십시오. 그러면 적임자가 고을에 파견되어 백성들이 혜택을 받을 수 있을 것입니다."

세종은 이 제의를 옳게 여기고, 그렇게 하겠다고 대답했다.

이렇듯 즉위 초기의 세종은 주로 백성을 안정시키는 정책 마련에 역점을 뒀다.

집현전을 확대하고 무과에 사서 시험을 보게 하다

2월 16일에 박은이 문학하는 신하들을 집현전에 모이게 할 것을 제의하였다. 세종이 이를 받아들였다. 또 박은이 이렇게 말했다.

"문과는 어렵고, 무과는 쉬운 관계로 관리 집안의 젊은이들이 무과에 몰리고 있습니다. 이제부터는 무과에 응시할 때에도 사서(四書)를 통달한 후 볼 수 있도록 제도를 마련하시기 바랍니다."

세종은 박은의 제의를 쾌히 수락하였다.

이로써 집현전이 활성화되어 조선 학문의 요람으로 자리하게 되고, 무과 응시자도 학문을 게을리 할 수 없게 되었다.

집현전 활성화에 대해서는 3부 3장의 '학문의 황금마차, 집현전' 편에 자세히 서술하였다.

야은 길재가 죽자, 부조하다

4월 12일에 고려왕조에서 문하부 주서를 지낸 길재가 67세의 나이로 죽자, 세종이 쌀과 콩 15섬과 종이 100권을 부조하였으며, 장사를 지내는 데 필요한 인부도 보내줬다.

길재는 이색, 정몽주, 권근에게 배웠으며, 고려왕조가 멸망하자, 벼슬을 버리고 고향으로 돌아간 인물이었다. 조선왕조에서 여러 차례 그를 불렀으나 그는 두 왕조를 섬길 수 없다며 벼슬을 받아들이지 않았다. 우왕이 죽었을 땐, 3년상을 치르기도 하였으며, 일체의 고기와 젓갈을 먹지 않았다.

세종은 그의 충절과 예법을 존경하여 초상에 부조한 것이다.

대마도를 정벌하다

5월 7일에 충청도 관찰사 정진이 급보를 올려 왜적 배 50척이 비인현 도두음곶에 이르러 조선의 전함을 포위하고 불을 질렀다고 하였다. 이에 따라 태종은 5월 14일에 중신회의를 소집하여 대마도 정벌을 계획했다. 당시 태종은 중풍으로 자주 온천을 다니며 요양 중이었으나 시급한 일이라 이 일을 주관하였다.

결국 이종무가 삼군도체찰사가 되어 대마도 정벌길에 올라 대마도를 공격했다. 이후 이종무는 6월 19일에 정벌을 시작하여 7월 3일에 회군하였다.

이에 대한 세밀한 내막은 3부 2장의 '대마도 정벌의 영웅, 이종무' 편에 자세하게 서술하였다.

세 쌍둥이가 태어난 집에 쌀을 보내다

6월 7일에 평양감사가 성천에 사는 군사 장상금의 아내가 한꺼번에 딸을 셋이나 낳았다고 보고하였다. 이에 세종은 쌀을 보내주라고 하였다.

조선시대에 세 쌍둥이를 낳는 일은 매우 드문 일이었고, 때문에 이런 특별한 일에는 국가에서 하사품을 내렸다.

5월 10일엔 덕수원에 사는 노인이 백 살이 된 것을 축하하기 위해 쌀 3섬과 옷 한 벌을 내린 기록이 있다.

신하들을 시켜 비 오기를 빌다

6월 8일에 이조판서 맹사성을 시켜 소격전에 가서 비 오기를 빌게 하였다. 또 검교한성부윤 최덕의를 시켜 경회루 연못가에 가서 도롱뇽에게 비를 비는 행사를 행하게 했으며, 우의정 이원을 원구단에 보내어 비 오기를 빌게 하였다.

당시 가뭄이 심했으므로 백방으로 기우제를 지냈다. 심지어 도롱뇽에게까지 기우제를 지낸 것을 보면 당시 가뭄이 얼마나 심각했는지 짐작할 만하다.

기우제를 위해 도롱뇽을 찾는 경우도 있었지만, 가뭄이 더 심하면 호랑이를 잡아다가 그 머리를 개성의 박연 폭포에 담그는 행사도 하였다.

하지만 세종은 승려들의 기우제는 반대하였다. 6월 2일에 승려 설우가 《대우륜경》에 있는 대로 승려 7명과 함께 7일 동안 비 오기를 빌겠다고 요청하자, 이렇게 말했다.

"숱한 사람들이 정성으로 하늘을 감동시키지 못한 것을 7명의 중으로 되겠는가? 사정이 딱해서 하는 일이라고 하더라도 마음으로부터 믿음이 생기지 않는 행동이다."

유학에 심취했던 세종은 이렇게 불교적인 기우제엔 거부감을 표시했다. 이를 현실적인 판단이라고 할 만하지만, 도롱뇽에게 기우제를 지낸 것을 놓고 볼 때 단순히 현실적 판단이라고 결론짓기는 곤란할 것이다. 이때 세종은 불교의 종교적 행위에 대해 전혀 신뢰하지 않았던 것이다. 물론 원구단이나 소격서, 도롱뇽 등과 관련한 기우제도 신뢰하지 않았을 테지만, 그런 모습을 보임으로써 백성들의 신뢰를 얻고자 했을 것이다.

어쨌든 신기하게도 도롱뇽에게 기우제를 지낸 그날 밤에 정말 비가 내렸다.

특이한 간통 사건에 대한 처결

6월 14일에 사간원에서 글을 올려 평안감사 윤곤의 보고 내용을 알려왔다. 윤곤의 보고에 따르면 아버지와 아들이 한 기생을 간통하고, 어머니와 딸 형제가 한 남자를 간통한 사실이 있다고 했다. 사간원은 이에 대해 너무 괴이한 일이기에 거짓말을 한 죄로 다스려야 한다고 주장했다.

하지만 세종의 처결은 이러했다.

"형제, 친척 등이 함께 한 기생을 간통한 자는 혹 있을 것도 같으나, 알면서 그런 짓을 하지는 않았을 것이다. 사간원의 제의를 나는 옳지 않다고 생각한다."

당시 조선 사회는 아직 고려시대의 잔재가 많아 간통에 대해서는 비교적 너그러운 편이었다. 세종의 이런 판단은 당시의 정서를 대변하고 있는 것이다.

노상왕의 생일 풍경

7월 1일은 노상왕(정종)의 생일이었다. 수강궁에 머물러 있던 상왕(태종)과 노상왕이 함께 경복궁 경회루에 나와 놀았다.

이때 수박을 잘 치는 사람 50명을 뽑아 경회루 아래에서 수박을 치게 하고 구경하였다.

경기에서 6명을 이긴 갑사 최중기에게 규격 베 3필을 주고 4명을 이긴 한유에게는 규격 베 2필을 주었다.

수박이 끝난 후 곧 오래 살기를 축원하는 술을 올렸다. 임금의 집안 사람들과 병조의 당상관, 대언들도 참여하여 각기 차례대로 술을 올렸다.

여러 신하들에게 연구(聯句)를 지으라고 하였고, 술이 거나해지자 또 번갈아 춤을 추게 하였으며, 두 상왕도 일어나서 함께 춤을 추었다.

이 기록은 왕실의 생일 잔치 광경을 보여주기 위해 실었다. 수박희, 즉 태껸 시합을 구경하는 장면이 이채롭고, 서로 구절을 이어가며 연시를 짓는 장면도 조선시대답다. 거기다 왕들이 일어나 춤을 추는 장면도 이색적이다.

대마도 정벌에 참여한 장수들을 위해 잔치를 베풀다

8월 10일 상왕과 임금이 선양정에서 술자리를 벌이고 동쪽 토벌에 나갔던 장수들을 위로하였다. 잔치 자리에는 류정현, 이종무, 최윤덕, 이지실, 이순몽, 우박, 박성양, 박초, 이천 등 수장들이 참여하였다. 또한 그들의 종사관들과 4품 이상의 관리들도 함께 참여하였다.

여러 장수들은 차례로 술잔을 올리고 번갈아 춤을 추었으며, 이원과 최윤덕은 각각 적을 방어하는 것과 관련된 계책을 진술하였다.

이때 류정현이 나와서 말하였다.

"전하께서는 왕조를 어렵게 세웠다는 것과 그것을 지켜나가는 것도 쉽지 않다는 것을 매일 생각하셔야 합니다."

이에 상왕 태종이 말했다.

"경의 말이 옳다. 임금은 이 말을 새겨 듣도록 하라."

류정현과 이종무에게는 각각 사복시의 말 한 필과 안장 하나씩을 주고, 최윤덕 등 7명에게는 사복시의 말 한 필씩을 주었으며, 병마사 이하 군관들과 싸움에서 공로가 있는 군사들에게도 차등 있게 상을 주라고 지시하였다.

이렇듯 대마도 정벌 직후엔 잔치 분위기였으나, 후에 대마도 정벌에서 여러 과오가 드러났다 하여 패전한 박실과 삼군도체찰사 이종무를 비롯한 몇몇 장수들이 비판을 받고 궁지에 몰리게 된다. 이에 대해서는 3부 2장의 '대마도 정벌의 영웅, 이종무' 편에서 자세하게 다루었다.

명나라는 양을 보내고, 조선은 사리를 바치다

8월 17일에 태감 황엄이 사신으로 와서 세종을 조선 국왕으로 책봉하는 교지를 전달했다. 또한 조선 조정은 여러 선물을 황엄에게 안겼고, 황엄은 황제의 명령이라고 하면서 부처의 사리를 구해줄 것을 요청했다. 또 8월 24일엔 황엄이 금천교 건너에 둔 황제의 선물을 보여줬는데, 양 1,052마리였다. 임금은 황제가 준 양들을 각 관청에 나눠주고 기르게 하였다.

이렇듯 명 황제는 적지 않은 숫자의 양 떼를 조선 국왕에게 선물하고 있다. 이는 조공이라는 것이 작은 나라가 큰 나라에 일방적으로 바치는 것이 아니라 서로 주고받는 일종의 무역 거래였음을 알게 해준다. 그래서 조공 무역이라는 용어를 쓰는 것이다.

한편 부처의 사리를 구해달라는 말에 조선 조정은 부처의 정수리 뼈에서 나온 네 구의 사리를 바치려 하였다. 이에 대해 승려들의 반발이 있었으나 태종이 무시하였고, 명 황실에 사리를 바쳤다. 이때 부처의 사리 이외에도 유명한 승려들의 사리와 보살의 사리 558구도 함께 보냈다.

정종이 승하하다

9월 26일, 노상왕(정종)이 63세의 나이로 인덕궁 본채에서 승하하였다. 임금은 의정부와 육조에 지시하여 상사에 대한 절차를 논의하게 하였고, 자신은 흰옷에 검은 띠를 띠고 푸른 양산과 푸른 부채형의 의장을 갖추고 인덕궁에 갔다. 모든 관리들이 흰옷에 검은 띠를 띠고 따라가서 문밖에 줄지어 섰다.

통례문 판사가 임금을 인도하여 궁전 문 앞에 들어가서 이렇게 청했다.
"네 번 절을 하고 열다섯 번 소리를 내어 울어야 합니다."
이에 임금이 네 번 절하고 울었다. 모든 관리들도 네 번 절하고 울었다.
이후 통례문 판사가 임금을 인도하여 임시 처소로 가고, 통례문의 관리들이 각각 여러 신하들을 인도하여 차례로 나갔다.
한편 상왕 태종은 몸이 편치 않아 나오지 못했다. 그러나 상왕이 상제 노릇을 하는 것으로 결정하였다.
열흘 동안 조회를 멈추게 하고, 닷새 동안 시장을 보지 못하게 하였으며, 장사를 지내기 전에는 음악을 중지하고 집짐승을 잡거나 혼인 잔치를 하는 것도 금지되었다. 우제를 지내기 이전에는 크고 작은 제사들을 중지하였지만 사직에 대해서만 그 기한을 구애하지 않기로 하였다.
이후 빈소가 차려졌고, 3개월 후인 12월 27일에 관이 떠났다. 능은 경기도 풍덕 동편 홍교동(지금의 개성시 판문군 영정리)에 마련되었다. 능호는 후릉(厚陵)이다.

염장들이 소금세를 낮춰달라고 하다

10월 24일에 황해감사가 이런 제의를 하였다.
"소금을 굽는 사람들은 한 해에 매 호당 소금 24섬을 바쳐야 하는 것을 매우 고통스럽게 생각하고 있습니다. 사노비나 공노비의 공물이 해마다 굵은 베 한두 필에 지나지 않는데, 이에 비해 소금구이 하는 사람들의 공물이 너무 많습니다. 절반으로 줄여주시기 바랍니다."
이에 대해 김점이 말했다.
"물고기잡이나 소금구이에서 생기는 이익이란 한도 끝도 없는 것인데, 소금을 24섬 받는다고 해서 많은 것은 아닙니다. 더구나 나라에서 쓸 것도 모자라지 않습니까?"

그 말을 듣고 세종은 더 의논해보라고 했다.

소금에는 사염과 공염이 있는데, 사염은 개인 업자가 생산하는 소금이고, 공염은 나라에서 생산하는 소금이다.

소금에서 나오는 이익이 많고, 소금이 백성들에게 생필품이었기에 세종은 사염을 없애고 모두 공염화하려는 생각을 갖게 된다. 이 때문에 염장들이 대거 반발하여 달아나는 사태가 벌어지지만 세종은 대부분의 소금을 공염으로 바꾸는 정책을 지속하게 된다.

이를 통해 세종은 많은 재정을 확보하게 되는데, 염세를 통해 확보된 재정은 훗날 조선의 문예 부흥을 일으키는 데 중요한 자원이 된다.

동짓날 망궐례를 행하다

11월 27일 정묘일 동짓날이다. 임금이 면류관과 곤룡포 차림으로 신하들을 이끌고 황제가 있는 곳을 향해 망궐례를 행했다. 이후 원유관과 강사포 차림으로 인정전에 앉아 절차대로 축하 조회를 받았다.

조회가 끝나고 임금이 모든 관리를 거느리고 상왕이 머물고 있는 수강궁으로 갔다. 임금은 면류관과 곤룡포로 바꿔 입고 상왕과 대비에게 안팎 옷감을 올렸다.

그리고 내전에다 연회를 열어 의정부와 육조의 관리를 참여하게 하였다.

절간의 노비를 모두 없앨 것을 다짐하다

　11월 28일에 의정부와 육조, 대간에서 일제히 불교의 승려들이 여종들에게 음탕한 짓을 한다는 보고를 하였다. 또한 수행에 전념해야 할 절간의 승려들이 호의호식하며 방탕한 생활을 하는 것은 옳지 못하다 하여 절간의 노비들을 모두 관노로 전환시킬 것을 주청했다.
　이에 세종은 정승들과 대사헌을 불러서 이렇게 말했다.
　"중앙과 지방의 절간 노비들을 모두 없앨 것이며, 개경사, 연경사, 대자암의 노비도 다 없앨 것이다. 다만 정업원은 과부들이 모여 있는 곳으로 남종이 접근하지 못하는 만큼 노비를 남겨둘 것이다."
　세종은 이렇듯 불교 사찰의 노비를 거의 관노로 전환시켰다. 뿐만 아니라 전국의 수많은 사찰을 없애고, 사찰 수를 대폭 줄였다.
　조선왕조의 불교 억압 정책은 개국 초에 정도전 등에 의해 추진되었고, 태종에 의해 실행되었다. 태종은 전국에 흩어져 있던 수많은 교단을 7종단으로 통폐합하고, 노비 8만 명을 관노로 전환시켰으며, 6만 결의 땅을 빼앗았다. 이후 세종은 다시 7개의 종단을 선종과 교종 두 개의 종단으로 통폐합하고, 사찰도 전국에 36본산만 남도록 정리했다. 사찰에 남아 있던 1만 1천 결의 땅 중에서 좋은 땅 3천 결을 빼앗고 남아 있던 노비도 거의 몰수했다.
　이런 조선의 억불정책은 성종, 연산군, 중종 대에 이르러 한층 가속화되었고, 결국 승과(僧科)와 승계(僧階)제도도 폐지시켜버린다.

불교식 장례를 거부하고 정종의 장례를 치르다

12월 25일에 변계량이 말하였다.

"승하하신 상왕의 장사에서 불교 의식도 함께 행하는 것이 어떻겠습니까?"

하지만 세종은 받아들이지 않았다.

이틀 뒤인 12월 27일에 정종의 관이 떠나갔다. 이날 아침 세종은 사직단에 가서 날이 개게 해달라고 빌었다.

관이 지나가는 동안 모든 관리들이 모화루로 나가서 길에서 지내는 제사를 지냈고, 공신들도 함께 지냈으며, 각 관청에서는 관리들이 한 명씩 나와 능까지 따라갔다.

세종 2년
1420년 경자년

행실이 바른 사람을 뽑아 표창하다

세종 2년 1월 21일에 전국에서 행실이 바른 사람 41명을 뽑아 상을 주고 하사품을 내렸다. 대상은 주로 효행을 행하거나 정조를 지킨 남녀였다.

금과 은을 조공 물목에서 제외해달라고 하다

1월 25일에 세종은 또 명나라에서 조공품 명단에 적어 보낸 금과 은으로 만든 그릇을 더 이상 조공 물목에 넣지 못하겠다는 글을 보냈다. 우리나라에서 중국에 금은 제품을 조공품으로 보낸 것은 고려 우왕 때부터인데, 중국에 보낸 금은 제품들은 모두 외국에서 수입한 것이지 자국 생산품이 아니라는 것이 그 이유였다. 이 글에서 세종은 사실은 조선에서 금과 은이 거의 생산되지 않는다고 하면서 더 이상 외국에서 금은 제품을 수입하여 중국에 보내는 것은 무리라는 말을 덧붙였다.

대마도에 대한 관할권을 확립하다

윤1월 10일에는 대마도의 도도 종웅와가 대마도 백성들이 식량 부족에 허덕인다고 하면서 도와줄 것을 간청했다. 또 조선 해안을 침략한 해적들을 붙잡아두고 처분을 기다린다는 내용을 덧붙였다.

세종은 윤1월 23일에 이에 대한 답장을 작성했다. 대마도가 경상도에 예속된 섬임을 밝히면서 향후에는 모든 일을 경상도 관찰사에게 보고하라는 지시를 담았다.

전국 산천에 제사 지내다

2월에는 임금이 상왕과 함께 사냥을 다니며 임진강, 송악산, 우이산, 수양산, 기탄여울 등의 귀신에게 제사를 지냈다. 또한 제릉에 제사를 지내는 등 사냥터 근처에 있는 능을 참배하고 군사들을 훈련하였다.

황제에게 올리는 문서에 날짜를 기록하지 않아 문책하다

3월 19일에 명나라에 간 통사 김중제가 북경에서 돌아와 황제에게 올리는 문서에 날짜를 기록하지 않아 명 황제가 몹시 분노했다고 전했다. 이 일로 3월 20일에 승문원 제조 허조를 비롯하여 집현전 직제학 신장, 첨지승문원사 김청, 인녕부 판관 최홍효 등과 승문원 관리들이 의금부에 하옥되었다.

송인산이 이발의 대사헌 임명을 거부하다

3월 22일에 사헌부 장령 송인산을 불러 이발을 대사헌으로 맞이할 것을 명령하자, 송인산은 이발이 명나라 사신으로 가면서 장사를 했다면서 수장으로 받아들일 수 없다고 하였다.

다음 날 사간원에서 송인산의 의견에 동조하여 이발의 대사헌 임명을 거둬들일 것을 주청했다.

이에 따라 이발은 결국 대사헌에 오르지 못하고 형조참판에 임명되었다. 비록 형조참판은 대사헌과 품계가 같은 직책이었으나 권력은 언사를 대표하는 대사헌에 미치지 못했다. 또한 대사헌은 무엇보다도 청렴성을 중시하는 자리인 만큼 부정을 저지른 자가 그 자리에 오르는 것을 용납하지 않았던 것이다.

원경대비 민씨가 승하하다

5월 말부터 대비 민씨가 학질 증세를 보이기 시작했다. 상왕과 임금이 대비를 치료하기 위해 온갖 노력을 다했으나 민씨는 결국 7월 10일에 숨을 거두고 말았다. 이후 조선 조정은 초상을 치르기 위해 여념없었으며, 9월 12일에 마침내 발인하였다.

원경왕후는 56세를 일기로 생을 마쳤으며, 능은 헌릉이다.

상왕이 궁녀 둘을 죽이라고 하다

10월 10일에 태종은 두 명의 궁녀를 죽이라고 했다. 하나는 장미라는 궁녀로서 상왕이 무릎을 두드리라고 했더니 치는 꼴이 성의가 없었다. 이에 상왕이 화를 내면서 제대로 하라고 했더니 여전히 성의 없이 두드린 죄였다.

다른 궁녀 하나는 공비(소헌왕후 심씨)의 옷을 고의로 찢은 죄였다.

왜왕의 힐난에 분개하다

10월 21일에 상왕은 왜왕이 편지를 보내 조선이 명나라의 연호를 쓰는 것을 힐난하자 분개했으며, 대마도가 역심을 품고 있다고 보고 다시 한 번 응징할 마음을 드러냈다. 이 일에 대해 세종은 왜왕의 무례함을 꾸짖는 글을 일본에 보내야겠다고 다짐했다.

코끼리의 폐해를 보고받다

12월 28일에 전라도 관찰사가 이런 제의를 하였다.

"코끼리와 같은 쓸데없는 물건을 지금 도 안의 중심지 네 고을에서 돌려가면서 기르게 하고 있는데, 그 폐단이 헤아릴 수 없이 많습니다. 우리 전라도 백성들만 유독 그 고통을 당하게 하는 것은 온당치 못하니 경상도와 충청도에서도 돌아가면서 기르게 하소서."

상왕이 그 의견을 따랐다.

이듬해 3월 14일에 코끼리를 기르던 종이 코끼리 발에 채여 죽는 일이 일어난다. 그러자 충청도 관찰사가 코끼리는 엄청나게 많은 물건을 허비하는 쓸모없는 짐승이라며 섬 안의 목장에 둘 것을 호소한다. 그러자 상왕은 물 좋고 풀 많은 곳에 놓아주라고 하며, 잘 살펴서 죽게 하지는 말라고 지시한다.

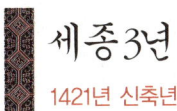

세종 3년
1421년 신축년

신장과 김자를 왕자 향의 글 선생으로 삼다

1월 12일에 집현전 직제학 신장과 김자에게 장자 향(문종)을 가르치도록 했다. 주요 과목은 소학이었으며, 이때 향의 나이는 여덟 살이었다. 향은 어린 나이임에도 공부를 좋아하고 장난치는 것을 좋아하지 않았다.

공양왕의 딸이 능지의 훼손 방지를 요청하다

1월 13일에 공양왕의 딸이자 단양군 우성범의 아내인 왕씨가 신소장을 올렸다. 그녀는 자신의 아버지 공양왕이 이미 고려왕으로 추봉되었는데도 구체적인 제례 규정이 확정되지 않은 까닭에 능이 훼손되고 있다고 하였다. 심지어 주변 백성들이 능 자리를 밭으로 갈아먹고 있는 형편이라 노비 한 명을 선정하여 능을 지키게 해달라고 하였다. 이에 세종은 예조를 독촉하여 규정을 정하도록 지시했다.

임군례를 극형에 처하다

2월 18일엔 임군례를 저자에서 사지를 찢어 죽였다.
임군례는 역관 임언충의 아들이었다. 임언충은 왕조를 세울 때 가담하여 공신이 되었으며, 덕분에 임군례는 역관으로 활동하며 충의위에 소속되었고, 중국을 오가며 장사를 하여 큰 부자가 되었다. 그는 욕심이 많고 아첨을 잘하였기 때문에 사람들은 그를 5방의 '돼지꼬리'라고 불렀다.

이런 그를 충호위 도총제 이징이 몹시 가증스럽게 여겨 그가 관청의 재산을 축낸 것을 기록하려고 하였다. 이로 인해 이징과 임군례 사이에 대판 싸움이 벌어졌다.

결국 이징이 임군례의 비리를 상왕에게 보고하자, 상왕이 임군례의 직위를 상호군에서 행대호군으로 깎아버렸다. 임군례는 분함을 이기지 못하고 상왕이 참소를 믿고 자신을 욕보이려 한다며 이징과 따지게 해달라고 상왕에게 글을 올렸다. 글의 내용이 건방지고 거만하였다. 상왕이 몹시 화를 내며 그를 의금부에 잡아 가두고 신문하게 하였다.

상왕은 임군례가 글을 모르기 때문에 누군가가 임군례를 꼬드겨 글을 올리도록 했을 것이라고 추측하고, 그 진상을 캐도록 했다. 그 결과 정안지가 글을 쓴 것으로 밝혀졌다.

정안지를 신문한 결과 임군례는 자신의 벼슬을 원래대로 돌려놓지 않으면 상왕이 명나라를 속이고 없는 병을 핑계로 왕위를 아들에게 넘긴 사실을 명나라에 일러바치겠다는 말을 했다는 사실이 밝혀졌다.

이 말을 듣고 임금은 그를 역모죄로 다스려 극형에 처했으며, 그의 재산을 몰수하고 처자는 노비로 삼았다.

의관들이 치료에 관심을 갖게 하다

3월 18일에 이조에서 이런 제의를 하였다.

"의관들이 약방문을 모아놓은 책만 읽고 시험에 합격하여 벼슬을 올리는 데만 열중하고 있습니다. 때문에 병을 치료하는 것에는 관심이 없습니다. 이제부터 병을 얼마나 고쳤는지 그 결과를 확인하여 벼슬을 올리는 데 사용하기 바랍니다."

임금이 그 의견을 따랐다.

토지 소유제한법에 관해 논하다

5월 11일에 영의정 류정현이 토지 소유제한 규정 또는 토지 균등 분배 규정을 제정하자고 제의했다. 하지만 임금은 가을에 다시 논의하자고 했다. 토지 소유제한과 균등 분배는 대지주들의 반발과 신하들의 반대로 이뤄지기 힘든 사안인 까닭이다.

장사치들의 밀무역을 방지하다

6월 9일 형조에서 이런 제안을 하였다.

"장사치들이 왜관에 드나들면서 함부로 무역을 하고 있으므로 밀무역 금지 명령을 내려 물건을 압수하고 죄로 다스려야 할 것입니다. 현재 이런 행위를 죄로 다스리고 있으나 태형 50대에 그치기 때문에 장사치들이 두려워하지 않습니다. 심지어 태형조차도 돈으로 속죄하고 있으니, 법을 엄격히 하여 다스리기 바랍니다. 앞으로 《대명률》에 의거하여 장형 100대에 처하고, 그 물건과 배, 수레를 모두 압수하는 강력한 처벌이 필요합니다."

임금이 그 의견에 따라 밀무역을 엄격히 처벌할 것을 명령했다.

도성에 큰 홍수가 나다

6월 12일 도성에 큰 홍수가 나서 75호의 인가가 침수되었고, 수많은 사람이 빠져죽었다. 임금은 호조를 시켜 죽은 사람의 부모나 처자에게 부의를 보내라고 지시했다.

이후 기청제를 지내며 비가 그치기를 소원했으나 비는 그치지 않았다.

6월 23일엔 폭우가 쏟아져 고지대에 있는 궁궐에까지 피해가 미쳤다. 인정전이 무너지고, 임금이 정사를 중지하는 사태에 이르렀다. 이에 의정부와 육조, 대간에서 모두 정사를 지속하기를 원하자 임금이 이렇게 말했다.

"좋은 말이다. 나도 정사를 미룰 생각은 없다. 다만 오늘 비가 너무 많이 오기 때문에 일시 중단한 것이다. 그런데 이렇게 곡식이 모두 쓸려 내려갔으니, 추수할 것이 없게 되었다. 이제 날씨가 갠다고 해도 백성이 무엇으로 살아갈지 걱정이로다. 그대들은 성심을 다해 백성을 구제하도록 하라."

왜학 장려책을 마련하다

8월 8일에 예조에서 왜학을 공부하는 사람들을 등용하는 규정이 없어 아무도 왜학을 공부하지 않으니 큰 문제라고 하였다. 만약 이대로 방치하면 일본의 정세는 물론이고 일본어를 할 수 있는 자가 없게 될 것이라 하였다. 이를 해결하기 위해서는 사역원의 한자리를 왜학 관련 벼슬로 만들고, 이 자리에 돌아가면서 앉도록 하면 왜학을 공부하지 않을 수 없을 것이라 하였다.

이에 임금이 이렇게 말했다.

"자질을 갖춘 생도를 예조에서 이조에 통지하여 때에 맞춰 적당한 자리에 등용시키라."

상왕을 태상왕으로 높이다

9월 9일에 상왕을 태상왕으로 높였다. 상왕은 처음엔 받아들이지 않았으나 임금이 여러 차례 청하자, 받아들였다. 이에 따라 태상왕으로 높이는 성대한 의식을 거행하였다.

장자 향을 세자로 책봉하다

10월 27일엔 장자 향을 세자로 책봉하였다.

그리고 12월 25일에 성균관에 입학하는 행사를 하였다.

세자는 의장과 호위를 갖추고 세자궁의 관리들과 함께 성균관에 이르렀다. 이어 선비 차림을 하고 대성전에 들어가서 공자에게 술을 올리고 그의 우수한 제자 열 명에게도 술을 올렸다. 또한 박사에게 예물을 바치는 의식을 진행하고 대청에 올라가서 소학에 대한 강론을 들었다. 이때 성균관 사성으로 있던 탁신이 박사가 되어 소학을 강의했다.

이에 임금은 학관과 학생들에게 음식을 대접하고 성대한 잔치를 열었다.

다음 날부터 세자는 서연에 나와 글을 배웠다.

이렇듯 세자는 비록 성균관 입학례를 행하지만, 실제 성균관에 등교하지는 않았으며, 서연을 통해 여러 선생에게서 글과 정치를 배웠다.

여덟 살에 세자에 책봉하고 입학례를 행하는 것은 고래부터 전해오는 풍습이며, 이는 음양의 성장론에 따른 것이다.

음양학에 의하면 남자는 8년을 주기로 크게 성장하며 여자는 7년을 주기로 크게 성장한다고 한다.

그래서 남자는 여덟 살에 성에 눈뜨고, 열여섯 살에 아이를 낳을 수 있는 능력이 생기며, 스물네 살에 성장이 완성된다고 믿었다. 그리고 서른두 살이 되면 주름살이 생기기 시작해 마흔이 되면 흰머리가 생기며 마흔여덟 살이 되면 노년이 시작된다고 한다.

이와 달리 여자는 일곱 살에 성에 눈뜨고, 열네 살에 가임 능력이 생기며, 스물한 살에 성장이 멈춘다. 그리고 스물여덟 살까지 가임의 절정기에 이르고, 서른다섯 살이 되면 늙기 시작하며, 마흔두 살이 되면 흰머리가 나고, 마흔아홉 살이 되면 폐경에 이른다는 것이다. 그래서 남녀칠세부동석이라는 말도 생긴 것이다.

세종4년
1422년 임인년

왕의 딸을 공주로 칭하게 하다

2월 16일에 이조에서 이런 제의를 하였다.

"《시경》에 보면 진나라가 이미 황제라고 부른 이후에 아들과 딸들을 공자와 공주라고 불렀으며,《원사(元史)》에도 왕의 딸들은 대체로 공주라고 부른다고 한 기록이 있습니다.

우리나라에서 제도나 칭호 같은 것은 옛 규례를 본받고 있지만 임금의 딸과 후궁을 함께 궁주라고 부르는 것은 먼저 왕조의 낡은 습관을 그대로 두고 고치지 못한 것입니다. 옛 규례를 따라 임금의 딸을 공주라고 부름으로써 후궁의 작위와 구별되게 하소서."

임금이 그 의견을 따랐다.

이로써 왕의 딸을 공주라고 부르게 된 것이다. 하지만 왕의 딸을 공주라고 부르는 관습은 삼국시대에도 있었으니, 조선에 와서 처음 생긴 것은 아니다. 다만 고려왕조가 왕의 딸을 궁주로 부른 것이다. 고려가 궁주라는 호칭을 즐겨 사용한 것은 신라시대에도 그 명칭이 공주보다 자주 사용되었기 때문일 것이다.

경행을 폐지하여 불교 풍습을 축소시키다

2월 19일에 경행을 폐지했다.

경행(經行)은 민간에서 질병과 재앙을 물리치기 위해 불경을 외면서 복을 빌었던 불교 행사다. 이 행사는 매해 2월과 8월에 벌어지는 것으로 2품 이상의 관리가 동원될 만큼 중요한 풍습이었다. 하지만 세종은 억불 차원에서 이를 금지시켰다.

관리의 정기 인사를 1년에 두 번으로 조정하다

4월 16일에 이조에서 각 관청의 관리를 연말에 한꺼번에 인사이동을 시키기 때문에 빈자리가 모자라서 관직을 뜬 관리들을 다 배치하지 못하는 사태가 생긴다고 하였다. 그래서 정기 인사 이동을 6월과 12월로 나눠서 해줄 것을 요청했다. 임금이 이를 허락하였다.

정승 박은이 죽다

5월 9일에 금천부원군 박은이 죽었다. 그의 본향은 전라도 나주 반남현이며, 고려 때 판전교시사를 지낸 박상충의 아들이다. 19세에 과거에 급제하고 형조판서, 전라도 관찰사 등을 거쳐 좌의정에 올랐다. 태종이 심온을 제거하려 할 때 동조하여 심씨 집안과 원수지간이 되었다. 이후 병으로 정승직을 사임하여 부원군의 칭호를 받고 칩거하다가 53세의 나이로 숨을 거뒀다.

태종이 승하하다

　5월 10일에 태종이 승하했다. 그는 4월 말부터 병세가 악화되었다가, 5월 1일부터 사경을 헤매기 시작했고, 이때에 와서 56세를 일기로 숨을 거뒀다.

　임금이 내전에서 맨발로 머리를 풀고 발상을 하였다. 모든 관리들은 흰옷과 검은 사모에 검은 뿔, 검은 띠를 띠고 늘어섰다. 이때 외침을 맡은 자가 '울라'라고 하면 열다섯 번 소리를 내어 울고, 외침을 맡은 자의 소리에 따라 네 번 절하였다.

　시체를 씻기고 입 안에 구슬과 쌀을 넣었으며, 얼음 소반을 가져다놓고 염습을 한 다음에 간단한 제사를 올렸다.

　혼백을 만들어 영좌를 차려놓는 동시에 관에다 명정도 금가루를 가지고 전자체로 '세상을 떠난 뛰어난 덕과 신기한 공적을 쌓은 태상왕의 관'이라는 뜻의 한자를 썼다.

　곡산부원군 연사종을 능을 지키는 관리로 임명하고, 의정부 참찬 변계량과 이조참판 원숙을 빈전도감의 제조로 임명하였다.

　예조에서 말하길 빈소를 차려놓은 이후부터 졸곡까지는 사직을 제외한 제사는 일체 중지하고, 조회는 10일간, 저자는 5일간 열지 않도록 해야 한다고 했다. 또 졸곡 이전에는 결혼과 도살을 금지하고, 3년 동안 음악을 듣지 않되 졸곡을 지낸 후 큰 규모의 제사에 한해서만 음악을 쓰게 했다.

　5월 11일에 임금이 아무것도 먹지 않는 것을 염려하여 조정 대신들이 음식을 권하였다. 임금이 먹지 않다가 멀건 죽을 조금 들었다.

　5월 12일에 초벌렴을 하였는데, 옷이 19벌 들었다. 날이 더워서 마감렴까지 했는데, 옷이 90벌 들었다.

5월 15일에 임금이 빈전에 가서 모든 관리들과 함께 거상옷을 입는 의식을 거행하고 보름날 제사를 지냈다.

　5월 20일에 태종의 후궁들인 의빈 권씨와 신녕궁주 신씨는 임금에게 고하지도 않은 채 머리를 깎고 중이 되었으며, 다른 후궁들도 앞다퉈 머리를 깎은 다음에 염불하는 도구들을 갖춰놓고 조석으로 불교식 장례 행사를 하였다. 임금도 이 일을 막지 못하였다.

　6월 1일에 모두 빈전에 가서 초하루 제사를 지냈다.

　6월 16일에 임금이 처음으로 초막에서 거상옷을 입고 앉아 정사를 보았다.

　6월 18일에 예조에서 말하길 무지한 백성들이 상사 중에 형벌을 금지한다고 믿고 법을 위반하는 사례가 많다고 하였다. 이에 임금은 도형과 유형을 제외한 형벌을 법에 따라 시행하라고 지시하였다.

　9월 6일에 헌릉으로 가서 장사를 지냈다.

　9월 18일에 임금이 모든 관리들을 거느리고 광효전에 가서 졸곡제사를 지냈다. 이후 임금에게 처음으로 고기 음식을 올렸다.

　임금은 궁전으로 돌아와서 우선 거상옷을 벗고 흰옷을 입었으며, 검은 사모와 검은 뿔, 검은 띠로 차렸다. 관리들도 모두 그렇게 하였다.

　대체로 임금에게 보고를 올리거나 임금이 구두로 지시를 내리거나 하는 일들도 전부 전날의 관례대로 회복하였다.

　9월 20일에 올빼미가 대궐 후원에 와서 울기 때문에 액막이 제사를 지냈다.

　9월 21일에 마침내 편전에 나가 정사를 보았다.

정밀한 저울을 만들어 유포하다

6월 20일에 공조참판 이천을 시켜 정밀한 저울 1,500개를 만들어 유포했다. 이전에는 저울이 정밀하지 못하여 무게를 제대로 달 수 없었다.

이와 관련하여 12월 29일에 호조에서 이렇게 말했다.

"새 저울을 쓰라고 지시할 때에 낡은 저울을 쓰지 말라는 명이 없었기 때문에 민간에서 새 저울과 낡은 저울을 동시에 쓰고 있습니다. 이제부터 낡은 저울을 금지하소서."

임금이 그 의견을 따랐다.

저울을 만든 이천은 원래 기계에 밝고 손재주가 있어 세종의 과학 발전에 기여한 공로가 많았다.

대궐 문을 드나드는 규칙을 확립하다

10월 1일에 예조에서 글을 올렸다.

그 내용을 요약하자면 신부(信符)가 없는 자는 대궐을 출입할 수 없게 하고, 벼슬에 따라 거느리고 다니는 노비의 수를 제한하고, 그 노비들에게도 일정 숫자의 신부를 발부하자는 것이었다. 또 필요에 따라서는 임시로 쓰는 신부를 마련했다가 일이 끝난 뒤에 회수하자는 제의도 덧붙였다. 임금이 그 의견을 따랐다.

전 호군 김인을 처단하다

10월 2일 전 호군 김인을 처단했다. 김인은 내섬시 종 근만과 짜고 자신들이 임금의 친척이라고 속이고 다니면서 태종을 위한 재를 올린다는 핑계를 대고 민간에 돈을 거둬들였다. 또한 임금의 지시를 위조하여 관찰사를 농락하다가 발각되어 처단되었다.

임금의 몸이 약해져 고기를 올리다

11월 1일에 의정부와 육조에서 여러 차례에 걸쳐 임금에게 고기를 들 것을 청했다. 하지만 승인하지 않았다. 이때 임금은 원기가 심히 약해져 앓고 있었다.

병증이 심해지자, 대신들이 모두 나서서 임금에게 고기 먹을 것을 청했다. 임금은 3년상 동안 고기를 들지 않으려 하였고, 신하들은 그 때문에 몸이 상하면 국가 안위가 걱정될 것이라며 강하게 청했다.

대신들은 심지어 태종의 유언까지 입에 올렸다. 즉 태종이 "지금 임금은 고기가 없으면 밥을 먹지 못하니 내가 죽은 뒤에 형편에 맞게 3년상을 치르도록 하라."고 했다는 것이다.

임금은 자신이 본래 병도 없고 어린아이도 아닌데 뒷날에 병을 걱정하여 고기를 먹을 수는 없는 노릇이라고 버티었다.

그러나 대신들의 강권으로 결국 고기를 먹겠다고 허락하였지만, 흉년이므로 지방에서 고기를 진상하는 것은 중단하라고 지시했다.

홍천현감에게 장형을 치게 하다

11월 4일에 의금부에서 홍천현감 이익박이 국상 중에 원주 기생 노응향과 간통했으니 법조문에 따라 장형 90대를 쳐야 한다고 했다. 임금이 그 의견을 따랐다.

고향 학장으로 있는 생원들에게 과거 기회를 주다

12월 5일에 전라도 관찰사가 요청하였다.
"늙고 병든 부모를 모시고 있는 성균관 생원들을 고향의 학장으로 임명하여 학생들을 가르치게 하였습니다. 이는 부모의 병을 돌보게 하기 위함이었습니다. 그런데 지금 그들이 성균관 출석 일수가 모자란다 하여 과거시험을 치르지 못하게 하고 있습니다. 이들에게 출석 일수와 상관없이 과거를 보게 하소서."
임금이 그 의견을 받아들였다.
이와 관련하여 12일에 예조에서 말하였다.
"성균관에 출석한 날수가 300일이 차는 자에 한하여 과거시험에 응시하게 하는 것은 학문을 장려하기 위함입니다. 그러나 부모가 80세가 넘거나 70세가 넘어서 오랫동안 앓아누워 있는 경우엔 출석한 날수를 따지지 말고 과거를 볼 수 있도록 해주시기 바랍니다."
임금이 그 의견을 따랐다.

무과 시험에 경서의 비중을 높이다

12월 13일에 임금이 지시하였다.

"과거시험이란 인재를 선발하기 위한 것인 만큼 이제부터 무과 과거에서 설사 200보 거리에서 활을 쏘아 맞히지 못하는 자라 할지라도 경서에 통달하고 있으면 선발하도록 하라."

세종 5년
1423년 계묘년

묵형에 대한 원칙

1월 9일에 형조에서 글을 올려 묵형에 대한 원칙을 정해달라고 하였다. 원래 물건을 훔친 죄를 세 번 범한 자는 반드시 대사면령이 내려진 이후의 죄에 대해서 묵형을 가하였다. 하지만 묵형에 대한 확실한 원칙이 없어 다음과 같은 요구를 하였다.

《원사》에 근거하여 처음 범한 자는 왼쪽 팔에, 두 번째 범한 자는 오른쪽 팔에, 세 번째는 목에 먹물로 글자를 새겨넣는 것을 원칙으로 정하고, 또다시 죄를 범하는 자는 왼쪽과 오른쪽 팔목 뒤와 목덜미에 글자를 새겨넣음으로써 대사령이 내린 뒤에 죄를 범한 자를 알아볼 수 있도록 하자는 것이었다.

임금이 그 제의를 받아들였다.

정승 성석린이 죽다

1월 12일에 창녕부원군 성석린이 죽었다. 석린은 성여완의 아들로, 본 향은 경상도 창녕이다. 자는 자수이며 스스로를 독곡수라고 불렀다.

공민왕 6년에 과거에 합격하여 20세에 처음 국자감 학유로 임명되었으며, 조선 개국에 참여하여 창성군 충의군에 봉해졌다. 이후 태조, 정종, 태종 대를 거치면서 좌, 우정승을 하였으며, 노년에 물러나 한가로이 지내다가 86세의 나이로 죽었다.

그는 풍채가 좋고 성격이 유순하여 남을 비방하는 일이 별로 없었다. 시호는 문경(文景)이며, 아들은 지도와 발도다.

본처 버린 신하를 벌하다

1월 24일에 사헌부에서 제의하였다.

"호군 김사신이 아무 까닭 없이 자식까지 낳은 본처를 버리고 역적의 아들인 박의손의 아내에게 다시 장가들어 풍속을 어지럽히고 있습니다. 법률 조항에 비춰볼 때 장형 80대에 처하고 이혼시켜 본처와 다시 살게 할 것입니다."

임금이 사헌부의 의견을 받아들이면서 말했다.

"그렇게 하되 임명장을 회수하지는 말라."

남산 봉화대의 위치와 역할

2월 26일에 병조에서 남산 봉화대의 위치와 역할에 대해 보고했다.

봉화대는 다섯으로 동쪽 제1봉화대는 명철방 골안턱에 있고, 양주 아차산 봉화대와 연결되어 있으며 함길도와 강원도에서 올라오는 것이다.

제2봉화대는 성명방 골안턱에 있고, 광주 천천봉화대와 연결되어 있으며, 경상도에서 올라오는 것이다.

제3봉화대는 훈도방 골안턱에 있고, 모악의 동쪽 봉우리 봉화대와 연결되어 있으며, 평안도에서 올라오는 것이다.

제4봉화대는 명례방 골안턱에 있고, 모악의 서쪽 봉우리 봉화대와 연결되어 있으며, 평안도와 황해도 바닷길로 올라오는 것이다.

제5봉화대는 호현방 골안턱에 있고, 양주 개화 봉화대와 연결되어 있으며, 충청도와 전라도 바닷길로 올라오는 것이다.

대궐 안에서 간통한 남녀의 처결

4월 28일에 형조에서 보고하였다.

"별사옹인 막동과 신녕궁주의 여종 고미가 대궐 안에서 간통하고 대궐 창고의 재물을 도적질했습니다. 이는 둘 다 참형에 해당되지만 부녀자가 사형죄를 지었다고 하더라도 임신을 했을 땐 해산한 뒤 100일이 되어야 형을 집행하게 되어 있습니다. 어떻게 하는 것이 좋겠습니까?"

이에 임금이 처결하였다.

"둘 다 각각 형장 100대를 쳐서 도형 3년을 지우되, 고미에 대해서는 법조문대로 해산한 뒤에 형을 집행하라."

신임 관료 신고식을 금하다

5월 27일에 성균관 박사 박서, 교서랑 곽규, 승문원 박사 이변을 의금부에 가두라고 지시하였다. 이들은 세 관청의 7품 이하 신임 동료들을 맞이할 때 신고식에 해당하는 '신래(新來)'를 행하면서 신임들을 고통스럽게 했기 때문이다.

사헌부에서 이를 규탄하자, 모두 볼기 40대씩을 벌로 내렸으나 돈으로 속죄토록 하였다.

사헌부가 신임 관료의 신고식을 규탄하고 있지만, 사실상 신고식이 가장 지독한 관청은 바로 사헌부였다고 한다.

왕자를 때린 내시

6월 5일에 내시 임수가 왕자와 함께 글을 읽다가 버릇없이 굴었다. 이 때문에 왕자가 그를 미워하였다. 그래서 왕자가 임수의 뺨을 쳤는데, 임수 역시 왕자의 어깨를 주먹으로 때렸다. 이 때문에 왕자의 어깨에 피멍이 들었다.

이 일이 발각되어 임수는 의금부에 넘겨졌다. 법조문에 따르면 교수형에 해당되지만 임금은 이렇게 처결하였다.

"임수에게 형장 100대를 치고, 그가 살던 정산현의 관청 노비로 보내도록 하라."

백성이 굶어죽자, 고을원을 죄로 다스리다

6월 10일에 예조판서 황희가 고양현에 굶어죽은 사람이 있다고 보고하였다. 이에 임금은 승정원 주서 이극복을 시켜 조사토록 했다. 그 결과 여종 모란과 그 아들 둘이 굶어서 퉁퉁 부어 있었고, 어린아이 하나가 굶어죽어 있었다.

임금이 의금부에 지시하였다.

"백성을 굶어죽도록 내버려둔 고양현 현감 김자경에게 형장 80대를 쳐라!"

고을원에 대한 감찰제도를 마련하다

7월 3일에 임금이 이조판서 허조와 대화하면서 한나라와 당나라 제도를 본받아 각 고을에 관리를 파견하여 고을원들의 정사와 백성들의 고통에 대해 알아보는 제도를 마련하게 하였다. 이에 덧붙여 이렇게 말하였다.

"이렇게 하면 고을원들이 정신을 차려 고을 일을 망치는 데까지 이르지 않을 것이며, 백성들은 고자질을 하지 않고도 억울한 일을 면하게 될 것이다. 그리하여 민간에서는 한숨짓는 소리가 영영 없어질 것인즉, 저마다 삶의 즐거움을 누리도록 할 것이다."

흉작이 든 고을 향교의 생도들을 방학시키다

8월 29일에 평안감사가 이런 보고를 하였다.

"8월 7일부터 5일 동안 계속 서리가 내려서 삭주 등 12개 고을의 곡식이 피해를 입었습니다."

이에 예조에서 제의하였다.

"도 안에서 농사를 망친 각 고을 향교의 생도들은 내년 가을까지 방학을 시켜야 할 것입니다."

임금이 그 의견을 따랐다.

찰방들에게 고을원과 아전의 행패를 적어 보고토록 하다

10월 3일에 임금이 직접 각 역참의 찰방들에게 지시하였다.

"고을을 돌아다니다가 고을원들이 재물을 탐하거나 형벌을 혹독하게 주는 경우가 있으면 그 내막을 알아보고 즉시 보고하라. 또 시골에서 함부로 구는 관리나 아전이 있거든 함께 조사하여 보고하라. 백성들에게 해독을 주는 자가 있으면 낱낱이 조사하여 보고하도록 하라."

찰방은 역참의 우두머리로 종6품 벼슬이다. 이들은 역참의 역졸들을 관리하고, 역참 주변 마을의 정세를 중앙에 보고하는 임무를 맡고 있었다.

우의정 정탁이 죽다

10월 21일에 우의정 정탁이 죽었다. 그는 고려 때에 과거에 합격하여 춘추관 수찬으로 관직을 시작하였고, 조선을 개국할 때 태조를 추대하자는 말을 가장 먼저 꺼낸 인물이었다. 개국 후 성균관 대사성, 좌승지 등을 지내다가 의정부 참찬을 거쳐 우의정에 올랐다. 그의 나이 61세에 죽었다.

내시부의 벼슬 품계를 종2품으로 한정하다

12월 1일에 임금이 재상들에게 이렇게 말하였다.

"내시부의 벼슬 품계는 거의 검교인데, 녹봉은 등급보다 낮춰서 주면서 품계는 정2품까지 이르는 수가 있다. 이들에게 무엇 때문에 정2품 품계를 준단 말인가?"

하지만 영의정 류정현과 병조판서 조말생은 그들의 품계를 떨어뜨리는 것을 반대했다. 이때 하연이 말했다.

"신의 생각에는 전하의 지시가 옳다고 봅니다. 이제부터 내시부의 품계를 종2품으로 한정하십시오."

이후로 내시부의 품계는 종2품으로 한정되었지만, 임금에 따라 내시부 환관에게 종1품 벼슬을 내리는 경우도 가끔 있었다.

하연이 내시부의 품계를 종2품으로 한정 짓자고 한 것은 정2품인 육조의 판서보다 아래에 두고자 함이었다.

여기서 말하는 검교(檢校) 벼슬이란 실제 직책이 있는 것이 아니라 공훈의 대가로 주는 직책이다. 이는 고위 벼슬이 모자라 승진시킬 곳이 없는 상황에서 훈직(勳職)으로 마련한 제도다.

세종 6년
1424년 갑진년

세종의 여동생 정선공주가 죽다

1월 25일에 세종 바로 아래 여동생 정선공주가 죽었다. 그녀는 1404년 태생으로 세종과 일곱 살 차이가 나며, 동복 여동생 중에는 바로 아래 여동생이었다.

세종은 그녀의 장사를 공주보다 성대하게 치러주라고 하였다. 이에 신하들이 공주의 고모는 공주보다 성대한 장사를 치르는 것이 맞지 않다고 하자 세종은 고모의 장사를 조카보다 박하게 치러야 할 이유가 없다며 고집하여 성사시켰다.

정선공주는 남경문의 아들 남휘에게 시집갔으며, 죽을 당시에 불과 21세였다.

예종 대에 죽은 남이가 그녀의 아들로 알려져 있으나 이는 사실이 아니다. 남이는 1441년에 태어났으니, 정선공주가 죽은 지 17년이나 지난 뒤다. 또한 1468년에 남이가 죽을 당시 남이의 어머니가 살아 있었으므로 남이가 정선공주의 아들일 수 없다.

이렇게 볼 때 남이는 남휘가 다시 결혼을 하여 얻은 아들이거나, 아니면 남휘의 손자일 것이다. 실록에 남이가 정선공주의 자손으로 기록되어 있는 것을 볼 때, 남이는 서자로서 그녀의 양자로 입적되었을 가능성이 높다.

세종의 장녀 정소공주가 죽다

2월 22일에 세종의 큰딸 정소공주가 대궐 안에서 죽었다. 그녀는 얼마 전부터 수두를 앓고 있었다. 이때 공주의 나이 13세였다. 누이동생에 이어 큰딸까지 잃자, 세종은 몹시 슬퍼하였다.

세종은 죽은 딸을 위하여 며칠 뒤에 수륙재를 올렸으며, 총제 이맹균의 집에 빈소를 차렸다. 이맹균의 집에 빈소를 차린 것은 정소공주가 그곳에서 자랐기 때문이다. 당시 왕실에서는 어린 딸과 아들들을 신하의 집에 맡겨 키우는 관습이 있었다.

공주의 장례는 정2품 이상 관리들의 예에 맞춰 진행되었다. 이후 우제는 내시 최득룡을 시켜 지내주도록 했다.

세종의 딸에 대한 애절한 제문은 이러하였다.

"오래 살고 빨리 죽는 것은 타고난 운명으로서 어쩔 수 없는 것이지만 아버지와 자식 간의 지극한 정리야 끝이 있겠느냐? 슬프다. 너는 나서 자라면서 용모가 단정하고 품성도 얌전하였다. 어려서부터 효성스럽고 우애가 있었으며 나이는 어려도 벌써 어른이나 다름없기에 나의 사랑이 너에게 쏠려서 특별히 어루만지고 귀여워하였다.

네가 시집을 가서 안락하고 영화로운 생활을 함께 누리기 바랐더니 어린 나이에 병이 들어 더 살지 못하고 그만 이렇게 될 줄이야 누가 생각인들 하였겠느냐?

병을 잘못 치료한 탓이냐? 귀신들에게 빌지 않은 탓이냐? 무슨 까닭으로 이렇게 되었단 말이냐?

아직도 목소리를 듣는 듯하고 모습을 보는 듯하건만 영혼은 어디로 갔느냐? 슬픔이 북받쳐오르니 참아오던 눈물이 가슴을 적시는구나.

내시를 빈소에 보내 제사나마 지냄으로써 나의 슬픈 심회를 푸는 것이니, 영혼이 있거든 이 제문을 들어주기 바란다."

정소공주는 세종이 16세 되던 1412년에 얻은 첫아이였다. 때문에 세종은 남다른 애정으로 그녀를 대하였다. 문종 또한 두 살 터울의 누나였기 때문에 그녀에 대한 정이 남달랐다. 그래서 당시 열한 살의 어린 세자였던 문종도 제문을 지어 슬픔을 드러냈다.

"아, 천지신명은 어찌하여 좀더 오래 살게 하지 않는가? 동기 간의 지극한 정리에서 가슴을 치며 눈물을 쏟는다. 다시 만날 길 없는 이 마당에서 이 술 한 잔이나마 부어주는 것이다. 영혼이 있거든 받아주시고, 나의 슬픔을 알아주오."

공주의 묘소는 경기 고양현 북쪽에 있는 산리동(지금의 고양시 덕양구 대저동) 언덕에 마련되었다. 시호는 원래 정혜였다가 정소로 고쳤다.

대저동에 있던 정소공주의 묘는 일제시대에 이장되어 지금은 고양시 서삼릉 내에 있다.

물시계 제작을 명령하다

5월 6일에 임금이 대궐 안에서 사용할 시계를 제작하라고 명령했다. 이에 장영실 등이 시계 제작을 시작하였다. 장영실은 한 해 전부터 한양에 들어와 각종 과학기구를 만드는 데 투입된 상태였다.

이에 대해서는 3부 4장의 '세종의 위대한 손, 장영실' 편에 자세하게 서술하였다.

겨드랑이에 종기가 나다

5월 9일에 임금이 이조판서 허조와 예조참판 이명덕을 불러 왼편 겨드랑이에 종기가 나서 거동이 불편하다고 말했다.

이날은 태종의 대상이었다. 때문에 신하들은 혹 종기가 덧날까 봐 대상에 참여하지 말라고 했지만 세종은 받아들이지 않았다.

주전별감 백환이 새로운 동전을 만들어 바치다

6월 3일에 경상도 주전별감 백환이 새로 주조한 돈 20관을 바쳤다. 세종은 당시 전라도와 경상도에 명령하여 새로운 동전을 주조하도록 했는데, 백환은 그 일을 책임진 인물이었다. 그의 재주가 뛰어났기 때문에 세종은 "백환 같은 인물이 한 명만 더 있으면 얼마나 좋겠는가!" 하는 말까지 했었다.

당시 조선은 태종 대에 만들어진 종이 돈인 저화를 사용했으나 잘 통용되지 않았다. 백성들이 저화를 신뢰하지 않은 탓이었다. 그 때문에 1403년에 저화의 유통이 거의 중단되었다. 하지만 태종은 그 뒤로도 저화에 대한 미련을 버리지 못했고, 1410년에 다시 통용할 것을 결정했다. 이후 저화는 국가의 세금 납부에 사용되었지만 백성들은 여전히 베를 돈 대신 사용했다.

이렇듯 태종의 저화정책이 실패하자 결국 동전을 주조하기에 이르렀다. 그래서 태종은 1415년에 조선통보를 제조하여 유통시키려 했다. 하지만 실행하지 못했다. 이후에도 법화 주조 계획은 계속되었고, 이때에 이르러 조선통보가 만들어진 것이다.

이후 저화는 무용지물이 되었고, 결국 1425년에 이르러 저화 통용은 중지되었다.

조선통보 제작 이후에도 어려움은 여전했다. 문제는 동전의 원료인 구리를 일본에서 수입해야 한다는 것이었다. 이를 해결하기 위해 세종은 일본과 우호적인 관계를 유지하려고 애를 썼다. 하지만 그 비용이 만만치 않아 결국 동전 정책은 실패로 돌아가고, 백성들은 다시 베를 화폐로 대용하기에 이른다. 이런 화폐정책의 한계는 숙종이 상평통보를 본격적으로 유통시키는 1670년대까지 지속된다.

명나라 영락제가 생을 마감하다

7월 18일에 명나라 황제 영락제가 세상을 떠났다. 영락제의 묘호는 성조다. 성은 주씨요 이름은 체다. 성조는 1402년에 즉위하여 1424년까지 약 22년 동안 황제의 자리에 있었으며, 명나라의 기반 확립에 많은 업적을 남겼다.

그의 능에는 30명의 궁녀가 함께 순장되었다.

《수교 고려사》를 편찬하다

8월 11일에 윤회가 서문을 서술하여 《수교 고려사》를 임금께 올렸다. 《고려사》는 원래 1395년에 정도전과 정총 등이 편찬한 37권의 《고려국사》에 기반하고 있다. 하지만 세종은 그 내용에 문제가 있다고 지적하며 1419년에 류관과 변계량에게 고칠 것을 명령했다. 이후 1421년에 개수가 완료되어 세종에게 올려졌다. 하지만 이에 만족하지 못한 세종은 다시 고칠 것을 명령했고, 이때에 와서 개수가 완료되어 《수교 고려사》로 칭하게 된다.

이후에도 고려사는 세종의 명령에 의해 여러 차례 개수되었고, 결국 문종시대인 1451년에야 비로소 완성되어 《고려사》로 불리게 된다. 고려사는 세가 46권, 지 39권, 열전 50권, 목록 2권 총 139권으로 구성되었다.

세종 7년

1425년 을사년, 명 인종 홍희 원년

세자빈 간택을 위한 혼인 금지를 풀다

1월에 임금은 전년도에 내렸던 13세 이하 처녀의 혼인 금지령을 풀라고 지시했다. 혼인금지령은 세자빈을 뽑기 위한 것인데, 합당한 사람 2, 3명을 빨리 선택하고, 나머지는 혼인하는 것을 허락하라고 했다.

대장경 목판을 달라는 일본의 요구를 거절하다

4월 초에 예조에서 불경과 목판 대장을 만들게 하자고 제의하였다. 이는 일본국과 일본의 여러 섬나라에서 불경 목판이나 불경을 요구하는 일이 잦아 그에 대처하기 위함이었다.

일본은 조선 개국 초부터 줄기차게 대장경 목판을 달라고 요구했는데, 조선에서는 주지 않았다. 이 때문에 일본 국왕은 사신을 시켜 만약 목판을 주지 않으면 전쟁도 불사하겠다고 엄포를 놓기도 하였다.

세종 때도 이와 같은 일이 벌어졌는데, 세종은 전혀 화내지 않고 오히려 일본 사신을 잘 대접하여 보냈다. 당시 조선은 일본에서 구리를 수입하여 동전을 주조하고 있었기 때문에 일본 국왕의 심기를 건드릴 생각이 없었던 것이다.

일본은 목판을 가져다가 불경을 대량으로 인쇄하여 사찰에 비치할 생각이었다. 그 때문에 조선 사신이 일본에 갔을 때도 목판을 주지 않으면 사신을 억류하고 보내지 않겠다고 엄포를 놓기도 했다. 하지만 조선으로서도 일본에 줄 목판이 많지 않았다.

그해 5월에 일본 사신 중태, 범령 등이 하직하는 날에도 목판을 요구했지만, 세종은 이런 말로 거부했다.

"대장경 목판은 한 질밖에 없고, 이것은 조상 때부터 전해 내려오는 것이니 내 마음대로 줄 수가 없다."

지방관의 6년 임기제를 놓고 대신들과 논쟁하다

6월 초에 사헌부 집의 김타가 고을원들의 임기를 6년으로 하는 것이 부당하다는 글을 올렸다.

개국 당시 고을원의 임기는 3년(30개월)이었다. 그래서 매해에 한 번씩 평가하고 3년 동안 세 번의 평가를 거쳐 승급을 결정하는 제도였다. 하지만 세종 대에 이르러 6년제로 바뀌었다.

이는 원래 하륜의 의견이었으나 반발이 심해 실행하지 못했는데, 허조가 이조판서가 되면서 전격적으로 실시되었다. 하륜, 허조, 류정현 등은 지방관의 임기를 길게 해야 나라가 안정된다며, 명나라가 바로 그 예라고 하였다.

실제로 6년제(60개월)를 실시하고 나서 지방이 안정되고, 관리는 임무에 충실하였다. 덕분에 백성들의 생업이 안착되었다. 하지만 신하들 상당수는 불만이 많았다. 6년이나 지방에 머물면 출세의 기회를 놓치기 때문이었다. 하지만 신하들은 부모 봉양이나 백성들의 불만, 자식을 장가보내고 시집 보내는 것에 대한 문제점 등을 지적하면서 폐단이 많다고 주장하였다.(3년제는 정확히 말해 30개월제이고 6년제는 60개월제이다. 하지만 30개월이 지난 후에 임기가 끝나기 때문에 3년제라 한 것이고, 역시 60개월이 지나야 임기가 끝나기 때문에 6년제라 한 것이다.)

6년제로 바꿀 때 세종과 신하들 사이에 격렬한 논쟁이 오갔다. 심지어 지사간으로 있던 고약해는 세종 앞에서 벌떡 일어나는 무례한 행동을 보이면서까지 반대하였다. 하지만 세종은 양보하지 않았다.

김타는 이에 대한 문제점을 조목조목 지적하면서 백성들은 3년도 지겨워한다고 하였다.

하지만 세종은 이를 쉽게 받아들이지 않았다. 지방 행정을 안정시키기 위해서는 고을원의 기간이 길어야 한다는 생각이 강했던 것이다.

세종은 5년 동안 다섯 번 평가를 해서 네 번 중급 판정을 받으면 파면하는 것으로 결론 내렸다. 6년제를 그대로 유지한 것이다.

그러자 얼마 뒤에 집현전 부제학 신장 등 13명이 집단 상소를 하여 지방관 임기를 30개월로 바꿔줄 것을 요청하였다. 30개월은 곧 3년제를 의미했다.

이 글을 읽고 세종은 그들을 불러 말했다.

"너희들이 6년 임기제를 폐지하고 3년제를 도입하자고 하지만 이것은 관리를 자주 교체함으로써 창고 실사에 폐단이 생긴다는 것을 염두에 두지 않고 하는 말이다. 내가 한 일이 그토록 잘못되었단 말인가? 역사책 어디에 임기를 길게 하는 것은 나쁘고 자주 교체하는 것이 유익하다고 기록되어 있는가?"

세종의 태도가 강경하자, 집현전 부제학 신장과 직제학 김상직 등이 사직을 청하며 버텼다. 하지만 세종은 그들의 사직을 받아들이지 않았고, 6년제도 양보하지 않았다.

그 뒤로도 박안신 등이 여러 차례에 걸쳐 3년제로 환원할 것을 주장했으나 세종은 받아들이지 않았다.

세종 8년

1426년 병오년, 명 선종 선덕 원년

한성에 큰 화재가 난 이후 금화도감을 세우다

2월에 임금은 강원도 횡성에서 무술대회를 개최했다. 또한 사냥을 하였는데, 이때 날씨가 좋지 않아 임금은 가지 않으려 했다. 하지만 신하들의 강한 요청으로 길을 떠났는데, 도상에서 도성에 남아 있던 대신들로부터 화재가 났다는 급보를 받았다.

불은 원래 한성부의 남쪽에 살던 인순부의 남종 장룡의 집에서 시작되었다. 이 불로 북쪽의 행랑 106칸이 타고, 중부의 민가 1,630호, 남부의 민가 350호, 동부의 민가 190호가 전소되었다. 이 불로 죽은 사람은 젖먹이와 노인을 제외하고도 남자 9명, 여자 23명이나 되었다.

왕비는 화재 소식을 듣고 대신들에게 지시하여 관청과 창고는 포기하더라도 종묘와 창덕궁은 구해야 한다고 하였다. 다행히 종묘에는 불이 옮겨 붙지 않았다.

하지만 화재는 이것으로 끝나지 않았다. 다시 바람이 세차게 불면서 전옥서 서쪽에 사는 대부 정연의 집에서 불이 났다. 그 불은 전옥서로 옮겨 붙었고, 전옥서는 물론이고 행랑 8칸을 태웠고, 다시 종루로 옮겨 붙었다. 다행히 종루는 보전되었으나 종루 주변의 행랑채로 불이 붙어 그 옆쪽에 있던 민가 200여 호가 전소되었다.

이렇게 되자, 도성은 온통 도둑들로 들끓었다. 화재를 입은 사람들이 양식을 구하기 위해 아무 집이나 털었던 것이다. 그 바람에 화재를 입지 않은 사람들도 재산을 몽땅 잃은 집이 허다하였다.

이에 임금은 환궁할 때 휘장을 세우지 말라고 하였고, 세자도 마중하러 나오지 말라고 하였다. 또 화재로 인해 재산을 모두 잃은 사람과 식량이 모두 떨어진 집들의 식구 수를 계산하여 식량을 공급하고, 화상을 입은 사람들은 의원을 보내 치료해주라고 했다. 또 죽은 사람에 대해서는 한 사람당 쌀 한 섬과 종이, 거적자리 등을 보내주고, 친족이 없는 피해자는 관청에서 장례를 치러주라고 지시하였다.

이후 세종은 화재를 막기 위한 조치를 단행했다. 이를 위해 수도의 행랑에는 불막이 담을 쌓도록 하고, 성안에는 도로를 넓게 닦아 사방으로 통하게 하고, 궁성 및 주요 관청과 다닥다닥 붙은 민가는 철거하도록 했다. 또 행랑은 10칸, 개인 집은 5칸마다 우물을 파게 하고, 각 관청 안에도 우물을 두 개씩 파서 물을 채워두도록 했다.

종묘와 대궐 안 및 종루와 누각문에는 항상 불 끄는 도구를 비치하도록 했고, 각 관청에도 불 끄는 도구를 마련하라고 지시했다. 또한 관청의 노비들을 훈련시켜 화재에 대비하도록 했다.

이후 금화도감을 세우고 각 관청이 연합하여 화재에 대비하도록 하였고, 상시로 화재에 대비하는 체제를 만들었다.

김용생 사건

3월에 부사직을 지낸 김용생을 잡아들였다.

그는 요사스러운 말을 만들어 퍼뜨렸는데, 그 내용은 이렇다.

"종묘의 소나무에 까마귀가 울고 하늘은 날씨를 변덕스럽게 부리고 있으며, 비가 내리면서 검은 구름이 떠도는 이때가 바로 왕조가 바뀔 시기다."

김용생은 이후 이런 말을 흘리고 다녔다.

"병조판서 조말생은 임금이 도성을 비우자 사람을 시켜 불을 질러 무기를 불태우고자 하였고, 곡산군 연사종은 임금의 행차를 따라가지 않고 있다가 일을 꾸미려 하였다. 또 조말생의 아들 조선과 그의 친척 공녕군 이인은 화재가 나던 날 불을 놓고는 말을 달려 대궐을 공격하려 하였다."

김용생이 이런 말을 한 것은 조말생과 연사종에게 원한이 있었기 때문이다. 당시 조말생은 뇌물을 많이 받아 구설수에 자주 오르곤 했는데, 그 때문에 원한 산 일이 많았다.(그 후 조말생은 매관매직에 뇌물 등의 죄를 받아 쫓겨났으나 훗날 세종이 용서하고 다시 불렀다.)

의금부에서 이 말을 듣고 김용생을 잡아들인 뒤, 임금에게 보고하자, 임금은 법조문에 따라 그를 참형에 처하고 재산을 몰수하라고 하였다.

당시엔 고의로 민가에 불을 지르고, 사람들이 화재에 정신을 놓고 있는 틈에 도둑질을 하는 무리가 있었다고 한다. 이 때문에 의금부에선 화재가 난 뒤에 그런 무리를 색출하는 작업을 하곤 하였다.

관비의 출산 휴가

4월에 임금이 지시하였다.

"중앙과 지방의 관비들이 출산을 하면 100일 동안 휴가를 주는 것을 규례로 삼을 것이다."

왕실과 이씨 사이의 결혼을 금지하다

7월에 임금은 비록 본이 다르다고 하더라도 세자가 이씨 성을 쓰는 사람과는 결혼시켜서는 안 된다고 하였다. 이에 대해 예조판서 신상은 좋은 배필이란 구하기 쉽지 않으니 너무 과한 조치라고 하였으나 임금은 받아들이지 않았다.

이후 왕실과 이씨 사이의 결혼은 특별한 경우를 제외하곤 거의 금지되었다.

사가독서제도를 확립하다

12월에 임금이 집현전 부교리 권채, 저작랑 신석견, 정자 남수문 등을 불러서 말했다.

"내가 너희들을 집현전 관리로 임명한 것은 나이가 젊고 장래성이 있기 때문에 공부를 시켜서 큰 보람을 얻을까 함이었다. 그러나 너희들이 직무에 얽매이다 보니 공부에 전념할 겨를이 없다. 이제부터 너희들은 집현전에 출근하지 말고 집에서 공부에만 전념하여 성과가 나타나도록 하라. 공부하는 절차에 대해서는 변계량의 지시를 받도록 하라."

이것이 사가독서의 시작이었다.

사가독서는 원래 태종 시절부터 추진되었지만 실현시키지는 못한 제도였다. 그러나 세종에 이르러 전격적으로 실시되어 학문하는 선비들에게 큰 반향을 불러일으켰다.

세종 9년

1427년 정미년

김오문의 딸을 세자빈으로 책봉하다

4월 9일에 김구덕의 손녀이자 김오문의 딸을 세자빈으로 책봉했다. 작호는 휘빈이었다.(이때 세자 향의 나이는 14세였다.)

그러나 휘빈은 2년 3개월 뒤인 1429년 7월에 사가로 내쫓기게 된다. 이에 대해서는 재위 11년 기사에 자세하게 언급된다.

세종의 중풍 증세

4월 20일에 임금이 명나라에서 사신이 왔다는 소리를 듣고 전에 걸렸던 중풍이 쉬이 낫지 않아 사신을 맞는 연회에 나가기 어려울 것 같다고 하였다. 세종의 증세는 목이 뻣뻣한 상태가 지속되는 것이었다. 이에 대신들이 의논하여 그 사유를 사신들에게 알리고 세자를 대신 내보내기로 하였다.

이때 세종의 나이 불과 서른하나였다. 젊은 나이에 중풍 증세가 생긴 것은 일이 과중하고 일에 대한 욕심이 많았기 때문일 것이다. 목이 뻣뻣하다는 것은 휴식을 취하지 않고 과중한 업무 스트레스에 시달린 결과일 것이다.

양녕대군 일로 대사헌 등이 사임을 청하다

5월에 대사헌 최사강, 장령 안숭선, 지평 최호생 등이 사직을 청했다. 그들은 누차에 걸쳐 양녕대군의 대궐 출입을 금하게 해달라고 했으나 세종이 듣지 않자, 이런 강경한 태도로 나온 것이다. 그들은 양녕이 제정신이 아니고 불순한 인물인 만큼 대궐은 물론이고 도성에 들어오게 해서도 안 된다고 했다. 그들은 양녕뿐 아니라 양녕의 아들 이개도 도성에 살아서는 안 된다며 도성 밖으로 내쫓을 것을 간청하여 결국 성사시킨 바 있었다. 또한 형조참판 신개와 우의정 맹사성이 양녕의 대궐 출입을 반대하는 말을 하지 않았다며 탄핵하기도 했다. 그만큼 대간에서는 양녕의 문제를 심각하게 다뤘다.

하지만 세종은 형제간의 정리 때문에 그럴 수 없다며 받아주지 않았다. 이때에 와서 자리를 내놓은 것도 세종에 대한 일종의 압박이었다.

그럼에도 세종은 그들을 다독거리며 사직을 받아들이지 않았다.

양녕대군에 대한 대간의 비판은 이후에도 계속되지만 세종은 끝까지 양녕을 살려두며 때때로 도성으로 불러 만나곤 하였다.

제주도의 행정조직을 혁신하다

6월 10일에 제주도 찰방 김위민이 제주도의 폐단을 조목조목 서술하여 폐단을 일소할 것을 제의하였다. 특히 제주도는 고을 아전이 지나치게 많고, 토관들이 자리를 중복하여 앉아 있는 까닭에 백성에 대한 수탈이 심하므로 제주도의 행정제도를 다른 주목과 똑같이 혁신해야 한다는 주장이었다.

그러나 김위민은 제주도에는 토관으로서 도주관을 좌우에 두고 그들을 성주 또는 왕자라고 부르는 풍습이 있는데, 이는 제주도의 특성인 만큼 그대로 두자고 제의하였다.

이에 세종은 의정부와 육조에 이 안건을 내려보내 토의하게 하고, 안무사를 보내 실정을 알아오게 하였다. 그리고 김위민의 제의를 거의 수용하고, 제주도도 다른 지역과 같은 행정조직을 갖추도록 하였다.

신창 아전 살인 사건

6월 17일에 좌의정 황희, 우의정 맹사성, 형조판서 서선 등을 의금부에 가두라고 지시했다. 서선은 황희와 사돈지간이고, 서선의 아들 서달은 황희의 사위였다. 서달이 고향에 가는 중에 신창의 아전을 죽이게 되었는데, 황희와 맹사성, 서선 등이 사건을 조작하려다가 발각된 것이다.

이에 대해서는 3부 1장의 '정무 처리의 귀재, 황희' 편에 자세하게 다뤘으니 참고하기 바란다.

33명의 공녀와 10명의 고자를 명나라에 바치다

7월에 전국에서 처녀를 선발하여 최종 7명을 고른 뒤 명나라에 보냈다. 그들 7명은 모두 양반가의 딸이었다.

처녀들의 면면은 이러하였다.

공조판서 성달생의 딸 17세, 우군동지총제 차지남의 딸 17세, 우군사정 안복지의 딸 11세, 우군사정 오척의 딸 12세, 우령 호군 정효충의 딸 14

세, 중군부사정 최미의 딸 13세, 좌군사직 노종득의 딸 12세 등이었다.

이들과 함께 여자 요리사 10명을 보냈는데, 그들의 이름은 소옥, 중금, 조운, 보대, 진주, 연연, 이화, 선장, 수정, 연아 등이었다.

또 천비 16명과 고자 10명도 보냈다.

처녀들이 명나라로 떠날 때에 그 어미들이 나와 원통함을 감추지 못하고 눈물을 흘렸다. 세종은 이를 차마 볼 수 없었다고 했지만, 대국의 요청이라 거절할 수 없었다고 했다.

세종 10년
1428년 무신년

정기적으로 제주도 말을 육지로 방출토록 하다

1월에 제주 안무사가 제의하였다.

그는 제주 주민들은 순전히 말을 팔아 생계를 이어가기 때문에 말을 육지에 팔고자 하는 의지가 매우 강하다고 하였다. 그러나 나라에서 암말은 육지로 팔지 못하게 하는 까닭에 수말은 두 살도 안 된 상태에서 팔려나가기 일쑤고, 그 때문에 암수의 비율이 맞지 않아 번식률이 점점 줄어든다는 것이다.

안무사는 이를 해결하기 위해서는 암말도 2, 3년에 한 번씩 육지에 팔 수 있도록 해야 한다는 의견을 내놓았다.

사실 당시 제주도 땅은 거의 말들의 목초지로 운영되고 있었다. 일부 농사를 짓는 사람들도 있었으나 말이 너무 많아 논과 밭을 밟아버리기 때문에 곡식의 피해가 컸다. 그 때문에 농사짓는 사람은 드물고 대부분 목축에 의존하여 살아가고 있었다.

이렇듯 목축이 너무 성행하여 목초지가 부족해지는 사태가 일어났다. 그 때문에 말을 잘 먹이지 못해 살을 찌울 수 없었고, 겨울에는 굶어죽는 말도 많았다.

또 목축에만 의존하기 때문에 곡식 부족 현상이 일어났다.

이런 현상을 극복하기 위해서는 제주도의 말을 육지로 방출하여 말의 수효를 줄이고, 그 결과로 초지가 줄어들면 곡식을 심어 자급자족이 되도록 해야 했다.

세종은 이런 사안을 이해하고 안무사의 의견대로 제주도에서 암말을 방출하는 것도 허락하고, 농사도 장려하도록 하였다.

문과 시험을 경전 외우기에서 글짓기 중심으로 바꾸다

4월에 판부사 변계량이 글을 올려 문과 시험에서 경전보다 문장을 중시해야 한다는 주장을 하였다. 원래 조선 초엔 대과의 문과에서 글짓기가 중심이었으나 정도전이 경전을 중시해야 한다고 주장하여 경전을 외우고 해석하는 것으로 대체되었다. 그 뒤 다시 글짓기가 중심이 되었으나 세종이 경전을 강조하여 또다시 강경(講經)이 중심이 되었다.

하지만 경전이 중심이 되면서 여러 가지 폐단이 나타났다. 경서를 외우는 시험은 시험 기간이 한 달이나 걸렸고, 또 수험생과 시험관이 서로 아는 사이일 때는 사적인 감정과 인정에 얽매이기 십상이었다.

변계량은 이런 폐단을 없애기 위해서라도 문장 중심의 과거가 되어야 한다고 주장했다.

하지만 변계량의 주장에 반대하는 사람도 많았다. 그들은 수험생들이 문장에만 치중하다 보면 경전의 깊은 뜻을 멀리하여 성인의 가르침을 배우려 하지 않게 된다고 하였다.

당시 이런 주장을 하던 사람들 중에 대표적인 인물이 집현전 수찬 이선제와 교리 권채였다. 변계량은 세종에게 글을 올리기 전에 그들 두 사람을 찾아가 다들 내 의견에 동조하는데 왜 너희들만 따르지 않느냐고 따졌다. 이에 이선제는 글짓기 중심의 과거가 되면 성리학을 경시하고 한낱 글재간을 익히는 데만 열중하게 될 것이라고 대답하였다.

변계량의 글을 읽고 세종은 6품 이상의 문관들이 모여서 의논하고 그 결과를 가져오라고 하였다.

그러자 황희를 비롯한 맹사성, 신상 등 16명은 강경과 문장 중에 어느 하나를 포기할 수 없으니 때에 따라 다르게 적용하자고 했고, 권진과 안순 등 51명은 글짓기를 적용하자고 했다. 또 윤회, 권채 등 15명은 경서를 강론하는 것만 적용하자고 했고, 이명덕 등 5명은 평소 경서에 대한 강론을 시험 쳐서 합격자에 한하여 경서의 뜻풀이를 시험 보게 하자고 했다.

세종은 여론이 몰린 글짓기 위주의 과거를 치르자는 의견을 따르기로 하였다.

한성부 호적이 완성되다

윤4월 8일에 2년 전인 병오년(1426년) 한성부 호적을 완성시켰다. 호적을 완성시키는 데 2년이나 걸렸다는 뜻이다.

조사 결과를 보면 수도의 5부에는 1만 6,921호에 10만 3,328명이 살았고, 이장에 해당하는 관령이 46명이었다. 그리고 성 바깥 10리 주변엔 1,601호 6,044명이 사는 것으로 조사되었고, 관령은 15명이었다.

한성부에서는 이 인구를 기준으로 성안에서는 100집을 하나의 마을로 하고 이정 한 명씩을 두고, 성 바깥에는 30집을 하나의 마을로 하고 권농 1명씩을 두자고 제의하였다.

하지만 이조에서는 관령이 이정 역할을 하므로 굳이 새로 둘 필요가 없고, 한성부 의견대로 하면 이정이 123명이나 늘어나기 때문에 그들을 세우고 관리하는 것에 무리가 따른다고 하였다. 그래서 현재 상태를 그대로 유지하는 것이 좋겠다고 하였다.

세종은 이조의 의견을 따랐다.

정곤이 진사시를 부활해달라고 청하다

윤4월 17일에 성균관 사성 정곤이 글을 올려 말했다.

"먼저 왕조 때 인재를 뽑는 법으로 말하면 문과 시험을 보기 전에 '감시'라는 것이 있어서 시와 부를 시험 치고 합격한 사람을 진사라고 불렀습니다. 또 문과 시험을 본 뒤에 '승보시'라는 것이 있어 합격자를 대현이라고 불렀습니다. 그 뒤에 와서는 승보 시험을 대신하여 생원 시험을 치렀습니다. 현재 생원 시험은 실시하고 있으나 진사 시험은 보지 않습니다. 진사 시험을 부활하여주십시오."

세종이 예조에 이 제안을 내려보내 의논하게 하였다. 그러자 예조에서는 한꺼번에 진사, 생원, 급제 시험을 다 보는 것은 무리라고 하면서 종전대로 생원 시험만 치르겠다고 하였다.

세종은 예조의 의견을 수용했다.

하지만 진사시에 대한 논의는 그 뒤에도 계속되어 부침을 거듭한다. 세종 20년인 1438년에 진사시를 설치하여 진사가 배출되었다가 1444년에 폐지되었으며, 단종 원년인 1453년에 복설된다. 그로부터 1894년 과거제도가 폐지될 때까지 진사시는 계속 이어진다.

김화가 아버지를 죽였다는 말에 《효행록》 간행을 지시하다

10월에 경연에서 진주 사람 김화가 자기 아버지를 죽였다는 말을 듣고 깜짝 놀라 임금의 얼굴빛이 변하였다. 임금은 스스로를 자책하며 여러 신하들을 불러놓고 효성과 우애를 두텁게 하며 좋은 풍속을 만들 방법을 강구하라고 했다.

그때 판부사 변계량이 《효행록》과 같은 책을 널리 배포하여 백성들이 효성과 우애, 예법과 의리를 알도록 하자고 제의하였다.

임금이 직제학 설순에게 《효행록》을 인쇄하여 백성들에게 배포하도록 지시했다.

하지만 세종은 거기서 그치지 않았다. 《효행록》을 배포해도 글을 모르는 사람이 태반이라 별 효과가 없을 것이라고 생각하고 그림으로 효행을 가르칠 수 있는 방안을 모색했다. 그 결과로 만들어진 것이 《삼강행실도》였다.

《삼강행실도》는 1434년에 완성되어 배포되었는데, 안견, 최경, 안기생 등 당대의 뛰어난 화가들이 이 작업에 참여했다.

《삼강행실도》는 효자도, 충신도, 열녀도 등 3부작으로 이뤄졌으며, 효자도에는 순임금을 비롯하여 역대 효자 110명, 충신도에는 112명의 충신을, 그리고 열녀도에는 94명의 열녀를 소개하고 있다.

세종 11년
1429년 기유년

신하들이 심온을 용서하자고 하자 답을 내리지 않다

3월에 의정부와 육조 관리들이 의정부에 모여서 임금의 장인인 심온 문제를 토의하였다. 그들은 심온이 대질신문도 받지 못한 채 죽음을 당한 것은 억울한 부분이 있다고 결론짓고 태종이 심온이 돌아오기 전에 강상인 등 관련자들을 처단한 것은 심온을 귀양 보내기 위함이었을 것이라는 추론을 올렸다.

하지만 이에 대해 임금은 "잘 생각해보겠다"는 말만 하고 결론을 내지 않았다. 그때 사간원 관리로서 심온을 신문하는 데 참여했던 이조참판 정초가 이런 말을 하였다.

"심온은 신문을 받을 때 속으로는 변명하려 했었다. 그래서 여러 차례 고문을 가했는데도 자복하지 않았다. 그때 류정현이 상황으로 봐서 끝까지 자복하지 않을 수 없을 것이라고 하는 바람에 두말 없이 자복하게 된 것이다."

이 말을 듣고 임금은 이렇게 말하였다.

"지금 정초의 말로 미뤄본다면 심온의 자복은 억지로 한 것이라고 봐야 할 것이다. 그러나 태종께서 그것까지 어떻게 알았겠는가?"

세종이 이렇게 말한 것은 자칫 심온을 죽인 것이 태종의 오판이나 개인적인 감정에서 비롯되었다는 결론이 날까 염려했기 때문이다.

세종은 내심 장인에게 죄가 없다는 것을 확신했지만, 그렇다고 부왕의 판단이 잘못되었다고 할 수 없었다. 그래서 애매한 말을 했던 것이다.

그런 세종의 속내를 안 대신들이 얼마 뒤에 밀봉을 한 글을 올렸다. 세종은 그것을 뜯어보지도 않고 지신사 정흠지에게 물었다.

"이건 무슨 문제를 쓴 것인가?"

정흠지가 대답했다.

"바로 전날 논의했던 문제입니다."

"그 문제야 이미 내가 자세히 들었는데, 무엇 때문에 꼭 이 글을 보아야 하겠는가?"

그렇게 말하고는 승정원에 내려보냈다.

대개 신하들은 그 내용이 뭔지 몰랐으나 알려지기로는 심온은 죄상이 드러나기 전에 죽었기 때문에 용서해줘야 한다는 내용이었다고 한다.

하지만 세종은 아버지가 한 일을 아들이 바꾸는 것은 아버지를 욕되게 하는 것이라 생각하고 심온의 문제를 덮었던 것이다. 그래서 심온은 문종 대에 이르러서야 비로소 사면되고 복권되었다.

원금을 넘는 이자를 받는 것을 금지하다

4월에 한성부에서 빚으로 꾸어준 돈의 이자가 본전을 넘지 못하게 해야 한다고 제의했다. 이미 법에는 아무리 기일이 지나도 이자가 원금을 넘지 못하도록 규정하고 있었으나 민간에서 잘 지켜지지 않은 데 따른 것이다. 심지어 이자가 원금의 10배가 넘는 경우도 있었으니 당시 고리대금이 대단히 성행했음을 알 수 있다.

한성부에서는 다시 법을 강화하여 꾸어준 날짜가 아무리 오래되었다 하더라도 이자는 본전을 넘지 못하도록 하자고 했으며, 또 월 이자도 3푼(3퍼센트)을 넘지 못하도록 해야 한다고 하였다.

한성부의 이런 의견은 《대명률》의 "돈을 꾸어주거나 저당을 잡을 때 매달 이자는 3푼을 넘어서는 안 되며, 기일이 아무리 오래되어도 이자의 총액이 본전을 넘을 수 없다."는 법령에 근거한 것이다.

임금은 이 의견을 그대로 받아들여 시행하라고 하였다.

정초에게 《농사직설》을 편찬하게 하다

5월에 총제 정초 등에게 《농사직설》을 편찬하게 하였다. 이에 대해서는 3부 4장의 '과학 혁명의 초석을 다진 정초' 편에 자세하게 서술하였다.

휘빈을 사가로 내쫓다

7월에 임금이 휘빈 김씨를 친정으로 내쫓고, 시녀 호초를 의금부에 가두라고 하였다. 임금이 김씨를 내쫓은 것은 그의 행실이 방자하기 때문이었다.

휘빈 김씨는 세자가 자기에게 관심을 보이지 않자, 세자의 관심 끌기에 혈안이 되었다. 그래서 시녀 호초에게 남자에게 사랑받는 법을 물었는데, 호초는 남자가 좋아하는 여자의 신을 잘라다가 불에 태워 그 가루를 남자에게 먹이면 사랑받을 수 있다고 하였다. 그래서 휘빈은 세자의 사랑을 받던 효동과 덕금 두 시녀의 신을 가져다가 잘랐다. 하지만 지니기만 했을 뿐 태워서 세자에게 그 가루를 먹이지는 못하였다.

그 뒤에 휘빈이 또 호초에게 비법을 물으니, 호초는 뱀 두 마리가 교미할 때 흘린 정액을 수건에 묻혀서 차고 다니면 남자의 사랑을 받을 것이라고 하였다.

임금이 이런 일들을 모두 알아내고, 휘빈을 쫓아낸 것이다.

순빈 봉씨를 세자빈에 책봉하다

10월에 봉여의 딸을 맞이하여 세자빈에 책봉하고 순빈이라 칭하였다. 하지만 순빈도 1436년 폐출된다. 순빈이 쫓겨난 일에 대해서는 1436년 11월 기사에 자세히 언급된다.

세종 12년
1430년 경술년

공신의 여종의 아들도 충의위에 소속시켜 벼슬을 주게 하다

2월 9일에 임금이 병조에 지시하였다.

"공신의 본처가 아들이 없을 경우에 여종 출신 첩한테서 낳은 아들이라도 충의위에 소속시킬 것이다."

충의위는 양반들을 위한 특수 부대로, 주로 개국, 정사, 좌명공신의 자손들이 소속되었다. 때문에 실질적인 군대 능력은 없고 그저 공신들을 우대하기 위해 만든 조직이라고 할 수 있다. 이들에게 벼슬을 주는 것은 공신 자손을 우대하려는 취지에서인데, 공신 자제들이 18세가 되면 자동으로 이곳에 예속되도록 하였다.

이들은 군사로서의 능력이 전혀 없었기 때문에 하는 일이 특별히 없었고, 기껏해야 왕이나 왕족이 사냥할 때 몰이꾼 역할을 하는 게 고작이었다.

규정상으론 이들에게 종4품 이하의 벼슬이 주어지도록 되어 있었으나 정3품까지 올라갈 수 있었다. 원한다면 60세까지 벼슬자리에 있을 수 있었으나 대개는 이곳을 징검다리 삼아 다른 벼슬로 진출하는 것을 목적으로 하였다.

이때 세종이 사노비 출신의 첩에게서 난 아들도 충의위에 소속되도록 한 것은 이미 양인 출신의 첩이나 공노비 출신의 첩에게서 난 서자들이 충의위에 소속되어 있었기 때문이다. 말하자면 사노비에게서 난 서자나 공노비에게서 난 서자를 평등하게 대우하려는 취지였다.

하지만 이에 대한 대신들의 반발이 만만치 않았다. 대사헌 이승직은 공신의 천첩에게서 난 자식이 충의위의 벼슬을 하면 자칫 노비가 상전보다 벼슬이 높아질 수 있다고 하면서 이렇게 되면 신분의 대혼란이 우려된다고 하였다.

좌사간 신포혈 또한 천출에게서 난 아들과 본처의 아들을 동렬에 놓을 수 없다고 반대하였고, 우사간 변계손도 노비 출신이 상전과 한자리에서 벼슬을 한다는 것은 있을 수 없다고 하였다.

그러자 세종은 이렇게 말했다.

"사노비 출신의 첩한테서 난 1품 관리의 아들에게 5품 이하로 제한하여 벼슬을 내리는 것은 이미 정해진 규정인데, 설사 충의위에서 근무하지 않는다고 하더라도 벼슬하기는 마찬가지 아닌가. 그러니 이제 다시는 이 문제를 거론하지 말라."

하지만 대사헌 이승직이 다시 글을 올려 태종 시절에 만들어진 적서의 구별에 관한 법률들을 거론하며 조목조목 반박하였다. 그 뒤 좌사간 신포혈도 다시 글을 올려 극력으로 반대하였다.

이에 세종이 이렇게 답하였다.

"사노비가 공노비가 되기도 하는 상황인데, 같은 노비를 차별하는 것은 가당치 않으며, 양인이 여종에게 장가들 때도 그 자식을 양인으로 취급하는 마당에 유독 사노비 출신에게서 난 아들만 차별하는 것은 말이 되지 않는다.

또 노비 출신이 상전보다 벼슬이 높은 경우는 얼마든지 가능하다. 벼슬에 있어서는 아들이 아버지보다 높은 경우도 허다하고, 동생이 형보다 높은 경우도 허다한데 아랫전이 상전보다 높은 것이 무엇이 문제인가?"

이렇게 해서 세종은 결국 자신의 의지를 관철시켰다.

이때 세종의 나이 34세였는데, 당시에는 30대에 손자를 보는 것이 다

반사였으니 결코 젊기만 한 나이는 아니었다.

　세종은 나이 서른 이전에는 주로 대신들의 의견을 듣고 중론을 따르는 경우가 많았으나 서른이 넘은 뒤부터는 주장이 강해져서 하고자 하는 일이 있으면 거의 대신들의 의지를 꺾어놓았다.

박연의 건의에 따라 음악을 대폭 정비하다

　2월 19일에 임금이 봉상시 판관 박연의 글을 앞에 놓고 의례상정소와 함께 여러 예식에 쓰이는 악기와 음악에 대해 논의했다.
　이 논의에서 박연이 쓴 장문의 보고서가 주로 인용되었는데, 박연은 예식에 쓰이는 악기와 음악을 옛 규례에 맞게 고칠 것을 주장하였다. 이 때 박연이 주장한 내용은 거의 받아들여졌다.
　이에 대한 자세한 내용은 3부 5장 '조선 음악의 거장, 박연' 편에 언급했으니 참고하기 바란다.

세종의 스승 이수가 죽다

　4월 18일에 병조판서 이수가 죽었다. 그는 세종의 어린 시절 글선생이었다. 그런 까닭에 세종이 스승으로 여기고 높은 벼슬을 줬는데, 이때에 와서 명을 달리하니 임금이 몹시 슬퍼하며 우대 규정을 적용하여 특별히 상사를 선포하였다.
　이수에 대한 자세한 내용은 3부 3장의 '세종의 글 선생, 이수' 편을 참고하기 바란다.

변계량이 죽다

4월 24일에 당대의 천재이자 문재로 알려진 변계량이 62세를 일기로 죽었다. 그는 어릴 때부터 명민하여 네 살에 고시와 대구를 외웠으며, 여섯 살에 시를 짓고, 열네 살에 진사시에, 열다섯 살에 생원시에 합격했다. 또 열일곱 살에 등과하여 벼슬에 나와 20년 동안이나 대제학에 있었으니, 세종 시대를 대표하는 문형이었다.

변계량에 대한 자세한 내용은 3부 3장의 '하늘이 낸 문재, 변계량' 편을 참조하기 바란다.

혜령군 이지의 벼슬과 토지를 모두 회수하다

6월에 종부시에서 제의했다.

"온녕군 정과 혜령군 지가 종학(宗學)에서 서로 장난을 하던 중에 지가 덤벼들어 정의 손을 발로 차고 옷깃을 잡아 찢어놓았습니다. 전하께서 처결해주시기 바랍니다."

온녕군과 혜령군은 모두 태종의 서자들로 세종의 아우였다. 그 중 혜령군 이지는 행동이 거칠고 학문을 싫어하여 일찍이 세종이 여러 차례 벌을 주고 압박을 가한 바가 있었다. 하지만 도저히 고쳐지지 않았다.

보고를 받고 세종은 황희와 맹사성에게 의논하였다. 그러자 두 재상은 이런 결론을 가지고 왔다.

"혜령군의 임명장이나 벼슬이나 토지나 할 것 없어 모두 회수하고 그저 선비 차림으로 종학에 나가 공부하게 하십시오. 그러면 부끄럽기도 하고 생활도 어려워져서 함부로 행동하지 않을 것입니다."

세종은 재상들의 의견을 따랐다.

　세종은 당시 종학의 법도를 엄격히 하고 왕실 친족들의 행동을 엄하게 다스렸다. 하지만 세종도 어쩔 수 없는 인물이 있었으니, 바로 양녕대군 이제였다. 그의 막된 행동은 아무도 말리지 못했고, 그 때문에 수백 차례에 걸쳐 그를 지탄하는 상소가 있었지만, 세종은 그를 벌주지 않았다. 또 양녕의 아들 이개도 행동이 거칠고 성질이 사나워 광포한 행동을 일삼으면서 대신들의 비난을 사곤 하였다.

전세(田稅)제도를 공법으로 바꿀 것을 논의하라고 지시하다

　7월에 임금이 공법(貢法)제도 도입을 목적으로 중앙과 지방의 전현직 관리들의 의견을 수렴하였다. 공법의 실시에 대한 여론은 찬성 쪽이 반대보다 많았다.

　당시의 전세제도는 과전법의 규정에 근거를 두고 있었다. 즉 모든 농지에 대해서 공전과 사전을 막론하고 10분의 1을 내는 것을 원칙으로 했다. 따라서 1결당 30두가 기본이었다. 물론 풍년과 흉년에 따라 수확이 달랐던 만큼 실제 관원들이 수확량을 확인하는 손실답험법에 기초했다.

　당시 양전제(量田制), 즉 밭의 등급을 측정하는 제도는 삼등제였다. 말하자면 밭을 상, 중, 하로 나누고 그에 따라 세금을 부과하는 제도였는데, 측정이 제대로 되지 않아 대부분 하등전으로 처리되고 있었다. 거기다 관원들의 수확량 조사에도 문제가 많았다. 뇌물을 먹은 조사관들이 수많은 은결을 양산했기 때문이다. 은결이란 농사는 짓고 있는데도 등재되지 않은 토지를 말하는 것으로 세금 회피의 수단이 되고 있었다.

　그 때문에 세금이 제대로 징수되지 않았는데, 공법은 이런 폐단을 없애기 위해 추진된 것이다.

   세종을 공법을 확립하기 위해 우선 전현직 관리들의 의견을 모았고, 나중에는 농민에게까지 의견을 물었다. 그래서 무려 17만 명에게 여론 조사를 했다.

   이후 1436년에 공법상정소를 설치하고, 1444년에는 비로소 공법의 최종안을 확정했다. 그 결과 종래 삼등전으로 나누던 밭의 등급을 여섯 등급으로 나누는 전분육등법을 마련했고, 상중하 삼등으로 구분하던 연분(年分)을 다시 해마다 상중하로 세분하여 연분구등법을 마련했다. 말하자면 풍년인 상년을 다시 상상년, 상중년, 상하년 등으로 구분한 것이다.

   세종은 공법 시행에 있어 매우 신중했다. 조세제도는 백성들의 저항이 심한 만큼 이를 정착시키기 위해서는 백성들의 동의를 얻는 것이 우선이었다. 그 때문에 세종은 1430년에 발의한 공법을 1444년에야 처음으로 시범 실시하게 된다.

   시범지역으로 선택된 곳은 경상도, 전라도, 충청도 등 하삼도에서 각 2현씩 6현이었다. 그리고 1450년에는 전라도 전역에 실시하였다.

   하지만 세종은 공법이 전국적으로 실시되는 것을 보지 못하고 죽었다. 공법은 세조 대인 1461년에 경기도에 실시되었고, 1462년에 충청도, 1463년에 경상도에 실시되었다. 성종 대인 1471년에 황해도, 1475년에 강원도, 1486년에 평안도, 1489년에 영안도(함경도)에 실시되어 마침내 전국에 적용되었다. 세종이 공법안을 발의한 지 무려 69년 만에 비로소 전면 실시되었던 것이다.

   조세제도는 그 어떤 법보다도 개인의 이권이 많이 개입되었기 때문에 이렇듯 오랜 세월 동안 조심스럽게 진행되었음을 확인할 수 있다. 그 진행 과정을 보면 수확량이 가장 풍부하고 공법제도 도입에 긍정적인 여론이 강했던 전라도부터 시작하여 가장 열악한 지역인 영안도를 끝으로 마무리되었다.

　공법의 골자는 세액을 10분의 1에서 20분의 1로 낮추는 것이었고, 대신 공평하고 정확하게 징수하자는 것이었다. 하지만 세액을 꼭 반으로 줄인 것은 아니었다. 과전법에서는 좋은 토지 1결의 수확량을 300두로 잡았지만, 공법에선 400두로 잡았기 때문이다. 하지만 토지를 세분화하고 낮은 등급의 토지에 대해 세금을 대폭 감면하였기 때문에 실제 백성들이 내는 세금의 양은 줄어든 셈이고, 양반이 내는 세금의 양은 큰 변화가 없었다. 다만 은결이 많이 사라지고, 측정이 세분화되어 결과적으로 거둬들이는 세수는 늘어난 셈이었다.

세종 13년
1431년 신해년

《태종실록》이 완성되다

3월에 춘추관에서 《태종실록》을 편찬하여 바쳤다. 모두 36권이었다. 《태종실록》 이전에도 《태조실록》이 있었으나, 《태조실록》 편찬에는 논란이 많았다. 태종이 《태조실록》 편찬을 주도했는데, 태종 자신이 그 내용에 연관된 게 많아 사관들이 사초를 내놓지 않았다. 이 때문에 태종은 여러모로 사관들을 강압하고, 불과 8명의 사관만으로 《태조실록》을 완성시켰던 것이다. 따라서 《태조실록》은 실록으로서의 가치가 떨어진다고 하겠다.

이에 비해 《태종실록》 편찬에는 논란이 분분하지 않았고, 세종이 이 일에 직접 개입하지 않았다. 오직 사관과 춘추관이 모든 것을 결정하여 편찬하였으니 바야흐로 제대로 된 실록이 탄생한 것이다.

석가 탄신일의 연등놀이를 금지하다

4월에 임금이 지시하였다.

"우리나라 풍속에 4월 8일을 부처가 난 날이라고 해서 연등놀이를 해 온 지가 벌써 오래되었다. 이에 대해 지난번에 사간원에서 폐지하자고 했는데, 오래된 풍습을 갑자기 없애는 것은 옳지 않다고 하여 받아들이지 않았다. 하지만 이 풍습은 없애지 않을 수 없다. 이제부터 절간을 제외하고는 민간에서 연등놀이 하는 것을 일체 금한다. 다만 어리석은 백성이 있어 모르고 행하는 경우가 생길 수 있으니 우선 오는 8일에는 수도에서만 금지하되, 몰라서 행한 사람은 죄를 주지 말라. 지방은 내년부터 금지한다."

이는 숭유억불의 일환이었다. 조선 초엔 모두 유학을 공부하여 벼슬길에 올랐으나, 집에서는 신분에 관계없이 부처를 섬겼다. 하지만 세종 대에 이르러 불교에 대한 억압이 가속화되어 마침내 석가 탄신일도 기념할 수 없게 만든 것이다.

유성의 변괴를 제대로 관찰하지 못한 심운기를 벌하다

6월에 좌대언(좌승지) 김종서가 말했다.

"유성의 변괴를 관찰하지 못한 서운관 시일 심운기에게 형장 60대를 칠 것을 청합니다."

임금이 이를 받아들였다.

서운관은 천문을 관할하는 기관으로 그곳 근무자는 늘 하늘의 변화를 주시하고 보고할 의무가 있었다. 일식은 물론이고, 월식이나 별자리의 변화, 유성의 움직임 등을 자세하게 예측하고 보고해야 했다. 만일 계산이 빗나가거나 미처 보고하지 못한 상황이 있으면 이처럼 벌을 받았다.

세종 14년

1432년 임자년

노비종부법의 문제점을 개선하다

3월에 임금이 맹사성, 권진, 허조 등을 불러놓고 말했다.

"내가 왕위에 오른 이후 노비에 관한 일은 고친 적이 없다. 하지만 사노비나 공노비의 여자들이 양인 남편에게 시집가서 낳은 자식들을 양인으로 해주는 문제에 대해서 의논하고자 한다. 이에 대해 각자의 의견을 말하라."

이때 세종이 개선하고자 하는 것은 태종 시절에 마련한 노비종부법의 한계와 폐단이었다. 노비종부법은 개인이나 관청의 여종이 양인 남자와 결혼하였을 때 그 자식은 아버지의 신분을 따른다는 법이다.

태종이 노비종부법을 마련한 것은 1414년이었다. 원래 고려시대 이래 전통적으로 신분이 다른 혼인은 승인되지 않았다. 그러나 양인과 천인 사이에 혼인하는 경우가 늘어나자 고려왕조에서는 무조건 천인 신분이 되도록 했다. 그렇게 되자 천인의 숫자는 점점 늘어나고 양인의 수는 날로 줄어들었다.

조선왕조 건국 이후 이것은 사회적인 문제로 대두되었다. 원래 천인은 국방의 의무가 없었기 때문에 천인의 증가는 국방력을 약화시키는 결과를 낳았던 것이다.

태종은 양인을 늘려 국방 문제를 해결하고자 노비종부법을 실시하였다. 당시 양인과 천인 사이의 결혼은 대부분 남자 양인과 여자 천인의 결혼이었으므로 종부법을 실시하면 자연스럽게 양인이 늘어날 수밖에 없었기 때문이다.

그러나 세종 대에 이르러서는 종부법의 한계와 문제점이 크게 대두되었다. 우선 종부법 실시로 노비 숫자가 절대적으로 줄어들었고, 여자 종들이 천인 남편이 버젓이 있는데도 아이의 아비가 양인 신분의 다른 남자라고 우기는 일이 많았다. 또한 당시 여종들은 여러 남자에게서 자식을 낳는 일이 다반사였는데, 같은 어머니에게서 태어난 자식도 아버지에 따라 신분이 다른 경우가 허다했다. 여종들이 이런 일을 벌인 것은 자식이 양인이 되면 자신의 신분도 자연스럽게 양인으로 전환되었기 때문이다.

세종은 이런 일로 풍습이 문란해지고 남녀 관계가 혼잡스럽게 되는 것을 더 이상 두고 볼 수 없다고 판단했다. 그래서 세종은 이런 제안을 하였다.

"개인 여종이 양인에게 시집갈 땐 반드시 상전에게 알리고 시집가는 것을 허락한다는 문서를 받도록 하고, 관청 여종이 양인에게 시집갈 때는 소속 관청의 우두머리에게서 허락 문서를 받도록 하는 것은 어떻겠는가?"

그러자 대신들이 이렇게 말했다.

"하지만 그것은 폐단이 많습니다. 관청 노비는 관계가 없겠지만 만약 개인 여자 종이 시집을 가려는데 상전의 허락 문서를 받게 한다면 어느 상전이 허락하겠습니까? 그러면 결국 여자 종은 시집을 가지 못하게 될 것입니다."

일리 있는 말이었다. 그래서 세종은 또 이런 제안을 하였다.

"그렇다면 양인과 여종 사이에서 태어난 아이들은 모두 관노비로 만들면 어떤가?"

하지만 이에 대해서도 대신들은 문제점을 지적했다.

"개인 노비들은 모두 관청 노비가 되길 원합니다. 지금도 많은 개인 노비들이 관노비가 되기 위해 물밀듯이 들어오고 있는 형편입니다. 그러니 당연히 모두 관노비가 되고자 양인 남편 구하기에 혈안이 될 것입니다."
 결국 이 문제는 노비종모법을 부활하는 것으로 결론났다. 즉 원칙적으론 다른 신분 사이엔 결혼을 허락하지 않기로 법을 정하고, 설사 사실혼을 하여 자식을 낳는다고 하더라도 모두 어머니의 신분을 따르게 하자는 것이었다. 그렇게 되면 천인 여자들이 양인 남자와 결혼해도 별 이득이 없기 때문에 양인에게 시집가려고 애쓰지 않게 된다는 것이었다.
 이렇게 해서 노비종부법은 폐지되고 노비종모법이 실시되었다.

북방의 야인 토벌을 결심하다

 12월에 평양감사가 야인의 기병 400명이 여연 일대에 침입하여 백성과 물건을 약탈해갔다는 보고를 하였다. 다행히 강계 절제사 박초가 군사를 거느리고 가서 백성 26명과 소 50마리, 말 30마리를 되찾아왔으나 13명이 전사하고 25명이 부상당하는 등 희생이 많았다는 것이다.
 임금은 이 보고를 받고 몹시 분노하였다. 그래서 즉시 황희, 맹사성, 권진, 조말생, 최사강 등 정승과 관련 업무를 맡은 판서들을 불러들여 대책을 논의하였다.
 임금은 야인들이 침략한 이유를 이렇게 판단했다.
 "그들이 침략한 것은 우리 경내로 도망쳐오는 사람 중에 한인은 명나라로 돌려보내고, 우리 백성은 정착시켜 살게 한 것에 대해 앙심을 품은 것이다. 이를 그대로 보고 있을 순 없다."
 그러나 야인들을 응징하는 데는 여러 가지 어려움이 있었다. 그 중에서도 가장 어려운 점은 그들이 살고 있는 지역이 명나라 영역이라는 것이었다. 말하자면 야인 토벌을 한답시고 명나라 국경을 침범하는 결과를 낳으면 자칫 명나라와 다툼이 벌어질 수 있다는 것이었다.

임금은 이 문제 때문에 근심하느라 수일간을 새벽까지 편전에 있었다. 그리고 마침내 명나라 선덕제에게 편지를 올려 야인 토벌 문제로 국경을 넘어가더라도 양해해달라고 하여 허락을 받았다.

이후 세종은 이듬해인 1433년에 최윤덕과 김종서에게 야인 토벌의 책임을 맡기며 국경을 안정시킬 것을 명령하게 된다. 이에 대한 자세한 내용은 3부 2장의 '무관의 표상, 최윤덕' 편과 '북방의 호랑이, 김종서' 편을 참고하기 바란다.

세종 15년
1433년 계축년

한 달간 온천을 다녀오다

3월 말에 임금이 가족들을 이끌고 온수현으로 온천을 떠났다. 이 행차에는 왕비와 세자, 숙의와, 소용, 숙용 등의 후궁들이 모두 동행하였다. 온수현에 도착해서는 그곳 주민들에게 곡식을 나눠주고 주민들을 초대하여 식사를 대접하였다. 또 마을에 직접 행차하여 밭갈이 하는 농민들에게 술과 음식을 내리기도 했다. 이때 아산현에 사는 94세의 할머니는 감자떡을 만들어 와서 바치기도 했는데, 임금이 기꺼이 받으며 그녀에게 음식을 대접하고 무명 2필과 술 10병을 비롯하여 여러 선물을 주라고 지시하였다.

4월 말에 임금이 환궁할 때 거리마다 구경 나온 백성들이 수만 명에 이르렀고, 천세를 연호하였다. 도성에 도착했을 때엔 홍인문에서 광화문까지 구름다리를 놓았는데, 구경하는 사람만 만 명이 넘었다.

임금은 온천을 다녀온다는 명목으로 민심을 살피고, 백성의 삶을 돌아보려는 것이었다.

《향약집성방》을 완성하다

6월에 《향약집성방》을 완성하였고, 권채를 시켜 서문을 쓰게 하였다. 향약은 우리 국토에서 생산되는 약재를 지칭하는 것으로, 중국산 약재를 당재라고 부르는 것에 대한 자생 약재의 총칭이라 할 수 있다.

세종은 즉위 초부터 의학에 관심을 보이며 약재 연구에 심혈을 기울였다. 향약에 관해서는 1399년에 제생원에서 간행한 《향약제생집성방》이라는 책이 있긴 했으나 내용이 미흡하여 세종을 만족시키지 못했다.

세종은 우리 백성들의 병은 우리 땅에서 나는 약재로 고쳐야 효험이 있다고 생각했다. 하지만 당시 사람들은 당재를 선호했고, 이 때문에 약재 수입에 드는 비용이 많았다. 세종은 이를 개선하기 위해 향약 연구를 추진했다.

이를 위해 1421년 10월에 약재에 조예가 깊은 황자후를 명나라에 보내 우리나라에서 생산되지 않는 약재를 구해오도록 했으며, 1423년에는 김을현과 노중례를 명나라에 보내 향약과 당재의 약성을 비교 연구하여 보고토록 했다. 1424년에는 각 도의 관찰사들에게 약초의 분포 실태를 조사하여 보고하라고 했다. 그래서 약재의 채집과 재배에 필요한 내용을 담은 《향약채취월령》을 편찬하였다.

이후 1431년에 《향약집성방》 편집을 명령하였고, 마침내 이때에 이르러 완성된 것이다. 《향약집성방》 편찬은 30권으로 된 《향약제생집성방》을 보완하는 차원에서 시작되었지만, 실제론 거의 다시 만든 것이나 다름없었다. 양적인 면에서도 《향약제생집성방》의 3배에 이르는 85권 분량이나 되었고, 침구법이나 포제법 등은 거의 새롭게 만들어 넣었다.

《향약집성방》은 이후 조선 약재학 서적의 대명사로 불리게 되었고, 현재까지 전해져 한의학의 기초 서적으로 활용되고 있다.

장영실에게 호군 벼슬을 내리다

9월 16일에 장영실이 물시계를 완성한 것을 치하하며 호군 벼슬을 내렸다. 임금은 장영실이 만든 물시계가 원나라는 물론이고 지금껏 누가 만든 것보다 정밀하게 잘 만든 것이라고 치하하였다. 이 물시계는 이듬해 보완되어 자격루로 불리게 되는데, 당시에는 세계에서 가장 뛰어난 물시계였다.

장영실에 대해서는 3부 4장의 '세종의 위대한 손 장영실' 편에 자세하게 언급하였다.

국비 유학생을 선발하라고 지시하다

9월 17일에 임금이 여러 신하들에게 말하였다.

"나이가 젊고 총명한 인물들을 뽑아 명나라에 보내 공부시켜야겠다. 그들로 하여금 학문에 전력하게 하여 훗날 큰 그릇으로 쓸 것이다. 대상은 25세 이하 15세 이상이며, 20명을 선발하여 보고하도록 하라."

말하자면 미래의 동량으로 쓸 인재들을 문명이 앞선 명나라에 국비로 유학시켜 미래를 준비하려는 계획이었다.

세종은 이미 의학, 천문학, 기술 부문에 뛰어난 전문가들을 선발하여 유학시킨 바 있었다. 그리고 이번에는 학문하는 학생들을 뽑아 동량으로 키우려고 하는 것이다.

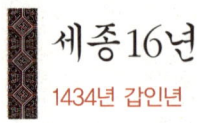
세종 16년
1434년 갑인년

　세종 16년엔 주로 야인 토벌에 성공한 이후의 대책 논의가 많았다. 경원부 등에 함경도 등에서 민가를 이주시켜 마을을 조성하고, 야인들이 더 이상 영토를 침범하지 못하게 할 계책을 논의하였다. 그 외에는 언급할 만한 주요 사건이 별로 없었다.

정초가 죽다

　6월에 예문관 대제학 정초가 죽었다. 정초는 임금이 특별히 아끼던 신하였다. 임금은 늘 경연에 나가면 "정초는 어디 있느냐?"고 찾곤 하였다. 임금은 그의 재주와 학문을 높이 평가하여 늘 그에게 배우기를 청했고, 세자빈객으로 초청하여 세자를 가르치게 하였다.
　정초에 대해선 3부 4장의 '과학 혁명의 초석을 다진 정초'편을 참고하기 바란다.

세종 17년

1435년 을묘년

세종 17년엔 외부적으론 명나라의 선덕제 선종이 죽고 정통제 영종이 황제에 올랐다. 내부적으론 야인들도 비교적 안정되어 큰 사건은 많지 않았다. 다만 황충 피해를 입은 지역이 다수 있었고, 여러 곳에 도적이 들끓어 대책을 세우느라 애를 먹긴 하였다. 도적들 중에는 신백정이 많았는데, 이들은 야인으로서 조선 백성이 되어 정착하려는 자들이었다. 이들은 대개 말을 이용하여 곡물을 훔치는 일이 잦았는데, 이를 방지하기 위해 그들의 말을 팔도록 하고, 그들에게 말을 팔지 않도록 하자는 의견이 많았다. 하지만 그것을 강제로 시행할 경우 반발이 예상되므로 적법한 절차를 거쳐 그들의 도둑질을 막는 방향으로 하라고 지시하였다.

이 해엔 세종의 건강이 좋지 않았다. 그래서 사신이 와도 얼굴만 내밀 뿐 직접 나가는 일이 드물었고, 대신 진양대군(수양대군)이 왕 자리에 앉아 사신을 접대하곤 했다.

수레를 널리 보급하는 일을 논의하다

4월에 임금이 수레 보급 지역을 늘리는 것에 대해 토의하라고 지시했다.

조선에 수레를 도입한 것은 세종 때가 처음이었으나 태종 때부터 시도되어왔다. 태종 시절에 중국에 오랫동안 머물러 있다가 돌아온 장자화가 물건을 운반하는 데는 수레만 한 것이 없다고 하자 태종이 공인들을 시켜 수레를 만들도록 지시했다. 하지만 영의정 류정현 등이 강력하게 반대하여 실현시키지 못했다.

대신들이 수레를 반대한 것은 우리나라의 지형 때문이었다. 우리나라는 산악지대가 많아 수레의 역할에 한계가 있다는 것이다. 때문에 실용성이 별로 없는 반면 보급하는 데엔 많은 시간과 노력, 재화가 들어가므로 손실이 너무 크다는 것이 반대 이유였다.

세종이 수레를 도입하려 했을 때 이런 반대에 부딪혔다. 하지만 세종은 고집을 세워 추진하였고, 결국 수레 보급에 성공하였다.

수레를 보급하여 그 실용성이 확인되자, 세종은 이렇게 말했다.

"개중에는 싫어하는 사람도 있으나 벽돌, 기와, 돌과 같은 것을 나르는 데는 수레만큼 편한 것이 없다. 한꺼번에 수레에 실어 나르면 세 사람이 지고 가는 것보다 곱절이나 많이 나를 수 있으니 얼마나 이로운 일인가?"

세종은 여기에 자신을 얻어 이번에는 동북계와 서북계에도 수레를 보급하자고 제안했다. 그러나 수레를 사용하려면 도로 형편이 좋아야 하니, 그것에 대해 자세히 알아보고 대신들이 모여 토의하라고 하였다.

이에 대해 황희가 말하였다.

"짐을 나르는 데는 수레가 편리한 것이 사실입니다. 그런데 평탄한 길에는 적당하지만 험한 지형이나 진펄에는 적당하지 못합니다. 평안도를 놓고 보더라도 서울에서 안주까지는 길이 평탄해서 그래도 사용할 수 있겠지만 창성, 벽동, 강계, 자성, 여연 등과 같은 고을에서는 사용하기 어렵습니다. 그곳은 모두 바위 천지에다 험해서 전혀 실용성이 없습니다. 강원도도 사정은 마찬가지입니다.

그리고 수레란 것은 누구나 만들어 사용할 수 없는 만큼 나라에서 장공인을 보내 만들어줘야만 하는데, 주자마자 부러뜨리고 몇 달이 안 되어 못 쓰게 되고 말 것입니다. 그렇다고 나라에서 계속 장공인을 보내줄 순 없지 않겠습니까?"

세종이 이 의견을 받아들여 수레를 험한 지역까지 확대하는 것은 실시하지 않았다. 세종 이후 수레는 점차 사라져 조선 후기가 되면 찾아볼 길이 없게 된다.

350년 뒤, 정조 대의 학자 박제가는 《북학의》에서 수레 사용을 강력하게 주장한다.

세종 18년

1436년 병진년, 명나라 정통 원년

윤회가 죽다

3월에 예문관 대제학 윤회가 죽었다. 윤회는 세종이 특별히 아끼던 학자였다. 그는 술을 좋아하여 태종과 세종이 늘 건강을 염려하였는데, 결국 중풍에 걸리고 말았다. 풍증이 있는 상태에서도 세종의 명령을 받아 《자치통감훈의》 편찬을 수행하였다. 이 작업은 2년 후에 끝났고, 작업이 끝난 지 오래지 않아 그는 죽었다. 그의 나이 57세였다. 윤회에 대한 자세한 내용은 3부 3장의 '술독에 빠진 문성, 윤회' 편을 참고하기 바란다.

두박신 사건으로 민간이 뒤숭숭해지다

5월에 어떤 사람이 사형당한 문무재상들의 이름을 종이에 써서 장대 끝에 달고 '두박신'이라고 불렀다. 두박이란 우리말로 엎어지는 소리를 지칭하는 것인데, 두박신이란 말 그대로 죽어 엎어져 한이 많은 귀신을 일컫는다.

그 뒤로 마을마다 두박신이 널리 퍼져 사람들이 서로 모방하여 장대에 종이를 달고 죽은 재상들의 이름을 써서 제사 지내는 일이 잦았다. 제사를 지낼 때엔 백성들이 두려운 표정으로 종이며 베를 갖다 바치곤 했다.

용인현수 장아가 이 일의 이면에 사람의 마음을 홀려 재물을 갈취하려는 수작이 있음을 파악하고 장대에 매단 종이들을 불태워버렸다.

임금이 이 일에 대한 보고를 받고 두박신을 처음으로 만든 자들을 색출하여 잡아들이라고 하였다. 결국 강유두, 박두언, 최우 등이 붙잡혀왔다.

그 뒤 임금은 도읍에 살고 있는 요사스러운 무당들을 모두 잡아들이라고 했다. 두박신 사건으로 민심이 어지러워지자 혹 그들을 미혹하는 일이 벌어질까 염려해서 내린 조치였다.

세종은 내심 무당들을 모두 없애버릴 생각을 했지만, 민간의 풍습이라 쉽게 사라질 수 없다고 판단하고 더 이상 강한 대처를 하지 않았다. 다만 종래에는 무당들을 모두 없애겠다는 다짐을 하였다. 또 이 일과 연관하여 그동안 왕비가 해마다 송악산과 백악산 등지에 지내는 특별기은제와 전곳에서 지내는 사복시의 말제사를 지내지 못하도록 했다.

순빈 봉씨를 내쫓다

10월에 세자빈 순빈 봉씨를 내쫓고 11월에 정식으로 폐출시켰다. 그리고 얼마 뒤 교지를 내려 그 이유를 백관들에게 알렸다.

세종이 내린 교지에서 순빈을 내쫓은 공식적인 이유는 그녀가 행동이 방정하지 못하고 음주를 즐기며, 아낙으로서 지켜야 할 도리를 다하지 못한다는 것이었다. 하지만 내막은 달랐다.

순빈은 원래 세자 향으로부터 사랑받기를 열망했다. 하지만 향은 그녀를 좋아하지 않았다. 그래서 그녀는 향의 사랑을 받기 위해 별의별 수단을 다 동원했다. 그런데도 향은 그녀에게 전혀 관심이 없었다. 그런 가운데 승휘 권씨(단종의 어머니 현덕왕후)가 아이를 임신했다. 이에 충격을 받은 봉씨는 심적으로 매우 방황했다. 그리고 권씨를 몹시 미워했다. 하지만 어떤 수단을 동원해도 세자의 사랑을 받지 못했다.

그런 가운데 그녀는 상상 임신을 하기도 했다. 실록엔 세종의 말을 빌려 이렇게 기록하고 있다.

"봉씨가 또 제 입으로 태기가 있다고 하여 궁중이 모두 기뻐하였다. 그래서 놀라게 하는 일이라도 있을까 봐 조용한 곳으로 거처를 옮기게 하였다. 그런데 한 달 남짓 있다가 봉씨가 제 입으로 아이를 지웠다고 하면서 형체가 있는 딱딱한 물체가 몸에서 나왔는데 지금 이부자리 속에 있다는 것이었다. 그래서 늙은 여종을 시켜 알아보게 하였더니 이부자리엔 아무것도 없었다. 아이를 뱄다는 말은 멀쩡한 거짓말이었던 것이다."

이렇듯 상상 임신의 증세까지 보이던 봉씨는 관음증이 생겼다. 그래서 궁녀들의 뒷간에 숨어 남을 훔쳐보곤 했다. 거기다 마침내 동성연애를 시도하기까지 했다. 궁녀 중에 소쌍이라는 아이가 있었는데, 봉씨는 그녀와 동침했다. 물론 옷까지 다 벗기고 자신도 벗은 몸으로 한 이불 속에서 자곤 했다. 그리고 소쌍이 다른 궁녀들과 접촉하는 것을 극도로 경계했다.

결국 이 일은 세자에게 발각되었고, 세자에 의해 세종도 알게 되었다. 세종이 그녀를 불러 사실을 확인하였더니 그녀는 이렇게 대답했다.

"소쌍과 단지는 늘 사랑하고 있습니다. 밤에만 같이 자는 것이 아니라 낮에도 서로 목을 안고 입을 맞추곤 합니다. 이런 짓은 그 아이들이 한 짓이지 저는 애당초 같이 잔 일이 없습니다."

단지는 승휘 권씨의 궁녀였는데, 소쌍과 매우 친하여 자주 같이 자곤 하였다. 봉빈은 그것을 두고 그들이 연애를 하고 있다고 꾸며댄 것이다.

세종은 이미 소쌍을 통하여 그 사실을 다 알고 있던 터였다.

세종은 결국 봉빈을 내쫓기로 하였으나 너무 낯부끄러운 일이라 공식적으론 대충 둘러댄 것이다.

이렇게 해서 세종은 두 명의 세자빈을 내쫓게 되었다.

그런데 휘빈 김씨의 일도 순빈 봉씨의 일도 근본적으론 세자 향의 태도와 관계가 있었다. 세자 향은 그 두 아내를 너무나도 혐오하여 일체 가까이 하는 법이 없었던 것이다. 그 때문에 세종은 여러 차례 세자를 불러 충고하였으나 강제로 이불 속으로 들어가게 할 순 없었다고 대신들에게 답답한 속마음을 털어놓기도 하였다. 세자가 그토록 세자빈을 싫어하자 세종은 세 명의 승휘를 받아들였고, 그 중 하나인 권씨가 임신을 하게 되었다.

세자 향이 첫 번째 결혼을 했을 땐 열네 살이었고, 두 번째 결혼을 했을 땐 열여섯 살이었다. 왕가의 풍습으로는 열두 살만 넘으면 장가를 보냈기 때문에 결코 늦은 나이는 아니었다. 그럼에도 향이 세자빈에게 전혀 관심을 보이지 않은 것은 성적으로 성장이 늦은 탓이 아니었을까 싶다.

세종 19년
1437년 정사년

서무 결재권을 세자에게 넘기다

1월에 임금이 승정원에 지시하였다.

"이조와 병조의 인사관계, 3품 이상에 대한 범죄 처결, 군사와 정사에 관한 중대사 등은 내가 직접 처리하고 그 밖의 소소한 일들은 세자를 시켜 처결하려고 하니 경 등은 이런 내용으로 지시문을 만들어 바치는 것이 좋겠다."

이에 대해 승정원에서는 반대 의사를 내놓으며 극구 만류하였다. 그러자 세종은 자신의 건강 문제를 거론하며 의지를 관철시킬 뜻을 밝혔다.

임금의 의지가 너무 강경하자 승지들은 자신들로서는 결정할 수 없다며 재상들과 상의할 것을 건의했다. 이에 임금은 집현전으로 하여금 세자의 섭정에 관한 옛 제도를 살펴서 보고하도록 하였다.

그 뒤 3월에 다시 임금이 이 문제를 거론하며 도승지 신인손에게 말했다.

"내가 젊은 나이로 임금 자리에 올라 한창 기운이 좋을 때는 정사에 심혈을 기울였는데, 20년이나 임금 노릇을 한 뒤에도 큰 성과를 거두지 못했다. 더구나 최근에는 수재를 만나 기근이 겹치고 이웃의 적들이 변경을 침략하고 도적이 늘어나 날로 설치니 중한 직책을 제대로 감당하지 못하는 것 같아 조상들 뵐 낯이 없다. 내 나이야 이제 겨우 마흔을 넘겼지만 임금 노릇을 한 지가 오래되어 여러 뜻들이 무뎌지고 질병까지 있어 늙은이나 다름없다. 그래서 앞으로 일반 정무는 세자가 처결하고 이조와 병조의 인재 등용과 예조의 사신 파견, 병조의 군사 지휘, 형조의 장형 100대 이상의 형벌, 공조의 성 쌓기 같은 큰일은 내가 처결하겠다."

신인손이 임금의 의견에 반대하자, 임금은 의정부와 토의하라고 하였다. 의정부 토의 결과 영의정 황희와 우의정 노한 등이 반대 의사를 전해 왔다.

4월에 임금이 이 문제를 다시 거론하며 세자에게 대리청정을 시키겠다고 공언했다. 그러나 황희 등의 재상들이 여러 이유를 들어 반대하는 바람에 뜻을 이루지 못했다.

임금은 이듬해 4월에 몸이 나빠지자 다시 세자에게 섭정을 시킬 것을 명령했다. 이때도 역시 정승들의 반대로 성사시키지 못했다. 하지만 5월에 다시 몸이 나빠지자 승지에게 일방적으로 통보하길, 자신의 몸이 나쁠 땐 자동으로 세자에게 서무 결재권을 넘기고 몸이 좋을 때만 직접 처결하겠다고 하였다.

신하들이 모두 반대했지만 세종은 병을 핑계하며 자신의 의지를 관철시켰다. 이로써 1년 이상 줄다리기를 하던 세자 섭정 문제를 강행하게 된 것이다.

세종이 이렇듯 세자에게 섭정을 시키려 한 데엔 여러 가지 이유가 있었다. 우선은 세자에게 정치를 배우게 하려 함이었고, 두 번째론 실제 건강이 좋지 않았으며, 세 번째론 자신의 정치적 능력에 회의를 느꼈고, 네 번째론 정무 처리에 쏟는 시간을 줄여 개인적인 학문에 열중하려는 것이었다. 이 무렵을 전후해서 세종은 운학(언어학)에 몰두했는데, 이것이 결국 훈민정음 창제로 이어지게 된다.

세종이 자신의 정치 능력에 회의를 느낀 결정적인 계기는 재위 18년부터 들끓기 시작한 도적 떼와 기근에 시달린 백성들이 도적 떼에 유입되는 경향이 두드러지면서부터였다. 거기다 가뭄과 흉작이 겹쳐 백성들의 삶이 매우 곤궁해졌다. 심지어 굶어죽는 사람들에 관한 보고도 많아졌다. 거기다 북방 야인들과의 대치 상황이 지속되면서 백성들의 삶이 한층 힘들어졌다. 이런 가운데 세종은 자주 몸져누웠다.

세종은 이런 일련의 일들이 모두 정치에 대한 자신의 열정 부족에서 비롯되었다는 말을 하곤 하였다. 말하자면 나이는 많지 않지만 임금 생활을 너무 오래하여 참신성과 열정이 떨어져 만사에 적극성을 보이지 않게 되었다고 판단했던 것이다.

일성정시의를 완성하다

4월에 일성정시의를 완성했다. 일성정시의(日星定時儀)는 태양시와 항성시를 측정하는 주야 시계다. 원래 낮 시간은 해시계로 측정하지만 밤 시간은 별을 기준으로 맞추는 것이 당시 과학이었다. 일성정시의는 바로 거기에 소용되는 기구였다.

그 구조를 보면 세 개의 바퀴로 구성되어 있다. 첫 번째 바퀴는 주천도분환(周天度分環), 즉 주천(하늘의 둘레)을 새기고 매도(每度)를 4등분한 바퀴였다. 다음은 일구백각환인데, 일구(日晷, 해그림자)를 12시 백각으로 나누고 다시 매각(每刻)을 6등분한 바퀴였다. 마지막으로 성구백각환(星晷百刻環)은 별자리를 백각으로 나눈 바퀴다. 이 세 바퀴가 자동으로 돌며 주천도와 일구, 성구의 움직임을 측정할 수 있도록 만든 천체 시계가 바로 일성정시의다.

이때 만든 일성정시의는 모두 네 개였다. 그 중 두 개는 만춘전과 서운관에 두고, 나머지 두 개는 함경도와 평안도 양계의 원수영에 나눠줬다. 이를 원수의 진영에 준 것은 군대를 움직이는 데 정확한 시간을 아는 것이 무엇보다 중요했기 때문이다.

일성정시의는 이전에도 만들어졌으나 너무 커서 행군 시에는 가지고 다닐 수 없었다. 그래서 이때에 와서 휴대용을 만들어 보급한 것이다. 당시엔 이것을 휴대용 간의라고 부르기도 하였다.

의정부 조직을 확대하고 의정부서사제를 정착시키다

10월에 의정부에 지시를 내렸다.

"지금 의정부에서 세 의정이 사고가 있을 시엔 찬성은 수표를 하지 못하기 때문에 많은 일들이 정체되고 있다. 이제 의정이 두 명 있을 때에는 찬성이 인장을 맡아 결정할 수 없지만 의정이 한 명뿐일 때는 찬성이 그 일을 대신할 수 있도록 하라."

이에 대해 의정부에서는 다음과 같이 제의했다.

"이전에 의정부도 수표를 할 때는 영의정 한 명과 좌우의정 한 명씩 그리고 찬성, 참찬, 지사, 참지가 각각 두 명씩 있었습니다. 그러나 육조가 사무를 분담하여 직접 보고하게 된 이후에는 찬성 한 명과 지사, 참지를 없애버렸습니다. 그런데 의정부가 다시 수표를 하게 된 때에 와서도 찬성 이하의 인원수가 늘어나지 않은 것은 제도에 어긋납니다. 찬성 한 명을 더 두시고 좌찬성과 우찬성으로 나눠 부르도록 하시옵소서."

당시 세종은 태종이 혁파한 의정부서사제를 부활하여 조정을 의정부 중심으로 운영하고 있었다. 세종이 의정부서사제를 부활한 것은 1436년이었지만, 실제로 의정부 조직을 서사제에 맞게 확대한 것은 바로 이때에 와서다.

원래 태종은 의정부서사제였던 행정체계를 육조직계제로 바꿔서 운영

했다. 이 때문에 의정부는 결재권이 없어져 힘이 약화되고 육조의 힘이 강화되었다. 하지만 이럴 경우 왕의 업무가 과중해질 수밖에 없었다. 세종은 재위 18년까지는 육조직계제 체제를 유지했으나 몸이 약해지자 의정부서사제로 전환하였다. 따라서 육조의 판서보다는 재상의 힘이 확대되었고, 이로부터 세종의 재상정치 시대가 열렸다. 덕분에 세종은 조정을 안정시키고 동시에 후계 구도를 확립했으며, 자신은 여유를 가질 수 있었다. 말하자면 일석삼조의 결과를 얻어낸 것이다.

세종이 조정 운영 방법을 의정부서사제로 환원시킨 것은 세자에게 서무 결재권을 넘기기 위한 포석이기도 했다. 세종은 의정부서사제 환원 이후 세자에게 일부 서무 결재권을 넘겼고, 재위 25년에는 세자에게 전권을 넘기는 조치를 취한다. 말하자면 상왕으로 물러난 것이나 진배없게 되는 것이다. 이에 대해서는 25년 기사에 좀더 자세하게 다룰 것이다.

세종 20년
1438년 무오년

흠경각이 완공되다

1월에 호군 장영실이 흠경각을 완공하였다. 무려 6년이나 걸려서 완공한 것으로 그곳엔 자동으로 작동하는 천문시계 옥루가 설치되었다.

일본 지도를 완성하다

2월에 일본 지도를 완성하였다. 유의손이 지(志)를 지었는데, 그 속에 일본 지도 완성 과정이 소상하게 나타나 있다. 일본 지도는 원래 1400년에 의정부 검교참찬 박돈지가 일본에 사신으로 갔다가 구해온 것이다. 이후 1419년에 예조판서 허조가 그것을 받아 장정을 하여 임금에게 바쳤다. 하지만 지도가 너무 세밀하여 보기 어려웠다. 그래서 1434년에 임금이 예조에 지시하여 도화원에서 고쳐서 본뜨게 하였고, 유의손에게 지를 써서 바치게 했던 것이다.

유의손은 이 지도의 지에서 이렇게 말하고 있다.

"지금 이 지도를 살펴보건대 소략한 듯하지만 그러나 걸어다니면서 보지 않고도 이 한 폭의 지도를 통하여 안으로는 고을부터 밖으로는 섬에 이르기까지 펼쳐져 있는 규모나 대체적인 지역에 대하여 알아볼 수 있다."

임금이 《태종실록》을 보려다가 정승들의 반대로 그만두다

3월에 임금이 《태종실록》을 가져오라고 하였다. 임금은 이미 《태조실록》을 읽은 만큼 《태종실록》을 읽는 것도 문제 될 것이 없다고 판단하였다. 이에 대해 류정현은 임금이 실록을 읽는다 해도 무방하다는 의견을 냈다. 하지만 황희와 신개 등의 대신들은 《태조실록》엔 임금이 직접 관계되는 일이 없으나 《태종실록》은 임금이 직접 목격하고 경험한 사건들이 기록되어 있어 자칫 개인적인 감정으로 평가할 수 있다고 지적하였다. 그리고 자칫 임금이 《태종실록》을 보다가 그에 대한 평가를 내리게 되면 실록을 만든 신하들이나 사초를 작성한 사관들의 마음이 편하지 못할 것이라고 하였다. 더구나 실록 편찬에 참여했거나 실록에 기록된 사람들이 아직도 살아 있는 만큼 임금이 그 내용을 읽는 것은 좋지 못하다는 것이었다. 결국 임금은 《태종실록》을 읽는 것을 포기하였다.

관찰사의 임기를 1년으로 단축하다

7월에 의정부에서 이런 제의를 하였다.

"각 도의 감사 임기를 평안도와 함길도에 준하여 2년으로 규정해놓았습니다. 물론 야인들을 평정하기 위해서라도 평안도와 함길도의 감사 임기는 길게 잡는 것이 옳고, 그래서 2년이 적당합니다. 하지만 다른 도의 감사 임기를 굳이 2년까지 할 필요는 없다고 봅니다. 1년이면 도를 두루 감찰할 수 있으므로 1년으로 단축하는 것이 좋을 것입니다."

임금이 이를 승인하였다.

세종은 원래 지방관의 임기가 길어야 지방이 안정된다고 생각했다. 그래서 관찰사의 임기는 2년, 그 아래 지방관의 임기는 6년으로 하였다. 하지만 관찰사의 기능이 고을을 돌아보며 민정을 살피는 데 있었기 때문에 굳이 2년까지 필요하지 않다는 것이 정승들의 견해였다. 황희를 비롯한 정승들이 이미 감사 생활을 한 경험이 있는 만큼 세종은 그들의 의견이 옳다고 판단했다.

하지만 평양부윤을 겸하고 있는 평안도 관찰사와 함흥부윤을 겸하고 있는 함경도 관찰사는 군사적 목적도 띠고 있는 만큼 기본적으로 임기가 2년은 되어야 지역이 안정된다고 판단했다. 그래서 이 두 지역은 임기 단축 대상에서 제외된 것이다.

맹사성이 죽다

10월에 좌의정으로 벼슬을 내놓고 물러난 맹사성이 죽었다. 그는 황희와 함께 세종 시대의 재상정치를 훌륭하게 수행한 인물이었다. 재물을 탐하지 않고 인심이 후했으며 재주가 많아 세종이 매우 아낀 신하 중의 하나였다. 이때 그의 나이 79세였다.

그에 대한 자세한 내용은 3부 1장의 '정계의 음유시인, 맹사성' 편에 따로 언급했다.

세종 21년
1439년 기미년

　재위 21년에 세종이 가장 주력한 일은 함길도 지역의 안정이었다. 특히 새롭게 개척한 4진에다 2진을 보태 6진을 구축하고, 변경을 안정시키는 것이 급선무였다. 이 일 때문에 세종은 수십 차례에 걸쳐 함길도 절제사 김종서에게 밀지를 내렸고, 김종서는 그곳 사정을 상세하게 보고하였다. 그때마다 세종은 밀지를 내려 비책을 일러주고 변방 안정을 독려하였다.

　또한 의창의 폐단으로 말미암아 창고의 곡식이 줄어들어 의창이 제 기능을 못하는 것을 해결하는 데도 주력하였다. 의창의 폐해 중에 가장 극심한 것이 환곡이었다. 환곡은 원래 가난한 백성들을 위해 마련한 제도였으나 되레 이것이 백성들을 빚지게 만들고 아전이나 지방관이 수탈을 일삼는 요인이 되어 나라의 걱정거리가 되고 있었다.

　세종은 이 문제를 해결하기 위해 의정부와 삼사, 육조의 관원들에게 해결책을 만들어보라고 독촉하였다. 하지만 의창의 폐단 문제나 환곡의 폐해는 쉽게 수습되지 않았다.

세종이 믿고 의지하던 대신 허조가 죽다

　12월에 좌의정으로 치사한 허조가 죽었다. 그는 본관이 경상도 하양이며, 자는 중통(仲通)이다. 17세에 진사시에 합격하였고, 조선 개국 후 좌보궐 벼슬을 받아 관직 생활을 시작하였다. 이후 병조와 이조참의를 지냈고, 세종 즉위 이후에는 오랫동안 이조판서로 재직하였다.

그는 이조판서에 있을 때에 지방관의 임기를 6년으로 하였고, 이 때문에 많은 신하들로부터 따가운 눈총을 받았다. 하지만 그는 곧고 원칙주의자였기에 신하들의 눈초리에 아랑곳하지 않고 자신의 의지를 관철시켰다.

허조는 입이 무겁고 예학에 밝았으며, 사리를 따지기를 좋아했다. 그래서 세종 즉위 초에는 예조판서에 임명되었는데, 이때 태종이 허조를 가리키며 세종에게 이렇게 말했다.

"이 사람이 진짜 재상이다. 이 사람은 나의 기둥과 주춧돌이 될 신하다."

이후 이조판서가 되었는데, 10여 년을 그 자리를 지키며 인사에 관한 문제를 도맡아 처리했다.

이조판서에서 물러난 이후에는 중추원 판사로서 예조판서를 겸하였다. 그리고 이내 우의정에 올라 정승의 반열에 올랐고, 좌의정으로 벼슬을 마쳤다.

그가 죽을 때에 그의 형 허주가 들어가 보니 그는 말없이 빙그레 웃고 있었다고 한다. 그 소리를 듣고 아내와 아들 허후가 들어가 보니, 역시 웃으면서 가만히 있다가 생을 마감했다. 이때 그의 나이 71세였다.

허조는 때때로 세종을 훈계하듯 이끌었고, 때로는 세종의 기둥 역할을 하며 힘을 실어준 믿을 만한 신하였다. 때로 세종과 논쟁을 벌이면서까지 자신의 의견을 굽히지 않았으며 대간이 간언하다 감옥에 갇히면 그들을 대신하여 임금과 논쟁하여 기어코 풀려나게 하는 강직함이 있었다. 또한 성격이 담백하고 사리사욕을 챙기지 않았으며 검소하면서도 후덕하였다. 때문에 대간과 선비들이 그를 존경하고 우러러 보았다.

세종은 그의 죽음 소식을 듣고 눈물을 흘리며 몹시 슬퍼하였고, 한동안 음식을 들지 않을 정도로 낙담하였다.

그는 나중에 황희, 최윤덕, 신개, 이수와 함께 세종의 묘정에 배향된 다섯 인물 중의 하나다.

세종 22년
1440년 경신년

재위 22년에도 세종은 변방 안정을 위해 김종서에게 수많은 밀지를 내렸다. 이런 가운데 세종은 고위 관리들과 관련한 몇몇 사건을 겪는다. 그 사건들로 세간에 이름이 오르내린 사람은 형조참판 고약해, 좌찬성 이맹균, 영의정 황희 등이었다.

고약해가 지방관 6년 임기제 폐지를 주장하다 파직당하다

3월에 형조참판 고약해가 정사를 보는 자리에서 마음대로 일어서서 할 말이 있다며 무례하게 굴었다. 임금이 말해보라고 하니, 지방관의 6년 임기제는 폐해가 많고 너무 가혹한 법이므로 3년으로 바꿔야 한다고 주장했다.

고약해는 이미 한 달 전에 같은 내용으로 임금에게 상언한 바 있었다. 이때 고약해는 눈물까지 흘리며 법을 바꿀 것을 주장했지만 임금은 들어주지 않았다. 또 오래전에도 같은 내용으로 임금에게 상언한 바 있었다. 이번이 세 번째 상언이었다. 옛말에 선비가 세 번 상언하여 답을 받지 못하면 벼슬을 버리고 낙향한다는 말이 있어, 그는 각오를 단단히 하고 덤비듯이 임금에게 자기 주장을 펼쳤다.

그 행동이 무례하고 쓰는 말투가 경박하여 임금이 몹시 화를 냈다. 임금은 3년 임기에서도 지방관의 잘못과 폐해가 드러나게 마련인데, 6년을 한다고 해서 더 심해졌다는 증거를 대보라고 추궁하였다. 이에 고약해는 자신이 세 번이나 청한 일을 들어주지 않아 너무나 유감이라고 말하면서 이런 말을 쏟아냈다.

"전하께서 현명한 임금이 아니라면 신이 뭐 하러 조정에서 벼슬을 하겠습니까? 신이 무슨 이해관계를 가지고 거짓말을 하겠습니까? 신이 그 폐단을 직접 목격하였기 때문에 감히 말했을 뿐입니다. 이제 신의 청을 승인하지 않을 뿐 아니라 오히려 신을 옳지 못한 자로 여기고 있으니 신은 사실 실망스럽습니다."

임금이 모두 물러간 다음 도승지 김돈을 불러 말했다.

"고약해가 행동이 크고 속을 숨기지 못하는 성미는 알고 있다. 하지만 오늘 한 말들은 무례하기 짝이 없다. 나는 그를 신문하고자 한다."

김돈이 대답했다.

"고약해는 평소에도 말을 함부로 하고 행동과 말이 일치하지 않습니다. 그래서 소신도 오늘의 무례한 언사는 죄를 줘야 한다고 생각하고 있었습니다."

그러자 임금은 사헌부에 내려보내 신문하라고 하였다. 하지만 사간원과 사헌부에서는 의견이 달랐다. 비록 고약해가 말이 무례하긴 했으나 그것으로 죄를 주면 임금이 신하들의 간언을 듣지 않는다고 할까 봐 두렵다는 이유였다. 또 만약 고약해에게 죄를 주면 앞으로 신하들이 임금에게 직언을 하지 못하게 될 것이라는 염려를 덧붙였다.

하지만 임금은 고약해의 간언에 대해서는 질책할 생각이 없다고 말하면서 다만 그 무례한 말투와 행동은 질책해야 한다고 말했다.

그래도 사헌부에서는 신문을 하는 것은 옳지 않다고 하자, 임금은 황희와 신개 등 정승들의 의견을 물어오라고 하였다.

황희 등도 고약해를 신문하는 것에는 반대하였다. 그래서 임금은 고약해를 벼슬에서 파면시키는 것으로 이 일을 종결시켰다.

좌찬성 이맹균의 여종 살인 사건

6월에 홍제원 길가에 웬 여인 하나가 죽은 채로 버려졌다. 임금이 이 말을 전해듣고 형조와 한성부, 의금부에 지시하여 이 여인의 시체가 버려진 내막을 밝히라고 하였다.

이 때문에 세 관청에서 많은 사람들을 잡아들여 신문하고 고문하는 바람에 민심이 흉흉하였다. 결국 그 여자는 의정부 좌찬성 이맹균의 여종이라는 사실이 밝혀졌다.

이맹균은 일찍부터 그 사실을 알고 있었으나 이때에 와서야 글을 올려 이렇게 말했다.

"집에서 부리는 여종에게 죄가 있어 신의 아내가 남종을 시켜 곤장을 치게 하고 여종의 머리채를 잘랐는데, 죽었습니다. 신이 곧 종 몇 명을 시켜 묻으라고 했는데, 종들이 묻어주지 않고 홍제원 구덩이에 버리고 돌아왔다고 합니다. 나중에야 신은 그 사실을 알고 이렇게 감히 보고하는 것입니다."

하지만 이미 임금은 그 사실을 모두 간파하고 있었다. 그 여종이 죽은 사연은 이맹균의 말과 달랐다.

죽은 여종은 원래 이맹균이 좋아하던 여자였다. 그래서 그의 아내가 질투심으로 곤장을 치게 된 것인데, 너무 심하게 때리는 바람에 죽은 것이다. 그래서 남종에게 묻으라고 했는데, 남종이 묻지 않고 구덩이에 버렸다.

신하들은 이 내막을 알고 이맹균 부부를 의금부에 넘겨 진상을 신문하고 법대로 처결하라고 했다. 하지만 황희는 이맹균이 재상 반열에 드는 대신인 만큼 의금부에 넘기는 것은 가혹하다며 사헌부에 넘길 것을 제의하였다. 그래서 이들 부부는 사헌부에서 신문을 당하였다.

신문 결과 사헌부에서는 이맹균의 아내가 질투로 여종을 죽이고 아들을 낳지도 못한 만큼 이맹균과 이혼시키고 죗값으로 장형 60대를 때린 후 멀리 내쫓아야 한다고 했다. 말하자면 칠거지악에 의해 이혼시키고 노비를 함부로 죽인 죄를 다스려야 한다는 주장이었다.

하지만 임금은 여자들이 질투를 하는 것은 흔한 일이고, 아이를 낳지 못했다고 해도 고생을 함께 했으며, 3년상을 함께 치른 만큼 이혼시킬 수 없다고 하였다. 오히려 이번 사건은 이맹균이 행동을 잘못하고 집안 단속을 제대로 하지 않아서 생긴 일인 만큼 이맹균의 죄가 더 크다고 했다. 하지만 이맹균이 재상의 반열에 있고, 국가에 공헌이 많은 만큼 유배 보내는 것으로 사건을 종결짓자고 하였다.

이후로 이맹균에게 더 큰 벌을 내려야 한다는 상소가 많았지만 임금은 모두 승인하지 않았다. 또 이맹균의 아내도 이혼시켜 멀리 쫓아내야 한다고 했지만, 법대로 장형 60대를 치는 것으로 매듭지었다.

유배 간 이맹균은 거기서 병을 얻어 죽고 말았다.

영의정 황희가 아들의 도둑질 사건으로 사직을 청하다

12월에 영의정 황희가 아들 황보신의 도적질 사건으로 사직을 청했다.

영의정 황희의 아들 황보신이 관청의 물품을 훔쳐다가 첩 윤이에게 갖다준 것이 33관이나 되었다. 그 중에는 금과 은도 있었다. 이 일로 황보신은 의금부에 하옥되고, 첩 윤이도 하옥되었다. 신문 과정에서 첩 윤이는 자기는 도적질한 적이 없으며 그저 모르고 받았을 뿐이므로 죄가 없다고 주장했다. 그러면서 황보신을 가리키며 도적이 앞에 버젓이 있는데 왜 자신을 신문하느냐고 따지고 들었다.

임금이 그 말을 듣고 비록 첩이라도 아내라고 할 수 있는데, 아내로서 남편을 고발하고 자신은 빠져나가려 한 죄가 크다며 고문을 가할 것을 명령했다. 그러면서도 한사코 황보신에 대해서는 고문을 가하지 말라고 하였다. 이는 황보신이 영의정 황희의 아들이었기 때문이다.

의금부에서는 결국 법조문대로 묵형을 가하고 장형 100대를 쳐서 3천 리 밖으로 유배 보내고, 윤이는 장형 100대와 도형 3년에 처해야 한다고 했다.

임금은 이를 듣고 황보신에게는 장형 100대만 치되 먹물을 새겨넣는 형벌은 가하지 못하게 했다. 또 3천 리 밖으로 쫓아내는 대신 재물로 속죄시키라고 했다. 윤이에게는 장형 100대만 쳐서 함길도 경원의 관비로 보내라고 하였다.

황희는 이 판결이 진행되는 동안에는 그저 지켜보고 있다가 사건이 종결된 뒤에 사직을 청했던 것이다. 하지만 임금은 사직을 승인하지 않았다.

사실 황희는 여러 차례에 걸쳐 뇌물을 받아 탄핵되기도 했으나 세종은 그때마다 그를 용서하고 정승 자리에 남겨뒀다. 그것은 오직 그의 정무 처리 능력을 높이 평가하여 곁에 두기 위함이었다.

세종 23년
1441년 신유년

세자빈 권씨가 세손을 낳고 죽다

7월에 세자빈 권씨가 세손을 낳았다. 권씨는 원래 동궁의 승휘로 있다가 순빈 봉씨가 쫓겨난 뒤에 세자빈에 책봉된 여인이었다. 그녀는 열네 살의 나이에 세자의 후궁으로 들어와 열아홉 살에 세자빈이 되었고, 스무 살에 경혜공주를 낳았으며, 스물네 살에 세손을 낳았다. 이때 낳은 세손이 훗날의 단종이다.

그녀는 단종을 낳고 바로 다음 날 산욕을 이기지 못하고 숨을 거뒀다. 세종과 소헌왕후는 눈물을 흘리며 슬퍼했고, 어린 세손은 유모의 손에서 자라야 했다.

단종을 낳고 죽은 세자빈은 문종이 왕위에 오른 뒤 현덕왕후로 추존된다. 하지만 그녀는 죽은 뒤에도 편치 못했다. 그녀의 시동생인 세조가 단종을 내쫓고 왕위를 찬탈한 뒤, 자신의 장자 의경세자를 잃자 그녀의 무덤을 파헤쳤던 것이다.

어쨌든 문종은 젊은 나이에 벌써 세 번이나 본처와 헤어지거나 사별해야 했다. 문종은 그만큼 여자 복이 없었는데, 이것은 훗날 세조가 단종을 내쫓는 엄청난 회오리바람의 원인이 된다.

이렇듯 세자가 연이어 세 아내와 이별을 하자, 사람들은 동궁을 헐어버리고 다시는 아무도 거처하지 말아야 한다고 했다. 세종이 이 말을 듣고 고민하다가 차마 세자궁을 헐어버리지는 못하고 자선당 밖에 다른 궁을 하나 더 지어 세자가 쓰도록 하라고 지시했다.

세종 24년
1442년 임술년

사역원 관리는 사역원 내에서 해당 외국어만 사용하게 하다

2월에 사역원 도제조 신개가 제의하였다.

"사역원에는 현재 중국 말에 능통한 사람이 별로 없고 능통하더라도 발음이 정확하지 않아 중국 사신이 올 때마다 적당한 통역자를 찾기가 어렵습니다.

역관 중에 10년 이상 통역 일에 종사한 경우에도 중국으로 몇 달간 사신으로 다녀온 사람보다 실력이 못한 경우가 허다하니 이를 개선하기 위한 방책이 필요합니다. 그래서 앞으로 사역원에 근무했거나 현재 근무하고 있는 관원들은 사역원 내에서는 우리말을 쓰지 못하게 할 요량입니다. 작게는 밥을 먹는 일상적인 일에서부터 생도들을 가르치고 서로 대화를 하는 일까지 모두 중국어를 쓰게 할 작정입니다. 그리고 이 규칙을 어기면 죄를 주고 벼슬에서 내쫓을 생각입니다.

중국어뿐 아니라 몽골어, 일본어, 여진어도 모두 같은 조치를 취할 생각입니다."

임금이 예조에 넘겨서 토의하게 한 뒤 신개의 제안대로 시행하도록 하였다.

임금이 세자 섭정을 강력히 요청하다

5월에 임금이 영의정 황희, 우의정 신개, 좌찬성 하연, 좌참찬 황보인, 예조판서 김종서, 도승지 조서강 등을 불러서 말했다.

"나의 눈병이 날로 심해져 중요한 공무는 직접 처리할 상황이 못 된다. 그래서 세자를 시켜서 서무 처리를 시키고자 한다."

사실 세종은 눈병으로 심하게 고생하고 있었다. 심지어 눈이 거의 보이지 않아 장님이 될 것처럼 느껴진다고도 하였다. 그런데 눈에서 고름이 나거나 눈이 붓거나 하지 않고 잘 보이지 않는다고 한 것을 보면 이때 세종은 지나치게 독서에 열중하고 눈을 혹사시켜 시력이 급격히 나빠진 것이 아닌가 싶다. 또 양쪽 눈이 모두 그런 것이 아니라 한쪽이 심했다는 것을 볼 때 한쪽 눈이 난시가 된 것이 아닌가 싶다.

세종은 30대부터 당뇨병을 앓고 있었고, 다소 중풍 증세에도 시달렸다. 따라서 눈이 나빠진 것은 당뇨병 때문일 수도 있다. 하지만 당시 의원들이 전혀 고치지 못하고 그 병증에 대한 내용이 언급되지 않는 것을 보면 시력이 급격히 나빠졌다고 판단하는 것이 맞을 듯하다.

세종은 2월부터 눈병을 호소하며 정무를 세자에게 넘겨줄 것을 강력하게 원했다. 하지만 대신들의 반대로 뜻을 이루지 못했는데, 이때에 이르러 다시 눈병을 언급하며 세자에게 섭정을 시킬 것을 요구한 것이다.

역시 이번에도 황희 등의 대신들이 강하게 반대했다. 그러자 임금은 더 이상 말할 필요를 느끼지 못하겠다며 대신들을 물러가게 했다. 그리고 도승지 조서강만 남겨놓고 말했다.

"내가 눈병을 앓은 지 벌써 10년이나 됐다. 더욱이 최근 5년 동안은 아주 심해졌다. 처음 앓을 때 이 지경까지 될 줄 모르고 조리를 제대로 하지 않은 것이 몹시 후회된다.

몇 해 전에 온양에서 목욕을 하고 난 뒤에 증세가 좀 좋아졌는데, 그 뒤로 그냥 두면 나을 것이라고 생각하고 내버려뒀더니 작년 10월경부터 다시 이렇게 나빠지고 말았다.

이제 종묘에 직접 제사도 지낼 수 없게 되었고, 무예 훈련도 진행하기 어렵게 되었다. 재상들이야 내 병이 이 지경까지 된 줄 알기야 하겠는가? 정사를 보는 것을 줄이고 눈을 쉬게 하고 2, 3년간 더 견디는 것이 낫지 않겠는가? 앞으로 무예 훈련이나 종묘 제사나 관리를 대하는 것은 모두 세자를 시킬 것이다. 너는 이 내용을 재상들에게 자세히 말하고 그들이 알도록 하라."

세종은 1437년부터 세자에게 섭정을 시킬 것을 강력하게 요청해왔지만 대신들의 반대로 뜻을 이루지 못했다. 그래서 건강이 아주 나쁠 때만 세자에게 대리를 시키기로 하였는데, 이때에 와서는 건강 악화를 이유로 노동을 많이 요구하는 일들은 대부분 세자에게 대리하도록 하였다.

하지만 대궐 안에서 처리할 수 있는 웬만한 일들은 여전히 임금이 직접 처리했고, 대궐 밖으로 나가야 하는 일들만 주로 세자가 대리하는 수준이었다.

원래 임금의 업무 중에 제사나 행사가 차지하는 비중이 워낙 많았는데, 이 일들만 하지 않아도 한결 여유로웠던 것이다. 그 여유를 이용하여 세종은 대신들 몰래 훈민정음을 창제하는 데 박차를 가하게 된다.

세자궁에 첨사원을 설치하고 관속을 두다

7월에 임금이 승정원에 명령하여 세자궁에 서무 처리를 할 수 있도록 첨사원을 설치하고 관원을 두라고 지시했다. 첨사원은 명나라 제도를 본

받은 것이다.

　이에 도승지 조서강은 스스로 결정할 수 없는 문제라며 의정부에 토의를 부쳐야 한다고 대답했다.

　이에 의정부에 토의를 부쳤더니 모든 재상들이 반대를 하고 나섰다. 하지만 임금은 결심한 이상 절대 바꿀 수 없다고 하였다. 대신들이 반대한 것은 첨사원 설치가 세자에게 선위하는 과정으로 판단했기 때문이다.

　하지만 이번에는 임금도 물러서지 않았다. 의정부와 육조, 삼사의 모든 관원이 연일 반대 상소를 올렸지만 임금의 의지는 변함없었다.

　이 일은 결국 9월에 가서야 결론이 났고, 결과는 임금의 의지대로 되었다. 9월에 첨사원을 설치하고 첨사원의 관제를 다음과 같이 정하였다.

　첨사 1명은 종3품, 동첨사 2명은 정4품으로 서연의 관리나 문관 또는 무관의 관청에 속하지 않는 관리로 한다.

　재상들의 염려대로 첨사원은 세종이 세자에게 왕위를 넘기기 위한 과도기적인 성격이 강했다.

　이때부터 세자 향은 임금의 업무 중 70퍼센트 정도를 도맡아 한다. 세종은 그것도 모자라 수양대군과 안평대군을 불러 여러 심부름을 시키며 자신의 손발 노릇을 하도록 하였다.

　그 뒤로 세자가 무술 훈련을 시키는 것 등 임금의 업무를 대행하는 것에 대해 사헌부의 반발이 계속되었지만 세종은 그들의 의견을 묵살하고 자신의 의지대로 밀고 나간다.

세종 25년
1443년 계해년

세자에게 왕권을 대폭 이양하다

4월에 임금이 친히 지시문을 만들어 승지들에게 보였다.

"나는 왕위에 있은 지 30년이 다 되어 힘든 일이 싫어진 지 오래다. 이제부터 세 차례의 큰 조회, 초하루와 16일 조회만 내가 직접 하고 나머지 정사날 모임은 세자가 직접 처결한다. 세자는 승화당(새롭게 지은 동궁)에서 남쪽을 향해 앉아서 조회를 받고 1품 이하 관리들은 뜰 아래에서 절하며 모두들 자신을 신하라고 칭할 것이다. 인재의 등용, 형벌의 적용, 군사의 출동 등에 관한 것만 내가 직접 처리하고 나머지 일들은 모두 세자가 처리할 것이다."

의정부에서 이 지시문을 보고 황희, 신개, 하연, 황보인, 권제, 이숙치 등의 재상들이 임금을 찾아와 반대 의견을 냈다. 그러자 임금은 이렇게 말했다.

"내가 지시를 내린 것은 경 등에게 가부를 의논하라고 한 것이 아니다. 대신이라면 응당 원대한 계책을 생각해야지 하급 관리들처럼 고상한 말들만 늘어놓고 의논하는 것은 옳은 태도가 아니다."

하지만 이번에도 의정부와 육조, 삼사의 관원들이 모두 나서서 반대했다. 그들이 가장 반대한 부분은 세자가 남쪽을 향해 앉고 1품 이하 모든 관료들이 세자에게 뜰 아래서 절을 하며 스스로를 신하라고 부르게 한 것이다.

이것은 임금만이 누릴 수 있는 일이었다. 말하자면 두 명의 임금이 생긴 꼴이었으니, 신하들로선 반대하지 않을 수 없었다. 원래 세자에게는 스스로 신하라고 칭하지 않고, 1품 관리는 뜰 아래서 절하지 않으며, 그들이 인사를 할 땐 세자도 인사를 해야 한다. 이는 세자를 가르치는 사부가 1품 관리이기 때문에 스승을 존경하는 의미에서 마련된 예였다.

여러 신하들이 차례로 반대의 글을 올려 간언하자, 임금이 이렇게 말하며 거절했다.

"들어줄 수 있는 일일 것 같으면 의정부에서 제의할 때 이미 들어줬을 것이다. 들어줄 수 없는 것이라면 의정부와 육조가 다 와서 제의한들 들어줄 수 있겠는가?"

그 뒤로 임금과 신하들 사이에 지루한 힘겨루기가 계속되었다. 하지만 임금은 요지부동이었고, 결국 자신의 의지대로 관철시켰다.

훈민정음을 창제하다

12월에 임금이 언문 28자를 친히 만들었다. 그 글자 모양은 옛 글자를 본받아 초성, 중성, 종성으로 나누어졌는데, 그것을 합쳐야만 글자가 이뤄지며 한문으로 된 글이나 우리나라 말과 관련되는 것을 모두 쓸 수 있다. 글자는 간단하지만 마음대로 응용할 수 있다. 이를 '훈민정음'이라고 한다.

세종은 마침내 그동안 대신들 몰래 홀로 해오던 작업의 성과를 공개한 것이다. 그것은 다름 아닌 '훈민정음'이었다. 세종은 이 일에 박차를 가하기 위해 여러 핑계로 업무를 줄이고, 모든 관료와 대치하며 국사를 세자에게 넘겨준 것이다.

이에 대한 자세한 내용은 1부 3장의 '훈민정음 창제와 문맹의 어둠에서 벗어난 조선'편을 참조하기 바란다.

세종 26년
1444년 갑자년

도적 떼를 소탕하다

2월 말에 전국의 도적들을 일제히 소탕하여 300여 명을 붙잡아 들였다. 세종 18년(1436년) 이후로 기근이 심하고 흉년이 잦아 전국적으로 도적이 들끓었다. 그 때문에 백성들의 피해가 컸는데, 세종은 이 일로 몹시 낙담하고 고민하였다. 도적들 속에는 상당수의 굶주린 백성이 끼어 있었기 때문이다.

하지만 그냥 내버려둘 수 없는 노릇이었다. 그래서 임금이 경기, 충청, 황해, 개성부의 군대를 일제히 동원하여 도적을 소탕하였다. 하지만 이후에도 도적들이 여전히 출몰하였다. 도적을 몰아낼 수 있는 유일한 길은 계속해서 풍작을 이뤄 유랑민을 없애는 것이었으나 기후가 따라주지 않았다.

눈을 고치기 위해 초수리의 약수를 찾아가다

임금의 눈에 차도가 없자, 전국 각지에서 약수를 찾아 권하였다. 임금이 백성들에게 폐가 될까 염려하여 여러 차례 사양하다가 윤7월에 이르러 충청도 청주의 초수리로 떠났다.

초수리 근처에 도착한 임금은 눈앓이를 하던 이내은과 김을생을 시켜 전의현의 초수리에 보내 시험 삼아 치료해보도록 했다.

며칠 뒤 임금이 초수리에 도착하여 약수로 눈을 치료했으나 큰 효과가 없었다.

그 뒤로도 누차에 걸쳐 초수리 약수를 권했으나 임금은 별 차도도 없고 백성들에게 폐만 끼친다는 이유로 사양하곤 했다.

어진을 그리게 하다

10월에 임금이 태조와 태종의 화상을 고쳐 그리게 하고 선원전에 모셔 놓으라고 하였다. 이때 임금과 왕비의 화상도 그렸다.

임금이 왕위에 올랐을 때 태종의 화상을 그리게 했는데, 태종이 모두 불태워버리라고 했다. 하지만 임금은 차마 그렇게 하지 못하고 보관해뒀다. 그리고 이때에 와서 고쳐 그리게 한 것이다. 태종이 불태워버리라고 한 이유는 너무 화려하게 꾸민 까닭이었다.

그리고 임금은 전국에 있는 태조의 화상도 모두 비위에 맞게 다 고쳐서 걸게 하였다. 덕분에 태조의 화상은 모두 매우 화려하였다.

소헌왕후의 모친 안씨가 죽다

11월에 삼한국대부인 안씨가 죽었다. 임금은 세자와 왕비에게 모두 상복을 입게 했으나 자신은 입지 않았다. 이는 안씨가 태종 시절의 죄인이고, 안씨의 남편이자 자신의 장인 심온에 대한 죄가 용서되지 않았기 때문이다.

광평대군 여가 죽다

12월에 광평대군 여가 죽었다. 그는 임금의 적자 중에서 다섯 번째 아들이었다. 사인은 천연두였으며, 이때 나이 20세였다.

임금과 왕비는 몹시 슬퍼하였고, 죽은 날에는 식음을 전폐하였다. 이후에도 얼마간 죽만 먹으며 애통해했다.

세종 27년
1445년 을축년

평원대군 임이 죽다

1월 16일에 세종의 적자 중 7남인 평원대군 임이 죽었다. 이때 나이 19세였다. 사인은 온몸에 부스럼이 나는 병이었다. 아마도 천연두의 일종으로 보인다.

광평대군을 잃은 지 불과 한 달 만에 또 한 명의 아들을 잃자, 임금과 왕비는 거의 절망 상태였다.

왕위를 물려줄 뜻을 전하다

1월 18일에 임금이 진양대군(수양대군) 유를 시켜 신개, 하연, 권제, 김종서에게 지시를 전달하였다.

"근래에 가뭄이 계속 들고 내가 오랜 병에 시달리는 데다 아들마저 연이어 잃은 것을 보면 하늘이 나를 원하지 않는 듯하다. 깊숙한 대궐에 있으면서 내시를 시켜 모든 지시를 내리고 있는 것도 잘못된 일이니, 이제 세자를 즉위시켜 국사를 처결하게 하고 나는 뒤로 물러나 중대한 일만 직접 처결하겠다."

이런 지시를 받자 조정이 발칵 뒤집혔다. 그래서 재상들이 모두 달려와 눈물을 흘리면서 만류하였고, 결국 임금도 그들의 뜻을 받아 선위 결정을 취소했다.

그러나 그것으로 끝이 아니었다. 4월에 가서 임금은 또 선위 의사를 밝혔다. 이때는 의지가 매우 강했으나 재상들도 강경히 대처하여 임금이 양보하고 말았다.

그러나 5월에 몸이 나빠지자, 인사권이나 중요한 국사를 뺀 일반 정무 처리는 모두 세자에게 넘기는 조치를 취하였고, 신하들도 이번에는 막지 못했다.

의염색을 설치하여 소금세를 강화하다

8월에 공조참판 권맹손의 의견에 따라 세자가 의염색을 설치하였다. 의염색은 국가에서 직접 소금을 굽는 것을 도맡게 하기 위한 관청이다.

소금은 원래 사염과 공염이 있다. 사염은 개인들이 생산하는 소금을 말하고 공염은 관청에서 생산하는 소금을 말한다. 세종 즉위 초에는 대부분의 소금이 사염이었으나 세종이 염공들을 대거 수용하여 공염을 활성화시켰다. 이는 소금을 통해 많은 세금을 거둬들이고, 소금의 유통을 원활하게 하기 위함이었다. 의염색은 이를 더 강화하기 위해 만든 기관이었다.

소금과 관련한 관청으로 고려시대엔 의염창이 있었다. 원래 고려에선 염전을 귀족들이 장악하고 있었는데 그 이익이 막대하였다. 또한 귀족들은 염세를 제대로 내지 않아 국가의 세금이 제대로 충당되지 않았다. 이를 충선왕이 회수하여 국가에서 직접 염전을 지배하는 구조로 바꿨다. 그것을 위해 만든 관청이 의염창이었다.

하지만 의염창은 소금을 직접 생산하는 것이 아니라 보관하고 분배하는 기능만을 담당했고, 소금 생산은 여전히 사염에 의존하고 있었다.

의염창은 고려 멸망 후에 조선 초에도 계속 유지되었으나 1394년 그 업무를 사재감에 이관하고 혁파되었다.

의염색은 혁파된 의염창을 부활하고 염세를 강화하여 소금에 대한 국가의 지배력을 높이자는 의도에서 만들어졌다.

하지만 당시 관료와 민간에선 의염색 설치가 호조나 공조의 고위 관리들이 사리사욕을 채우기 위해 설치한 것이라며 비판하였다.

동해 바다 전설의 섬 요도를 찾도록 하다

8월에 임금이 강원도 감사에게 요도를 찾아내라고 했다. 예부터 동해 바다에 요도(蓼島)라는 섬이 있다는 전설이 있었다.

사람들의 말로는 요도라는 섬은 삼척부의 바다 가운데 있으며, 무릉도(울릉도)로 가는 뱃길에서 보았다는 사람이 여럿 있었다.

임금은 수년 전에도 남회를 시켜 요도를 찾아보라고 했다. 그때 남회는 삼척부의 봉화대 위에서 요도를 본 사람이 여러 명 있다는 보고를 하였다. 그래서 임금은 만약 요도라는 섬이 정말 있는데, 우리가 찾지 못하여 왜인이나 다른 나라 사람이 장악하게 되면 나라가 위태로울 수 있다고 판단했던 것이다. 또한 혹 그곳에 사람이 산다면 가뭄이나 홍수 때에 죽음을 면치 못할 것이니 그들을 구제하려는 목적도 있었다.

이때 세종이 찾고자 했던 요도는 아마도 지금의 독도인 듯하다. 삼척부에서 산 위에 올라가면 맑은 날엔 보인다고 하는 것도 그렇고, 무릉도에 가는 뱃길에서 가끔 보인다는 말도 그렇다. 하지만 당시 무릉도에는 사람이 제대로 살지 않았기 때문에 독도의 존재를 정확하게 간파하지 못한 듯하다. 그래서 이번에는 강원도 감사에게 요도를 찾게 했던 것인데,

관찰사는 요도라는 섬이 있다는 말은 모두 거짓말인 듯하다는 보고서를 올린다.

최윤덕이 죽다

12월에 영중추원사 최윤덕이 죽었다. 그는 세종이 무척 아끼고 의지하던 큰 신하로서 나라의 기둥이었다. 그 때문에 임금은 그가 죽었다는 소식을 듣고 몹시 슬퍼하였다.

최윤덕에 관한 자세한 사항은 3부 2장의 '무관의 표상, 최윤덕' 편을 참조하기 바란다.

세종 28년
1446년 병인년

신개가 죽다

1월에 의정부 좌의정 신개가 죽었다. 신개의 자는 자격(子格)이고, 본관은 평산이며, 고려 태사 숭겸의 후손이다. 그는 세종 대에 대사헌, 이조판서, 우의정, 좌의정 등을 거쳤으며, 세종이 믿고 의지하던 신하였다. 이때 그의 나이 73세였으며, 나중에 세종의 묘정에 배향된 다섯 신하 중의 하나다.

소헌왕후가 죽다

3월에 왕비가 수양대군의 집에서 죽었다. 향년 52세였다.
왕비는 세자를 포함하여 8남2녀를 낳았으며, 능은 영릉이다.
소헌왕후에 대한 자세한 사항은 1부 3장의 '세종의 가족과 친인척' 편을 참고하기 바란다.

세종 29년
1447년 정묘년

《동국정운》을 간행하여 배포하다

9월에 《동국정운》이 완성되었는데 모두 6권이었다. 《동국정운》은 우리나라 최초의 운서, 즉 언어학 책으로 중국의 《홍무정운》에 대비되는 책이라 할 수 있다.

세종 대에 편찬한 중요한 운서는 《동국정운》 이외에도 《사성통고》와 《홍무정운 역훈》이 있다.

《동국정운》 편찬 작업에 참여한 사람은 신숙주, 최항, 성삼문, 박팽년, 이개, 강희안, 이현로, 조변안, 김증 등 9인이었으며, 이때에 간행하여 이듬해 10월에 성균관과 사부학당에 배포하였다.

이 책의 서문은 신숙주가 썼는데, 한때 신숙주의 서문만 전해지다가 1940년에 경북 안동에서 1권과 6권이 발견되고, 1972년에 중종 대의 문신인 심언광이 베껴 쓴 여섯 권 전질이 강릉의 그의 후손 집에서 발견되어 현재 건국대 박물관에 소장되어 있다.

세종 30년
1448년 무진년

정업원을 철폐하다

11월에 정업원을 철폐하기로 하고 그곳에 속한 노비 3천여 명을 전농시에 소속시켰다.

정업원은 고려 때부터 있던 절인데, 후궁이나 양반가의 여자들이 남편이 죽은 다음에 정절을 지키기 위해 머리를 깎고 머물곤 했다.

이 절은 원래 개성에 있다가, 조선 개국 후 한양으로 옮겨왔다. 태조 대에는 정업원에 대해 별다른 말이 없었으나 태종 대부터 억불정책이 본격화되어 허물어버리자는 주장이 많았다. 그리고 세종 대에 이르러 누차에 걸쳐 없애자는 상소가 이어졌고, 이때에 와서 없애기로 한 것이다.

정업원은 훗날 세조가 1457년에 다시 세우게 되는데, 연산군 대에 없어졌다가 명종 대에 다시 세워졌고, 이후 정업원 혁파 운동이 가속화되어 결국 선조 40년인 1612년에 완전히 없어졌다.

세종 31년
1449년 기사년

재위 31년엔 언급할 만한 중요 사건이 없다. 이 해에 벌어진 사건들은 이미 앞에서 언급된 사건들의 연장선상에 있고, 이미 그에 대해 언급했으므로 생략한다.

세종 32년
1450년 경오년

임금이 재위 32년 2월에 죽었다. 이로써 세종 치세는 31년 6개월로 막을 내렸다.

임금이 세상을 떠난 곳은 영응대군의 집이었다. 당시 임금은 수양, 안평, 임영, 영응대군의 집을 돌며 휴식을 취했다. 번잡한 대궐에 있으면 제대로 병을 돌볼 수 없기 때문에 이렇게 아들의 집들을 차례로 돌며 머물렀던 것이다.

임금은 몇 개월 전부터 자주 앓았으며, 의원의 치료를 받아 회복하곤 하였다. 그러기를 서너 번 반복하더니 이 해 2월 17일에 갑자기 생을 마감하였다. 향년 54세였다.

임금이 건강 때문에 어려움을 겪고 있던 이때 정사를 책임졌던 세자 향 또한 건강이 악화되어 동생들의 집을 돌며 휴식을 취하고 있었다. 그 때문에 명나라에서 온 사신 일행을 수양대군이 대신 맞이해야만 했다.

세종 재위 기간 중 후반기 7, 8년은 세자 향(문종)의 치세라고 해도 과언이 아닐 만큼 세자는 수많은 정무를 처리하며 피로에 지쳐 있었다. 거기다 모후 소헌왕후의 죽음으로 기나긴 국상을 치르고 얼마 되지 않아 다시 세종의 죽음으로 국상을 치러야 했다.

그는 국상에 지극 정성이었으며, 이것이 지나쳐 건강을 악화시켰고, 국상이 끝나자마자 생을 마감했다. 이로써 훗날 아들 단종의 비극적인 역사를 낳게 되었다.

세종의 생애에 대한 더 자세한 내용은 1부를 참고하기 바란다.

《세종실록》 편찬 과정

《세종실록》은 총 163권 154책으로 이루어져 있으며, 원명은 '세종장헌대왕실록'이다. 1418년 8월부터 1450년 2월까지 세종 재위 31년 6개월 동안의 각 방면에 대한 역사적 사실을 연월일 순에 따른 편년체와 각 주요 항목에 대한 세부 기록인 지(志)로 기록하고 있다.

《세종실록》 편찬 작업은 1452년 2월 《고려사》와 《고려사절요》가 완성된 이후 시작되었다. 편찬 작업의 감수는 김종서, 황보인, 정인지 등이 맡았고, 허후, 김조, 정창손, 박중림, 이계전, 신석조 등 6명이 재위 기간을 여섯으로 나눠 실질적인 편찬 업무를 주관하였다. 그러나 실록 편찬 작업에 참여한 인물 중에 김종서, 황보인 등이 계유정난으로 피살되자 정인지 혼자서 감수를 책임지게 되었다. 6방의 책임수찬관 가운데 박중림이 사은사로 명나라에 가게 되자 최항이 그 일을 대신 맡기도 했다.

《세종실록》은 단종 원년인 1452년 정월에 거의 마무리되었지만, 감수 작업은 이듬해 3월까지 계속되어 2년 1개월 만에 완성을 보았다. 《세종실록》은 분량이 너무 방대하여 처음에는 한 벌만 만들어 춘추관에 두었다가 1466년(세조 12년) 11월 양성지의 건의로 당시에 이미 편찬된 《문종실록》과 함께 주자로 인쇄를 시작해 6년 후인 1472년 3부를 더 찍어냈다.

이때 간행된 《세종실록》은 충주, 전주, 성주의 사고에 봉안되었는데 임진왜란으로 전주사고본만 남고 모두 소실되었으며, 이 사고본을 바탕으로 1603년부터 1606년에 걸쳐 《태종실록》부터 《명종실록》까지 각각 3부를 다시 간행하였다. 이 당시 최종 교정본을 포함하여 전주사고본과 함께 총 5부를 춘추관, 강화도 마니산, 태백산, 오대산, 묘향산 등에 보관했다. 그 뒤 이괄의 난, 병자호란 등의 난을 겪으면서 춘추관 실록이 소실되고 일부 실록이 파손되었으나 다시 복구하여 인조 대 이후 실록은 정족산(강화도), 태백산, 적상산(전북 무주), 오대산 사고에 보관되었다. 그 뒤 일제 강점기인 1929년부터 1932년까지 경성제국대학에서 태백산본을 저본으로 하여 영인본을 만들었고, 국사편찬위원회에서 1955년부터 1958년까지 영인본을 보급하였다.

《세종실록》은 1권부터 127권까지는 편년체로 구성되어 있으나 128권에서 163권까지는 지(志)로 구성되어 있다. 이런 구성을 하게 된 이유는 세종의 재위 기간이 길고 사료의 양이 방대하여 편년체로는 도저히 모든 것을 수용할 수 없었기 때문이다.

이 지(志)는 일종의 주제별, 사건별 정리 방식으로 오례(128~135), 악보(136~147), 지리지(148~155), 칠정산(156~163) 등으로 되어 있다.

세종 대는 정치, 경제, 군사, 외교, 사회, 제도, 예, 악 및 기타 문화 방면에서 획기적인 사업이 이루어진 시기다. 세종 대는 조선 사회가 전체적으로 한 단계 높은 수준으로 발전하여 정착기에 진입한 시기였다. 《세종실록》은 이렇게 발전하는 과정을 총체적이고 포괄적으로 기록하고 있어 조선시대 문화와 사회를 연구하는 데 필수 자료가 되고 있다.

3부

황금시대를 일군 세종의 인재들

1장
왕도정치를 구현한 세종과 조정의 대들보들

 태종의 업적 중에 가장 내세울 만한 것이 있다면, 그것은 세종을 왕으로 세운 일일 것이다. 그는 아버지를 내쫓아 천하에 둘도 없는 불효를 저질렀고, 형제를 죽이거나 대적함으로써 우애를 해쳤으며, 혁명을 함께 한 동지를 처참하게 살해하고 친구와 아내의 집안을 몰락시켜 신의를 저버렸다. 냉정하게 말해서 그는 권력에 눈먼 패륜아였고, 불효자였으며, 탐욕스럽고 의심 많은 권력자였다.

 비록 사가들은 그가 정치를 안정시키고 국가의 기틀을 다졌다고 평가하고 있으나, 이는 승자의 논리에 지나지 않는다. 더욱이 조선은 유교정치를 표방한 국가로서 그 어떤 명분으로도 불효는 용서되지 않았다. 그것은 곧 그에게 씻을 수 없는 원죄로 남을 수밖에 없었으며, 조선의 정치를 불안으로 몰아넣는 불씨로 작용했다. 이를 벗어나기 위해 그는 누차에 걸쳐 전위를 시도했으나, 그것은 오히려 조정을 뒤흔드는 파동으로 이어졌고, 엄청난 피바람을 일으키며 숱한 사람의 목숨을 앗았을 뿐이다.

그럼에도 그가 역사에서 그나마 긍정적으로 평가받을 수 있었던 것은 패륜을 일삼던 세자 양녕을 내쫓고 세종을 세워 조선 백성들에게 태평성세를 안겨다줬던 덕이다.

이렇듯 세종이라는 존재는 부왕 태종의 부덕과 패륜의 부끄러움조차도 덮을 만큼 대단한 역사적 의미를 지니고 있음이 분명하다.

세종이 구가했던 태평성세는 결코 그 시대적 상황이 연출한 우연한 결과가 아니었다. 오히려 그가 즉위할 당시 조선 정세는 매우 불안한 상태였다. 비록 왕위에 오르긴 했으나 위로는 정종과 태종 두 명의 상왕이 버티고 있었고, 군주의 오른쪽 날개라고 할 수 있는 병권을 태종이 여전히 틀어쥐고 있는 바람에 세종은 날지 못하는 봉황 신세였다. 이에 따라 두 명의 왕이 군림하는 사태가 벌어졌고, 급기야 이런 현실은 신하들을 양분시켜 또 한차례 피바람을 불러일으켰다. 태종의 병권 장악에 불만을 품은 세종의 외척들이 대거 제거되고, 세종의 정치적 버팀목이 돼야 할 장인이자 영의정이던 심온의 목도 달아났으며, 왕비 소헌왕후 심씨의 안위도 위태롭게 되었다. 또한 양녕을 앞세운 역모가 일어날 가능성이 농후했다. 거기다 북쪽에선 여진족이 국경을 위협하고, 남쪽에선 왜구들의 노략질이 이어졌으며, 즉위 이듬해인 1419년에는 태종의 주도 아래 대마도 정벌이 벌어지기도 했다.

얼핏 보기엔 상왕 태종이 세종을 정치적 외풍으로부터 보호해주는 병풍 구실을 해줬던 것으로 비칠지 모른다. 하지만 그 내막을 냉정하게 살펴보면 태종은 오히려 세종의 입지를 크게 약화시켜 자칫 세종을 온실 속에서 자라는 화초로 전락시킬 뻔했다. 비록 왕위에 오르긴 했으나, 태종이 생존해 있던 초기 4년(1418~1422년) 동안 세종은 늘 부왕의 입장을 고려해야 했고, 부왕의 심기를 살펴야 했으며, 부왕이 원하는 일이면 무조건 양보해야 하는 처지였기 때문이다.

사실 세종의 초기 4년은 차라리 세자로 머무는 것이 행복했을 시기였다. 왕위에 오르긴 했으나 왕권을 제대로 행사할 수 없는, 그럼에도 모든 결과에 대한 책임을 져야 하는 난처한 처지였다. 결재를 했더라도 부왕의 뜻이 다르면 번복할 수밖에 없었고, 그 때문에 왕의 위신이 땅에 떨어지기 십상이었다. 신하들도 임금과 상왕 사이에서 갈팡질팡하는 모습을 보이곤 했다.

하지만 세종은 이 암울한 시간을 잘 견뎌냈다. 조급증을 드러내지도 않았고, 아버지의 처사에 흥분하거나 반기를 드는 일도 없었다. 그는 4년 동안 묵묵히 자신의 치세를 준비했고, 인재를 살폈으며, 학문을 진작시켰다. 비록 왕좌엔 앉아 있긴 했지만, 부왕이 살아 있는 동안엔 세자의 처지와 다를 바가 없다는 것이 그의 판단이었다. 그의 내면엔 자신이 구상한 정치의 불꽃이 타오르고 있었고, 힘이 생길 때까지 그 열기를 드러내지 않는 냉철함이 있었다. 힘을 갖추지 못한 상황에서 의욕만 앞세우면 아무것도 이뤄지지 않는다는 것을 알고 있었던 것이다.

1422년 5월 10일, 태상왕 태종이 56세를 일기로 세상을 떴다. 세종은 태종의 임종 3일 전부터 음식을 입에 대지 않았다. 의정부와 육조의 대신들이 함께 나아가 음식을 들라고 권했지만, 세종은 듣지 않았다. 이튿날에도 대신들이 간곡하게 음식을 들라고 주청했다. 그날 저녁에 세종은 4일 만에 처음으로 묽은 죽을 먹었다. 하지만 하루에 한 번뿐이었다. 세종이 제대로 된 죽을 먹은 것은 5월 13일부터였다. 금식한 지 6일 만이었다. 그것도 초막에서였다. 그는 상을 당한 후 줄곧 초막에 머물렀으며, 그런 초막 생활이 9월 18일까지 계속되었다. 상을 당한 후 27일간 정사를 보지 않았으며, 상을 당한 날부터 27일째 되던 6월 6일에 처음으로 초막에서 정사에 관한 처리를 허락하였고, 37일째 되던 6월 16일에 초막에서 상복을 입고 앉아 대신들과 함께 정사를 논의했다. 이로부터 비로소 세종은 놀라운 정치력을 발휘하기 시작했다.

당시 조정엔 개국 초의 주도 세력이었던 공신들이 거의 남아 있지 않았다. 대신 과거를 통해 정계에 진출한 유학자들이 속속 들어섰다. 그들과 유학적 소양을 지닌 국왕이 서로 만나 왕도정치를 펼쳐나갈 기틀을 마련하게 되었다.

세종시대의 권력 구조나 정치적 양상은 세종 19년(1437년)을 분수령으로 두 시기로 구분된다. 세종은 이때를 전후하여 국가 기강의 중심이었던 육조직계제를 의정부서사제로 변혁하여 임금에게 집중되어 있던 국사를 의정부로 넘기는 한편, 세자로 하여금 서무를 재결하도록 하는 등 이전에 비해 더욱 유연한 정치를 펼쳐나갔다. 또 언관과 언론에 대한 임금의 태도도 이전에 비해 훨씬 부드러워졌으며, 이들에 대한 탄압이나 징계는 거의 없어졌다.

이런 정치적 분위기는 일차적으로 유교정치의 진전에 의한 것이었다. 집현전을 통하여 배출된 많은 유학자들에 의해 유교제도의 정리가 가능했고 편찬 사업이 활기를 띠면서 정치의 기반이 안정되었다. 그래서 강력한 왕권 중심의 정치 형태인 육조직계제에서 의정부서사제로 이행할 수 있었던 것이다. 이러한 정치체제의 변화는 한편으로는 세종의 건강 문제와도 밀접한 관계가 있었다. 세종은 젊은 시절부터 소갈증을 앓고 있었기에 정무가 과다한 육조직계제는 감당할 수 없었다.

세종은 후반기로 접어들면서 건강이 상당히 악화되었지만 의정부서사제의 정착에 힘입어 오히려 신권과 왕권이 조화된 유교적 왕도정치를 이끌어냈다.

세종은 당대 최고의 학자들과 어깨를 겨뤄도 전혀 부족함이 없는 학문적 깊이를 갖춘 책벌레였고, 인정 많고 마음씨 좋은 어진 선비였으며, 우애를 잃지 않는 형제였다. 또한 의리를 저버리지 않는 벗이었고, 공과 사를 명확히 구분할 줄 아는 냉철한 판관이었으며, 사람의 그릇을 잴 줄 아는 현명한 경영자였고, 백성의 행복과 진리 구현을 꿈꾸는 사상가였다. 이런 면면들이 조화를 이룬 덕분에 그의 정치는 태평성세를 구가할 수 있었다.

하지만 왕이 아무리 뛰어나도 보필하고 이끌어줄 신하가 없다면 좋은 정치를 할 수 없는 법이다. 다행히 세종 주변엔 정치 감각이 뛰어난 청렴한 인물들이 다수 포진하고 있었는데, 그 대표적인 사람이 황희, 맹사성, 류관이다. 이들은 모두 재상을 지낸 상신(相臣)으로서 세종을 성군으로 만드는 데 대들보 역할을 했다.

 # 1. 정무처리의 귀재, 황희

　세종시대를 떠받친 정치인 중에서 가장 대표적인 인물을 꼽으라면 단연 황희(黃喜)일 것이다. 그는 세종 8년(1426년)에 우의정에 제수된 이래 1449년까지 무려 24년 동안 정승 자리에 있었고, 1432년부터 1449년까지 18년 동안 영의정을 지냈으니, 그에 대한 임금의 신임이 얼마나 대단했는지 알 만하다. 그는 영의정이 되던 해에 이미 70세의 노구였고, 그 때문에 누차에 걸쳐 사직을 청했다. 하지만 세종은 허락하지 않다가 그가 87세 되던 1449년에야 비로소 영의정으로 치사(致仕, 스스로 벼슬에서 물러남)할 것을 인정할 정도였다. 세종 재위 31년 중에 8년을 제외한 23년 동안 정승직을 수행했으니, 세종이 남긴 업적 중에 절반은 황희의 공이라 해도 과언이 아니다.

　1452년에 황희가 죽자, 문종은 그를 세종의 묘정에 배향하는 교서를 내렸는데, 여기에 적힌 황희에 대한 평가는 이렇다.

　　큰일과 큰 문제를 결정하는 마당에서는 의심 나는 것을 귀신처럼 풀어줬고, 좋은 계책과 좋은 의견을 제기하여 임금의 결함을 미리 메워줬다. 임금에게 과오가 없도록 노력했으며, 백성을 다스리는 데 있어서는 소란스럽게 하지 않았고, 법과 제도는 자꾸 뜯어고치기를 싫어하였으며, 일을 논의하는 데 있어서는 되도록 충실하고 후한 편을 취하였다.
　　인사 행정을 맡은 지 16년 동안 인재들을 명백히 식별하였으며, 정승에 머문 24년 동안 나라가 반석처럼 든든해졌다. 아홉 번 과거시험을 맡았지만, 늘 좋은 선비를 뽑았다는 칭찬을 들었고, 노쇠하여 열 번이나 퇴직할 것을 청했지만 임금은 늘 '나를 도우라'는 말만 하였다. 임금은 그가 병이 나면 반드시 약을 내려보냈고, 그의 늙은 몸을 우대하여 몸을 기대는 궤와 지팡이를 내렸다.

　4대의 임금을 섬겨오면서 충의심은 더욱 돈독했고, 나이 아흔 살이 되어서도 덕망과 지위가 높았으니, 실로 임금의 팔과 다리요, 나라의 기둥과 주춧돌이었다.

《조선왕조실록》을 통틀어 그 어느 교서에서도 왕이 신하를 이토록 극찬한 내용은 없다. 그만큼 황희는 조선왕조사의 그 어느 신하보다도 거대한 족적을 남긴 정치가였다는 뜻이다.

두문동을 나와 조선왕조의 동량이 되다

황희는 고려 공민왕 12년(1363년)에 개성에서 황군서의 아들로 태어났다. 본관은 장수, 처음 이름은 수로(壽老), 자는 구부(懼夫), 호는 방촌(厖村)이다. 아버지 황군서는 판강릉부사를 지냈는데, 그 덕에 황희는 14세에 음보로 복안궁녹사가 되었다. 21세에 사미시에, 23세에 진사시에 합격하고, 27세(1389년)에 문과에 급제하여 이듬해에 성균관학관에 제수되었다.

하지만 황희가 관직에 나왔을 무렵, 고려 조정은 엄청난 격랑에 휘말려 있었다. 1388년에 조민수와 이성계가 위화도회군을 단행하여 우왕을 내쫓고 당시의 실권자 최영을 제거했다. 이후 우왕의 아들 창을 세웠으나 폐가입진(廢假立眞, 가짜를 폐하고 진짜를 세운다)의 명분을 세워 1389년에 창왕을 폐하고 공양왕을 세우기에 이르렀다. 공양왕 즉위 이후엔 정몽주와 이성계가 서로 대립했다. 근왕세력이었던 정몽주 일파는 고려왕조를 유지하며 개혁을 단행하자는 입장이었으나, 정도전을 비롯하여 남은, 조준 등의 급진적 신유학파를 측근으로 두고 있던 이성계는 내심 역성혁명을 통하여 새로운 나라를 건설하고자 했다. 황희가 성균관학관에 임명되었을 땐 이들 두 세력이 팽팽한 대결을 벌이고 있었다.

두 세력 중에 먼저 승기를 잡은 쪽은 노련한 정치가였던 정몽주였다. 조정의 핵심 인물로 떠오른 정몽주는 공양왕의 돈독한 신임을 얻고 있었는데, 그는 늘 이성계의 수족 구실을 하고 있던 정도전, 남은, 조준 등의 신유학자들을 제거할 기회를 노렸다. 그들만 제거하면 학문에 어두운 이성계의 정치적 입지는 크게 약화될 것이고, 나아가서는 이성계마저 제거할 수 있다는 것이 정몽주의 계산이었다. 그리고 마침 그에게 뜻밖의 기회가 찾아들었다.

1392년 3월, 명나라에 입조했던 공양왕의 세자 왕석이 귀국하였고, 이성계는 그를 맞이하러 나갔다. 하지만 돌아오는 길에 황주에서 세자와 함께 사냥을 즐기다가 낙마하여 크게 다치는 바람에 이성계는 황주에 머물러야 했다. 이때 수문하시중으로 있던 정몽주는 이 기회를 놓치지 않았다. 그는 이성계가 등청하지 못하는 틈을 타 그해 4월에 정도전, 남은, 조준, 윤소종, 남재, 조박 등 이성계의 측근들을 대거 탄핵하여 유배시켜 버렸다.

황주에서 이 소식을 접한 이성계는 급한 마음에 가마에 몸을 싣고 밤길을 달려 개경에 도착했다. 하지만 그때 이미 그의 측근들은 모두 유배된 뒤였다. 고심 끝에 이성계는 무장 출신답게 다섯째 아들 방원을 시켜 정몽주를 참살하는 극단적인 조치를 취했다. 그리고 공양왕을 폐한 뒤, 스스로 왕위에 올라 조선왕조를 개창했다.

1392년 7월, 이성계가 왕위에 올랐을 때 황희는 관직을 내던지고 여러 학관들과 함께 두문동으로 찾아들었다. 그러나 조선 조정이 두문동에 은거한 학자들 중에서 인재를 찾자, 함께 머물던 동료들은 황희의 등을 떠밀어 조정으로 돌아갈 것을 권했고, 황희는 자의 반 타의 반으로 조정으로 돌아왔다.

태조와 정종의 미움을 받다

그러나 조정에 돌아온 황희의 관직 생활은 그다지 평탄치 못했다. 장무습유에 기용된 그는 태조 6년(1397년) 11월에 선공감 정난의 기복 문제로 임금의 미움을 샀다. 기복(起復)은 상(喪)을 당한 신하가 임금의 명령으로 상복을 벗고 관직으로 돌아오는 것을 말하는데, 이때 비록 임금의 명령이 있다손 치더라도 간관(諫官, 임금에게 옳고 그름을 간언하고 관리의 임명과 파면에 관여하는 관리)들의 동의가 있어야만 시행될 수 있었다. 당시 중서문하성의 종6품 습유(후의 정언)에 올라 있던 황희는 태조가 상을 당한 선공감 정난의 기복을 명령했음에도 동의하는 서명을 하지 않았다. 화가 난 태조는 황희를 불러 무섭게 꾸짖으며 물었다.

"어째서 그대는 정난의 기복에 서명하지 않는가?"

황희가 담담하게 대답했다.

"정난의 직책은 중요한 임무가 아닙니다."

원래 기복은 조정에서 꼭 필요한 인물에게만 시행하던 것이었다. 황희는 정난의 직책이 기복 명령으로 관직에 돌아와야 할 만큼 중요하지 않다고 판단하고 서명을 거부했다.

이에 태조가 버럭 화를 내며 소리쳤다.

"너희 간관들은 아는 사람에겐 부드럽고, 알지 못하는 사람에게는 원수같이 하니, 공정하지 못하다. 너는 오늘부터 일을 보지 말라."

서명 거부 사태로 황희는 한순간에 목이 잘렸다. 하지만 기복의 서명 문제는 간관들의 고유 권한이었다. 비록 임금이라고 해도 그 권한을 강탈할 수 없었다. 그런 까닭에 태조가 황희를 내쫓으려 한 것은 합법적인 처사가 아니었고, 실행에 옮기지도 못했다.

실록에 기록되지는 않았으나 태조는 황희를 파직하겠다고 한 자신의 말을 번복한 듯하다. 황희는 이 사건 이후에 우습유로 승진하였고, 세자부의 정자(正字, 세자의 서연을 담당하던 관리 중 하나)를 겸했기 때문이다.

하지만 이듬해 7월에 황희는 엉뚱한 문제에 휘말려 태조의 미움을 받아 면직되는 사태를 당한다. 태조 7년 7월 5일에 일어난 이 사건의 경위는 이렇다.

공조의 전서(典書) 직에 있던 유한우가 동북면에서 돌아와서 언관으로 있던 전시의 집에 들렀다. 전시가 동북면의 일을 묻자, 유한우는 순릉의 사치스러움을 비판했다. 당시 태조는 동북면에 있던 순릉과 경안백(신덕왕후 강씨의 아버지 강윤성)의 무덤을 이장하도록 했는데, 풍수지리에 밝았던 유한우는 그 일을 끝내고 돌아오던 길이었다.

"순릉을 옮겨 장사하는데 석양(石羊)과 석호(石虎), 석실의 난간이 지나치게 사치하고 화려합니다."

순릉은 태조의 할머니 경순왕후 박씨의 능이었다. 이 말을 듣고 전시가 유한우의 말에 동조했다.

"국군(國君, 임금)의 능실이면 몰라도 순릉이 이와 같이 화려한 것은 너무 지나치지 않습니까?"

그러자 한우는 그 참에 왕실의 무덤들이 너무 사치하다는 견해를 한 번 더 피력했다.

"경안백의 능실 또한 사치하기는 마찬가지입니다."

"순릉도 옳지 못한 일인데, 하물며 경안의 무덤이 어찌 능침과 같을 수 있겠습니까?"

유한우가 또 선원전에 대해서도 비판하니, 전시가 역시 동의했다.

"장생전이 이미 지어졌는데, 선원전까지 지을 필요가 없지요. 전서인 제가 그 책임을 피할 길이 있겠습니까?"

그렇듯 두 사람은 의견 일치를 본 듯했지만, 유한우는 내심 전시에 대한 감정이 좋지 않았던 모양이다. 입궐한 유한우가 전시의 말을 왕에게 그대로 아뢰자 태조는 노발대발하며 전시를 잡아들여 고문하면서 함께 말을 나눈 자들의 이름을 대라고 했다. 하지만 전시는 유한우 이외에는 사사로이 그 일을 의논한 사람이 없다고 버텼다. 그러나 고문이 더욱 가혹해지자 두 사람의 이름을 거론했다.

"황희와 박수기와도 말을 나눴습니다."

거기에 다시 고문이 가해지자 몇 사람의 이름을 더 댔다.

"장인 유원정, 숙부 전유, 조화, 신효창, 윤신달 등 10인입니다."

이 사건으로 전시는 갑주로 유배되고, 박수기는 경성교수관으로, 황희는 경원(인천)교수관으로 폄직되었다.

황희가 경원에 머무는 동안 이방원에 의해 왕자의 난이 일어나 정권이 바뀌었고, 덕분에 그는 정종 1년(1399년)에 조정으로 돌아와 보궐(정6품의 간관) 직을 제수받았다.

하지만 이번에도 오래가진 못했다. 그해 8월에 정종은 의원 양홍도를 낭장에 임명하고 교첩을 내리면서 문하부에 승인을 지시했는데, 황희를 비롯한 문하부 낭사들이 이를 거부했다. 이유인즉, 양홍도의 어미가 김윤택의 여종이었다는 것이다. 정종은 황희를 불러 여러 말로 설득하며 서명을 강요했으나 황희는 끝내 말을 듣지 않았다. 이 일로 정종과 문하부 낭사들 간에 한바탕 신경전이 벌어졌다. 결국 황희의 뜻을 꺾을 수 없다고 판단한 정종은 한 달 뒤에 문하부 관리들을 모두 폄직하여 좌천시켜버렸다. 특히 이 일을 주도한 황희는 물론이고, 함께 습유직에 있던 허조도 파면 조치되었다.

태조와 정종 시절 황희의 관직 생활은 이렇듯 순탄치 못했는데, 이는 그의 완고한 성품 탓이었다. 원칙주의자였던 그는 옳지 않다고 여기는 일에 대해서는 상대가 누구든 결코 타협하는 일이 없었고, 이는 때로 상관이나 임금의 비위를 건드리곤 했던 것이다.

태종, 그의 능력을 높이 사다

정종에게 내쫓긴 황희는 1400년에 태종이 왕위에 오르면서 종4품인 도평의사 경력(經歷, 판관급 관리)으로 뛰어올라 조정으로 돌아왔다. 이는 당시 지신사(후의 도승지)로 있던 박석명의 천거 덕분이었다. 박석명은 오랫동안 지신사로 있었는데, 누차에 걸쳐 사면을 청하자 태종이 이렇게 말했다.

"경이 경과 같은 사람을 천거해야만 대체가 가능할 것이다."

박석명은 관직에서 쫓겨나 야인으로 살고 있던 황희를 천거했다. 태종은 석명의 뜻을 받아들여 일단 황희를 경력에 임명하여 능력을 시험하며 자질을 키우도록 했고, 이후 병조의랑, 승추부 경력, 우사간대부, 좌부대언 등으로 승진시켰다. 그리고 경력에 임용된 지 불과 5년 만인 1405년에 전격적으로 승정원 지신사에 임명했다.

지신사는 왕의 기밀을 소상히 알고 있는 유일한 자리이며, 중요한 사안에 대해 모두 조언하는 중책을 맡은 관리였다. 그런 만큼 몸가짐과 언사에 신중하지 않으면 안 되었고, 판단력과 예지력 또한 탁월해야 했다.

임금의 심기를 잘 헤아려 항상 임금이 편안한 마음으로 정사를 돌볼 수 있도록 해야 하고, 식언하는 일이 없도록 임금에게 법과 제도를 상세히 알려줘야 하며, 상황과 처지에 따라 응급조치를 내놓을 수도 있어야 했다. 어디 그뿐인가. 조정 대신들의 면면을 소상히 파악하고 그들의 됨됨이를 정확하게 평가하여 임금의 인사행정에도 도움을 줘야 하고, 역모 사건 같은 인명을 다루는 문제에 봉착하면 혐의가 있는 인물들에 대한 나름의 판단을 임금에게 고하는 일도 그의 임무였다. 그렇다고 함부로 권력을 부리거나 재물을 탐하다간 탄핵당하기 쉬운 가시방석 같은 자리였고, 들어도 듣지 않은 듯 보아도 보지 않은 듯 귀머거리와 장님 노릇에 익숙해야 했다. 그런 까닭에 지신사는 중압감에 시달릴 수밖에 없고, 체력적으로도 대단히 힘들고 피곤한 직책이라 대신들은 가급적 빨리 그 자리에서 벗어나고 싶어했다.

태종은 박석명을 오랫동안 그 자리에 잡아둔 것처럼 황희도 4년 동안 자기 옆에 뒀다. 이 기간 동안 황희는 지신사 임무를 충실히 수행하여 누차 태종의 찬사를 들었다. 태종은 황희를 무척 총애하여 항상 대동하며 후하게 대우하였는데, 단 하루라도 황희가 보이지 않으면 사람을 보내오라고 하여 기어코 면대해야만 용안이 밝아졌을 정도였다고 한다.

4년 동안 지신사 직을 수행한 황희는 1409년 12월 6일에 승정원에서 벗어나 형조판서에 제수되었다. 불과 2개월 뒤인 1410년 2월 13일에 지의정부사로 자리를 옮겼다. 비록 형조판서를 두 달 동안 거치긴 했으나 지신사에서 지의정부사로 승격된 것은 파격적인 인사 조치였다. 태종은 박석명을 오랫동안 지신사로 데리고 있다가 그가 물러나자, 바로 지의정부사로 승격시켰는데 이는 전례가 없는 일이라고 실록은 기록하고 있다.

태종은 황희를 한직에 속하는 지의정부사 직에 오래 두지 않았고, 그 해 7월에 사헌부 수장인 대사헌에 임명했다. 사헌부의 기능은 크게 네

가지로 요약된다. 첫째는 언론 활동인데, 언론의 내용은 간쟁과 탄핵, 시정(時政), 인사(人事) 등이다. 간쟁은 임금의 언행에 잘못이 있을 때 바로잡기 위한 것이고, 탄핵은 관원의 기강을 확립하기 위해 부정한 관원을 비판하여 그 직위를 수행하지 못하게 하는 것이다. 시정은 그 시대의 정치에 대한 옳고 그름을 논하는 것이며, 인사는 잘못된 인사에 대해 비판하여 공정한 인사 정책을 이루기 위한 것이다. 따라서 대사헌은 조정의 중요한 정책과 인사에 모두 관여할 수밖에 없는 직책이다.

황희는 이 자리에 1년 동안 머물다가 1411년 7월 20일에 병조판서로 자리를 옮겼다. 이때 그는 명나라를 방문할 기회를 얻는다. 명 황제가 조선 왕실에 약재를 보내준 것에 대해 사은하는 일을 맡은 것이다.

그 무렵 명나라에서는 일본을 쳐야 한다는 정왜론이 일고 있었다. 당시 일본은 새 왕이 등극하였는데, 무도하게도 부왕의 영정을 벽에 걸어 놓고 송곳으로 그 눈을 찔러댄다는 말이 돌았다. 또한 부왕이 사대정책을 충실히 이행한 것과 달리 명에 대한 사대를 거부하고 왜구들이 명나라의 도서 지역을 노략질하는 것을 부추기고 있었다. 이를 용납할 수 없다고 판단한 명은 1413년 3월 20일에 통사 엄밀을 통해 일본 정벌 의지를 조선에 알려왔다.

명의 일본 정벌론은 조선 조정에 엄청난 파장을 일으켰다. 당시 한양에는 조선에 파견된 왜인 관리와 그 가족들이 다수 머물고 있었는데, 그들의 입을 통해 명의 정왜론이 일본에 전해지면, 조선이 명의 기밀을 빼서 일본에 알린 꼴이 되었다. 그 때문에 조선 조정은 정왜론이 조정 밖으로 새나가지 않도록 대신들의 입단속을 하느라 애를 먹어야 했다. 거기다 명이 일본을 정벌하면 반드시 조선 땅을 거쳐가게 될 것인데, 이는 조선 땅이 명군의 발아래 놓인다는 뜻이었다. 그것은 결과적으로 조선이 명군의 일본 정벌을 도운 꼴이 되어 향후 조선과 일본의 관계가 극도로 악화된다는 의미였다.

　사태가 이렇듯 긴박하게 돌아가자, 병권을 쥔 황희는 속히 모든 군대를 점검하고, 군함과 무기를 재정비할 것을 지시했으나, 다행히 정왜론이 수그러든 덕분에 전쟁은 일어나지 않았다.

　그로부터 한 달 뒤 황희는 다시 예조판서로 자리를 옮겼다. 예조에 있을 때 황희는 중요한 문제 하나를 처리했는데, 당시 논란이 되고 있던 종모법(從母法)과 종부법(從父法) 문제였다. 종모법은 관청이나 개인의 여종이 양인에게 시집가서 아이를 낳으면, 그 어미의 신분에 따라 자식도 노비가 되는 제도였고, 종부법은 양인인 아버지의 신분에 따라 자식이 양인이 되는 제도였다. 종모법이 실시되고 있던 당시 사회에선 후자는 드물고 전자는 허다했다. 그 때문에 양인이나 양반의 자녀들이 그 어미의 신분을 좇아 관노나 사노가 되는 일이 많았다. 이로 인해 날로 천민이 늘어나자 태종은 몹시 고민하였다. 그러자 황희는 종부법이 당연하다고 강력하게 주장하며 이를 시행토록 주청했다. 황희의 의견을 옳게 여긴 태종은 결국 종부법을 선포하였고, 덕분에 천민으로 전락했던 수많은 사람들이 양인이 되는 행운을 얻었다.

　1415년 5월 17일 황희는 다시 승진하여 이조판서에 올랐다. 하지만 그의 이조 생활은 겨우 한 달밖에 가지 못했다. 6월 19일에 노비 판결 사건에 잘못 휘말려 파직당했던 것이다.

　그 후 5개월 동안 야인으로 지내던 황희는 그해 11월에 의정부 참찬을 제수받아 조정으로 돌아왔다. 또 한 달 뒤에 호조판서에 임명되었고, 3개월 뒤인 1416년 3월 16일에는 이조판서에 복귀하였다.

　태종이 황희를 총애하자 태종의 오른팔 노릇을 하고 있던 하륜이 황희와 심온을 비방하는 글을 올렸다. 당시 심온은 태종이 가장 총애하던 충녕대군(세종)도의 장인이었던 까닭에 늘 임금 가까이 머물렀는데, 하륜은 이들 두 사람을 함께 비방하며 곁에 두지 말라고 했던 것이다.

진산부원군 하륜의 글을 받고 태종은 조말생을 불러 읽어보게 했는데, 대략 이런 내용이었다.

"정치를 하는 도리 중에 사람을 쓰는 것보다 중요한 것이 없으니, 한 사람의 군자를 쓰면 잘 다스려지고, 소인을 쓰면 나라가 어지러워지는 것을 성상께서는 잘 알고 계실 것입니다. 그러나 아주 간사한 사람이 간사하지 않은 것처럼 꾸미고 나타나면 아무리 사리에 밝은 임금이라도 알아내기 어렵습니다. 심온과 황희는 몹시 간사한 소인인 만큼 의정부와 육조에는 적당치 않으며, 특히 이조의 인사 관계를 맡고 있다는 것은 더욱 안 될 일입니다."

조말생이 글을 다 읽자 태종은 실망하는 얼굴로 말했다.

"진산부원군은 충직한 신하인 까닭에 내가 그 덕의를 존경하여 단순히 신하라고 여기지 않고 늘 스승으로 대우해오고 있었다. 그러나 그가 직접 올린 이 글은 심히 마음에 들지 않는다. 황희는 내가 일찍이 한 집안 사람처럼 대해왔고, 심온은 충녕대군의 장인이다. 이 두 사람에게 무슨 나쁜 점이 있다고 이렇게까지 심하게 헐뜯는가 말이다. 옛사람이 이르기를 임금이 비밀을 지키지 않으면 신하를 잃고, 신하가 비밀을 지키지 않으면 몸을 잃는다고 했다. 그러니 대신이 내게 직접 올린 글을 외부에 공개할 수는 없다. 하지만 너는 글을 읽어 사리를 아는 유생이니, 어찌 내가 너에게 비밀히 보인 까닭을 모르겠느냐? 너는 진산부원군 집으로 가서 그 까닭을 물어 보고하라."

태종은 자신이 크게 신임하고 있는 두 신하를 가차없이 소인으로 폄하한 하륜의 처사를 몹시 못마땅하게 생각하고 그 진의를 캐려 했던 것이다.

조말생이 하륜의 집에 가서 황희와 심온을 간사한 소인으로 몰아세운 이유를 물으니, 하륜이 이렇게 대답했다.

"황희와 심온은 본래 시시한 소인배입니다. 종전에 희와 온이 공모하여 이중무의 노비 사건을 잘못 처결하였고, 또 희는 홍유룡의 첩과 노비 문제로 다투다가 결국 자기가 차지했습니다. 사람의 마음을 가지고 어떻게 남의 자식과 그 아버지의 노비를 가지고 다툴 수가 있습니까? 이것은 그저 한 가지의 실례에 지나지 않습니다. 간사하고 나쁜 짓이 이 밖에도 많으니, 신이 어찌 알지도 못하면서 망령되게 아뢰겠습니까? 희는 옛 공로가 있고, 심온은 종실과 관계된 사람이니, 그들을 버릴 수는 없겠지만 중요한 자리에 등용해서는 정말 안 됩니다."

조말생으로부터 전해들은 태종은 다음에 하륜을 만나 직접 말하겠다며 그 일을 그냥 넘겼다. 태종은 황희와 심온이 이중무의 노비 문제를 잘못 처결한 것은 대수롭지 않은 일이라고 판단했고, 홍유룡의 노비 문제도 별일이 아니라고 보았다. 오히려 태종은 하륜이 두 사람을 시기하여 비방하는 것이라고 판단하고 그의 인물됨에 크게 실망했다.

그러나 하륜의 비방이 전혀 근거가 없는 것은 아니었다. 흔히 황희는 청백리로 알려져 있지만, 실록에는 그의 다른 면모들이 몇 가지 기록되어 있다.

하륜의 편지 사건이 있던 그해 12월 25일 사헌부에서 황희를 비롯한 몇몇 대신들을 탄핵한 사건도 그 중 하나다. 1415년 여름에 가뭄이 심하게 들었는데, 이 때문에 태종은 60세 이상의 노인은 모두 2등급을 승진시켜 검교직(현직이 아닌 훈직, 공훈 형태로 주어지는 직책)으로 제수하라고 명했는데, 황희 등이 나이 60세가 되지 않은 사람을 천거하여 검교 벼슬을 속여서 받게 했던 것을 사헌부가 밝혀낸 것이다. 하지만 태종은 이 일에 대해서도 더 이상 간하지 말라고 했다.

태종은 스스로 말했듯이 황희를 혈족처럼 여기며 늘 자기 주변에 두려

했고, 웬만한 잘못은 눈감아줬다. 그 때문에 하륜 같은 훈구 대신들이 황희를 시기하여 어떻게 해서든 그를 공격할 빌미를 찾고자 했던 것인데, 그때마다 태종은 황희 편을 들었다.

양녕을 두둔하다 서인으로 전락하다

태종은 황희를 극진하게 대접했지만 두 군신의 관계가 항상 원만했던 것은 아니었다. 특히 양녕의 폐세자 문제가 터졌을 땐 팽팽한 대립각을 세우기도 했다.

태종은 양녕의 행실이 올바르지 못한 점을 책망하며 세자에서 폐하려고 했는데, 황희는 이를 강력하게 만류했다. 태종이 그를 불러 세자의 무도한 실상을 늘어놓고 폐세자 문제를 논의하자, 황희는 이렇게 말했다.

"세자가 나이가 어려서 그리 된 것이니, 큰 잘못은 아닙니다."

이 말에 태종은 몹시 화를 냈다. 황희가 민무구 형제 숙청에 주도적 역할을 한 까닭에 외숙들과 친분이 깊었던 세자를 비호함으로써 과거 민씨 집안과 맺은 원한을 풀어 후일의 정치적 터전을 확보하려는 속셈이 있다고 판단했기 때문이다.

화가 난 태종은 당장 황희를 멀리했고, 직위도 이조판서에서 공조판서로 좌천시켰다. 그래도 배반감이 풀리지 않아 1417년 2월 22일에는 평안도 도순문사로 내쫓았다. 황희는 그로부터 10개월간 평양에서 외직 생활을 했는데, 막상 그를 외직으로 쫓아보내고 나니 태종의 마음이 개운치 않았던 모양이다. 더구나 황희만큼 여러 정치 현안을 두루 꿰고 있는 신하가 없어 아쉽기도 했다.

그해 8월엔 원윤의 작위에 대한 논의가 있었는데, 마땅히 자문을 얻을 신하가 없었다. 하륜, 이숙번, 황희 등이 그런 문제에 밝았는데, 하륜은 죽고 없었고, 이숙번은 유배 중이었다. 결국 태종은 평양에 있던 황희에게 예조정랑 이종규를 보내 자문해야만 했다.

이 일을 겪은 뒤 태종은 황희의 빈자리가 너무 크다는 생각을 하고, 그해 12월에 형조판서에 임명하여 다시 조정으로 불러들였다. 양녕 문제로 서운한 마음이 없지 않았지만 황희만 한 인재도 없었던 것이다.

하지만 양녕을 폐세자시키는 마당에 그를 비호한 황희를 조정 요직에 두는 것은 몹시 부담스러운 일이었다. 황희가 조정에 있으면 필시 폐세자를 반대할 터이고, 그 일로 또 한 번 황희를 내쳐야 하는 사태가 벌어질 게 뻔했다. 그런 헤아림으로 태종은 한 달 뒤인 1418년 1월에 황희를 판한성부사로 내보냈고, 그해 5월에 양녕을 폐세자시켰다.

양녕이 폐위되자, 태종은 양녕을 두둔한 황희의 직위를 빼앗고 서인(庶人)으로 전락시켜 교하로 내쫓았다. 사실 대간과 형조에서 양녕을 비호해온 황희의 죄를 심문하고, 크게 다스려야 한다는 주장이 많았으나, 태종은 황희에게 더 이상의 가혹한 조치는 내리지 않았다. 세자를 폐하는 문제로 황희에게 책임을 묻지 않을 수 없었으나, 그를 힘들게 할 생각은 없었던 것이다. 태종은 오히려 황희를 한양에서 가까운 교하로 보내 노모를 모실 수 있도록 하는 세심한 배려를 했다. 그러자 조정 대신과 대간들이 반발하며 황희에게 죄줄 것을 강력하게 주장했다. 벌떼처럼 일어난 대간들의 요구를 완전히 묵살할 수만은 없게 되자, 태종은 황희의 생질 오치선을 교하로 보내 자신의 뜻을 전하도록 했다.

"경은 비록 공신은 아니지만 나는 공신으로 대우한다. 그러므로 하루라도 보지 않으면 반드시 불러 좌우에서 떠나 있지 못하게 하고 싶다. 하지만 지금 대신과 대간들이 경에게 죄주기를 청하여 양경(한양과 개성) 사이에는 거처하게 해서는 안 된다고 주장한다. 그런 까닭에 경을 경의 본향인 남원에 옮겨두니, 경은 어머니와 더불어 편리할 대로 함께 가도록 하라."

유배 명령치고는 너무나 정감 넘치는 말이었다. 더구나 사헌부에 명하여 그를 압송하지 말도록 조치했다.

오치선이 말을 전하고 돌아오자, 태종은 그에게 물었다.

"황희가 뭐라 하더냐?"

"황희의 말이 살가죽과 뼈는 부모가 준 것이지만, 입고 먹고 하인을 부리는 것은 모두 다 임금의 은덕인데, 어찌 그 은덕을 배반하겠느냐며 정말 다른 마음은 없었다고 하면서 눈물을 흘렸습니다."

태종이 황희의 마음을 헤아리고 안타깝게 여기면서 말했다.

"이미 시행한 것이니 어쩔 수 없구나."

황희를 남원으로 보낸 뒤 두 달 만인 1418년 7월에 태종은 전격적으로 왕위를 세종에게 넘기고 상왕으로 물러앉았다.

한편 남원으로 내려간 황희는 문을 닫고 일절 바깥 출입을 하지 않았다. 심지어 과거에 함께 합격한 동기가 찾아가도 만나주지 않았다.

그렇게 4년이 흐른 1422년 2월에 태종은 황희를 한양으로 불러들였다. 사간원의 허성이 황희를 처벌할 것을 상소하며 태종의 조치에 반발했지만, 태종은 오히려 황희의 과전을 돌려주도록 했다.

그해 4월에 황희가 대궐로 찾아들어 태종을 알현하니, 그 자리에 세종이 함께 있었다. 태종이 황희에게 웃으면서 말했다.

"내가 매일 경의 일을 주상에게 말했는데, 오늘이 바로 경이 도성으로 온 날이로고."

태종은 세종에게 황희를 후하게 대접할 것을 지시했고, 과전과 직첩을 돌려주도록 하면서 임명을 부탁했다.

황희에 대한 태종의 배려는 이렇듯 극진했다. 태종이 황희에 대해 어떤 마음을 가졌는지는 세종이 황희에게 들려준 말에서 잘 드러난다.

"경이 폄소(貶所, 귀양지)에 있을 때, 태종께서 '황희는 한나라의 뛰어난 재상이었던 사단(史丹)과 같은 사람이니, 무슨 죄가 있겠는가?'라고 하셨다."

마침내 세종의 정승이 되다

세종이 황희를 조정으로 부른 것은 1422년 10월 28일로, 그에게 내린 첫 벼슬은 정2품 의정부 참찬이었다. 당시 세종이 채택한 서무 처결 방식은 육조직계제로 육조의 판서가 의정부를 거치지 않고 바로 부서의 중요 현안을 왕에게 보고하는 체계였다. 육조직계제 상황에서 의정부는 상대적으로 실권이 없는 곳이었지만, 세종은 황희를 일단 이곳에 배치하여 가까이 두고 정책 결정에 도움을 받고자 했던 것이다.

세종은 황희를 참찬 직에 7개월 정도 머물게 하면서 조정에 적응시킨 뒤, 1423년 5월에 예조판서에 임명하였다. 그리고 곧 그를 외직인 강원도 관찰사로 파견했다. 당시 조선 전역은 극심한 가뭄으로 많은 백성들이 기아에 허덕이고 있었는데, 특히 강원도의 상황이 가장 어려웠다. 세종은 이 문제를 해결하기 위해 특별히 황희를 강원도 감찰(관찰사)로 내보낸 것이다.

강원도에 도착한 황희는 그곳 상황을 점검하여 구휼책을 마련하면서 우선 회계 기록을 허위로 낸 도내의 수령들을 처벌할 것을 주청했다.

"도내의 통천 같은 고을은 실농이 가장 심한 곳으로 환곡을 회수하지 못한 것은 당연합니다. 그 이외의 강릉, 울진, 양양, 고성과 같은 고을들에서는 4만여 섬 중에 2~3천 섬만 회수했거나 3만여 섬 중에 500~600

섬만 회수한 곳이 많습니다. 그런데 협잡을 하여 장부에는 다 받은 것처럼 기록해놓은 탓에 기근을 당하여 구제할 때 창고에 저축 물량이 하나도 없는 것입니다. 나라를 속이는 것 중에서 이보다 더 심한 일은 없습니다. 열거한 고을 수령들을 관청에 넘겨 죄를 논하소서."

하지만 세종은 농사가 피폐하고 유민이 늘어난 상황에서 수령들을 잡아다 벌주면 혼란만 가중된다고 판단하여 그 요청을 들어주지 않았다. 세종은 우선 기근을 해결하는 데 역점을 두고, 그것이 해결된 뒤에 관리의 잘못을 따져도 늦지 않다고 보았는데, 이는 세종의 뛰어난 치세 판단을 엿볼 수 있는 부분이다.

첫 장계를 올린 바로 다음 날인 1424년(세종 6년) 2월 6일에 황희는 또 한 장의 계를 올렸다.

"도내의 백성이 총 1만 6천 호인데, 그 가운데 환곡을 받지 않고 제 힘으로 살아가는 사람은 얼마 되지 않습니다. 그들 대부분이 푸성귀로 겨우 목숨을 이어가고 있는 형편에서 전체 도의 남녀 백성들의 이름을 모두 조사해 호조에 공문을 올려보내서 그 회보를 받은 다음에 구제하다간 늦습니다. 백성들이 그때까지 버틸 수 있을지 우려되며, 또한 종자로 쓸 환곡을 제때에 나눠주지 못하면 농사철을 놓치게 될 것입니다. 의창에 있는 환곡 중에서 우선 6만 2,400여 섬을 굶주리고 있는 백성들에게 식량과 종자로 내줘서 제때에 기근을 구제하고 농사도 장려하시기 바랍니다."

황희는 행정 절차를 모두 따지다간 구제의 손길이 뻗치기도 전에 백성들이 굶어죽을 것이며, 설사 늦게나마 의창의 곡식으로 그들을 구제한다 하더라도 이미 농사철을 놓친 뒤라 악순환이 계속될 것이라 판단했던 것이다.

하지만 그것만으로 강원도 백성의 기근이 해결될 수 없다고 생각한 황희는 3월에 다시 세금을 대폭 감해줄 것을 청했다. 세종은 그의 요청을 받아들여 강원도 백성들이 바칠 스무 종류의 세금을 감할 것을 호조에 명령했다.

이런 일련의 조치로 강원도의 기근 사태가 어느 정도 해결되자, 세종은 그해 6월에 황희를 조정으로 불러들여 종1품 찬성을 제수하여 바야흐로 그를 1품의 반열에 들게 했다. 또한 차제에 강원도 백성들이 유민이 되어 떠도는 사태를 해결하기 위해 황희를 불러 그 대책을 물었다. 이에 황희가 대답했다.

"부역을 면하고 해군을 감하여 그들로 하여금 농사에 전념할 수 있도록 해야 합니다. 해군을 감하는 방법으론 전라도 군대를 가까운 충청도로 옮기고, 충청도 군대를 경기도에 충당하여 강원도 영서 백성들이 경기도에 가서 수자리하는 일을 없애면 해군을 줄이지 않고도 폐단을 없앨 수 있습니다. 또한 공관의 공사 재목은 모두 강원도에서 나오는데, 이것을 운반할 때 인마(人馬)의 피곤함이 이루 말할 수 없습니다. 그 문제를 해결하면 강원도 백성들이 유랑하지 않을 것입니다."

세종은 안타까운 표정으로 고개를 끄덕이며 말했다.

"눈으로 보지 못한 내가 이렇게 마음 아프게 생각하는데, 하물며 직접 본 사람이야 말로 표현할 수 있겠소이까."

황희의 행정 능력을 높게 평가한 세종은 곧 감찰과 언론을 맡은 사헌부의 수장 대사헌을 겸하게 했다. 그리고 2년 뒤인 1426년 2월 10일에 이조판서에 임명하여 중책을 맡겼다. 하지만 이조판서에 오르자마자 황희는 사헌부의 탄핵을 받았다. 남원부사 박희중이 부정을 저질러 탄핵을 받게 되어 있었는데, 그 사실을 황희가 누설했던 것이다. 하지만 세종은 그에 대한 탄핵을 받아들이지 않았다. 오히려 그해 5월 13일에 그를 우의정으로 삼아 정승의 반열에 올렸으며, 그로부터 8개월 뒤인 1427년 1월에는 좌의정으로 승격시키고 세자의 스승으로 삼았다.

살인 사건을 은폐하고 뇌물을 받아 망신당하다

좌의정에 오른 지 5개월 만인 1427년 6월 17일 황희는 우의정 맹사성, 형조판서 서선 등과 함께 살인 사건에 연루되어 의금부 옥에 갇히는 신세가 되었다.

당시 조정에 엄청난 파장을 불러일으킨 이 사건은 황희가 의정부 찬성 직에 있을 때 일어났다.

황희와 서선은 사돈지간이었는데, 황희의 사위이자 서선의 아들 서달이 모친 최씨와 함께 대흥현으로 가는 길에 신창현을 지나게 되었다. 그런데 그 고을 아전 하나가 서달에게 예를 갖추지 않고 달아나는 일이 발생했다. 화가 난 서달은 잉질종 등 세 명의 종을 시켜 아전을 붙잡아오게 했다. 잉질종은 길에서 신창현 아전 한 명을 붙잡아 결박하여 끌고 오면서 도망친 아전의 집을 대라고 했다.

이 광경을 본 표운평이라는 아전이 서달의 종들에게 소리쳤다.

"어떤 놈들이기에 관청의 아전을 묶어놓고 때리느냐?"

종들이 그 말에 발끈하여 표운평의 머리채를 잡아끌고 발길질을 한 뒤, 몽둥이로 볼기와 등을 사정없이 때려 서달에게 끌고 갔다. 운평은 정신을 잃고 제대로 말도 못했는데, 서달은 운평이 술에 취해 말도 못한다면서 수하인 서득을 시켜 운평의 양손을 묶고 몽둥이로 정강이를 마구 치도록 했다.

그런데 이튿날 운평은 그만 명줄을 놓고 죽어버렸다. 그의 가족들이 감사에게 이 사실을 고소하였고, 감사 조계생은 조순과 이수강을 시켜 신창현으로 가서 서달과 그 종들을 신문토록 했다. 두 관리는 서달이 종들을 시켜 운평을 때려죽이게 한 것으로 처결 문건을 만들어 신창의 관청 종을 시켜 감사에게 보고하게 했다.

당시 황희는 의정부 찬성 벼슬에 있었다. 그는 사위가 살인을 한 사태를 접하고 친분이 깊던 판부사 맹사성을 찾아가 피해자 집안과의 중재를 요청했다. 신창현은 맹사성의 본향이었기에 피해자 집안과 화해를 주선해주리라 믿었던 것이다.

그때 운평의 형인 표복만이 한양에 머물고 있었는데, 맹사성이 그를 불러 권고했다.

"이런 일로 고향 풍속을 더럽혀서야 되겠는가?"

복만을 타이른 맹사성은 한편으로 신창현감 곽규에게 편지를 보내 어떻게 해서든 무사하게 처리해달라고 청탁을 하였다. 서선의 사위인 노호는 신창현 옆의 대흥현감으로 있었는데, 신창현감을 찾아가 선처를 부탁하고, 사람을 시켜 애걸하기도 하면서 청탁을 했다.

고관과 동료의 부탁으로 난처한 처지에 놓인 신창현감 곽규는 노호에게 이렇게 통지했다.

"차사관이 장계를 가지고 이미 떠났소이다."

즉 장계를 빼앗든 말든 마음대로 하라는 뜻이었다. 속내를 알아차린 노호는 즉시 사람을 풀어 길목을 지키고 있다가 장계를 강탈했다.

서선의 부인 최씨의 친족인 강윤도 피해자 집안을 찾아가 큰 보상을 해주고 이속을 챙겨주겠다며 없던 일로 해줄 것을 청했고, 운평의 형 복만까지 뇌물을 받고 가세하여 운평의 처를 타일렀다.

"죽은 사람이야 다시 살아날 수 없는 일이고, 신창에 본향을 둔 재상과 상관의 지시를 아전 된 사람으로서 따르지 않다간 결국 어떻게 되겠소?"

복만은 운평의 가족이 가해자 집안과 개인적으로 화해했다는 글까지 써주며 운평의 처에게 신창현에 제출하도록 종용했다. 또한 감사의 지시로 사건을 담당했던 온수현감 이수강과 직사현 지사 조순에게도 보내게 했다.

이수강과 조순은 논의 끝에 이 사건과 관련된 증인들을 한자리에 모아놓고 처결문건과는 전혀 상반되는 결정을 내리고 서달을 면죄시키고 잉질종에게 죄를 뒤집어씌워 감사에게 보고했다.

감사 조계생은 직산현감 이운과 목천현감 윤환을 시켜 다시 조사하게 했는데, 서선과 노호, 이수강의 청탁을 받은 이들은 이수강과 조순의 처결문건을 그대로 받아 감사에게 보고했다.

감사 조계생과 도사 신기는 그들의 말을 사실로 믿고 자세히 살펴보지도 않은 채 형조에 보고했고, 형조좌랑 안숭선은 7개월 동안 시간을 끈 뒤 사건의 내막을 다시 살펴보지도 않고 보고했으며, 형조참판 신개도 제대로 심리하지 않고 서달을 석방시켜버렸다. 그리고 잉질종 등 종들에게 죄를 묻고 법조문을 적용해서 의정부에 보고했다.

그러나 세종은 그냥 넘어가지 않았다. 처결문건들을 낱낱이 살펴보면서 앞뒤가 맞지 않은 부분이 많아 의심의 여지가 있다고 보고, 의정부에 사건을 다시 내려보내 죄인들을 신문할 것을 명령했다. 그 결과 사실이 백일하에 드러났고, 사건을 은폐하기 위해 청탁과 뇌물이 오갔음이 밝혀졌다.

법대로 하면 서달은 교수형감이었다. 하지만 세종은 그가 외아들이라는 이유로 형장 100대를 치고, 3천 리 밖으로 유배 보내는 것으로 대신했다. 또 범행에 가담한 좌의정 황희와 우의정 맹사성을 직책에서 파면시키고, 형조판서 서선의 임명장을 회수했다. 형조참판 신개는 강음에, 대사헌에 올라 있던 조계생은 태인에, 형조좌랑 안숭선은 배천에 유배시켰다. 또 온수현감 이수강은 형장 100대에 3천 리 밖인 광양으로 유배되었으며, 직사현 지사 조순, 직산현감 이운, 목천현감 윤환은 각각 장형 100대와 도형 3년을 선고받았다. 그 외에 대흥현감 노호는 형장 90대와 도형 2년 반, 신창현감 곽규와 신창 교도 강윤은 각각 장형 100대와 도형 3년, 도사 신기는 장형 100대에 처했다.

양반의 살인을 은폐하여 종복에게 뒤집어씌우려 했던 이 사건으로 명재상 황희와 맹사성은 망신살이 뻗쳤고, 그 사실을 밝혀낸 세종의 위엄은 한층 높아졌다.

비록 황희가 시집간 딸을 생각하여 살인을 은폐하려는 음모에 가담한 죄가 컸지만, 세종은 그의 능력을 높이 평가하여 좌의정 벼슬을 복원시켜줬다. 하지만 황희는 서달 사건으로 엄청난 정치적 타격을 입은 데다 모친상까지 당한 처지였다. 세종은 그런 처지를 달래기 위해 서달이 유배지에서 가족과 함께 살 수 있도록 죄를 경감하고 황희의 다친 마음을 어루만졌다.

그러자 대사헌 이맹균이 황희를 다시 부르는 것과 서달의 죄를 경감한 것은 옳은 조치가 아니라며 반대를 하고 나섰다. 세종은 인재를 함부로 버릴 수 없다며 의지를 굽히지 않았고, 다시금 상을 당한 황희에게 기복 명령을 내려 조정으로 돌아오도록 조치했다.

황희는 선뜻 기복하여 조정으로 돌아올 수 없었다. 한 나라의 재상으로서 살인 사건에 가담한 죄가 천하에 알려져 얼굴을 들고 다닐 수 없는 지경이었던 것이다. 세종은 그 점을 감안하여 동궁과 함께 명나라에 가서 황제를 배알하고 오라는 명령을 내렸다. 당장 조정에 돌아올 수 없는 황희의 처지를 생각하여 만들어낸 묘안이었다. 하지만 황희는 기복 명령을 거둬달라는 상소를 올리며 조정으로 나오지 않았다.

그런 가운데 세자가 명나라에 갈 필요가 없게 되었는데, 세종은 여전히 황희에게 기복을 명했다. 황희는 대궐로 나와서 명나라에 갈 일도 없게 되었으니, 굳이 기복할 이유가 없다고 하면서 3년상을 마치게 해달라고 요청했다.

그러나 세종은 그를 대신할 인물이 없다고 보고 단호하게 말했다.

"경의 기복은 단지 세자의 황제 조현만을 위한 것이 아닙니다. 더구나 대신의 기복은 조종(祖宗)이 세우신 법이니 요청을 받아들일 수 없소."

그 뒤에도 황희는 다시 글을 올려 기복 명령을 거둬줄 것을 요청했으나 세종은 끝내 허락하지 않았다. 결국 세종의 강력한 의지에 따라 황희는 기복 명령에 복종하여 좌의정 자리로 되돌아왔다.

그러나 얼마 뒤 황희는 다시 구설수에 올랐다. 1428년 1월 28일, 첨절제사 박유가 황희에게 뇌물을 보내다가 단속 관원들에게 붙잡힌 것이다. 거기다 6월 14일에는 황희가 역졸 박용으로부터 말과 술대접을 받고 그를 비호하는 편지를 썼다는 대간의 보고서가 세종에게 올라갔다.

세종은 뜬소문이라고 일축하며 황희를 탄핵하지 말라고 지시했다. 하지만 소문이 점차 커져서 조정이 시끄러워지자 대간에서는 황희를 탄핵했고, 황희는 스스로 나와 자신의 누명을 조사해줄 것을 청했다. 이에 따라 황희의 서찰을 받아갔다는 박용의 아내 복덕에 대한 국문이 이뤄지고, 의금부에서는 황희와 복덕의 대질 신문을 요청했다. 그러나 대질은 이뤄지지 않았고, 탄핵을 받은 황희는 임금에게 사직을 요청했다. 하지만 이번에도 세종은 사직 요청을 받아들이지 않았다. 사건 정황으로 봐서는 황희가 어느 정도 관련된 것 같았지만, 그런 일로 뛰어난 신하를 잃고 싶지 않았던 것이다.

이 사건 이외도 황희의 몇몇 행적은 구설수에 올랐다. 처남들인 양수와 양치가 위법을 저지른 것이 발각되자, 그들은 잘못이 없고 단지 풍문일 뿐이라는 글을 세종에게 올려 구차한 변명으로 처남들을 구해낸 적도 있고, 관청에서 몰수한 과전을 아들 황치신에게 돌려주려고 사사로이 글을 올려 임금에게 청한 적도 있다. 또한 황중생이란 사람을 서자로 삼아 집안에 드나들게 했다가 후에 황중생이 죽을죄를 범하자, 곧 자기 아들이 아니라고 하면서 그의 성을 조씨로 바꾸기도 했다. 그 외에도 온정에 이끌려 몇몇 사건에 청탁이나 권력을 행사하다가 탄핵을 받은 일들이 있었다.

이런 일 때문에 실록의 황희 줄기에 "성품이 지나치게 관대하여 집안을 다스리는 데엔 단점이 있으며, 청렴하지 못하다."는 비판을 남기게 되었던 것이다.

만인지상 일인지하의 자리에 오르다

살인 사건과 뇌물 사건에 휘말려 큰 홍역을 치른 황희였지만, 그에 대한 세종의 신뢰가 변함없었던 덕에 1431년(세종 13년)엔 일인지하 만인지상(一人之下 萬人之上)의 영의정에 임명되었다. 이때 황희의 나이 69세였다.

영의정에 임명될 당시 황희는 교하의 수령 박도에게 토지를 청탁하고, 그 대가로 도의 아들을 행수로 만든 뇌물 사건과 태석균이라는 인물이 죄를 받을 때 사헌부에 부탁하여 고신(告身, 임명장)을 내주라고 청탁한 사건으로 탄핵을 받을 처지였다. 이로 인해 사헌부 좌사간 김중곤이 이런 글을 올렸다.

염치를 아는 것은 신하로서 마땅히 힘써야 할 것인바, 탐오하는 것은 응당 나라의 법으로 징계해야 할 것입니다. 설사 품계가 낮은 사람이 이런 짓을 한다 해도 평생의 흠으로 남아 중앙 관리의 반열에 오를 수 없을 것인데 하물며 정승인 경우엔 말할 나위가 있겠습니까?

영의정 황희는 전에 좌의정으로 있으면서 원칙을 생각하지 않고 자기와 가까운 사람에게 사사로운 정리를 드러내 태석균이 죄를 받을 때에는 사헌부에 부탁하여 임명장을 내주라는 청을 하기까지 하였으니, 재상은 나라의 본보기가 되어야 한다는 본의는 어디로 간 것입니까? 그런데도 전하가 특별히 관대한 법조문에 따라 그저 벼슬만 파면시키도록 한 것은 너무나 관대한 조치였습니다.

또 교하의 둔전을 개간한 공로가 있다고 구실을 대고 그 토지를 차지하였음에도 만족하지 못하여 남종을 시켜 신소를 제기해서는 그 나머지마저 모조리 차지했습니다. 이는 백성들의 이익을 중하게 여기던 옛 재상들의 생각과는 대비할 수도 없는 일입니다. 그런데도 한 해도 못되어 모든 관리들의 윗자리에 올려놓고 또 세자의 스승까지 겸직시킨 것을 황희는 버젓이 받고 태연한 척 부끄러워하지도 않습니다. 그러니 정사를 의논하고 음양을 고르게 하는 직책과 세자를 양성하는 소임에는 애초부터 적합하지 않은 인물입니다. 전하는 그 벼슬을 파면시키고 관리들과 백성들의 바람에 부합하시기 바랍니다.

이 글을 받고 세종도 교하의 둔전 사건과 태석균 일은 명백히 황희의 잘못이라고 인정했다. 하지만 탄핵은 받아들이지 않았다. 세종은 안숭선을 불러 이렇게 말했다.

"황희가 교하 고을의 원 박도에게 토지를 요구하고 도의 아들을 행수로 들인 것과 태석균의 임명장에 승인 표시를 해줄 것을 청탁한 것은 참으로 옳지 않다. 그러나 태종께서 신임하던 신하이고 재주가 남다른데 이런 일로 영영 인연을 끊어야 하는가?"

안숭선이 대답했다.

"교하와 석균의 일은 정말 황희의 잘못입니다. 그러나 정사를 의논하는 데 황희만큼 깊은 계책과 원대한 생각을 내놓는 사람은 없습니다."

이에 세종이 맞장구를 쳤다.

"경의 말이 옳도다. 지금 대신들 중에 황희만 한 사람이 많지 않다. 지나간 대신들을 말하자면 하륜, 박은, 이원 등은 모두 재물을 탐한다는 말을 들었는데, 하륜은 자기 욕심을 채우기를 도모하는 신하였고, 박은은 임금의 비위만 맞추는 신하였으며, 이원은 이속만 탐내고 의리를 모르는 신하였다."

세종이 결국 황희를 택한 것은 지금껏 정승을 지낸 다른 사람들에 비해 그나마 청렴하고 일처리 능력이 탁월하다는 판단에 따른 것이었다. 거기다 황희는 어떤 문제든지 계책이 남달랐고, 상황과 사건에 따라 적절한 처방을 내놓을 줄 아는 능력이 있었다. 또 비록 몇 번 뇌물을 받았다곤 하나 다른 신하에 비해 가난하게 살았고, 인정이 많고 마음이 유순하여 노비들에게도 모질게 대하지 않는 위인이었다. 세종은 흠이 있음에도 그런 점을 높이 평가하여 황희를 영의정에 임명했던 것이다.

그 무렵 황희는 자신이 탄핵당했다는 소식을 듣고 영의정에서 물러나길 청했다. 하지만 세종은 이렇게 말했다.

"그대는 아무 꺼릴 것이 없으니 벼슬에 나오라."

이후 세종은 모든 정사를 황희와 의논했다. 이듬해 황희가 나이 70세가 되어 치사(致仕)하게 해줄 것을 요청했을 때도 궤장을 내려 영의정에 머물러 있도록 했고, 정치제도를 육조직계제에서 삼정승 중심의 의정부 서사제로 바꿔 황희의 정치적 비중을 한층 높여줬다. 나중에 황희가 너무 연로하여 거동이 불편하게 되었을 때도 파직시키지 않았다. 오히려 초하루와 보름에만 조회에 나오도록 배려하여 그의 영의정 직을 유지시켰다. 그 뒤에 황희의 거동이 점점 어려워지자, 큰일 이외엔 그를 번거롭게 하지 말라고 조정에 명령했다가 황희의 나이 87세 되던 1449년에야 영의정 벼슬로 치사하게 했다.

이듬해인 1450년에 세종이 승하하니, 그야말로 세종의 치세는 황희에 의해 모든 정책이 결정되었다고 해도 과언이 아니다.

황희는 그로부터 2년 뒤인 1452년(문종 2년) 2월 8일에 90세를 일기로 생을 마감했다. 죽은 뒤에 세종의 묘정에 배향되었으며, 익성이라는 시호를 얻었다. 아들로는 치신, 보신, 수신이 있고, 무덤은 경기도 파주시 탄현면 금승리에 있다.

그에 대해 실록은 이렇게 평가하고 있다.

"황희는 관후하고 침중하여 재상의 식견과 도량이 있었으며, 풍후한 자질이 크고 훌륭하며 크게 총명하였다. 집을 다스림에 있어 검소하고, 기쁨과 노여움을 안색에 나타내지 않았으며, 일을 의논할 땐 공명정대하여 원칙을 살리기에 힘썼으며, 자주 뜯어고치는 것을 좋아하지 않았다.

범죄 사건을 논의하는 데 있어서는 너그러움을 위주로 처리했으며 차라리 형벌을 가볍게 처리하는 실수가 있더라도 지나치게 해서는 안 된다고 말하곤 하였다."

아이들에게 뺨 맞고도 웃는 재상

황희는 평소 거처가 담박하고 성품이 유순하고 너그러웠던 모양이다. 어린아이들이 울부짖고 떼를 쓰거나 말을 함부로 하여도 좀체 꾸짖는 법이 없었다고 한다. 심지어 수염을 뽑고 뺨을 때리는 아이에게도 화를 내거나 제지하지 않았다. 언젠가 부하 관리들과 함께 집에서 일을 의논하며 붓을 풀어 글을 쓰려 하는데, 여종의 아이가 종이 위에 오줌을 싸도 전혀 노여워하는 낯빛을 보이지 않았고, 그저 손으로 오줌을 훔칠 뿐이었다.(서거정의 필원잡기)

황희의 그런 성정은 나이가 들고 벼슬이 무거워져도 변함이 없었다.

나이 아흔이 다 되어서도 겸손하여 누구에게나 공손함을 잃지 않았고, 노쇠한 몸으로도 늘 고요한 방 안에 앉아서 눈을 떴다 감았다 하며 글을 읽었다. 또한 주변 사람에 대한 너그러움이 소문이 나서 마을 아이들이 그의 집을 제집 드나들듯했다. 어느 해는 마당에 심은 복숭아가 제법 먹음직스럽게 익었는데, 동네 아이들이 무더기로 몰려와 마구잡이로 따고 있었다. 그러자 황희는 창을 슬쩍 열고는 나직한 소리로 이렇게 말했다.

"다 따먹지는 말거라. 나도 맛 좀 봐야지."

하지만 조금 후 나가 보니, 나무에 가득하던 열매가 하나도 남아 있지 않았다.

어디 그뿐이랴. 매일 아침저녁으로 밥을 먹을 때면 아이들이 그의 집으로 모여들었고, 그가 밥을 덜어주면 와자지껄 떠들며 서로 먹기를 다투곤 했는데도 황희는 늘 웃고만 있었다.(성현의 용재총화)

집안 종들에게도 그는 너그럽기 짝이 없는 주인이었다. 얼굴에 노여움을 드러내는 일이 없었고, 종들을 사랑으로 대접하며 매를 드는 일도 전혀 없었다. 심지어 여종들이 그가 보는 앞에서 희롱하는 말을 하여도 그저 웃을 뿐이었다.

정언 이석형이 황희를 만나러 집으로 갔더니, 황희가 강목과 통감을 꺼내 책 표지 제목을 쓰게 했다. 잠시 후 여종 하나가 약간의 안주를 가지고 벽에 기대어 서서 이석형을 내려다보면서 황희에게 물었다.

"곧 술을 올리리까?"

황희가 대답했다.

"조금만 기다려라."

그리고 한참 동안 황희는 아무 말도 없었다. 기다리다 지친 여종이 화를 내면서 고함을 질렀다.

"어찌 그리 꾸물거리십니까?"

황희가 미안한 표정을 지으며 웃으면서 말했다.

"그러면 들여오려무나."

술상을 들여오자, 그 뒤를 따라 남루한 옷차림의 아이들이 맨발로 뛰어 들어왔다. 아이들은 모두 노비의 자식들이었는데, 버릇없게도 황희의 수염을 잡아당기기도 하고, 시커먼 발로 옷을 밟고 다니며 순식간에 안주를 다 집어먹어버렸다. 거기다 아이들이 황희의 등에 올라타서는 손으로 마구 두들겨대는데도 그는 그저 "아야, 아야" 소리만 할 뿐 전혀 화내는 기색이 없었다.

그는 "노비도 하늘의 백성이니 어찌 함부로 부리리요."라고 말하면서 그와 같은 뜻을 글로 써서 자손들에게 명심하라며 전해줬을 정도였다. 그는 근본적으로 모든 인간이 평등하다고 생각했고, 누구든 후덕하게 대하면 언젠가 그 뜻을 알고 악한 이도 행실을 고치게 된다고 믿었다.

하루는 그가 홀로 동산을 거니는데, 이웃에 사는 젊은이가 과수원 한가운데서 돌을 던지는 것이 아닌가. 그 젊은이는 돌을 던져 배를 훔쳐가려 했던 것이다. 황희가 큰 소리로 시중들던 어린 종의 이름을 부르자, 그 젊은이는 깜짝 놀라서 몸을 숨겼다. 그리고 황희의 행동을 가만히 살폈는데, 뜻밖에도 황희는 종에게 그릇을 가지고 오게 하여 이렇게 말하는 것이 아닌가.

"그곳에 배를 가득 담아 저 뒤에 숨어 있는 젊은이에게 갖다줘라."(이륙의 청파극담)

이렇듯 황희는 너그러웠지만, 누구에게나 그런 것은 아니었다. 특히 당시 뛰어난 관리로 명망이 높았던 김종서에겐 지나치리만큼 박절하게 굴었다.

황희가 정승이고, 김종서가 공조판서에 있을 때였다. 하루는 정승들이 공적인 일로 모이자 공조에서 술과 안주를 준비했다. 그러자 황희는 노기를 드러내며 김종서를 무섭게 꾸짖었다.

"국가에서 예빈시를 정부 곁에 설치한 것은 삼공을 접대하기 위함인데, 만일 허기가 진다면 의당 예빈시에서 음식을 장만하게 해야 할 것이 아닌가. 그런데 어찌하여 판서가 사사로이 정부의 물자를 제공한단 말인가?"

그 뒤에도 황희는 김종서에 대해서만큼은 아무리 작은 잘못이라도 그냥 지나치는 법이 없었다. 작은 실수라도 보이면 박절할 정도로 심하게 꾸짖는가 하면, 심지어 김종서 대신 그의 노비에게 매질을 가하거나 시종을 가두기도 했다.

그 모습을 보고 김종서와 같은 반열에 있는 사람들이 지나치다며 불만을 터뜨렸고, 종서 역시 얼굴이 서지 않았다. 그쯤 되자 정승 맹사성이 황희에게 타이르는 투로 물었다.

"김종서는 당대에 뛰어난 신하인데, 대감은 어찌 그렇게 심하게 그의 허물을 잡는 거요?"

그러자 황희가 웃으면서 대답했다.

"내가 종서를 아껴서 그런 것입니다. 인물을 만들려는 게지요. 종서는 성품이 곧고 기운이 좋아 일처리를 지나치게 빠르게 하는 경향이 있습니다. 종서가 뒷날 우리 자리를 잇게 될 것인데, 만사를 신중히 하지 않으면 국가 대사를 망칠 우려가 있지 않겠습니까? 그래서 미리 그의 기운을 꺾고 경계하여 스스로 뜻을 가다듬고 무게를 유지하여, 혹시 무슨 일을 당하더라도 가벼이 처신하지 않도록 하려는 겁니다. 결코 그를 곤란하게 하려는 게 아니외다."

맹사성이 그 말을 듣고 감복했다.

훗날 황희가 영의정 자리를 내놓고 물러가기를 청할 때 김종서를 추천하여 자기 자리를 대신하게 했으니, 김종서를 아낀다는 그의 말은 사실로 증명된 셈이다.(지소록)

2. 정계의 음유시인, 맹사성

황희와 더불어 세종의 황금시대를 일군 또 한 명의 주역은 맹사성(孟思誠)이다. 그는 태종과 세종시대에 육조를 두루 거치며 참판과 판서를 지냈고, 1427년에 우의정에 올라 당시 좌의정이던 황희의 정치 파트너가 되었으며, 이후 1431년에 황희가 영의정이 되자 좌의정에 올라 조정을 주도하였다. 76세 되던 1435년에 연로하여 스스로 벼슬에서 물러났으나 세종은 중요한 정사는 반드시 그에게 자문을 구했다고 하니, 그에 대한 세종의 신뢰가 얼마나 대단했는지 알 만하다.

정희계 시호 사건으로 파직되다

맹사성은 고려 공민왕 9년(1360년)에 온양에서 전교부령을 지낸 맹희도의 아들로 태어났다. 본관은 신창이고, 호는 고불(古佛), 자는 성지(誠之)다.

그의 부친 맹희도는 효성이 지극하고 성품이 청렴하며 절개가 높은 선비였다. 공양왕 때에 학자직인 전교부령으로 재직하다가 정계가 혼란스럽자 벼슬을 버리고 낙향하여 온양 오봉산 아래 터를 잡아 초야에 묻혔으며, 조선왕조가 열린 뒤에도 벼슬에 나오지 않았다. 효행이 높아 공양왕과 태조 때에 나라에서 정려(旌閭, 충신이나 효자, 열녀를 위해 마을 어귀에 정문을 세워 표창하는 것)하였고, 그 본을 받아 맹사성도 효성이 지극하였다.

맹사성은 1386년(우왕 12년)에 문과에 을과로 급제하여 학관인 춘추관 검열이 되었으며, 이어 전의시승, 기거랑, 사인, 우헌납 등을 역임하고 외직인 수원판관이 되었다가 내직으로 돌아와 내사사인이 되었는데, 이때 고려왕조가 무너졌다.

조선이 건국된 이후 그는 예조의랑에 올랐지만, 관직 생활은 순탄하지 않았다. 이때 그는 정희계의 시호 문제로 탄핵당해 파직되는 처지에 놓이는데, 사건의 전모는 이렇다.

태조 5년(1396년) 8월 28일 봉상시에서 현비(신덕왕후 강씨)의 존호와 정희계의 시호를 올렸는데, 태조가 보고 크게 진노했다. 태조는 현비의 존호로 올려진 효소, 소순, 소헌 등에 대해서는 흡족해했으나 정희계의 시호로 올려진 안양(安煬), 안황(安荒), 안혹(安惑) 등에 대해서는 매우 불만스러워했다. 시호 후보로 올려진 세 단어 모두 기껏해야 일신의 편안함을 도모하는 위인이었다는 뜻으로 그 내용이 심히 조롱조였던 것이다. 거기다 시호를 올리는 글에도 그의 공로는 모두 빼버리고 허물만 잔뜩 기록해놓았다.

태조는 시호를 정한 봉상박사 최견을 불러 추궁했다.

"희계는 원훈(元勳, 국가에 큰 공훈이 있어 특별한 대우를 받는 원로격의 신하)인데 시호를 왜 이다지도 야박하게 올렸느냐? 또 단지 허물만을 논하고 공을 말하지 않은 까닭은 무엇이냐?"

정희계는 신덕왕후 강씨의 조카 사위로 이성계를 추대하는 데 주도적인 역할을 한 개국 일등공신으로 참찬문하부사, 팔위상장군, 좌참찬을 거쳐 판한성부사에 올랐다가 이때에 죽은 인물이었다. 학식이 부족하고 행동이 경솔하여 세인들의 평이 좋지 않았다. 심지어 개국 당시엔 세 정씨가 삼한을 멸한다는 도참설이 널리 퍼져 있었는데, 정도전, 정총과 더불어 정희계를 가리킨다고 믿을 정도였다. 하지만 태조는 그의 공적을 높이 평가하여 계림군 봉작을 내렸는데, 정작 봉상시에서 올라온 시호가 한결같이 그의 행적을 비꼬는 글자로 이뤄지니 노발대발한 것이다.

 태조는 분을 이기지 못하고 봉상박사 최견을 순군옥에 가둬 국문토록 하고, 봉상소경 안성과 봉상시승 김분, 대축 한고, 협률랑 민심언, 녹사 이사징 등 관련된 관원을 모두 하옥 조치했다. 그러자 태조의 뜻을 읽은 형조에서 산기상시 전백영과 이황을 탄핵하고, 또 예조의랑 맹사성과 좌랑 조사수도 봉상시에서 시호를 잘못 마련한 것을 반박하지 않은 죄를 물어 탄핵하였다.

 정희계 시호 문제에 대한 태조의 진노는 극에 달했는데, 심지어 봉상박사 최견을 교수형에 처하도록 조처했을 정도다. 다행히 당시 좌정승으로 있던 조준과 판삼사사 설장수가 태조를 찾아가 설득한 끝에 정희계의 시호를 양경(良景)으로 바꾸는 데 합의하고, 최견은 장 100대에 김해로 유배되었다. 덕분에 맹사성도 별다른 형벌 없이 파직되는 것으로 사건이 종결되었다.

 얼핏 보면 정희계 시호 사건은 대수롭지 않은 것으로 보일지 모르나 사실은 매우 민감한 사안이었다. 정희계가 당시 왕비인 신덕왕후 강씨의 조카 사위이자 개국공신인 점을 감안한다면 정희계의 시호를 힐난하는 투로 올린 것은 태조의 건국에 대해 비판적인 시각을 가졌다는 오해를 줄 수 있었고, 동시에 후실로서 왕비에 오른 강씨에 대해서도 곱지 않은 시선을 가졌다고 해석할 수 있는 일이었다. 태조가 이 문제에 대해 극도로 감정적인 태도를 보인 것은 바로 그런 해석을 바탕으로 한 일벌백계의 의미였던 것이다.

정치 발전을 위한 5개 조목을 상언하다

정희계 시호 사건으로 관직에서 내쫓긴 맹사성은 이후 2년 동안 관직에 나오지 못하다가 1398년에 왕자의 난으로 태조가 물러나고 정종이 등극하자, 1399년에 우간의대부로 임명되어 조정으로 돌아왔다. 이듬해 문하부 당하관이 되어 정종에게 정치 발전을 위한 5개 조목을 상언하여 두 조목을 시행하는 큰 성과를 얻었다.

정종 2년(1400년) 11월 13일에 맹사성이 올린 5개 조목을 요약해보면 이렇다.

첫째, 세자는 서연을 열어 제왕수업을 하고, 왕은 경연을 열어 학업을 높이고 동시에 덕을 쌓고 사리 분별력을 키워 인재를 등용함으로써 태평성대를 이뤄야 한다.

둘째, 인재 선발이 제도적으로 한계에 달해 있으므로 재상으로부터 6품에 이르는 모든 관리가 인재를 추천하는 방식을 도입해야 한다. 또한 권력 있는 관리에게 아첨하여 추천되는 일을 막기 위해 사헌부에서 엄하게 규찰하여 아첨 사실이 발각된 자를 중한 벌로 다스려야 한다. 사적으로 사람을 추천하는 자는 사헌부에서 그 명단을 받아 사정하도록 제도화해야 한다.

셋째, 왕족들이 채신없이 함부로 말을 타고 다니고 있다. 이는 임금의 위상을 무너뜨리고 종실의 화목을 깨는 일이므로 예를 맡은 기관으로 하여금 종친의 행동을 엄하게 단속하도록 해야 한다.

넷째, 궁궐을 호위하고 시중드는 관직의 품계를 7품으로 한정하고, 그들의 행동에 대한 규찰을 강화하여 대궐에서 잡음이 생기지 않도록 조치해야 한다.

다섯째, 궁성을 순찰하는 기능을 강화하여 간사한 무리들이 함부로 대궐을 드나들며 물건을 움직이는 일이 없도록 엄하게 통제해야 한다.

정종은 이 다섯 가지 상언 중에 첫째와 둘째만 받아들이고, 나머지는 허락하지 않았다. 첫째와 둘째 제안을 제외한 나머지는 모두 종친과 궁궐 생활에 관한 규찰 문제인데, 왕의 측근과 혈육들에 관계된 문제라 쉽게 받아들일 수 없었던 것이다.

비록 당시 왕위에 있던 사람은 정종이었으나, 실제로 왕권을 행사하고 있던 인물은 세제로 있던 태종이었다. 또한 맹사성이 상언했던 그때에 정종은 왕위를 태종에게 물려주고 상왕으로 물러난 만큼 실제로 맹사성의 상언을 받아들인 사람도 태종이었을 것이다. 태종은 그가 제안한 5개 조목 중에서 법적으로 인정한 공식적인 정치 논쟁이라고 할 수 있는 경연을 인정하고, 인재 발탁에 있어 획기적인 제도인 천거제를 도입함으로써 맹사성의 위상을 크게 높여준 것이다.

노비 변정 사건으로 유배되다

맹사성을 눈여겨본 태종은 1403년에 그를 좌사간대부에 임명한다. 하지만 맹사성의 사간원 시절은 별로 순탄치 않았다.

1404년(태종 4년) 1월 18일 사헌부에서 사간원과 형조의 관원을 대거 탄핵했는데, 그 첫 번째 대상이 좌사간대부 맹사성이었다. 당시 사간원 관리들은 김한제 조부의 여종이었던 차의가를 양인이라고 판결했는데, 그리 되면 김한제의 노비 40여 명이 권신 이거이의 노비가 되어야 하는 상황이었다. 차의가의 남편 대화상이란 자는 이거이의 종이었는데, 차의가가 양인일 경우 남편 대화상의 신분에 귀속되어 이거이의 여종 신분이 되어야 했고, 그 후손 40여 명도 이거이의 종이 되어야 했던 것이다. 김한제는 신문고를 쳐서 그 억울함을 호소하였고, 사건이 간단치 않아 태종이 직접 판결하기에 이르렀다.

태종이 살펴본즉, 차의가는 김한제 조상의 여종이 분명하므로 양인이 아니라 천인이었다. 그리 되면 차의가의 후손 40여 명은 김한제의 종이 되어야 옳았다. 그런데 형조의 관리들이 이거이의 체면과 권력을 감안하여 그녀를 양인으로 판결하고 이거이의 종으로 만들어버린 것이다. 사간원에서도 형조의 판결을 묵인했던 것인데, 김한제의 신문고 소송에 따른 태종의 판결로 결과가 뒤집히고 사건의 내막도 밝혀진 셈이다.

결국 맹사성을 비롯한 사간원과 형조의 관리들이 대거 파면되었다. 거기다 맹사성은 이거이의 아들인 청평군 이백강(태종의 사위)에게 차의가가 천인이라는 판결이 났음을 미리 알려준 죄가 밝혀져 고향인 온수로 유배 조치되었다.

태종의 비서가 되다

맹사성은 낙향 생활을 1년 동안 하다가 이듬해 1월 15일에 전격적으로 동부대언(동부승지)에 발탁되어 정계로 돌아왔다. 이어 1406년 1월 5일에는 좌부대언으로 승격했는데, 이때 전의(典醫)들이 약을 잘못 조제하여 좌부대언 맹사성과 판전의감사 이주, 전의감 평원해 등이 탄핵되었다.

태종이 병세가 있자, 전의 이주와 평원해가 탕약을 조제해 바쳤는데, 태종이 먹고 구토 증세를 일으키고 정신이 흐릿해졌다. 이상하여 당직한 상호군 권희달 등에게 먹여보니 역시 같은 반응을 보였다. 이에 사헌부에서 탄핵한 것이다.

임금에게 약을 올릴 때는 반드시 포구(炮灸) 절차를 밟아야 한다. 포구란 임금에게 약을 올리기 전에 먼저 신하가 맛보는 것을 의미하는데, 이는 독살을 방지하기 위한 장치였다. 이날 태종에게 올린 상표초원은 포구 절차를 밟지 않았고, 사헌부는 이에 대한 책임을 물어 탄핵했던 것이다.

비서격인 대언(승지) 중에서 약방에 대한 소임은 좌부대언이 맡고 있었다. 따라서 임금에게 약이 바쳐지면 먼저 좌부대언이 먹어보고 이상이 없으면 올리는 게 정상인데, 맹사성은 이 절차를 지키지 않았기 때문에 전의들과 함께 탄핵된 것은 당연한 결과였다.

그러나 태종은 자신의 비서들인 지신사(당시 지신사는 황희였다)를 비롯한 대언들에게는 무척 호의적이었다. 사헌부에서 탄핵 상소가 올라오자, 태종은 이렇게 말하며 사건을 무마시켰다.

"임금이 약을 먹으면 신하가 먼저 맛보는 것이 상례다. 하지만 내가 신하에게 먼저 맛보지 못하게 한 것이 잘못이지, 신하의 죄는 아니다. 또 이주 등의 전의들이 고의로 나를 병들게 하려고 그랬겠는가. 그 일은 다시 논하지 말라."

사헌부는 한차례 더 탄핵 상소를 올렸지만, 태종이 윤허하지 않은 덕분에 맹사성은 위기를 넘겼다. 그러나 맹사성은 체질적으로 대언 생활이 맞지 않는 인물이었다. 대언은 임금의 비밀스러운 일들을 다루는 까닭에 표정 관리도 잘해야 하고, 다소 속이 음험한 구석이 있어야 적격인데, 맹사성은 그런 기질이 별로 없었다. 그는 사람 좋고 인심이 후한 까닭에 내면을 잘 감추지 못했고, 비록 임금을 위한 것이라 할지라도 쉬이 거짓말을 입에 담지 못하는 인물이었다.

그가 좌부대언으로 있을 때 태종은 곧잘 간관들을 따돌리고 미행을 나가곤 했다. 1406년 3월 13일에도 몰래 매사냥 구경을 나섰는데 어떻게 알고 왔는지 사간원 좌사간대부 송우가 쫓아와 길을 막고 아뢰었다.

"전에 신 등에게 가볍게 궁 밖에 나가 즐기지 않겠다고 약조하셨는데,

어찌하여 오늘 이렇게 신뢰를 저버리시나이까?"

태종이 짜증내며 버럭 고함을 질렀다.

"내가 함부로 나가 놀고자 하는 것이 아니다. 그저 궁중에 오래 있으니 기운이 약해져서 잠깐 성 밖에 나가 바람을 쐬고자 할 따름이다."

그런 궁색한 변명으로 간관을 따돌린 태종은 시종하던 좌부대언 맹사성에게 화살을 돌렸다.

"내가 몰래 행차하는 것을 외부 인사가 알지 못할 터인데 어떻게 간관이 알고 왔는가? 이는 반드시 너희들이 누설했기 때문일 것이다."

맹사성은 어찌할 바를 모르며 말했다.

"신 등은 궐내의 일도 누설하지 않는데, 어찌 전하의 거둥을 흘리겠습니까?"

태종이 여전히 노기 서린 음성으로 말했다.

"나도 승선이 남에게 누설하지 않았으리라 믿는다. 하지만 후일에는 외부인들이 나의 행동을 알지 못하게 해야 할 것이야."

얼마 후 맹사성은 이조참의에 임명되어 좌부대언에서 물러나야 했다. 좌부대언은 지신사 바로 아래 직위였고, 당시 지신사였던 황희가 물러나면 지신사에 오를 가능성이 높았다. 그러나 태종은 맹사성을 대언에서 내보냈다. 태종이 판단하기에 맹사성은 지신사에 적합한 인물이 아니었던 것이다.

조대림 사건으로 능지처참의 위기에 처하다

이조참의로 있던 맹사성은 곧 예문관 제학으로 자리를 옮겼다가 한직인 한성윤이 되었다. 이때 그는 세자의 우부빈객을 겸했다. 맹사성에겐 정치보다는 학관이 어울리겠다고 판단한 태종의 배려였다.

실록의 졸기에는 맹사성이 "타고난 성품이 어질고 부드러운 탓에 무릇 조정의 대사나 관리로서 일을 처리하는 데엔 과감하게 결단하지 못하는 단점이 있었다."고 쓰고 있는데, 이는 맹사성이 법과 원칙을 지키는 청렴한 관리인 것은 분명하나 정치적인 결단력이 없다는 뜻이다. 하지만 태종은 그의 학문과 청렴성을 높이 평가하여 1408년 11월 7일에 사헌부의 수장인 대사헌에 임명했다.

그러나 그의 대사헌 생활은 가시밭길이었다. 대사헌에 오른 지 한 달 만인 12월 5일에 평양군 조대림이 모반을 획책했다는 고변이 접수되어 순금사 옥에 갇히는 사건이 발생했는데, 이 사건으로 맹사성은 극형을 당할 위기에 처한다.

조대림은 개국공신 조준의 아들이며, 태종의 차녀 경정공주의 남편이었다. 그는 1387년 태생으로 당시 나이가 22세였는데, 사리 판단이 빠르지 못하고 명민한 구석도 별로 없었던 모양이다. 그 어리석음을 이용하여 공을 세우려는 흉계를 꾸미던 인물이 있었는데, 바로 목인해라는 자였다.

목인해는 원래 이성계의 셋째 딸 경순공주의 남편인 이제의 노비였는데, 애꾸눈이고 활을 잘 쏘았다. 그는 이제가 죽자, 이방원(태종)을 섬겨 공을 세우고 옆에서 시종한 덕분에 호군의 벼슬을 받았다. 또 그 아내는 조대림의 집 종이었고, 그런 인연으로 목인해는 조대림의 집에 자유롭게 드나들었다. 그러던 중 그는 이런 생각을 했다.

'조대림이 아직 어리고 어리석으니, 저 놈을 이용해서 부귀를 얻어야겠다.'

대담하게도 목인해는 조대림이 반역을 도모하는 것처럼 꾸미고 그를 고발하여 공을 세움으로써 벼슬을 얻겠다는 계획을 짰다. 이 음모를 실행하기 위해 우선 조대림을 찾아가 말했다. 그는 태조의 부마로 있던 홍안군 이야기로 음모의 일단을 풀어냈다.

"홍안군이 부마로서 금병(禁兵)을 맡았으나, 평소에 준비를 하지 못한 까닭에 손을 묶이고 붙잡히게 된 것이오."

홍안군은 태조의 셋째 사위 이제였다. 그는 궁궐호위군인 금위군을 지휘하는 우군절제사로 있다가 정도전 일파로 몰려 제1차 왕자의 난 때 이방원의 군사에게 살해당했다. 목인해는 그 사건을 들먹이며 조대림에게 겁을 주고 있는 중이었다.

"지금 군대를 맡은 총제들 중에서 불의의 반란을 일으키는 자가 생기지 않을까 염려되는데, 다른 사람들은 모두 노숙한 장수라 능히 대처할 수 있지만, 평양군께서는 군사에 익숙하지 못한 만큼 미리 대처할 방안을 마련해두는 것이 좋을 것입니다. 물론 소인은 변란이 일어나면 몸을 아끼지 않고 대감을 도울 것입니다."

그 말에 조대림은 불안한 기색을 보이며 목인해의 말에 귀를 기울였다. 자신의 덫에 걸려들었다고 생각한 목인해는 한층 신랄하게 지껄였다.

"대체로 경험 있는 장수가 반란할 마음을 품으면 대궐 안을 장악하고 서로 통하지 못하게 한 연후에 내시로 하여금 왕지(王旨, 임금의 명령)를 위조토록 해서 수직하는 장수와 정승, 대언들을 모두 죽여버릴 것입니다. 그러면 아무리 임금이라고 한들 어떻게 하겠습니까?"

조대림은 겁먹은 얼굴로 고개를 끄덕였다. 그러자 목인해는 대단한 비밀이라도 알려주듯 심각한 얼굴로 말했다.

"요즘 갑옷 입은 병사 수십 명이 경복궁 북쪽에 모이는데, 이것이 대감을 해치고자 하는 일이라고들 합니다. 대감께서는 마땅히 관하의 군사를 동원하여 그들을 잡아야 하지 않겠습니까?"

조대림이 소스라치게 놀라며 대꾸했다.

"그렇다면 안성군 이숙번 공과 논의해야 하지 않겠는가?"

"그게 누구의 군사인지도 모르는데, 어떻게 안성군에게 말하겠습니까?"

"그러면 임금께 보고해야 하겠구나."

"보고하기 전에 적편의 음모를 자세히 알아야 하지 않겠습니까. 뚜렷한 확증도 없이 들은 말로만 보고하면 그 뒤로 같은 말을 들은 사람 중에 누가 감히 대감께 정보를 제공해주겠습니까? 또 변란이 위급한 경우에 임금의 지시를 받아야 하는데, 말이 샐 염려도 있습니다. 우선 먼저 행동하고 나중에 보고하는 것이 옳겠습니다."

조대림이 그럴듯하게 받아들이자 목인해는 곧 이숙번에게 달려갔다. 이숙번은 의심이 많고 적이 많은 사람이었다.

"평양군이 딴마음을 먹고 군사를 일으켜서 대감과 권규, 마천목을 죽이고 왕실을 도모하려는 음해를 꾸미고 있습니다."

이숙번이 깜짝 놀라며 그 내막을 묻자, 목인해가 꾸며서 말을 보탰다.

"이전에 조대림이 말하길, 옛적에 한 사람이 딸을 데리고 사위의 잘못을 말했더니, 딸이 남편에게 알려 장인을 죽이게 한 일도 있더라고 했습니다."

이숙번이 목인해의 말을 슬그머니 태종에게 늘어놓으니, 태종이 당장 목인해를 불러 물었다.

"네 말을 어떻게 믿겠느냐? 대림은 아직 어린 나이인데 감히 어떻게 그런 마음을 품을 수 있겠느냐? 만약 그렇다면 주모자가 있을 것이다."

그렇게 일은 점점 커져갔다. 평소부터 의심이 많았던 태종은 일단 조대림의 마음을 떠보기로 하고, 소격전에 가서 초제(醮祭, 하늘의 별에게 지내는 제사)를 지내라고 명하고 어떻게 하는지 보았다. 태종의 속내를 알 리 없는 조대림은 몸이 부정을 범했다고 하면서 초제를 사양했고, 태종은 그가 뭔가 딴마음을 품고 있다고 의심했다.

그 무렵 목인해는 함께 호군을 지냈던 진원귀를 찾아갔다.

"아무래도 평양군이 무슨 일을 도모하려는 모양인데, 자네는 나를 따라가서 한번 보려는가?"

목인해가 진원귀를 데리고 조대림의 집에 이르자, 대림은 아무 의심 없이 이렇게 말했다.

"함부로 날치는 일고여덟 명을 어떻게 잡을 수 있을까?"

인해가 대답했다.

"내가 말한 홍안군의 일과 비슷합니다. 마땅히 위아래로 친고 있는 사람과 의논해야 할 것이오."

"나는 별로 친한 사람이 없네."

그쯤에서 목인해는 진원귀를 돌려보냈다. 그리고 은밀한 어투로 물었다.

"거사는 반드시 세상 물정을 잘 아는 선비와 의논해야 합니다. 잘 아시는 선비나 재상이 없습니까?"

"관직에 있는 선비 중에 내가 아는 사람이라곤 조용뿐이다."

목인해는 조용을 부르라고 했다. 조용을 부른 조대림은 사정 이야기를 하고 도움을 구했는데, 조용은 우선 임금께 아뢰는 것이 순서라고 충고했다. 조대림의 집에서 빠져나온 조용은 입궐하여 임금께 사실을 고해바치려 했으나 목인해가 사람을 시켜 그를 붙잡아두게 했다. 그리고 자신은 이숙번의 집으로 달려가 역모의 주모자가 조용이라고 주장했다.

하지만 조용은 탈출하여 태종에게 조대림의 일을 알렸다. 태종은 이미 다 알고 있는 일이라며 걱정 말라고 했다.

그날 저녁 무렵, 조대림이 입궐하여 태종을 뵙고 경복궁 북쪽에 도적이 있으니 마병을 내줄 것을 청했다. 태종은 조대림이 어떻게 하는지 보려고 그의 청을 응낙한 후, 입번 총제 연사종에게 밀지를 내렸다. 그리고 이숙번을 불러 말했다.

"대림이 군사를 출발시키면 향하는 곳이 있을 것이니, 경의 집에서 조천화를 터뜨려라. 그러면 내가 주라를 불어 응하겠다."

이숙번이 물러가자 태종은 지신사 황희를 불렀다.

"평양군이 모반한다고 하니, 대궐 안이 술렁거리지 않도록 하게."

황희가 물었다.

"주모자가 누구입니까?"

"조용이다."

"조용은 사람됨이 아비와 임금을 죽이는 일에 따르지 않을 사람입니다."

한편 밀지를 받은 연사종은 조대림이 오자 23명의 병사를 내줬다. 병사를 받은 대림은 곧 목인해를 불러 도적 있는 곳을 물었다. 목인해는 조대림이 마천목을 죽이러 가는 것으로 꾸미기 위해 이렇게 대답했다.

"남산 마 총제의 집 옆에 있습니다."

조대림이 남산으로 향하려고 문을 나서자, 이숙번이 엿보고 있다가 조천화를 터뜨렸다. 신호탄을 보고 태종이 궐내에서 주라를 부니, 조대림은 궐내에 변란이 일어났다고 판단하고 군사들에게 물었다.

"어디로 가는 것이 좋겠는가?"

"주라 소리를 들으면 궐문에 모이는 것이 군령입니다."

"그러면 대궐로 가자."

주라 소리 때문에 계획에 차질이 생긴 목인해가 남산으로 향해야 한다고 극구 주장했지만, 조대림은 대궐로 향했다. 만약 그가 남산으로 향했다면 이숙번은 마천목이 위험하다고 판단하고 조대림을 죽였을 것이다.

조대림이 궐문에 이르자, 그곳은 이미 갑병들에 의해 길이 막힌 상태였다. 조대림이 말에서 내려 궐 안으로 들어가려 하자, 목인해는 급한 마음에 먼저 대궐로 들어가 소리쳤다.

"평양군이 갑옷을 입고 군사를 동원하여 대궐로 향했다."

그 소리에 태종이 총제 권희달을 시켜 조대림을 체포해 순금사에 하옥시켜 국문하게 하였다. 대사헌 맹사성을 비롯한 순금사 판사 조연, 좌사간 유백순 등이 조대림을 국문하였으나 역모를 인정하지 않았다. 이에 조용을 잡아와 신문하고, 조대림에겐 장 20대를 때려 문초했으나 전혀 승복할 기색이 없었다.

국문관들은 다시 장 64대를 더 때렸지만, 조대림은 강하게 반발했다.

"나는 다만 목인해의 꾐에 넘어가 도적을 잡으려 했을 뿐, 다른 마음은 없었소."

순금사에서 이런 사실을 전하자, 태종은 황희를 보내 목인해를 신문하라고 했다. 목인해는 장 10여 대를 맞고 사실을 자복했고, 진원귀가 그 점을 증명함으로써 조대림의 무죄가 밝혀졌다.

조대림이 비로소 목인해의 흉계를 깨닫고 이렇게 말했다.

"어제 전하께서 주라를 분 것은 바로 나를 위한 것이었구나!"

결국 조대림과 조용은 무죄로 방면되고, 목인해에게는 능지처참형이 떨어졌다. 사건은 거기서 종결되는 듯했다. 그러나 저자에서 형이 집행되기 직전에 대사헌 맹사성을 비롯한 대간들이 이를 중지시키고, 입궐하여 임금에게 요청했다.

"목인해를 능치처참하는 것은 마땅하나, 대림이 전하께 일찍 아뢰지 않은 죄도 크옵니다. 사형을 늦추고 대림과 대질 심문하여 주범과 종범을 가려야 할 것입니다."

태종이 허락하자 목인해와 조대림의 대질 심문이 벌어졌다. 하지만 이 자리에서 목인해는 별다른 말을 하지 않았고, 결국 조대림은 무죄 방면되었다. 대신 조대림을 가혹하게 고문하고 목인해의 사형을 늦추자고 한 저의를 캐기 위해 맹사성과 박안신 등을 순금사에 가두고 국문하게 하였다.

목인해를 저자에서 사지를 찢어 죽이고, 그 자식들을 교살한 뒤에 태종은 백관을 모아놓고 말했다.

"조대림은 본래 역모를 꾀한 바가 없는데, 맹사성이 목인해와 함께 주범과 종범을 가려야 한다고 말한 저의가 무엇이냐? 모반 대역에도 주범과 종범을 나눠야 하느냐? 이번 대간의 의논은 대림을 죽여서 왕실을 약화시키려 한 것이니 반드시 그들의 입에서 '모약왕실(謀弱王室, 왕실을 약하게 만들려고 음모를 꾸미다)'이라는 네 글자를 받아내야 할 것이다. 만일 승복하지 않거든 모질게 때려 신문하되, 죽어도 상관없다."

결국 맹사성과 이안유, 박안신 등이 매를 견디지 못하고 죄를 인정했다. 이 일로 이들은 물론 감찰로 있던 맹사성의 아들 맹귀미도 함께 죽게 되었다.

죽음이 임박했음을 안 박안신이 맹사성을 부르며 말했다.

"서로 얼굴이나 보고 한마디 말이나 하고 죽읍시다."

그 말을 듣고 맹사성은 작은 쪽지를 써서 대간에게 보였다.

"충신이 그 직책으로 인해 죽는 것은 임금의 은혜와 조종(祖宗)을 저버리지 않은 것이다."

박안신은 판서 남재를 불러 말했다.

"공은 나라와 운명을 같이 한 관리로서 어찌하여 임금이 아름답지 못한 이름을 남기도록 합니까? 만약 다시 제의하지 않는다면 내 죽어 귀신이 되어 공의 자손을 해칠 것이오."

1408년(태종 8년) 12월 11일에 대사헌 맹사성, 정언 박안신, 좌정언 이안유, 감찰 맹귀미 등을 극형에 처하고 저자에서 백관이 지켜보는 가운데 형을 집행하라는 어명이 떨어졌다.

이에 이숙번이 태종을 만류했다.

"맹사성이 주범과 종범을 구분하고자 한 것은 곧 목인해와 진원귀를 일컬은 것입니다. 어찌 다른 마음이 있겠습니까? 그들의 직책이 언관인데, 직책과 관련한 말로 능지처참을 당하는 것이 어찌 가한 일입니까?"

태종이 대로하여 소리쳤다.

"어찌 그대는 사사로운 감정으로 누구의 사주를 받고 그런 말을 하는가?"

"신은 사주를 받은 일도 없고, 사사로운 감정도 없사옵니다. 맹사성 등이 죄를 인정한 것은 매에 이기지 못한 결과입니다. 전하께서도 일찍이 모진 매로 얻지 못할 것이 무엇이냐고 하지 않았습니까? 지금 그들을 극형으로 다스리는 것은 온당치 않습니다."

그러자 태종은 지신사 황희에게 화를 내며 소리쳤다.

"비중 있는 자리에 있는 재상이 이런 말을 하는 것을 어째서 제지하지 못했는가?"

허락을 얻지 못한 이숙번은 대전에서 물러나와 순금사 사직 김이공에게 자신의 심정을 토로했다.

"남 판서와 박 참지는 모두 도리를 아는 재상인데, 어째서 다시 아뢰지 않고 전하의 뜻에만 아첨하여 옥사를 내버려두는가? 그대도 또한 선비인데, 어째서 이같이 보고만 있는 것인가?"

김이공이 별 반응이 없자, 이숙번은 탄식하며 소리쳤다.

"주상께서 만일 이 사람들을 사형에 처하라고 하신다면, 나는 머리를 깎고 도망갈 것이야."

이숙번에 이어 노신 권근이 병든 몸으로 가마를 타고 달려와 맹사성 등을 용서해줄 것을 요청했고, 영의정 하륜과 좌정승 성석린, 영삼군사 조영무 등도 극형을 면하게 해달라고 간했다.

태종은 끝까지 그들의 청을 들어주지 않다가 백관들이 시가지에 모여

형을 집행하기 직전에 비로소 극형을 거둬들였다.

"사안이 중하고 내 뜻이 이미 결정되었으나, 나라를 군주 혼자 다스릴 수는 없는 법이라 경들의 말을 따르겠다. 차후로 경들도 왕실이 약해지는 것을 방치하지 않도록 조심하라."

이렇게 맹사성은 능지처참 직전에 구사일생으로 살아남았다. 죽음에서 벗어난 그에게 내려진 형벌은 장 100대에 유배 조치였다.

음률의 귀재로 돌아오다

맹사성의 유배 생활은 오래가지는 않았다. 1409년 1월 1일 설날에 세자(양녕)가 하례를 와서 태종에게 조용히 아뢰었다.

"맹사성은 신을 따라 중국에 입조하여 어려운 일들을 함께 많이 겪었기에 그의 성품이 고지식한 줄 잘 알고 있습니다. 하지만 직책과 관련하여 말을 잘못하여 얻은 죄이니, 이제 너그럽게 용서해주소서."

맹사성은 세자빈객을 지낸 인물이었다. 태종이 스승을 생각하는 아들의 마음을 읽고 쾌히 승낙했다.

세자의 요청으로 유배에서 풀리긴 했으나 직첩이 되돌려진 것은 그로부터 1년 7개월 후인 1410년 8월 10일이었다. 하지만 여전히 한양에 발을 들여놓지 못하다가 1411년 12월 7일에야 외직인 충주 목사를 제수받아 다시 관직에 나왔다.

이때 하륜의 청을 받은 예조에서 태종에게 이런 간청을 올렸다.

"맹사성은 음률에 능하여 고래의 음악을 회복할 능력이 있습니다. 근래에 그는 충주목사에 제수되었는데, 지방의 정무는 능한 이가 많으나 음악은 아무나 할 수 없는 것입니다. 부디 청컨대, 맹사성을 이곳에 머물게 하여 정악을 가르치게 하소서."

예조의 말대로 맹사성은 음악을 좋아하여 항상 피리를 끼고 살았다. 그를 방문하는 사람들은 그가 사는 마을 어귀에서 피리 소리가 들리면 그가 집에 있고, 들리지 않으면 집에 없는 것으로 알 정도였다.

태종은 예조의 요청을 받아들여 맹사성을 도성으로 불러 잔치를 베풀면서 그의 음률에 대한 깊이를 가늠한 뒤 별다른 일이 없는 공안부(恭安府)의 윤으로 도성에 머물게 했다. 공안부는 원래 태종이 상왕으로 물러났던 정종을 위해 설치한 상왕의 비서기구였다. 그런 한직에 맹사성을 배치한 것은 예조의 요청대로 정악(正樂)의 정비에 그를 쓰기 위함이었다.

태종은 맹사성을 곁에 두고 음률을 가르치는 일을 시키다 5개월 뒤에는 풍해도(황해도) 관찰사로 임명하여 내보냈다.

그 소식을 듣고 하륜이 달려와 간했다.

"본국의 악보가 모두 없어져 오직 맹사성만이 악보에 밝아 오음을 조화롭게 할 줄 압니다. 지금 감사로 임명받아 풍해도로 가게 되었지만, 원컨대 도성에 머물며 악공을 가르치게 하소서."

그러나 태종은 고개를 내저었다.

"교대를 기다려서 악곡을 가르치도록 할 터이니, 너무 염려 말라."

하지만 태종이 그 말을 실천에 옮긴 것은 4년이나 지난 뒤였다. 오랫동안 관찰사 생활을 하던 맹사성은 1416년 6월 24일에야 이조참판을 제수받아 도성으로 돌아왔고, 9월 27일에 예조판서에 임명되어 음률을 다시 접할 수 있게 되었다. 음률의 관리는 예조의 명령을 받는 관습도감 소임이었다. 한때 맹사성은 관습도감 제조를 지내며 음률을 관장한 바 있었다. 훗날 세종은 그가 관습도감 제조로 있을 때 정악을 조율하고 악공들에게 새로 지은 곡을 가르친 점을 높이 평가하여 칭찬을 아끼지 않았고, 음악과 관련된 문제가 발생하면 항상 그를 불러 질문했다고 한다.

세종의 재상이 되다

1418년에 세종이 왕위에 올랐을 때, 맹사성은 공조판서에 올라 있다가 세종 1년 4월 17일에 이조판서에 임명되어 조정의 인사를 담당하였다. 이후 의정부 찬성을 거쳐 세종 7년(1425년) 8월 14일에 문신으로서는 최초로 삼군도진무(三軍都鎭撫)에 임명되었다. 그리고 1년 6개월 뒤인 1427년 1월 25일에 마침내 우의정 자리에 올랐다.

맹사성은 비록 황희보다 나이가 세 살 많았지만, 관직으론 늘 한자리 아래였다. 황희가 지신사에 있을 때, 그는 좌부대언이었고, 황희가 우의정으로 있을 때 찬성이었으며, 황희가 마침내 우의정에서 좌의정으로 승격하자, 우의정 자리에 앉은 것이다.

그런 까닭에 황희와 맹사성은 친분이 두터웠고, 대체로 정사에 관한 견해가 비슷했다. 세종은 대개 두 사람의 의견을 존중하고 따랐으나, 한 가지 문제만큼은 일절 양보하지 않았는데, 바로 양녕대군 문제였다.

맹사성이 우의정에 올랐을 당시에도 양녕은 늘 그래왔듯이 전국을 돌아다니며 기생들과 놀아나는 바람에 왕실 체면에 먹칠을 하고 있었다. 거기다 지방의 한량들과 어울려 다니기 일쑤였는데, 황희와 맹사성은 왕실의 체면과 나라의 기강을 위해 양녕을 강하게 처벌하고, 그와 접촉한 인사들도 모두 처벌할 것을 주장했다. 그러나 세종은 끝까지 양녕을 벌하지 않았다. 오히려 그를 대궐로 불러 잔치를 베풀어주고 위로하며 우애를 과시하곤 했다. 비록 정치의 안정과 왕실의 기강을 위해서는 양녕을 처벌하는 것이 마땅했으나, 그리 되면 우애를 저버리고 형제를 벌한 임금이 되어 덕을 잃게 된다는 것을 세종은 잘 알고 있었고, 그 속내를 읽은 두 정승도 양녕 문제로 세종을 끝까지 몰아붙이지는 않았다.

맹사성은 우의정에 오른 지 4년여 만인 세종 13년(1431년) 9월 3일에 좌의정으로 승격되었다. 이번에도 황희가 영의정으로 승격된 것에 따른 조치였다. 그로부터 4년간 맹사성은 황희와 쌍을 이루며 세종의 정치를 이끌었고, 1435년에는 나이 76세에 육신의 노쇠함을 이기지 못하여 스스로 물러날 것을 청해 허락을 받았다. 좌의정으로 치사한 그는 3년 동안 음악과 함께 여생을 보내다 1438년 10월 4일에 생을 마감했다.

그가 죽자 세종은 문정(文貞)이라는 시호를 내렸는데, 문(文)은 예로써 사람을 대접한다는 의미이며, 정(貞)은 청백하게 절조를 지켰다는 의미라고 실록은 적고 있다.

소 타고 피리 부는 재상

맹사성은 청빈하여 한평생을 가난하게 살았다. 거처하는 집은 비바람도 제대로 가리지 못했으며, 옷이 너무 남루하여 처음 보는 사람은 그가 나라의 재상인 줄 짐작도 하지 못했다. 더구나 소를 타고 다니기를 좋아하고 그 위에서 피리까지 불어대니, 기껏해야 정처없이 떠도는 괴짜 악공 정도로 생각하기 십상이었다.

그가 고향 온양으로 부친을 뵈러 온다는 소식을 용케 들은 온양 주변의 양성과 진위의 고을원들이 길목인 장호원에서 기다리고 있었다. 그런데 건방지게도 웬 늙은이 하나가 소 등에 올라타 피리를 불며 지나갔다. 그들은 하인을 시켜 그 노인을 꾸짖게 하고, 당장 소에서 내려 걸어가라고 했는데, 우상(牛上)의 노인이 빙그레 웃으며 말했다.

"네 주인께 가서 온양에 사는 맹고불(孟古佛)이라 하더라 일러라."

그 소리에 두 고을 원님들이 대경실색하고 달아나다가 언덕 밑 깊은 못에 도장을 떨어뜨렸다. 그런 까닭에 후대 사람들은 그 못을 인침연(印

沈淵)이라 불렀다.

그가 소를 타고 피리를 분 것은 단순히 멋을 부리기 위한 것은 아니었다. 그에게는 피리 부는 것이 삶 자체였다. 관복을 입었을 때나 평복을 입었을 때나 늘 그의 소매 속에 피리가 들어 있을 정도였고, 하루에 서너 곡조를 부르지 않으면 잠을 못 자는 위인이었다. 집에 있을 땐 문을 닫아놓고 늘 피리를 불었고, 그가 앉은 자리엔 피리 이외엔 어떤 물건도 놓이지 않았다. 여름이면 소나무 그늘에 앉아 피리를 불고, 겨울엔 방 안 포단에 앉아 피리를 불었다. 심지어 관리가 공무를 상의하기 위해 올 때 동구 밖에서 피리 소리를 듣고 그가 집 안에 있음을 알았다고 하니, 그의 음률에 대한 애착이 얼마나 대단했는지 알 만하다.(필원잡기)

음률과 함께 그를 따라다니는 또 하나의 단어는 가난이었다. 그는 천성이 깨끗해 뇌물을 받는 일이 일절 없었고, 오직 나라에서 나오는 녹미(祿米)로만 연명했다. 당시 녹미는 오랫동안 국고에 쌓아뒀던 묵은쌀인데다 양도 극히 적었다. 그런데 어느 날 밥상에 햅쌀이 올라왔다.

"어디서 쌀을 얻어왔소?"

집에 있는 쌀이라곤 녹미밖에 없는 줄 잘 아는데 기름기가 자르르 흐르는 햅쌀밥이 올라왔으니 혹여 부인이 뇌물을 받은 게 아닌가 하여 엄한 눈으로 따져 물었던 것이다.

"녹미가 심하게 묵어서 도저히 먹을 수 없기에 이웃 집에서 빌려왔습니다."

"이미 녹을 받았으니, 녹미를 먹는 것이 의당한 일인데, 무엇 때문에 쌀을 빌렸단 말이오."

뇌물이든 빌리는 것이든 결국 남에게 신세를 지는 일이고, 그것이 자칫 사사로운 감정을 일으켜 공평무사(公平無私)함을 잃을까 염려했던 것이다.(무술기문)

사실 그는 가난함을 자랑으로 여기는 사람이었다. 당시 조정 관리들의 녹봉이라고 해봤자 입에 풀칠하기도 어려운 형편이었으니, 대다수의 관리들이 암암리에 뇌물을 받아챙겼고, 나라에서도 웬만한 일은 눈감아주던 시절이었다. 하지만 그는 녹봉 이외엔 집 안으로 재물을 끌어들이는 법이 없었다. 그런 까닭에 머무는 집도 초라하기 짝이 없어 여름이면 늘 빗물이 줄줄 샜다.

하루는 병조판서가 일을 품하려고 그의 집을 찾았는데, 갑자기 소낙비가 내리기 시작했다. 비가 내린 지 얼마 지나지 않아 방 안으로 빗물이 떨어졌고, 맹 정승과 병조판서의 옷마저 흠씬 적셔놓았다. 그때 병조판서는 바깥에 행랑채를 짓고 있었는데, 맹 정승 집에서 돌아와 부끄러운 낯빛을 보이며 말했다.

"정승의 집이 그 정도인데 내가 어찌 바깥 행랑채가 필요하리오."

그리고 즉시 짓고 있던 행랑채를 철거했다고 한다.

그렇다고 맹사성의 성품이 꼬장꼬장했던 것은 아니었다. 비록 그는 고지식한 원칙주의자였으나 평소엔 소탈한 성품이었다.

맹사성이 고향 온양에서 도성으로 돌아오는 도중에 비를 만나서 용인의 여각에 들렀는데, 행차를 제법 성하게 꾸민 이가 누상에 앉아 있었다. 그는 영남에 사는 사람으로 의정부 녹사(綠事) 취재(取才)에 응하러 가는 길이었다. 그가 다소 측은한 마음이 들었는지 맹사성을 누상으로 불러올렸다. 그리고 함께 장기도 두고 농담도 주고받았는데, 농으로 말끝에 '공', '당'을 붙이기로 했다.

맹사성이 먼저 물었다.

"무슨 일로 한양에 올라가는공?"

"벼슬을 구하러 올라간당."

"무슨 벼슬인공?"

"녹사 취재란당."

그러자 맹사성이 가만히 그의 얼굴을 살피더니 씨익 웃으며 말했다.

"내가 마땅히 시켜주겠공."

"에이, 그러지 못할 거당."

얼마 지나 그 영남 선비는 녹사 취재에 응하여 마지막으로 정승 앞에서 면접을 보았다. 맹사성이 그 자리에 앉았다가 그를 알아보고 웃으면서 말했다.

"어떠한공?"

그때까지 맹사성을 알아보지 못했던 그가 소스라치게 놀라며 사색이 되어 대답했다.

"죽어지당."

두 사람이 하는 짓을 보고 재상들이 놀라서 괴이한 표정으로 쳐다보았다. 맹사성이 그 까닭을 설명하자, 재상들이 한바탕 크게 웃고는 그 선비를 녹사로 삼았다. 그 후 녹사가 된 선비는 여러 차례 맹 정승의 추천을 받아 고을 원님 자리까지 올랐다. 후인들이 이 일을 일러 '공당문답'이라 하였다.(연려실기술)

3. 청백리의 대명사, 류관

황희, 맹사성과 더불어 세종시대를 대표하는 상신(相臣)으로 꼽히는 정치가가 류관(柳寬)이다. 그는 조선왕조 500년 동안 청백리의 대명사로 불렸으며, 황희나 맹사성에 앞서 재상의 초상으로 여겨졌던 인물이다. 비록 영의정엔 오르지 못했고, 4년이라는 짧은 기간 동안 우의정에 머무는 것에 그쳤으나, 그의 삶이 세종에게 심어준 인상은 어느 누구보다도 강렬했다.

1433년(세종 15년) 5월 7일에 그가 죽자, 세종은 날이 저물고 비가 내리는데도 그를 애도하는 의식을 감행했다. 이때 지신사로 있던 안숭선은 날씨가 좋지 않다며 다음날로 미루자고 강력하게 건의했지만, 세종은 슬픔을 이기지 못하고 끝내 흰옷과 흰 산선(繖扇)을 차리고 홍례문밖에 나가 눈물을 쏟아냈다.

세종이 그를 어떻게 생각했는지는 류관에게 내린 제문에 잘 나타나 있다.

"경은 기질이 온후하고 성품이 넓고 깊어서, 학문은 고금의 사리에 통달하고, 재주는 정사의 요점을 꿰뚫었다. 중앙과 지방에서는 일을 성실하게 처리하였고, 세 왕대에 걸쳐서 벼슬을 하였다. 경주에 나가 고을원이 되었을 때엔 백성들이 부모처럼 따랐고, 남방을 순찰할 때엔 백성들이 사모하는 노래를 지어 불렀다. 사헌부 대사헌으로서는 이단을 엄혹하게 배척하고, 재상의 지위에 올라서는 언제나 원칙을 지키며 사사로운 일로 찾아오는 사람이 없었으며, 창고에서 남아도는 재물을 찾아볼 수 없었다. 지위를 낮춰 언제나 깔끔한 풍도를 지녔고, 덕은 높아도 교만한 태도가 없었으니, 선비들은 모범으로 삼았고, 관리들은 한결같이 존경하였다."

세종은 황희와 맹사성에 대해선 재주와 학문에 대한 칭찬을 아끼지 않았으나 마음으로 존경한 흔적을 남기지는 않았다. 그러나 이 짧은 제문에는 류관에 대한 존경심이 묻어나고 있다. 이것은 류관의 삶이 세종의 인간관에 어떤 영향을 끼쳤는지 보여주는 대목이다. 세종이 황희에게서 정무 처리의 해박함을 배우고 맹사성에게서 삶을 즐기는 유연함을 배웠다면, 류관에게선 진정한 선비의 길이 무엇인지 배웠던 것이다.

깐깐한 관리로 이름이 나다

류관은 맹사성보다 14년 이른 1346년에 태어났다. 초명은 관(觀), 자는 몽사(夢思)였는데, 나중에 이름을 관(寬), 자를 경부(敬夫)로 고쳤으며, 호는 하정(夏亭)이다. 본관은 황해도 문화로, 고려시대에 정당문학을 지낸 유공권의 7대손이며, 삼사판관을 지낸 유안택의 아들이다.

그가 관직에 발을 들여놓은 것은 26세 되던 1371년(공민왕 20년)에 문과에 급제하면서부터였다. 이후 전리정랑, 전교부령을 거쳐 고려 말기에 봉산군수, 성균사예, 사헌중승 등을 역임하다 조선 개국을 맞이했다.

그는 불교를 배척하고 신유학인 성리학에 몰두하였으며, 이런 학문적 인연으로 조선 창업에 동조하여 원종공신이 되었다. 조선 개국 후 그가 처음 맡은 소임은 내사사인(內史舍人)이었으며, 태조에게 이틀에 한 번 꼴로《대학연의》를 강의했다.

내사사인으로 있으면서 그는 태조로부터 두터운 신뢰를 얻었고, 급기야 간관의 수장인 좌산기상시(좌상시)에 발탁되었으니, 그의 나이 52세 되던 1397년 12월 10일이었다.

하지만 그가 좌상시 직책을 수행한 기간은 불과 3개월이었다. 이 기간 동안 그가 태조에게 직접 건의하여 관철시킨 일은 무분별하게 시행되는 기복 조치를 본래 취지에 맞게 시행한 일이었다.

기복(起復)이란 중요한 업무를 맡은 신하가 상(喪)을 당했을 때, 국가를 위해 상복을 벗고 등청하게 하는 제도였다. 그런데 당시 관리들은 상을 당하면 3년상은커녕 채 100일도 채우지 않고 해당 관청이 기복 신청을 하도록 하여 상복을 벗고 관직으로 다시 나오는 일이 비일비재했다. 류관은 3년상이 천하의 공통된 상례임을 강조하면서 국가의 중대사와 관계되지 않은 관리들은 반드시 3년상을 이행하도록 해야 한다고 주청했다. 또 탈상도 하지 않았는데, 스스로 상복을 벗는 자를 엄하게 처벌하고, 해당 관청에서 기복을 요청하는 것을 금지하는 법을 만들자고 주장하여 관철시켰다.

3년상이란 만 2년 동안 상복을 입고 상례를 거행하는 것으로, 당시 선비들에게도 보통 고통스러운 일이 아니었던 모양이다. 그런 까닭에 어떻게 해서든 상례를 짧게 끝내려는 게 그들의 바람이었는데, 류관은 이를 강력하게 비판한 것이다.

현대인들에겐 3년상이란 것이 대단히 비효율적인 관습으로 비칠지 모르지만, 유학을 삶의 가치관으로 여기던 조선의 선비들에겐 너무나 당연한 일이었다. 아이가 태어나서 세 살이 되어야 비로소 홀로 걸어다닐 수 있고, 그렇게 되기까지 부모의 노고는 그 어떤 일과 비교할 수 없을 만큼 엄청날 수밖에 없다. 공자는 이를 근거로 3년상을 언급하며 제자들에게 실천할 것을 요구했다. 조선이 유학을 근본 이념으로 삼아 세운 나라이고, 유학의 가장 중요한 덕목이 효이며, 3년상은 효를 실천적으로 보여주는 잣대 구실을 하는 중요한 풍습이었다. 하지만 관계에 진출한 관리들은 어떻게 해서든 3년상의 고통에서 벗어나고자 했고, 편법으로 자신이 재임했던 관청으로 하여금 기복 신청을 하게 했던 것이다.

조선의 모든 선비가 공자의 말을 실천에 옮길 때 국시인 유학이 지배적인 가치관으로 정립될 수 있다고 판단한 류관은 관리들의 이런 행태를 강력하게 비판하여 국가 기강을 바로잡고자 했던 것이다. 이 일을 관철시킨 그는 조정에서 깐깐한 인물로 명성을 얻었다.

형벌의 형평성을 간하다

1398년 봄에 류관은 형조전서로 진급했다. 형조로 옮긴 그는 또 한 번 깐깐한 기질을 발휘했다. 개국 초라 사회가 어수선한 분위기였고, 형법의 적용도 엄정하지 못했는데, 1398년 5월 26일에 형법 개정을 품신한 것이다.

당시 가장 문제가 되던 것은 형벌의 형평성 문제였다. 부자는 법을 어겨도 재물로 형을 대신하는 제도가 있었고, 사람을 사서 형을 대신 받게 하는 경우도 허다했다. 류관은 이를 고쳐 부자든 가난한 자든 공평하게 법이 적용되어야 함을 강조했다. 예컨대 도둑질에 관한 처벌이 지나친 부분을 손질했는데, 당시 법으론 베 200필을 훔치면 극형을 당해야 했지만 류관은 베 600필 이상으로 고쳐줄 것을 요청했다. 또 곤장 100대를 맞아야 할 자를 베 30필로 죄를 대신하게 했는데, 이를 90필로 올렸다. 이는 죄지은 자에겐 경제적 부담을 더 주되, 극형을 남발하는 폐단을 고친 것이다.

형법의 문제는 비단 법 자체에 한정되지 않았다. 형옥을 관리하는 형리들이 법에 무지하여 일반 백성들이 형평에 맞지 않는 처결을 받는 경우가 많았다. 또한 법조문이 구체적이지 못하여 해석 여하에 따라 형벌의 강도가 크게 차이 났다. 류관은 이를 해결하기 위해 형옥은 반드시 형법 전문가에 의해 관리되어야 하며, 형리들이 법을 깊이 있게 공부하는 제도를 마련해야 한다고 주장하여 태조의 허락을 얻어냈다.

형벌 적용을 왜곡시키는 또 하나의 큰 문제가 있었는데, 바로 고문이었다. 당시 법으론 고문이 허락되었는데, 이를 법조문에 근거하여 시행하는 관리가 드물었다. 형관들은 어떻게 해서든 피의자로부터 죄를 자백받는 데만 혈안이 되어 있었고, 이를 위해서는 법에 명시되지 않은 지독한 고문을 가하는 경우가 허다했다. 사건의 경중에 따라 고문의 한계가 법으로 명시되어 있었는데, 형관들이 이를 전혀 지키지 않았던 것이다.

1398년 5월 26일 이른 새벽, 태조는 급작스럽게 근정전에 올라 백관을 소집했다. 당시 신하들은 태조가 조회를 하지 않는다고 비판하고 있었는데, 화가 난 태조는 새벽에 조회를 소집한 것이다. 새벽에 급작스럽게 소집된 조회에서는 신하가 임금에 대한 예를 다 갖추지 않아도 죄가 되지 않았고, 면전에서 자유롭게 건의를 할 수 있었다. 하지만 아무도 선뜻 나서지 않았다. 화가 난 태조가 신하들에게 일갈했다.

"조회를 보지 않는다고 나를 책망한다고 들었는데, 어찌 면전에서는 아뢰는 이가 하나도 없는가?"

조회를 하지 않는다고 뒷소리를 한 신하들을 몰아세우기 위한 자리였기에 아무도 감히 나서지 못하고 머뭇거렸다.

태조가 다시 화를 버럭 냈다.

"어찌하여 면전에서 한마디도 하지 못하는가? 뒷전에서 수군대지 말고 내 앞에 나서서 정사를 논해보라."

이때 류관이 앞으로 나섰다. 까다로운 절차를 거치지 않고 직접 속에 품은 생각을 관철시킬 수 있는 절호의 기회라고 판단했던 것이다.

"형벌 맡은 관리들이 생명의 귀함을 돌보지 않고 사람을 함부로 매질하여 원통하고 억울한 백성이 늘어나고 있습니다. 중앙과 지방에서 형벌을 다루는 관리들이 함부로 고문할 수 없게 하는 법을 만들어야 할 것입니다. 고문을 일체 없앨 순 없사오나, 법에 명시되지 않은 고문을 시행치 못하게 한다면 억울한 백성이 크게 줄어들 것이고, 죄 없는 사람이 고문으로 생명을 잃는 일이 사라질 것입니다."

류관은 하루에 몇 회 이상 고문을 가하지 못하게 하는 법, 형률 조문에 의거하지 않는 고문을 행한 관리를 엄하게 다루는 법, 가급적 고문보다는 판관의 심리에 의해 법을 적용하도록 유도하는 조문을 설정해야 한다고 주청하여 그 자리에서 허락을 얻어냄으로써 태조의 신뢰를 얻었다.

그러나 그해 12월 29일, 류관은 사헌부의 탄핵을 받아 파직되었다. 그를 파면에 이르게 한 것은 형조에서 3품 관리였던 윤심을 가둔 사건 때문이었다. 실록은 이 사건의 내막을 자세히 기록하지 않았으나, 아마도 윤심이 신분을 속이고 관직에 나왔다는 투고를 형조에서 받은 듯하다. 하지만 진상은 제대로 밝혀지지 않았고, 그 때문에 시일을 끌던 중에 사헌부의 탄핵을 받은 것이다.

사헌부에서는 형조전서 류관을 비롯한 형조 관리들을 대거 파직시키고 형률에 의거하여 처벌할 것을 주장했지만, 류관을 아낀 태조는 형조전서 직만 파직시켰다. 당시 류관은 중추원부사를 겸하며 경연관으로 활동하고 있었는데, 그 자리는 보전해준 것이다.

대사헌에 오르다

류관이 형조전서에서 쫓겨난 직후, 이방원은 왕자의 난을 일으켜 방석을 죽이고 태조를 상왕으로 밀어냈다. 방원이 형 방과(정종)를 왕위에 앉히자, 류관은 중추원부사에서 판사로 승진했고, 정종 2년(1400년) 2월 13일에 강원도 도관찰출척사로 임명되어 지방으로 떠났다. 그리고 태종 1년(1401년) 2월 15일에 사헌부의 수장인 대사헌에 임명되어 조정으로 돌아왔다.

그는 대사헌 직책에 있으면서 두 가지 개혁 정책을 내놓았는데, 첫째는 억불정책이요, 둘째는 포폐의 통용이었다.

깐깐한 유학자였던 그는 태조가 불교에 대해 온정적인 것을 불만스럽게 여기다, 불교와 인연이 별로 없던 태종이 왕이 되자 강력한 억불정책을 건의했다. 그는 사찰에서 강제로 승려들을 퇴거하고 오교양종(五敎兩宗)을 없애야 한다고 주장했다. 윤3월 22일에 제시한 그의 억불론의 핵심은 이렇다.

"불교는 본래 백성이 복을 구하고 화를 면하게 하기 위해 복을 비는 종교인데, 종도들이 그 뜻을 제대로 알지 못하고 재물만 탐하였고, 벌어들인 재물로 술과 고기를 먹고 황음을 일삼았으니, 스스로 자신들의 스승을 저버린 것입니다. 이제 그들 스스로 원래의 청정한 계율로 돌아갈 힘이 없사오니, 나라에서 오교양종을 파하고 법을 알고 계를 지키는 일부 청정한 승려를 제외한 모든 승려를 절에서 쫓아내야 합니다."

태종은 금세 답을 내리지 않았다. 태조가 살아 있고, 개국 당시에 무학이 태조의 왕사로 임명된 점을 무시할 수 없었던 것이다.

하지만 조선 개국 이후 불교는 여전히 조정의 골칫거리였다. 무엇보다도 사찰이 소유하고 있는 엄청난 토지와 수많은 노비, 그리고 수만 명에 이르는 승려가 문제였다. 고려 중기 이후 사찰은 우후죽순으로 늘어났고, 그에 딸린 노비와 전답, 임야도 크게 늘었다. 개국 이후 재정적인 어려움에 허덕이던 조선 조정은 정도전의 주도로 억불정책을 수행하여 사찰에 예속된 많은 토지와 노비를 나라 소유로 바꿔놓았다. 하지만 태조는 적극적으로 억불정책을 펴지 않았고, 그런 까닭에 여전히 사찰은 엄청난 재산을 소유하고 있었다. 태종은 국고를 채우기 위해 사찰 소유의 토지를 욕심내고 있었지만 태조가 살아 있는 까닭에 쉽게 실천에 옮길 수 없었다.

태종은 바로 다음 날인 윤3월 23일에 열린 경연장에서 자신의 그런 속사정을 털어놨다.

"사헌부에서 오교양종 중에 세상 이익을 탐하는 중들을 내쫓고 사찰과 토지, 노비를 모두 관아에 예속시켜 오직 산문의 도승들만 사찰에 남겨두자고 청했는데, 나 역시 그렇게 생각하고 있다. 하지만 태상왕께서 불사(佛事)를 좋아하시니 차마 갑자기 혁파할 수 없구나."

태종의 이런 태도로 류관의 불교폐지론은 일단 유예됐다. 류관이 두번째로 제시한 개혁안이 포폐의 통용이었다.

태종이 재위 시에 가장 강력하게 추진한 것은 저화(楮貨), 즉 지폐의 통용이었다. 이를 위해 태종은 사섬서를 설치하고 저화 통용을 위해 전력을 쏟았다. 당시 조선은 개국은 했으나 정식 화폐는 없었다. 그런 까닭에 고려 때의 동전이나 포백, 쌀, 보리, 콩 같은 물품 화폐를 사용하고 있었다. 동전의 원료가 되는 구리는 거의 전량 수입에 의존하고 있었고, 그에 따른 국고의 손실이 대단했다. 또 물품 화폐는 시세가 일정하지 않고 세금 징수에 어려움을 주었다. 태종은 이런 문제를 해결하기 위해 저화 정책을 입안한 것이다. 조선 땅에선 구리가 거의 생산되지 않는 데 비해 종이의 원료가 되는 닥나무는 풍부했기 때문이다.

하지만 태종의 저화 통용 정책은 현실성이 없었다. 구리에 비해 종이는 가치가 크게 떨어졌기 때문에 백성들은 저화를 신뢰하지 않았다.

류관은 백성의 그런 심리를 잘 읽고 있었던 모양이다. 그래서 종이로 만든 지폐보다는 포로 만든 포폐가 현실성이 있다고 보았다. 포는 당시 백성들이 돈과 같이 사용하였고, 언제든지 쌀이나 다른 물품으로 교환할 수 있었기 때문이다. 따라서 포폐를 만들면 지폐보다는 백성들의 돈에 대한 신뢰가 크게 향상될 게 분명했다.

류관이 건의한 포폐의 이름은 '조선포폐'였고, 크기는 3척, 2척, 1척으로 구분되었다. 그 구체적인 내용을 언급하자면 이렇다.

"지폐의 통용은 상국의 명령을 받지 않고 행하는 것이 불가한 일입니다. 하지만 포는 오래전부터 거래의 수단으로 써왔으니, 포폐는 상국의 허락을 받지 않고도 자의적으로 돈으로 쓸 수 있습니다. 또한 종이는 잘 찢어지고 해지지만, 포는 찢어지지 않고 해지지 않으므로 물자를 절약할 수 있습니다.

원컨대, 포로 화폐를 만들되 가장 좋은 정오승포를 써서 담청색으로 물을 들이고, 나라의 화폐임을 표시하는 세세한 그림을 그리고, 길이는 3척, 2척, 1척으로 구분하옵소서. 정오승포 한 필에 대하여 3척짜리 한 단, 2척짜리 두 단, 1척짜리 다섯 단을 주게 하면 백성은 그 원래 가치를 잃지 않을 것이며, 관가에서는 세 배의 이익을 올릴 것입니다. 또 1척에 쌀 한 말을 바꾸게 하고, 콩과 쌀로 내주던 상급을 모두 포폐로 내주면 여러모로 이익이 있습니다. 도당에 논하게 하여 시행하소서."

하지만 태종은 류관의 포폐론을 받아들이지 않았다. 포폐는 물품 화폐와 크게 차이가 없다고 판단하는 한편, 저화 정책이 성공할 수 있다고 확신했기 때문이다. 하지만 류관의 우려대로 저화 정책은 실패로 돌아갔다. 저화에 대한 백성들의 거부감은 예상보다 훨씬 심했고, 오히려 포백이나 미곡 등의 물품 화폐에 대한 의존도만 높이는 결과를 낳았다. 결국 태종은 동전인 조선통보를 만들어 화폐 문제를 해결하게 되는데, 이는 구리를 수입해야 하는 큰 경제적 부담으로 남았다. 만약 류관의 주장대로 포폐 정책을 썼다면 결과는 달라졌을지도 모를 일이다.

고진감래의 세월

대사헌에 오른 지 5개월 만인 1401년 7월 8일에 류관은 문하부의 탄핵을 받았다. 류관이 간관인 좌습유 정안지를 탄핵했는데, 이는 정안지가 대전 환관 박문실을 힐난하여 왕명을 욕되게 했다는 이유였다. 그러자 간관인 좌산기 유기가 오히려 류관을 탄핵해버렸다. 유기는 환관이 간관을 능욕했는데, 대사헌의 수장이 이를 보고도 대수롭지 않게 여기고 오히려 간관을 탄핵한 까닭을 물었던 것이다. 말하자면 서로 맞탄핵을 한 셈인데, 태종은 전후 사정을 고려하여 좌산기 유기의 손을 들어주었다. 이에 따라 류관은 대사헌에서 파직되었다.

그로부터 닷새 뒤인 7월 13일에 류관은 승녕부윤으로 옮겨 앉았다. 승녕부는 태상왕으로 물러난 이성계를 모시는 부서로 한직이었다. 말하자면 좌천된 셈이다. 승녕부에 10개월간 있다가 이듬해 5월 4일에 계림(경주)부윤에 임명되어 외직에 나갔다.

계림부윤으로 나간 그는 뜻밖의 사건에 휘말려 고향 황해도 문화현으로 유배되는 처지에 놓이는데, 그 내막은 이렇다.

소감을 지낸 도희라는 자가 노비 문제로 형조에 송사를 걸었는데, 이기지 못했다. 그러자 형조전서 이사영을 원망하여 엉뚱한 말을 퍼뜨렸다.

"옛날에 이사영이 안동부사로 있을 때, 상주목사로 있던 이발과 공모하여 군대를 일으키고 난을 획책하려 했다."

누군가가 이 말을 전해듣고 호조정랑 신사근과 종부판관 문귀에게 알렸다. 하지만 두 사람은 터무니없는 소리라며 간과해버렸다. 그런데 그 이야기가 태종의 귀에 들어간 것이다. 태종이 신사근과 문귀를 불러 캐묻자, 그들은 이렇게 대답했다.

"도희의 말이 믿을 수 없어서 감히 아뢰지 못했습니다."

태종이 화를 내며 소리쳤다.

"이런 중대사는 내게 고해야 옳다. 그러면 내가 마땅히 옳은 판단을 내릴 터인데, 너희들이 알고도 고하지 않았으니, 실상 죄가 있다."

태종은 도희와 함께 신사근과 문귀를 순금사에 가두고 국문하게 했다. 그러자 도희가 말했다.

"계림기관(記官) 주인 등 세 사람이 모의에 참여했는데, 그곳 부윤 류관이 이를 보고하지 못하게 했습니다. 내 말이 허위라면 곧 나를 베고, 내 말이 사실이라면 조선만세의 공신이 될 것입니다."

순금사 대호군 김단이 주인 등 세 사람을 잡아다가 도희와 대질 신문을 벌였는데, 실상은 도희가 모두 지어낸 말이었다. 류관이 이 사건을 듣고 급히 올라와 결백을 주장했는데, 태종은 나라의 안위와 관련된 문제를 즉시 보고하지 않았다며 류관을 순금사에 가두었다가 곧 고향인 문화로 귀양 보냈던 것이다.

당시 정황으로 봐서 류관은 이 사건과 전혀 무관했다. 사건은 그저 도희가 노비 송사에 패배하여 홧김에 내뱉은 말이 와전된 것뿐이었다. 그럼에도 류관을 파직하여 귀양 보낸 것은 당시에 태종이 역모에 대해서만큼은 지나치게 민감한 반응을 보였다는 뜻이다.

류관은 고향으로 유배되어 8개월간 근신하다가 1404년 8월 15일에 성균관 교수가 되어 한양으로 돌아왔다. 그리고 1405년 7월 8일에 전라도 관찰사에 임명되어 외직으로 나갔다.

전라도 관찰사 시절, 류관은 목민관으로서 탁월한 능력을 발휘하여 그곳 백성들의 칭송이 자자했다. 심지어 백성들이 류관을 데려가지 말라고 노래를 지어 부를 정도였다.

하지만 백성들의 칭송은 오히려 류관을 한양으로 소환하는 계기가 되었다. 전라도 감영에 머문 지 1년쯤 지난 1406년 7월 13일에 태종은 류관을 예문관 대제학에 제수하여 한양으로 불러올렸다. 그 며칠 뒤 사간원에서 상소를 올렸는데, 류관은 조정에 꼭 필요한 인재라는 내용이 등재되기도 했다.

대제학으로 있으면서 그는 태종에게 《대학연의》와 《통감》, 《춘추》를 강의했다. 태종은 과거 역사에 대해 궁금한 것이 있으면 어김없이 그에게 질문했는데, 류관은 그런 질문에 한 번도 당황한 적이 없을 정도로 역사에 밝았다.

류관은 경연관, 세자좌빈객 등의 학관직을 겸하며 1414년까지 무려 8년 동안 예문관 대제학에 머물렀다. 그리고 1414년 2월 25일 다시 대사헌으로 복귀했다. 그 뒤 의정부 참찬을 거쳐 다시 예문관 대제학이 되었고, 1418년 6월 5일에 세자좌빈객을 겸하여 당시 세자인 세종을 가르쳤다.

세종의 신뢰를 얻어 정승에 오르다

1418년 7월 6일 태종은 전격적으로 세종에게 왕위를 넘겼다. 이때 류관은 73세의 노구였으나, 여전히 예문관 대제학 직책을 수행하고 있었다. 왕위에 오른 세종은 1419년 3월 26일에 류관을 불러 술 10병을 내렸다. 실록은 이 날의 기록에서 세종이 "그가 덕망 있고 진실한 유학자라며 중하게 여겼다."고 쓰고 있다.

세종은 류관의 학문과 인격을 높이 평가하고 중요한 문제는 그에게 자주 물었다. 특히 역사에 관한 질문을 자주 했는데, 1420년 2월 23일에는 《고려사》에 관한 질문을 했다.

"《고려사》를 교정 중이라고 들었는데, 무엇을 교정하고 있습니까?"

류관이 대답했다.

"역사란 만세의 귀감이 되는 것이온데, 전에 만든 《고려사》는 재난과 이변에 대한 기록이 전혀 없습니다. 지금 교정 작업을 하면서 이를 모두 기록하고 있습니다."

세종이 고개를 끄덕이며 말을 받았다.

"선과 악을 모두 기록하는 것은 후대 사람들에게 경계를 가르치는 것인데, 재난과 이변이라 하여 기록하지 않으면 안 되지요."

세종은 두 달 뒤인 4월 12일에 그를 의정부 찬성사를 겸하게 하여 정치에 관여할 수 있도록 배려했다. 또한 일흔이 넘은 나이를 감안하여 궤장을 내리고 계속 관직에 머물 수 있도록 조처했다. 하지만 류관은 1424년에 사직을 청하는 전문을 세종에게 올렸다.

"늙으면 사직에서 물러나는 것이 예이고, 병들면 한가한 곳으로 눈길이 가게 마련입니다. 제 나이 이제 팔순에 가까운데, 벼슬에서 물러나지 않아 부끄럽기 그지없습니다. 조정과 벗들에게 얼굴을 들지 못하는 지경에 처하기 전에 돌아가도록 허락해주소서."

이에 세종이 그의 치사를 허락하지 않고 비답을 내렸다.

"늙어서 물러나길 청하는 것은 고결한 것이나 어진 이를 높이고 덕 있는 신하를 임용하는 것은 나라의 아름다운 법이오. 그대의 학문은 정호와 정이, 주자에 이르렀고, 재주는 반고와 사마천에 버금가오. 거기다 정직하고 온유함은 타고난 성품이요, 학문의 행함과 나라에 대한 충성과 신뢰는 선비들의 으뜸이었소. 그대 비록 나이는 많으나 기력은 오히려 강인하고, 총명이 쇠하지 않았는데, 어찌 예에 얽매여 물러나려 하시오. 나와 뜻을 같이하여 종묘사직을 받들고 조야의 바람을 버리지 말아야 할 것이오."

세종은 물러나려는 그를 붙잡아 오히려 우의정에 제수했다. 류관은 이듬해에도 사직을 청하는 글을 올려 초야에 묻혀 여생을 보낼 수 있도록 배려해달라고 간청했지만, 세종은 윤허하지 않고 또 그를 설득했다.

"법률과 제도가 중하다곤 하나 노숙하고 덕망 있는 신하에 미치겠소. 경의 덕과 재주는 이미 세상이 널리 퍼졌거늘 어찌하여 사직을 청하여 짐을 근심하게 하시오. 초야에서 한가하게 지내는 것은 경에겐 더없이 좋은 일이겠으나 짐이 의지할 사람이 또 누가 있단 말이오. 부디 직위에 머물러 나의 정치를 돕도록 하시오."

세종은 부제학 권도를 시켜 류관의 집에 선물까지 보내며 사직을 만류했다.

그리고 1년을 더 우의정에 붙잡아뒀다가 1426년 1월 15일에야 치사하도록 허락했다.

조정에서 물러난 류관은 고향인 황해도 문화현으로 돌아갔다. 단군의 전설이 담긴 그곳 구월산 아래 머물며 학문에 심취했는데, 1428년 6월 14일에는 세종에게 단군이 도읍한 곳을 찾아낼 수 있도록 허락해달라는 상소를 올리기도 했고, 1429년 8월 24일에는 3월 3일과 9월 9일을 축일로 만들어 선비와 백성들이 경치 좋은 곳을 선택하여 즐기도록 해달라는 상소를 올려 윤허를 얻기도 했다.

그로부터 4년 뒤인 1433년 5월 7일, 그는 88세를 일기로 세상을 떴다. 세종은 그에게 '문간(文簡)'이라는 시호를 내렸는데, 이는 학문하는 데 부지런하고, 덕 닦는 데 게으르지 않다는 의미였다. 아들 셋이 있으니, 맹문, 중문, 계문이었다.

집 안에서 우산 쓰고 비 피하는 정승

류관에 대해선 정사에 기록된 것 말고도 여러 일화가 전한다. 흔히 그는 성품이 온화하고 학문에 뛰어난 것으로만 알려져 있지만, 전혀 다른 측면도 있었다. 이성계가 왕위에 올랐을 때, 그는 임금의 호위를 맡은 별운검을 지휘하는 무사로 활약했다. 그런 까닭에 태조의 신임이 두터웠고, 태조가 죽은 뒤에 능을 지키는 소임이 맡겨졌다.

또 길주도 안무절제사 영길주목으로 파견되어 북방을 지킬 때 야인들이 침입하자, 직접 군대를 이끌고 나가 그 괴수를 죽이고 격퇴시킴으로써 북방에서 크게 위세를 떨쳤다. 그 소식을 듣고 태종이 술을 내리고 그곳에서 야인들을 교화하도록 했다.(동각잡기)

류관의 일화 중에 가장 유명한 것은 역시 그의 청빈함에 관한 것이다. 그는 청렴하고 방정하여 정승의 벼슬에 올랐을 때도 초가집 한 칸, 베옷과 짚신으로 담박하게 살았다. 집에는 울타리도 담장도 없었는데, 그 사실을 안타깝게 여긴 태종은 선공감을 시켜 밤에 몰래 울타리를 만들어주게 하고, 비밀에 부치도록 했다. 또 그가 굶고 다닐까 염려하여 몰래 사람을 시켜 음식을 내리기도 했다.

공무를 보고 돌아온 뒤에는 후학을 가르쳤는데, 그 명성이 높아 많은 제자들이 모여들었지만 누구라도 와서 인사를 하면 고개를 끄덕일 뿐, 이름을 묻는 법이 없었다고 한다. 혹여 이름을 물어 사적인 관계를 이루면 사사로운 정이 생겨 공평무사함을 잃을까 염려한 까닭이다.

그의 집은 흥인문밖에 있었는데, 성안으로 공무를 보러 갈 때도 그 먼 길을 수레나 가마에 의존하지 않고 간편한 사모에 지팡이 하나만 들고 걸어다녔다. 가끔은 어린 시종들을 데리고 다녔는데, 그럴 땐 어김없이 그들과 함께 시를 흥얼거리며 놀면서 걸었다. 그 모습을 본 백성들이 그의 넓은 아량에 탄복하여 칭송이 자자했다.

언젠가는 장마가 한 달 내내 계속되어 그의 집에 온통 물이 샜다. 그 물줄기가 마치 굵은 삼 줄기 같았는데, 그는 손에 우산을 받쳐들고 부인을 돌아보면서 말했다.

"우산도 없는 집에서는 이 장마를 어떻게 견딜지 걱정이오."
부인이 대답했다.
"우산 없는 집은 다른 준비가 있습니다."
그는 멋쩍은 얼굴로 수염을 만지며 껄껄 웃었다.(필원잡기)

가난했던 그는 손님을 위해 술을 대접할 때 오로지 탁주만 내놓았다. 탁주 한 항아리를 뜰에다 두고는 늙은 여종을 시켜 사발에 술을 담아오게 하여 단지 몇 사발만 대접하고 끝냈다.

그가 정승에 이르렀을 때도 제자들을 널리 가르쳐 많은 학도가 있었다. 매번 시향 때엔 제삿날 하루 전에 제자들을 모두 흩어 보내고, 제삿날에 제자들이 오면 모두 음복을 시켰는데, 안주라고 내놓은 것이 소금에 절인 콩 한 소반이 전부였다. 또 술이라곤 항아리에 담은 탁주가 유일했고, 그것도 반드시 한 사발씩만 마시도록 했다.(청파극담)

그가 이토록 술에 대해 철저한 원칙을 지켰던 것은 단순히 가난 때문만은 아니었다. 술에 취하면 실수하게 마련이고, 그 실수가 화를 부를 수 있다고 판단했던 것이다.

그는 성격이 소탈하여 겉모습엔 별로 신경 쓰지 않았다. 정승 벼슬에 있을 때도 반가운 손님이 찾아오면 맨발에 짚신을 끌고 나와 맞이하였고, 때론 호미를 들고 몸소 채소밭을 돌아다니며 농사를 짓기도 했다.(용재총화)

그는 남에게 주기를 좋아하였으나, 비록 하찮은 물건이라도 받는 법은 없었다. 또한 재물에 대한 가치관이 뚜렷하여 항상 이렇게 말했다.

"친구 사이에는 으레 재물을 서로 나눠 쓰는 의리가 있다 하나, 아예 요구하지 않는 것이 옳다."(연려실기술)

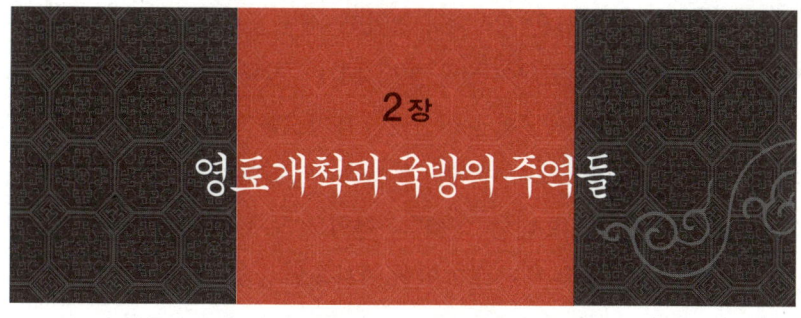

2장
영토개척과 국방의 주역들

 세종은 왕도정치를 꿈꾸는 문치주의자였지만, 국토의 개척과 정벌을 통한 국력 신장에도 각별한 노력을 기울인 왕이었다. 국방력이 튼튼하지 않으면 국가의 안녕을 기대할 수 없다고 판단한 그는 4군(四郡)과 6진(六鎭)을 설치하여 고려 공민왕 대부터 나라의 숙원 사업으로 추진되던 양계(서북계와 동북계) 안정 정책을 매듭짓는 한편, 대마도를 정벌하여 고려 말부터 끊임없이 노략질을 일삼던 왜구를 진압하는 획기적인 성과를 일궈냈다.
 원나라 말기부터 고려는 북쪽에선 홍건적과 싸우고 남쪽에선 왜구와 대치해야 했는데, 심지어 홍건적에 의해 개경이 함락되고, 왜구가 경상도 일원을 장악하는 진퇴양난의 처지에 놓이기도 했다. 다행히 최영, 이성계, 최무선 등의 활약 덕분에 망국의 위기에서 벗어났고, 홍건적은 원을 몰아내고 명을 세워 북방의 안정을 되찾는 데 도움을 주었다.

하지만 왜구의 침탈은 계속되고 있었다. 세종 초에는 충청도 비인, 황해도 해주 등지에 침입하여 쌀을 약탈해갔다. 세종은 당시 상왕으로 있던 태종과 의논하여 왜구의 본거지였던 대마도를 정벌하여 대마도주 웅와(熊瓦)로부터 강화 약조를 받는 큰 성과를 올렸다. 이후 왜구의 노략질이 사라졌고, 대마도에 대한 조선의 영향력도 크게 강화되었다.

왜구와 함께 북방을 유린하고 있던 여진족도 골칫거리였다. 고려 초기부터 압록강 주변의 서북계와 두만강 주변의 동북계엔 여진족이 세력을 형성하고 있었는데, 원나라가 금을 무너뜨리고 고려에 쌍성총관부를 설치한 이후 양계는 원의 통치 아래 놓이게 되었다. 하지만 홍건적에 의해 원나라가 쇠퇴하고 명이 일어나 원을 북쪽으로 몰아내자, 고려의 공민왕은 강력한 북진정책을 실시하여 양계 지역의 땅을 회복하려 했다. 덕분에 압록강을 끼고 있던 서북계를 거의 장악했다. 하지만 동북계의 여진족이 험악한 산악 지대를 기반으로 강하게 저항했기 때문에 고려의 두만강 진출은 쉽지 않았다.

당시 공민왕의 북진정책에 핵심적인 역할을 했던 인물이 이성계의 아버지 이자춘이었다. 이자춘은 원래 원나라 관리로 있던 고려인이었으나 원나라 조정이 이주민에 대한 차별 호적을 만들어 불평등 정책을 펴자, 이에 반발하여 공민왕과 손을 잡고 쌍성총관부를 함락시켰다. 쌍성총관부 점령 이후 그는 삭방도만호 겸 병마사로 있으면서 두만강 유역으로의 영토 확장을 꾀했다. 이자춘이 죽자, 그 직위를 물려받은 이성계는 여진족과 여러 차례 전쟁을 치르며 두만강 하류지역까지 진출하는 획기적인 전과를 올렸다.

이성계는 조선 건국 후에도 꾸준히 북진책을 실시하여 두만강 하류 지역에 공주(지금의 경원)를 설치하고 동북계 경영의 본거지로 삼았다. 또한 여진족 출신 이지란을 앞세워 중강진 일대를 장악함으로써 압록강 유역에 머물던 여진족을 크게 압박하였다.

세종 대에 이르러 여진족이 다시 발호하였고, 약탈과 내습이 재개되었다. 특히 두만강 지역의 여진족이 강력한 군대를 형성하여 경원 일대를 유린하자, 조정에서는 경원부를 남쪽으로 이전해야 한다는 주장이 설득력을 얻고 있었다. 하지만 세종은 국토를 조금도 줄일 수 없다며 중신들의 요청을 거부하였고, 되레 적극적인 북진책을 마련했다. 세종의 북진책에 힘입어 조선은 4군과 6진을 개척하며 영토를 압록강과 두만강 전역으로 확장시키는 개가를 올렸다.

이러한 세종의 국방 정책을 수행한 핵심 인물들은 대마도 정벌군을 이끈 이종무, 야인 토벌을 통한 4군 건설의 기반을 마련한 최윤덕, 6진 개척의 주역 김종서 등이었다. 이 세 사람 중에서 이종무와 최윤덕은 여러 전선을 다니며 풍부한 전쟁 경험을 쌓은 무장이었으나, 김종서는 드물게도 문관으로서 국방의 공을 세운 인물이었다.

1. 대마도 정벌의 영웅, 이종무

태종의 신임을 얻어 요직을 두루 거치다

이종무(李從茂)는 1360년(공민왕 9년)에 태어났으며, 본관은 장수다. 무인 집안에서 태어난 그는 어려서부터 말타기와 활쏘기에 능했고, 22세 되던 1381년(우왕 7년)에 강원도에 왜구가 침입하자 아버지를 따라 처음으로 전장에 나섰다. 이 싸움에서 그는 왜구를 격퇴한 공으로 정용호군에 편입되었다. 이후 꾸준히 승진하여 조선 개국 후인 1397년(태조 6년)엔 옹진만호에 올라 있었는데, 이때 왜구가 침입하자 끝까지 성을 포기하지 않고 싸운 공로를 인정받아 첨절제사가 되었다.

1398년에 제1차 왕자의 난 이후 정안대군(태종) 진영에 가담하여 상장군이 되었고, 1400년 제2차 왕자의 난 때는 방간의 군대를 무찌른 공로로 좌명공신 4등에 녹훈되고 통원군에 봉해졌다. 제2차 왕자의 난으로 정권을 완전히 장악한 정안대군은 정종을 물러나게 하여 왕위에 올랐고, 태종의 신임을 얻은 이종무는 북방 수비의 요직인 의주병마사에 나갔다가 1403년에 우군총제에 임명되어 도성 병력을 맡았다.

실록은 그해 4월 29일에 이종무가 불은사에서 잡은 노루로 사신을 대접한 일화를 기록하고 있다.

5월 1일에 떠나기로 한 황엄 등 중국 사신들을 위해 태종이 태평관에서 잔치를 베풀고 있었는데, 우군총제 이종무가 황급히 달려와 아뢰었다.

"전하, 오늘 노루 한 마리가 불은사 송림 사이로 들어왔는지라, 갑사들이 아무 생각 없이 잡았습니다. 어찌하올까요?"

불은사는 신라 때에 지어진 고찰로 개성 비슬산에 있었으며, 원래 이름은 유암사였다. 고려 광종은 이곳에서 약사도량을 열었는데, 매일같이 재를 올릴 때 항상 일정한 수의 승려가 참례했다. 그런데 하루는 딱 한 명의 승려가 모자랐다. 광종은 승려 수를 채우기 위해 지나가는 초라한 승려 한 사람을 불러들여 좌석을 채우고 그에게 약사도량에 참여했다는 말을 하지 말라고 했다. 그러자 그 보잘것없어 보이던 승려가 "너도 약사를 친히 보았다고 말하지 말라." 하고는 공중으로 몸을 띄워 절 우물 속으로 들어가버렸다. 광종이 절을 하고 사찰을 크게 중건하여 불은사(佛恩寺)라 이름 붙였다.

당시 태조는 태종에게 왕위를 뺏기고 그 분한 마음을 이기지 못하고 사찰을 돌며 불공을 드리곤 했는데, 불은사도 그 중 하나였다. 그곳에 노루가 뛰어든 것은 당시 사람들에겐 불길한 징조로 여겨졌다. 더구나 성스러운 경내에서 노루를 활로 쏘아 피를 보고 말았으니, 변괴라면 변괴였다. 하지만 태종은 별로 신경 쓰지 않았다.

"어리석은 백성들이 필시 변괴라고 할 것이다. 지난 왕조 때엔 노루가 용화지(龍化池)에 들어왔다 하여 크게 불공을 드리고 법석을 베풀었는데, 다 의미 없는 짓이다."

그 소리에 종무의 얼굴이 환해졌다. 혹여 불호령이라도 떨어질까 염려했건만 태종은 오히려 대수롭지 않은 일이라며 신경 쓰지 말라 하지 않는가. 종무는 내친김에 한마디 더 보탰다.

"오늘 잔치에 써도 좋겠습니까?"

"어서 잡아오지 않고 무엇 하는가?"

태상왕이 드나들며 불공을 드리는 사찰 경내에서 함부로 살생을 한 일은 결코 작은 사건이 아니었다. 하지만 태종은 이종무의 낯을 봐서 전혀 문제 삼지 않았다. 오히려 사냥한 노루를 잔칫상에 올리라 했으니, 이종무에 대한 태종의 배려가 각별했음을 알 수 있다.

태종의 즉위에 가장 핵심적인 역할을 한 사람들은 전쟁을 수행한 무장들이었다. 그런 까닭에 태종은 늘 섭섭지 않게 장수들을 대접했고, 마음 상하는 일이 없도록 세세한 배려를 아끼지 않았다. 평소엔 조정 대신들이 정치를 이끌어가지만 극단적인 상황이 벌어졌을 땐, 무력 없이는 어떤 일도 할 수 없다는 것을 태종은 잘 알고 있었다. 그런 까닭에 유능한 무장들을 항상 곁에 두고 총애했는데, 이종무도 그 중 한 사람이었던 것이다.

태종의 신임이 두터웠던 이종무는 1406년에는 좌군총제에 임명되고 동시에 우군총제를 겸했으며, 이때에 장천군(長川君)으로 개봉되었다. 1408년에는 중군도총제에 올랐으며, 1409년에는 안주도 도병마사, 1411년에는 안주절제사가 되었다. 1412년에는 별시위 좌이번절제사에 임명되어 정조사(正朝使)로 명나라에 다녀왔다. 1413년에는 동북면 도안무사 겸 병마도절제사, 1417년에는 좌참찬을 거쳐 판우군도총제와 궁궐의 병력을 통솔하는 의용위절제사를 지냈다. 1418년 태종이 세종에게 선위하고 물러나면서 이종무에게 자신의 호위를 맡겼으며, 세종에게 선위하게 된 배경을 명나라 사신에게 설명하는 일도 그에게 맡겼다.

태종, 대마도 정벌을 결심하다

1419년 5월 14일, 태종과 세종은 황급히 대신들을 불러모았다. 대전으로 불려온 대신들은 류정현, 박은, 이원, 허조, 조말생 등의 중신들이었다. 태종이 그들을 둘러보며 비장한 표정으로 입을 열었다.

"대마도를 치려고 하는데 어찌 생각하는가?"

태종은 비록 왕위에서 물러났으나 군권은 넘겨주지 않은 상태였다. 그

일 때문에 신하들과 마찰을 일으켰고, 심지어 세종의 장인 심온을 죽이기까지 했다. 그가 그토록 군권에 집착한 것은 어쩌면 국방과 관련한 급박한 상황이 초래될 때, 과감한 군사 행동을 하기 위함이었는지도 모른다. 세종은 아직 어렸고, 그런 까닭에 과단성 있는 군사 행동을 할 수 없을 것이라고 판단했던 모양이다.

태종의 대마도 정벌 계획은 며칠 전에 올라온 충청도 감사와 황해도 감사의 장계에서 비롯됐다. 충청도 감사의 말이, 왜인이 충청도 비인현(서천)에 침입했는데, 도두음곶만호 김성길이 술에 취해 저항 한 번 제대로 하지 못한 채 물에 뛰어들었고, 그 아들이 힘껏 싸웠으나 막아내지 못하고 빠져죽었다는 것이다. 비인현 연안으로 밀려든 왜인의 배는 무려 수백 척이었다. 대마도에 본채를 두고 있는 왜선의 절반이 넘는 숫자였다.

충청도 감사에 이어 황해도 감사가 또 급한 장계를 보내왔다. 비인현에 나타났던 왜구 선단이 이번에는 해주 연평곶으로 밀려왔다는 내용이었다. 절제사 이사검이 연평곶에서 적정을 살피다가 불시에 달려든 적에게 에워싸이고 말았는데, 중과부적이었지만 단호한 음성으로 불법적인 침략 행위를 따지고 들었다.

"도대체 무슨 일로 남의 나라 땅에 함부로 배를 몰고 온 것이오?"

그러자 의외로 왜구 우두머리는 변명을 늘어놓았다.

"우리는 조선을 보고 온 것이 아니오. 중국으로 가다가 식량이 떨어져서 잠시 이곳에 들렀을 뿐이오."

이사검은 가급적 싸우지 않고 적이 스스로 물러나게 하는 것이 좋겠다고 생각해 술 열 병을 주며 물러날 것을 청했다. 하지만 왜구는 술이 아니라 식량이 필요하다고 했다. 하는 수 없이 이사검이 쌀 40섬을 내주자, 그제야 왜구는 물러났.

두 감사의 보고를 받은 태종은 이번에 확실히 저들을 눌러놓지 않으면 앞으로 더 심각한 사태가 벌어질 것이라고 판단하여 대마도 정벌을 결심했던 것이다.

"저들이 선박 수백 척을 끌고 나왔다면 지금 대마도는 거의 비어 있을 것이다. 우리가 먼저 대마도를 쳐서 저들의 근거를 빼앗아버리는 게 어떻겠는가?"

하지만 정승들은 한결같이 좋은 계획이 아니라고 했다.

"대마도를 치는 것보다는 적이 돌아오는 길목을 지키고 있다가 치는 것이 좋겠습니다."

그때 병조판서 조말생이 홀로 태종의 주장에 동의했다.

"대마도를 쳐야 합니다. 대마도를 치고 다시 회군하여 길목을 지켰다가 공격하면, 저들이 비록 달아난다 할지라도 근거가 허술하여 다시는 침략해오지 못할 것입니다."

태종이 고개를 끄덕였다.

"나도 동감이네. 만약 이번에 그들을 소탕하지 않으면 놈들의 기세가 살아 툭하면 침범해올 것이야. 옛날 한 고조가 흉노를 확실히 눌러놓지 못하여 오랫동안 욕을 보지 않았는가. 저들이 지금처럼 한꺼번에 대마도를 비우는 일은 앞으로 좀체 없을 터, 이번에 치지 않으면 다시는 기회가 오지 않을 것이야."

태종의 강력한 주장에 밀려 중신들은 모두 동의할 수밖에 없었다. 태종의 말이 이어졌다.

"우선 비어 있는 대마도를 쳐 그 처자들을 잡고, 제주도로 군대를 돌린 뒤 놈들이 돌아올 때에 길목에서 쳐서 배를 모두 불사르고 거기에 타고 있는 장사치들과 도적들을 모두 붙잡아 구속시켜야 할 것이다. 만약 덤비는 자가 있으면 모두 목을 베고, 차후로 다시는 우리 땅을 넘보는 일이 없도록 해야 할 것이야."

삼군도체찰사에 임명되다

태종은 대신들을 둘러보며 물었다.
"이번 전선을 누가 맡으면 좋겠는가?"
대신들이 일치된 의견으로 대답했다.
"장천군 이종무가 적임이옵니다."
"옳거니, 나도 그렇게 생각하고 있었다."
태종은 곧 이종무를 불러 삼군도체찰사로 임명하여 중군을 거느리게 하고 대마도 정벌을 명령했다. 그 예하에 우박, 이숙묘, 황상을 포진시켜 중군절제사로 삼고, 유습을 좌군도절제사, 그 아래 좌군절제사에 박초, 박실을 포진시켰다. 우군도절제사엔 이지실, 그 아래 우군절제사엔 김을화, 이순몽이 배치되었다.

동원된 군대는 모두 경상, 전라, 충청도의 수군을 합한 병력이었으며, 6월 8일에 전 병력이 견내량에 모이기로 합의했다.

태종은 각 도의 군대 집결 현황을 감찰하는 체핵사에 호조참의 조치를 임명하고, 만약 시간을 어기는 장수가 있으면 체핵사는 가차없이 상응한 조치를 취하고 징벌을 가하도록 명령했다. 또 영의정 류정현을 삼도도통사로 삼고, 참찬 최윤덕을 삼군절제사로 삼아 전장 현황이 조정에 즉시 보고될 수 있도록 했다.

대마도 정벌이 기정 사실화되자 곳곳에서 자원병이 속출하고, 사헌부의 감찰로 있던 이종무의 아들 이승평도 글을 올려 스스로 전장에 나갈 것을 청해 허락을 받았다. 이종무는 또 무술과 전술 능력이 뛰어난 김훈과 노이를 추천하여 함께 정벌에 나갈 수 있도록 해달라고 간청하여 허락을 얻었다.

출정식을 거행한 이종무는 6월 17일에 드디어 9명의 절제사를 거느리고 거제도를 떠나 대마도로 향했다. 동원된 병선은 경기도에서 10척, 충청도 32척, 전라도 50척, 경상도 126척 등등으로 총 227척이었다. 병력은 도성에서 따라나선 장졸이 669명이었으며, 갑사와 별패, 시위, 영진속과 그들이 모집한 잡색군, 양반 중에 배를 탈 줄 아는 지원병, 삼도의 수군을 합하여 1만 6,616명이었으니, 도합 1만 7,285명이었다. 배에는 이들 병력이 65일간 먹을 양식이 실려 있었다.

출정 첫날은 바람이 몹시 불어 일단 거제도 주원방포로 돌아왔다가 이틀 뒤인 6월 19일 사시에 다시 대마도로 향했다.

마침내 대마도에 이르다

이종무의 선단이 대마도에 이르자, 그곳 사람들은 중국으로 떠난 자신들의 상선이 돌아온 줄 알고 맞이할 채비를 했다. 그런데 막상 두지포에 내린 사람들이 조선 병사들임을 알고서는 혼비백산하여 달아났다. 다만 50여 명의 군사가 저항을 하다가 패하여 식량과 물건을 모두 버리고 지세가 험준한 곳으로 달아났다.

이종무는 귀화한 왜인 지문(池文)을 그곳 우두머리 웅와에게 보내 항복을 요구했으나 웅와는 별 대답을 해오지 않았다. 이어 병조판서 조말생의 글을 보내 다시 한 번 항복을 요구했으나 여전히 답이 없었다.

대마도주 웅와가 말을 듣지 않자, 이종무는 출병하여 수색을 시켰다. 우선 해안을 돌며 적선 129척을 빼앗아 쓸 만한 20여 척은 압수하고 나머지는 모두 불태웠으며, 적의 가호 1,939호를 불태웠다. 또한 적병 114명을 베고 21명을 사로잡았으며, 그들에게 포로로 잡힌 중국인 남녀 131명을 구했다. 그들에게 물어보니, 백성들이 심히 굶주렸고, 부자라 하더라도 한두 말의 쌀만 가지고 도주했으므로 포위하여 시간을 끈다면 그들은 굶어죽을 것이라고 했다. 이종무는 그 말을 옳게 여겨 목책을 설치하고 장기전에 돌입했다.

그 무렵 류정현의 종사관 조의구가 한양으로 달려가 승전보를 알리자, 태종이 훈련판관 최기를 이종무에게 보내 글을 내렸다.

"예부터 군사를 일으켜 적을 치는 것은 그 죄를 꾸짖기 위함이지 사람을 죽이기 위함이 아니다. 은덕을 저버리고 노략질을 일삼는 자들은 단호하게 처벌하되, 우리의 덕의를 사모하는 백성들은 해하지 말라."

그 뒤로 이종무는 두지포에 머물며 때때로 수색병을 내보내 다시 배 15척을 찾아내 불사르고, 적의 가호 68채를 불태웠다. 또 중국인 15명과 조선인 8명을 구하고, 적군 9명을 죽였다.

그런 가운데 장수들은 병력을 선단에서 내려 육상전을 벌여 정벌할 것을 청했고, 이종무도 동의하여 6월 29일에 군대를 하륙시켰다. 선봉에 선 것은 좌군절제사 박실의 부대였다. 박실은 병력을 이끌고 섬 깊숙이 침투했는데, 불행하게도 복병에 걸려 크게 패하고 쫓겨났다. 그 와중에 박홍신, 박무양, 김해, 김희 등의 장수가 전사하고 박실은 수십 명의 군사를 잃고 배로 도망해왔다.

박실을 쫓아온 대마도 군대는 함선까지 공격했는데, 우군절제사 이순몽과 병마사 김효성의 방어벽에 막혀 물러갔다.

좌우군이 그렇듯 곤욕을 치르자 중군은 뭍으로 내리지 않았다. 대신 이종무가 배로 포구를 에워싸고 장기전을 치를 태세를 갖추자, 웅와가 글을 보내 강화를 청해왔다.

웅와의 글에는 7월에 태풍이 불 것이니 조심하라는 경고도 있었는데, 이종무도 그 점을 염려하여 일단 7월 3일에 거제도로 귀환했다.

7월 6일에 좌의정 박은이 태종에게 아뢰었다.

"이제 왜적이 중국에 들어가 도적질하고 대마도로 돌아오고 있으므로 마땅히 이종무 등으로 하여금 돌아오는 적선을 맞아 치게 하소서. 그러면 적을 대파할 것이니, 다시는 이런 기회가 오지 않을 것입니다."

태종이 박은의 말을 옳게 여겼다. 하지만 실행에 옮기지는 않았다. 대마도 출병으로 조선도 수십 명의 병력을 잃었는데, 다시 출병하여 패전하는 일이 생기면 오히려 큰 화를 부를 수도 있었다. 또한 이미 대마도주 웅와가 강화를 청해온 만큼 그들의 태도를 더 지켜보는 것이 현명하다고 판단했던 것이다.

하옥되는 영웅

전장에서 돌아온 이종무에겐 사헌부의 탄핵이 기다리고 있었다. 박실의 패전에 이종무의 책임이 크다는 상소가 있었기 때문이다. 하지만 태종은 패한 것보다 승전의 의미가 더 크다며 끝까지 탄핵을 받아들이지 않고 이종무를 보호했다.

화근은 엉뚱한 데 있었다. 출병 당시 나라에 죄를 지었다가 사면된 김훈과 노이를 데리고 간 것이 문제였다. 김훈은 원래 양반이었으나 무예가 출중한 인물이었다. 하지만 색을 좋아하여 궁중의 후궁을 넘보다 그 아비의 고변으로 중형에 처해진 바 있었다. 이종무는 오직 그의 뛰어난 무술만 보고 전쟁에 참여시켰는데, 사헌부에서 그 죄를 물어 탄핵한 것이다.

태종은 김훈과 노이의 출병을 자신이 허락한 만큼 죄가 되지 않는다고 했지만 사헌부에서는 불충한 인물을 전쟁에 참여시키는 것은 신하의 도리가 아니라며 끝까지 탄핵을 고집했다. 결국 사헌부와 조정 대신들의 들끓는 여론에 밀려 1419년 11월 1일에 이종무는 하옥되고 말았다.

국문을 당하던 중에 이종무는 화가 나서 이렇게 소리쳤다.

"늙은 놈이 전장에서 죽었어야 했는데, 괜히 돌아와 이런 욕을 당하는구나."

그는 오직 싸움에 나가 이기는 것이 목적이었는데, 조정 대신들이 엉뚱한 일을 들춰 죄를 묻는 것에 대한 분노였다.

류정현이 국문장에서 이 말을 듣고, 그를 법대로 처벌해야 한다고 주장했다. 사헌부가 이에 동조하여 불충한 죄를 물어 사형에 처해야 한다고 상소했다.

하지만 태종은 허락하지 않았다. 태종은 이종무를 아끼는 마음에 그저 벼슬을 떼고 한양 바깥에 나가 살게 하는 것으로 일을 매듭지었다.

그 뒤에도 사헌부에서 누차 이종무를 처벌해야 한다고 상소했으나 태종은 오히려 1420년 2월에 고신과 과전을 돌려줬다.

태종의 보호로 위기를 면한 이종무는 태종이 죽은 뒤에도 세종의 신임을 얻었다. 덕분에 1424년에는 사은사로 중국을 다녀오기도 했다. 하지만 함께 갔던 권희달이 명나라에서 실수한 것과 관련하여 이종무는 또 탄핵을 받았다. 그 바람에 벼슬을 빼앗기고 원하는 곳에서 유배 생활을 해야 할 처지가 되었다. 그러나 세종은 1425년에 그의 직첩과 과전을 돌려줬다.

이종무는 그해 6월 9일에 66세를 일기로 생을 마감했다. 세종은 그에게 양후(襄厚)라는 시호를 내리니, 국방의 공로가 있고 생각이 어둡지 아니하다는 뜻이었다. 아들이 셋 있었으니, 승평, 덕평, 사평이다.

2. 무관의 표상, 최윤덕

세종시대 무인의 표상이라 하면 단연 최윤덕을 꼽는다. 무인으로서 재상에 오른, 몇 안 되는 인물 중의 한 명이었던 그는 정승의 자리보다는 무인으로 남는 것을 영광스럽게 생각해 스스로 정승 자리를 내놓은 것으로 유명하다. 당시 북방을 혼란스럽게 했던 야인들에겐 호랑이로 통했으며, 백성들에겐 인정 많고 유순한 목민관이었으며, 세종에겐 나라를 지키는 보검 같은 존재이기도 했다.

실록은 그를 "성품이 순진하고 솔직하며, 간소하고 평이하며, 용기 있고 지략이 많아 일시에 명장이 되었다."고 평하고 있다. 또 세종은 그의 죽음을 슬퍼하며 "나라의 기둥이 꺾어지고 나라의 중심이 되는 성곽이 무너졌다."고 표현하고 있다.

세종은 변방의 장수로 돌아가려는 그를 의정부에 머무르게 하고 참찬과 우의정, 좌의정을 제수할 정도로 그에 대한 마음이 극진했다.

호랑이를 쏘아 죽이다

최윤덕(崔潤德)은 1376년(우왕 2년)에 태어났다. 그의 아버지는 지중추부사를 지낸 최운해다. 본관은 통천이고 자는 여화(汝和)와 백수(伯修)이며, 호는 임곡(霖谷)이다.

윤덕의 집안은 대대로 무인이었다. 할아버지 최녹은 호군을 지낸 인물이고, 아버지 최운해는 여말선초의 용장으로 지략이 뛰어나고 성격이 대담한 인물이었다. 왜구를 맞아 싸울 땐 물러섬이 없었고, 싸움에 불리할 땐 자신의 사재를 털어 백성을 독려하고 용기를 세워 승전으로 이끄는 덕장이었다. 이성계가 위화도에서 회군할 때 동참하여 원종공신이 되었고, 서북면 순문사, 강계 안무사 등을 지내며 용맹을 과시했는데, 왜구는 그 이름만 듣고도 두려할 정도였다.

윤덕은 이렇듯 무재(武才)로 이름난 집안에서 태어났다. 그가 태어난 직후에 어머니가 죽었는데, 이때 아버지 운해는 왜구를 맞아 합포(마산)에서 변방을 지키고 있었다. 그런 탓에 아내의 죽음 소식에도 돌아오지 못했고, 윤덕은 이웃에 살고 있던 양수척(고리 백정, 버드나무로 바구니 등을 만들던 천민)의 집에서 자랐다.

윤덕은 어려서부터 힘이 세고 용맹이 대단하여 활을 잘 쏘고 사냥에 능했다. 어느 날 산중에서 마소를 먹이다 별안간 호랑이가 나타나 덮치자, 말과 소들이 놀라 뿔뿔이 흩어졌다. 윤덕이 말을 타고 단 한 살로 호랑이를 쏘아 죽이고 돌아와 양수척에게 이렇게 말했다.

"아롱진 무늬를 가진 큼직한 짐승이 나오기에 내가 쏘아 죽였다."

양수척이 나와 확인해보니 호랑이였다. 윤덕은 호랑이를 처음 보았으므로 그것이 호랑이인 줄도 모르고 죽였던 것이다.

양수척이 윤덕의 용맹과 재능이 범상치 않음을 알고 아버지 최운해가 머물고 있던 합포로 데려가니, 운해가 아들의 재능을 알고 그곳 수장으로 있던 서미성(서거정의 아버지)에게 보였다. 서미성이 윤덕을 데리고 사냥을 가서 시험해보니, 과연 무재가 뛰어나고 용맹이 남달랐다. 하지만 스스로 익힌 무술이라 한계가 있었다. 서미성이 웃으며 평하길 "이 아이가 비록 손이 빠르긴 하나 아직 법을 모르니, 한낱 사냥꾼의 기술을 능가하지 못한다. 아무래도 옳은 기술을 가르쳐야겠다." 하였다.

그 뒤 윤덕은 음보로 벼슬을 얻었고, 아버지를 따라 여러 전쟁에 참전하여 공을 세웠다. 1402년 4월 10일, 무과에 합격한 27명의 인재를 선발했는데, 태종은 합격자 말미에 최윤덕의 이름을 넣도록 특별히 배려했다. 복시로 치러지던 당시 무과에서 윤덕은 회시(會試)엔 합격했으나 아버지를 따라 변방으로 나가는 바람에 전시(殿試)에 응하지 못했으므로 특별히 방 말미에 그의 이름을 써넣어 무과에 합격한 것으로 처리해줬던 것이다.

변방을 안정시키다

윤덕이 무과에 합격한 지 2년 만인 1404년 7월 9일에 그렇게 하늘처럼 믿고 따르던 아버지 최운해가 운명을 달리했다. 윤덕 아래로 윤복, 윤온, 윤례 등 세 명의 동생이 있었는데, 윤덕은 장남으로서 그들을 아비처럼 돌봐야 했다.

한편 태종 초부터 동북면의 야인들이 내침을 감행하여 변방이 어지럽고 백성들이 곤란을 겪고 있었다. 1410년 5월 22일에 동북면 도체찰사가 다급한 장계를 올렸다.

"적이 수많은 병기로 쳐들어오는데, 우리 병사는 모두 피로에 지쳤고, 세 명의 병마사마저 화살에 맞아 싸울 처지가 못 됩니다. 청컨대, 장수 두세 명과 정병 1천 명을 보내주소서."

태종이 이 말을 듣고 장수 하경복을 보내려 했다. 하지만 더 보낼 군대는 없었다. 그때 의정부에서 아뢰었다.

"적세가 더욱 성성한데, 어찌 하경복만 보내 해결하겠습니까? 한 명의 관리와 한 명의 장수를 더 보내소서."

태종은 최윤덕을 조전지병마사로 삼아 동북면에 파견하고, 문관으로 예조참의 박구를 함께 보냈다. 그러자 최윤덕은 직접 갑사들을 둘러보고 자원자를 선발한 뒤 태종에게 아뢰었다.

"신 등이 홀로 가면 중과부적이온데, 어찌 제대로 대처하겠습니까? 청컨대, 갑사 수십 명을 데려가게 허락하소서."

태종이 말했다.

"그들은 궁궐을 지키는 금병인데, 어떻게 외방을 지키게 하겠는가? 갑사(양반 자제로서 자원하여 입대한 군인. 주로 궁궐 수비를 맡았다)로서 귀향하여 번초(전방의 초병)가 된 자들이 모두 대접에 불만을 품고 실망하고 있는데, 강제로 죽을 땅에 가서 종군하게 할 수 있겠는가? 그들 중에서 응모하는 자가 있다면 승전한 뒤에 포상하겠다는 내 뜻을 전하고 원하는 자만 데리고 가라. 강제로 할 수는 없는 일이다."

태종의 말을 듣고 최윤덕은 공을 세우기를 원하는 갑사들만 데리고 길을 떠났다. 윤덕이 동북면에 이르러 군대의 사기를 세우고 적진을 교란하자, 과연 동북면이 난관을 모면하였다. 그 공로로 그해 6월 1일에 윤덕은 최전방의 수장 경성병마사가 되었다.

두만강 하류를 수비하는 경성병마사 직분을 맡은 지 1년 2개월 뒤인 1411년 8월 2일에 최윤덕은 도성으로 불려왔다. 전격적으로 우군동지총제에 제수된 것이다. 그러나 최윤덕이 빠진 동북면은 불안할 수밖에 없었다. 태종은 하는 수 없이 최윤덕을 경성등처도병마사로 임명해 변방 안정을 도모했다. 동지총제로 임명된 지 불과 사흘 만이었다.

윤덕이 경성으로 돌아오자, 변방은 곧 안정되었다. 적장 동맹가첩목아는 윤덕의 궁술에 탄복하고 감히 내침을 감행하지 못했던 것이다.

윤덕은 이듬해 변방에서 돌아와 중군절제사가 되었고, 1415년에는 우군총제가 되었으며, 이어 중군도총제가 되었다.

세종의 든든한 성곽이 되다

세종 즉위 초에 최윤덕은 중군도총제로 있다가 1419년 4월 8일에 전격적으로 의정부 참찬에 발탁되었다. 그해에 태종이 대마도 정벌을 감행하자, 최윤덕은 삼군도절제사가 되어 전장에 파견되었다. 이때 태종은 그에게 활과 화살을 주면서 신뢰를 표했다.

대마도 정벌에 앞서 국내의 왜인들이 동요할 조짐을 보였다. 최윤덕은 내이포에 이르러 그곳에 머물고 있던 왜인들을 엄하게 다루고 저항하는 자 21인의 목을 베어 그들의 동요를 막았다.

대마도 정벌이 끝난 뒤 태종이 잔치 자리를 마련해 주안을 베풀자, 최윤덕은 그 자리에서 상왕 태종과 세종에게 아뢰었다.

"원하옵건대 전하께서는 날마다 창업의 어려움과 수성의 쉽지 않음을 되새기소서."

한번 이겼다 하여 안심하지 말라는 뜻이었다. 태종이 그 뜻을 알아듣고 말했다.

"경의 말이 옳다. 주상은 이 말을 경청하라."

세종 4년(1422년)에 최윤덕은 문관직인 공조판서에 올라 정조사로 북경에 파견되었다 돌아왔다. 하지만 그는 문관직을 선호하지 않았다. 그래서 변방으로 보내줄 것을 청하여 평안도 도절제사가 되었다. 최윤덕은 그로부터 6년간 변방에 머물렀다. 그 점이 미안했던지 세종은 1424년에 그에게 편지를 내렸다.

"경이 변방에 나간 것이 거의 두 해가 되었으니, 교대해야 마땅하다. 하지만 장수로서 적임자를 얻기란 쉽지 않은 법이고, 또 북변에 사변이 자주 일어나니, 아무래도 경이 그곳에 좀더 머물러 있어야 하겠다. 이는 모두 변방의 안정을 기대하려는 것이니, 그대는 나의 지극한 뜻을 이해하라."

 최윤덕은 기꺼이 세종의 뜻을 따랐고, 그로부터 무려 4년을 더 변방에 머물다가 1428년 4월 20일에 병조판서에 제수되어 도성으로 올라왔다.
 무인인 그가 문관직이자 당상 벼슬인 병조판서에 오르자 문관들이 못마땅하게 생각했던 모양이다. 그해 10월 14일에 사헌부는 병조참의 민의생과 판서 최윤덕에게 벌을 내리라고 청했다.
 "전날 어가가 모화루에 행차했을 때, 여러 신하들이 궐문밖에서 기다리고 섰는데, 민의생과 최윤덕은 어깨를 나란히 하고 천천히 걷는데, 그 몸가짐이 오만하고 방약무인하였나이다. 청컨대, 그들을 벌하소서."
 세종이 그 말을 듣고 말했다.
 "민의생은 평상시 의기가 당당하여 다른 사람과 걸음이 같지 아니하고, 판서 또한 성품이 그런 것인데, 어찌 그런 일로 죄주겠는가?"
 기실 별것도 아닌 일을 책잡아 죄를 주자고 청하니, 세종이 오히려 사헌부를 꾸짖은 것이다. 하지만 사헌부 위신도 있고 해서 상관과 어깨를 나란히 하고 걸었던 민의생을 승정원으로 불러 꾸짖게 했다.
 그로부터 4개월 뒤 최윤덕은 다시 무관의 자리로 돌아갔다. 충청, 전라, 경상 삼도의 도순문사가 되어 떠났던 것이다. 도순문사로 있으면서 그가 주력한 일은 각 고을의 성곽을 정비하는 일이었다. 성곽은 곧 나라의 안위와 직결되는 문제이므로 왜구와 야인의 내침이 염려되던 당시로서는 중요한 사안이었다. 하지만 제대로 정비되지 않아 쓸모없이 버려진 곳이 많았다. 그는 이를 정비하기 위해 우선적으로 성 축조의 조건을 만들어 세종에게 올렸다.
 그 조건의 대략을 보면, 우선 산성과 읍성을 구분하고 어느 쪽이 용이한지를 살펴 읍성이 필요한 곳엔 산성을 허물고 읍성을 쌓도록 했다. 그리고 성이 들어서기에 적당한 장소를 골라 주변 마을과 연계하여 쌓도록 하고, 산성의 크기를 현실에 맞게 조절하여 실용성이 있도록 전환시켜야 한다는 것이었다.

세종이 그의 제안을 받아들여 하삼도의 성루를 쌓는 일을 일임했다. 최윤덕은 그로부터 4년간 왜구가 자주 출몰하는 충청도 비인 등지에 성을 쌓는 등 전국의 성곽을 정비하고 신축, 보수했다. 이 일에 대해 일부 대신들이 백성들의 삶을 곤궁하게 할 우려가 있다고 반발했으나 세종은 국방의 중요성을 들어 최윤덕이 일을 계속 수행할 수 있도록 했다.

야인을 토벌하라

세종은 1432년 6월 9일에 좌대언 김종서를 불러 이렇게 물었다.
"경이 최윤덕을 아는가?"
종서가 대답했다.
"그는 비록 학문에 밝지는 못하나 마음가짐이 정직하고 뚜렷한 잘못을 저지른 적이 없으며, 병사를 쓰는 지략이 특이합니다."
세종이 고개를 끄덕이며 말을 받았다.
"최 공은 곧고 착실하여 거짓이 없으며, 근신하여 직무를 봉행하며 소홀함이 없어 태종께서도 인재라고 생각하시어 정부에 임용했었다. 고려조와 국초에 간혹 무신으로서 정승을 삼은 이가 있으나, 윤덕보다 뛰어난 자는 없었다. 윤덕은 수상이 되어도 무방할 것이다. 다만 언사가 절실하지 못한 것이 흠이다. 하륜이 정승이 되어 모든 정무를 처리할 때 조영무가 거기에 대해 옳으니 그르니 하는 일이 없었다. 만약 한 사람의 훌륭한 정승을 얻으면 나랏일엔 근심이 없을 것이다."
세종이 최윤덕을 정승에 앉히기 위해 속내를 보인 대목이다. 그 무렵에도 최윤덕은 여전히 전국을 돌며 성곽 수축에 여념이 없었다.

그해 10월, 평양감사 박규가 급히 장계를 올렸다.

"야인 기병 400여 명이 여연(중강진 근처)에 침입하여 주민을 노략질하므로 강계절제사 박초가 군대를 거느리고 추격하여 포로로 잡아가던 백성 26명, 말 30필, 소 50필을 도로 빼앗았나이다. 하지만 해가 저물어 더 추적하지 못했나이다."

세종이 상황의 시급함을 인식하고 급히 상호군 홍사석을 보내 파저강(두만강 지류) 유역의 정세를 살피게 했다.

이어 다시 박규의 장계가 올라왔다.

"여연과 강계 백성 중에서 적에게 포로로 잡힌 자가 무려 75명이요, 아군의 전사자가 48명이나 됩니다."

당시 파저강 유역의 야인들이 서로 결탁하여 세력을 형성하고 조선은 물론이고 명나라 요동까지 약탈하고 있었다. 많은 명나라 백성들이 그들에게 붙잡혀 노역을 살았는데, 그 중에서 조선으로 도망쳐온 사람만 무려 560명이었다. 세종은 그들을 모두 명나라로 보냈는데, 여진족들이 그에 대해 앙심을 품고 조선 백성들을 상대로 노략질을 한 것이다.

1433년 정월에 파저강 유역에 파견되었던 홍사석이 돌아와 세종에게 아뢰었다.

"여연절제사 김경과 강계절제사 박초는 적의 침범을 막지 못했을 뿐만 아니라 목책이 헐었는데도 수리하지 않아 적에게 침략할 틈을 줬습니다. 또 도절제사 문귀 역시 이를 감독하지 않았습니다."

그러자 의금부에서 도관찰사 박규와 경력 최효손이 국경 순찰을 제대로 하지 않아 성과 보루를 완전히 수리하지 못하는 바람에 적의 침입을 받았다고 하면서 문초하기를 청했다. 이에 세종은 변방 관리들을 모두 불러올려 죄를 물었다.

하지만 그것이 대책이 될 수는 없었다. 세종은 결국 파저강 유역을 토벌하기 위해 군대 3천 명을 동원할 결심을 하고 의정부와 육조, 국방을 맡은 관리들을 모두 불러들여 의논했다.

"야인 토벌을 위해 누굴 보내면 좋겠소?"

중신들이 입을 모아 대답했다.

"최윤덕을 주장으로 삼고, 따로 세 원수를 내면 될 것입니다."

중신들의 의견에 따라 세종은 최윤덕을 도통사로 삼고, 이순몽을 중군절제사, 최해산을 좌군절제사, 이각을 우군절제사로 임명했다.

군대가 출발하기 앞서 최해산에게 먼저 파저강으로 가서 부교를 만들어두라고 일렀다. 최해산이 떠난 뒤, 이순몽이 부교 건설을 중지해야 한다고 주장했다.

"만약 부교를 만들면 그곳 백성들은 전쟁이 일어날 걸 알고 동요할 것이고, 야인들도 눈치 채게 될 것입니다. 최해산의 발행을 멈추고, 출정 이후에 군졸들이 도착하여 부교를 만드는 것이 옳습니다."

하지만 정흠지가 이순몽의 견해에 반대했다.

"군대가 도착하면 야인들이 전쟁을 예측하고 준비하게 될 것이므로 비밀리에 부교를 만들어 급습하는 것이 적절한 조치입니다."

세종이 듣고 최해산에게 전지했다.

"그대는 먼저 가서 목책을 신설할 터를 잡고 기다려라. 부교를 만들되 적절한 시기에 은밀히 만들 것이며, 혹여 부교가 약하여 사람이 빠지는 일이 없도록 하라."

그때 이미 최윤덕은 평안도 도절제사로 나가 있었다. 1433년 3월 7일에 최윤덕은 경력 최치운을 보내 파저강 토벌에 관한 장계를 올렸다.

"전하의 내전(內傳, 왕이 내린 전지)을 받자와 엎드려 살피온데, 파저강을 토벌하는 일에 3천의 군사를 동원하라 하셨으나, 신이 그윽히 생각하건대 그 정도 병력으론 무리이옵니다. 오랑캐 땅은 험하고 막힌 곳이 많아 모름지기 수비군을 나누어 머물러야 하며, 요충지를 보호하는 군사도 남겨둬야 하옵니다. 또한 군대의 진출이 여러 곳에서 동시에 이뤄져야 하므로 1만여 명의 병력이 필요합니다. 군대를 두 번 일으키기 어려우니, 한 번에 대병을 동원하소서."

세종은 중신들과 의논한 뒤에 결론을 내렸다.

"토벌 병력에 1만을 더하겠다."

세종의 결정이 전해지자 최윤덕이 3월 24일에 또 장계를 올렸다.

"토벌대의 출정을 오는 4월 10일로 결정했습니다. 지금은 얼음이 풀리지 않아 부교를 띄울 수 없고, 또한 얼음이 약해 건널 수도 없습니다. 4월 10일경에 병사를 내어 저들을 염탐하고, 20일 이후에 덮칠까 하옵니다."

세종은 세 의정과 이조판서 허조, 호조판서 안순, 예조판서 신상 등을 불러 의논하고 결론을 내렸다.

"지금 대군을 발했으니, 비록 그곳이 춥다고 해도 4월 그믐 때에는 풀과 나무가 무성하여 시야가 좁아질 것이다. 또 5월에 이르면 흙비와 큰비가 올 수 있으니, 전에 결정한 기일대로 시행하라."

마침내 출병하다

1433년 4월 10일, 최윤덕은 평안도와 황해도의 군마를 모두 강계부로 집합시켰다. 중군절제사 이순몽이 병력 2,515명을 거느리고 적의 추장 이만주의 영채로 향하고, 좌군절제사 최해산은 병력 2,070명을 거느리고 거여 등지로 향하고, 우군절제사 이각은 병력 1,770명을 거느리고 향했다. 또 조전절제사 이징석은 병력 3,010명을 거느리고 올라로 향하고,

김효성은 1,888명을 임합라의 부모가 있는 영채로 향하고, 홍사석은 1,110명을 거느리고 팔리수로, 최윤덕은 2,599명을 거느리고 바로 임합라의 영채로 향했으니, 병력은 모두 합쳐 1만 4,952명이었다.

출전에 앞서 최윤덕은 군령을 내렸다.

"명령에 복종하지 않는 자와 비밀을 누설하는 자, 소란을 피우는 자, 자신의 패두(요즘의 중대장, 이때 패두는 200명을 영솔했음)를 구출하지 않는 자는 목을 벨 것이다. 적의 동리에 들어가서 늙고 어린 남녀를 해하지 말며, 장정이라도 항복한 자는 죽이지 말고, 그들의 가축을 죽이거나 훔치지 말라. 만약 어기는 자가 있으면 군령으로 목을 벨 것이다."

병력은 4월 19일에 동시에 적의 소굴을 두들기되, 비바람으로 어둠이 닥치면 20일에 치기로 약속해뒀다.

최윤덕이 소탄을 지나 시번동 어구로 내려가 강변에 영책을 세우는데 노루 네 마리가 제 발로 영책 가운데로 뛰어들었다. 그 광경을 보고 그는 좋은 징조라며 이렇게 말했다.

"노루란 야수인데, 이제 저절로 와서 잡히는 걸 보니, 야인이 모두 섬멸될 징조로다."

드디어 19일 새벽에 토벌대는 임합라의 영채를 쳤다. 급습을 당한 적군은 영채를 버리고 모두 도주하였다. 그날 강가에서 여진족 10여 명이 활쏘기를 하고 있었는데, 최윤덕이 통사를 시켜 그들을 안심시켰다.

"우리는 다만 홀라온(적 추장 중 하나)을 잡으려는 것이니, 그대들은 두려워하지 말라."

그 말을 듣고 그들은 고개를 조아리고 엎드렸다.

공격을 시작한 지 며칠 만에 큰비가 내리기 시작했다. 최윤덕은 하늘을 우러러보면서 크게 부르짖었다.

"야인이 우리 백성의 생명을 앗아갔는데, 하늘은 어찌하여 저 죄 있는 자들을 돌보시려 합니까! 황천이시여, 우리를 가엾게 여기시고 비를 거두소서."

그러자 신기하게도 비가 그쳤다. 군사들이 환호하자 그 기세를 몰아 적진을 치기 시작했다. 토벌대가 진군하자 적군은 싸워보지도 않고 달아나기에 여념이 없었다. 그런 가운데 토벌대는 236명을 사로잡고, 170명의 목을 베고, 소와 말 170여 마리를 노획했다. 아군은 4명 전사하고, 5명이 화살에 맞은 정도였다.

5월 5일에 최윤덕은 오명의를 보내 세종에게 첩서를 올렸다.

"군사를 이끌고 일곱 길로 나눠 진군했사온데, 오랑캐의 죄를 묻고 모두 평정했습니다. 엎드려 생각하건대, 외람하게도 어리석은 재주로 거룩한 시대를 만나 도적을 포로로 잡아 심문하고, 창과 칼을 부끄러뜨려 하늘에 가득한 악한 무리를 쓸어버렸나이다."

정승의 자리에 오르다

그해 5월 16일 최윤덕은 야인을 토벌한 공로로 우의정에 오른다. 세종이 은밀히 김종서에게 했던 말을 실천한 것이다.

세종이 최윤덕을 우의정에 앉힐 결심을 하고, 대언 김종서를 시켜 의정들의 견해를 묻게 했더니, 맹사성이 이렇게 말했다.

"윤덕은 비록 무인이나 공평하고 청렴하며, 정직하고 부지런하다. 또한 공을 세웠으니 수상을 맡긴다 하더라도 부끄러움이 없는 사람이다."

세종이 그 말을 듣고 즐거워하며 의정들에게 말했다.

"대신들이 나와 뜻을 같이하니, 윤덕을 우의정에 제수하겠소. 짐이 작은 벼슬을 제수할 때도 심혈을 기울이는데, 하물며 정승이겠소이까. 윤덕은 비록 학문을 하지 않아 정치에는 어둡지만, 밤낮으로 게으르지 않고, 일심으로 공을 세워 족히 그 지위를 보전할 것이오."

하지만 최윤덕은 우의정 자리를 고사했다.

"신은 무인으로 변방을 지키는 것이 적임입니다. 정승은 나랏일을 잘 아는 사람에게 주소서."

하지만 세종은 고개를 저었다.

"그대는 수상을 맡아도 모자람이 없소이다. 또한 지금은 야인이 변방을 넘보고 있으니, 그대가 내 곁에서 그 방책을 알려줘야 할 것이오."

하지만 이듬해인 1434년에 야인들이 다시 준동한다는 보고가 있자, 그해 7월에 세종은 우의정인 그에게 평안도 도안무찰리사의 직분을 내려 국경을 지키도록 했다. 물론 정승의 자리는 유지시켰다.

최윤덕은 예순 살에 육박한 백발이 성성한 나이로 변방으로 나갔는데, 세종은 그 점이 미안했던지 12월 13일에 위로의 편지를 보냈다.

"풍찬 노숙에 고생이 심하겠소이다. 경이 나라 받들기를 충성되고 부지런히 하여 중외에서 수고로움을 아끼지 아니하고, 묘당의 중신으로서 변방으로 나가 진무하여 위엄을 떨치고 야인을 진압하여 나의 근심을 펴게 하니 아름답기 그지없는 일이오. 몹시 추운 때를 당하여 움직임에 조심하시오. 내관 엄자치를 보내 잔치를 내려 위로하고, 또한 옷 한 벌을 주노니, 이르거든 받으시오. 많은 말은 전하지 못하오."

최윤덕이 변방을 안정시키자, 세종은 그를 잠시 불러올려 좌의정에 봉하고, 다시 평안도 도안무사로 삼아 변방으로 보냈다. 이후 최윤덕은 여러 차례에 걸쳐 국방의 대책과 변방 연해 지역의 변란에 대한 대책을 상소하고, 남쪽으로 왜구에 대한 대책을 세워야 한다고 주장했다. 세종은 그의 건의를 받아들여 성을 신축하고, 변방 방비책을 세웠다.

최윤덕은 좌의정이 된 뒤에도 정치 일선에 있는 것을 마다하고 좌의정에서 물러날 것을 청했다. 그는 오직 변방의 안정에만 주력하기 위해 무장으로 일생을 마감할 수 있도록 해달라며 안무사 자리만을 원하였다. 하지만 세종은 윤허하지 않았다.

세종은 그를 영중추원사로 삼아 조정에 남겨뒀고, 1445년에 그가 나이 칠십이 되었다는 이유로 사직을 청하자, 궤장을 내리고 벼슬을 유지할 것을 명령했다.

하지만 이때 최윤덕은 중병에 시달리고 있었다. 11월에 궤장을 내리자, 위독한 상태로 일어나 명을 받으려 했다. 자식들이 만류하자 그들을 무섭게 꾸짖으며 소리쳤다.

"내가 평생에 동료를 맞을 때도 병으로 인해 예를 갖추지 않은 때가 없었는데, 하물며 임금의 명이겠는가."

그는 기어코 관대를 하고 당하에서 궤장을 받은 뒤에 도로 가서 누웠다. 그리고 며칠 뒤인 12월 5일에 70세를 일기로 생을 마감했다. 아들이 넷인데, 숙손, 경손, 광손, 영손이 그들이다.

한평생 나라의 안위와 국방만을 위해 살았으니, 세종은 그를 나라의 기둥이요 보루라고 했다. 또한 그의 손에 국가의 안위가 달렸다고 했으니, 그에 대한 세종의 믿음이 얼마나 대단했는지 알 만하다.

소박하고 청렴한 목민관

최윤덕이 젊은 시절 태안군 수령으로 있을 때의 이야기다. 그가 어깨에 둘렀던 화살통 쇠 장식이 헐어 떨어졌는데, 공인(工人)이 그것을 발견하고 관가의 쇠로 기워서 고쳐놓았다. 하지만 그는 기웠던 쇠 장식을 도로 떼어냈으니, 그 청렴함이 이와 같았다.(최윤덕 행장)

그가 평안도 도절제사와 안주목사를 겸하고 있을 때였다. 공무가 끝나면 그는 공청 뒤에 있는 빈 땅을 손수 경작했는데, 하루는 소송하러 온 사람이 그가 누군지 모르고 이렇게 물었다.

"대감께서는 어디 계신지요?"

윤덕은 "어디어디에 있습니다"라고 속여 말했다. 그런 다음 곧장 들어가서 옷을 고쳐 입고 판결에 임했다.

또 촌락의 지어미가 찾아와 울면서 "호랑이가 제 남편을 죽였습니다." 하고 이르니, 그는 직접 화살통을 메고 호랑이를 찾아나서며 말했다.

"내 너를 위해서 원수를 갚아주겠다."

그는 정말 호랑이의 자취를 밟아 활로 쏘아 죽이고, 그 배를 갈라 남편의 뼈와 살을 꺼내 관을 갖춰 매장해주니, 그 지어미가 흐느껴 울었다. 한 고을 사람들이 그를 부모와 같이 사모했다.(청파극담)

그가 안주목사로 있을 때 버드나무 수만 그루를 심었는데, 이는 터를 보호하고 수해를 막기 위함이었다. 이후로 사람들이 그의 뜻을 기려 감히 버드나무를 베지 못했다고 한다.

또한 그가 사는 집 남쪽에 있던 두 연못에 연꽃을 심고 그 곁에다 꽃나무와 아름다운 풀을 심어뒀다고 하는데, 매양 공무가 끝난 뒤에는 노인들을 그곳으로 불러 상을 차려놓고 함께 웃고 즐겼다고 한다.(연려실기술)

3. 북방의 호랑이, 김종서

최윤덕이 중강진 지역의 여진족을 격퇴하여 4군 개척의 기반을 닦음으로써 서북 지역의 안정을 꾀한 세종 대의 대표적인 무관이었다면, 김종서는 드물게도 문관으로서 6진을 개척하여 동북 지역의 안정을 이끌어내고 조선의 영토를 두만강까지 확대한 주역이다.

김종서는 비록 문관 출신이지만 장수 못지않은 기개와 용맹을 갖췄고, 학문 또한 깊어 세종이 특별히 아끼고 중용했다. 때론 승정원에 머물게 하여 비서로 활용하였고, 집현전 학자들과 어울려 역사 편찬을 주도하게 했으며, 여진족이 북방을 교란하자 함경도에 지방관으로 보내 동북면의 안정을 도모하였다. 북방으로 간 김종서가 6진 개척에 성공하여 영토 확장과 국방에 크게 기여하면서 그에 대한 세종의 신뢰는 더욱 깊어졌고, 당시 재상이던 황희와 맹사성도 자신들을 이을 차세대 정승으로 그를 지목하길 주저하지 않았다.

별 볼일 없는 관리

김종서(金宗瑞)는 1390년(공양왕 2년)에 도총제를 지낸 무장 김추의 아들로 태어났다. 본관은 순천이고, 자는 국경(國卿), 호는 절재(節齋)다.

그는 무관의 집에서 태어나 어려서부터 무술을 익힌 까닭에 기백과 용맹이 뛰어났다. 그러나 몸이 왜소하고 키가 작았으며, 책을 좋아하고 시문을 가까이한 까닭에 열여섯 살 되던 1405년(태종 5년)에 문과에 급제함으로써 관직에 발을 들여놓았다.

그러나 태종 대의 그는 주로 7품 이하의 낮은 직책에 머물러 있었는데, 직급이 낮은 탓인지 그다지 두각을 나타내지 못했다. 오히려 이 시절의 그는 좋지 않은 일에 연루되어 곤경에 처하곤 했다.

1415년(태종 15년)에 그는 상서원에 근무했는데, 이곳은 국새나 병부의 순패, 관원의 마패, 관찰사 등에게 생살권을 부여하는 절월(節鉞) 등을 관장하는 기관이었다. 상서원엔 판사, 윤, 소윤, 직장, 녹사 등의 관직이 있었고, 그는 7품직인 직장(直長)이었다. 그런데 그해 4월 21일에 그는 직장 자리에서 내쫓겼다. 상서원의 주요 임무 중 하나인 순패(巡牌)를 내주는 일을 등한히 처리한 것이다. 순패는 병부의 관원이 지방을 돌 때 쓰는 증명서인데, 이를 제대로 확인도 하지 않고 내줬다가 곤욕을 치른 것이다. 순패 내주는 일은 직장, 주부, 소윤 등의 직인이 찍히는 것인데, 그저 녹사에게 맡겨두고 돌보지 않다가 탄핵을 받았다.

태종은 이 일로 소윤 변처후와 주부 이수, 직장 김종서 등에게 태형 40대를 내리고, 직책을 파면했다.

그 뒤에 김종서는 다시 벼슬을 얻어 죽산현감이 되었는데, 이때도 또 태형을 당했다. 1418년 1월 17일 사헌부 감찰 정길흥이 지방관 중에서 제언(堤堰, 강이나 바다의 일부를 가로질러 둑을 쌓고 물을 가둬두는 구조물)을 수축하지 않은 관리들을 탄핵했는데, 김종서도 그 명단에 끼어 있던 것이다. 김종서는 또 태형 50대를 맞았지만, 다행히 관직에서 내쫓기지는 않았다.

기아에 시달리는 백성을 돕다

비록 태종 대엔 별 볼일 없는 관리로 인식되던 그였지만, 세종이 즉위한 뒤부터 그의 면모는 완전히 달라졌다. 세종 즉위 직후에 그가 맡고 있던 직책은 행대(行臺, 사헌부)감찰이었다. 행대감찰은 직책은 낮으나, 지방관들에겐 가장 무서운 존재였다. 심지어 행대감찰이 자기 관할 지역에 뜨면 지방관이 무서워서 함부로 다니지도 못할 정도였다. 감찰의 말 한마디에 지방관의 목줄이 달렸기 때문이다.

1418년(세종 즉위년) 11월 29일, 강원도 관찰사 이종선이 토지의 실지 검사가 맞지 않아 백성들의 원성이 자자하다는 장계를 올리자, 세종은 감찰 김종서를 파견하여 토지를 다시 검사토록 했다. 강원도 지역을 두루 돌며 실지 검사를 다시 실시한 김종서가 이듬해인 1419년 1월 6일에 장계를 올렸다.

"원주, 영월, 홍천, 인제, 양구, 금성, 평강, 춘천, 낭천, 이천, 회양, 횡성 등지의 기민 729명의 조세를 면제해주소서."

세종이 즉각 김종서의 요청을 승인했는데, 변계량이 어떤 백성이든 조세를 감해주는 것은 옳지 않은 일이라고 반대했다.

"가난하다 하여 조세를 면제하기 시작하면 너도나도 면제해달라고 요청할 것이고, 그리 되면 국고가 비게 될 것입니다."

하지만 세종은 이 문제만큼은 단호했다.

"임금으로 있으면서 백성이 굶주려 죽는다는 말을 듣고 되레 조세를 징수하는 것은 차마 할 짓이 못 되오. 하물며 지금 묵은 곡식이 다 떨어졌다고 하니, 창고를 열어 곡식을 나눠준다 해도 오히려 미치지 못할까 염려되거늘, 어찌 조세를 부담시키라고 하는 거요. 더욱이 감찰을 보내 백성의 굶주리는 상황을 살펴보게 하고도 조세조차 감면해주지 않는다면, 백성에게 혜택을 줄 일이 또 무엇이 있겠소."

그로부터 11일 뒤인 1월 17일에 김종서가 또 장계를 올렸다.

"경차관 김습이 흉작을 풍작으로 꾸며 과중하게 세금을 부과했습니다."

종서의 글을 보고 세종이 대로하며 명령했다.

"이런 자야말로 토색질하는 놈이니, 사헌부에 전갈하여 엄중히 처벌하도록 하라."

세종은 그해 3월에 다시 전국에 감찰을 파견하여 각 도의 감사와 수령의 구호 사업에 대한 태만 여부를 조사토록 했는데, 김종서는 충청도에 배속됐다. 충청도로 간 김종서는 그곳의 굶주리는 백성들을 자세히 조사하고, 그들을 국가에서 직접 관리할 것을 건의했다.

"굶주리는 집 100호를 한 단위로 만들고 관원 한 사람씩 붙여 관리하도록 하소서. 또 백성은 지금 굶주리고 있고 농사도 막 시작되었으며, 한강 물도 얕아져가니, 경원창(慶源倉)의 수송 사업을 중단하게 하소서."

굶주리는 백성을 단위로 만들어 관원이 직접 관리하게 하자는 것은 획기적인 방안이었다. 세종이 그 말을 옳게 여기고 시행하려 하자, 호조참판 이지강이 호수를 100호로 한정하는 것은 무리가 있다며 마을 단위로 묶는 것이 좋겠다고 제안했다. 세종이 이지강의 말을 따르고, 수송 사업도 중단하게 했다.

5월 10일에 다시 김종서가 장계를 올렸는데, 충청도 관내에 굶는 백성이 남녀 장정과 노약자를 합해 12만 249명이며, 이를 구제하기 위해서는 미곡 1만 1,311석, 간장과 된장 949석이 필요하다고 했다. 세종은 김종서가 올린 대로 처리하게 하고, 특히 병이 있는 집을 조사하여 더 많은 지원을 하라고 명령했다.

감찰 활동으로 두각을 나타낸 김종서를 유심히 본 세종은 그해 10월 24일에 그를 사간원 우정언에 임명했다. 비록 정6품 직위에 불과했지만,

정언은 사간원에 두 명밖에 없는 간관으로서 관리를 탄핵하고 임금에게 간언할 수 있는 중요한 언관이었다.

우정언으로 있던 김종서는 그로부터 3개월 뒤에 종5품으로 뛰어올라 광주의 판관이 되었으며, 3년 동안 지방 행정관으로 머문 뒤 1423년(세종 5년) 5월 27일에 사간원의 우헌납(정5품)에 임명되어 다시 언관으로 돌아왔다.

승승장구의 세월

헌납에 임명된 지 7개월 만인 12월 22일, 김종서는 사헌부 지평(持平)으로 자리를 옮겼다. 지평도 헌납과 같은 정5품직이었지만, 사헌부 지평의 권한은 그보다 훨씬 많았다. 사헌부의 직무는 시정에 대해 논평하고, 백관을 규찰하고, 풍속을 바로잡으며, 억울한 일을 풀어주고, 권력 남용을 방지하는 일이었다. 아울러 백관에 대한 탄핵감찰권이 있었고, 일반 범죄에 대한 검찰권이 있었으며, 판결에 불복한 공소를 다시 판결하는 고등법원의 기능까지 누리고 있었다. 왕의 뜻을 받들어 법을 집행하고, 인사와 법률의 개편에 대한 동의와 거부권을 가지고 있어 국정 전반에 힘이 미치지 않는 곳이 없는 권력기관이었다. 지평은 그러한 사헌부의 기간요원이므로 그 책무가 막중하였고, 사안에 따라선 자신의 소신을 굽히지 않고 직언을 서슴지 않는 직책이기도 했다.

그는 사헌부에 1년여 있다가 1425년에 이조정랑으로 자리를 옮겼다. 이조의 정랑(正郞)은 인사권을 가지고 실무를 장악하고 있으므로 대표적인 청요직이었다. 비록 정5품 벼슬이었지만 정3품 당상관 이상만 참여하는 인사전형회의에 배석하여 임용 대상자의 명단을 작성하고, 문관들로 구성되는 청요직의 임명제청권(흔히 통청권이라 함)을 행사하는 자리였다. 이러한 막중한 권력 때문에 후에 붕당 시절에는 서로 이조정랑 자리를 차지하기 위해 치열한 다툼을 벌였고, 그런 까닭에 이조정랑이 재상을 능가하는 정치적 영향력을 행사하기도 한다.

이조정랑의 역할은 그것만이 아니었다. 지방관이나 장수의 논공행상을 위한 조사관이나 임금의 사신으로 파견되기도 했다.

실제로 김종서는 1426년 4월 22일에 전라도 수군첨사 박실이 왜선을 물리친 것에 대한 논공행상을 하기 위해 전라도로 파견되었고, 전투 과정에서 공을 세운 사람을 조사하여 등급을 조정하는 일을 맡기도 했다. 그의 조사 결과와 보고에 따라 논공행상이 결정되는 것이다. 때문에 지방관들은 그를 극진히 대접할 수밖에 없다.

그는 이조정랑에 두 해 동안 있다가 1427년에 정4품 의정부 사인으로 승진했다. 사인(舍人)은 의정부에 두 명밖에 없었는데, 중요 국사에 관한 왕명을 받아 삼정승의 의견을 수합하고 그들의 뜻을 받들어 임금에게 아뢰는 임무를 맡고 있는 직책이었다. 따라서 사인은 임금과 정부 사이에서 양자의 의견을 원활하게 조율하는 중요한 기능을 했다.

사인은 임금의 경차관이 되어 지방의 민정을 살피는 역할을 했으므로 일종의 암행어사 노릇도 한 셈이다. 김종서는 사인으로 발탁된 지 얼마 되지 않아 세종의 명령으로 황해도 영강진으로 민정을 살피기 위해 떠났다. 당시 영강진은 새로 설치된 군사 기지였는데, 세종은 이곳의 민심을 살피고, 관리들의 근무 태도를 감찰하라고 했던 것이다.

사인은 임금의 의중을 전달하고 대변하는 중요한 기능을 했기 때문에 대개 사인을 지내고 나면 승진을 하는 것이 상례였다. 관례대로 김종서는 6개월간 의정부 사인을 지낸 뒤, 종3품인 사헌부 집의(執義)로 승진했다. 5품직이 실무를 처리하고, 4품직이 임금과 정부 사이를 오가며 양자의 의견을 전달하고 조정하는 기능을 맡고 있다면, 3품직은 직접 정사에 참여하여 임금을 대면하고 당상관들과 함께 자신의 의견을 개진할 수 있는 벼슬이었다. 3품 이상 벼슬은 단순한 관리가 아닌 정치인이었던 것이다. 따라서 김종서는 이제 자신의 독자적인 목소리를 정치에 반영할 수 있는 위치에 오른 셈이다. 이때 그의 나이 38세였다.

등청을 거부하다 옥에 갇히다

그러나 그의 집의 시절은 평탄치 않았다. 당시 김종서는 세종이 죄 있는 종친들을 가까이하는 문제를 거론해 세종과 여러 번 신경전을 벌였다. 특히 양녕대군 문제로 대간과 세종 사이에 힘 대결이 벌어지기도 하였다.

1428년(세종 10년) 1월 15일, 김종서는 양녕대군의 작록을 회수하고 출입을 금지시킬 것을 상소했는데, 그 내용은 이렇다.

"양녕대군 이제는 광패하기 짝이 없어 태종께서 온갖 방법으로 가르쳤으나 끝내 깨우치지 못했고, 태종께서는 결국 대의로써 결단하시어 외방에 폐출시키고 혹여 간사한 소인들과 놀아나며 행색을 꾸며댈 것을 염려하여 엄격히 행동을 다스렸습니다. 그리고 명령하시길 '내가 죽은 뒤에 절대로 서울에 왕래할 수 없다.'고 하셨는데, 그 계책이 지극한 것이었습니다. 이제(양녕)가 허물을 고칠 마음이 없어서 태종께서 돌아가신 지 얼마 되지 않아 또다시 광패함이 여러 차례 나타났으므로, 탄핵하는 글이 누차에 걸쳐 이어졌습니다. 그러나 성상의 우애가 돈독하시어 받아들이지 않으셨습니다.

그런데 지금 또 간통해서는 안 될 여자와 간음하여 거리낌없이 욕정을 채우고 있으니, 스스로 그 몸에 재앙을 받아들이고 국법을 자청하는 일이라 할 수 있습니다. 바라옵건대, 전하께서는 한결같이 공도(公道)를 따라 그의 작록을 회수하고 도성 출입을 금하여 그 아들까지 밖으로 물리쳐서 태종께서 보전하신 계책대로 하소서."

그러나 세종은 받아들이지 않았다.

이튿날 김종서는 좌사간 김효정과 함께 어전에 들어 양녕을 국문하라고 주청했다. 세종은 윤허하지 않으며, 그 근거를 설명했다.

"형제 사이에는 작은 일로써 유사에 내려 국문할 수 없다는 것이 율(律)의 팔의(八議)에 있지 않은가. 양녕을 추국할 수 없으니 그만 물러가라."

그러자 우의정 맹사성과 예조판서 신상까지 가세하여 양녕을 벌줄 것을 청했다. 세종은 율의 팔의에 근거하여 받아들이지 않았다. 김종서는 십악(十惡)은 팔의에 적용되지 않는다며 벌을 줘야 한다고 버텼다. 세종은 양녕의 죄가 십악에 해당되지 않는다며 받아들이지 않았다.

팽팽한 설전이 오가는 가운데, 세종이 끝내 양녕을 벌주지 않자 대사헌 김맹성을 비롯한 대간들은 출근을 하지 않았다. 그들은 등청을 거부한 채 계속해서 양녕을 추국할 것을 상소했고, 세종은 그들의 등청을 요구하며 윤허하지 않았다.

1월 19일에 시작된 이 등청 거부 싸움은 결국 2월 7일까지 지속되다가 사헌부 요직을 모두 파면하거나 좌천시키는 사태로 번졌다. 이날 세종은 대사헌 김맹성을 형조참판으로, 김종서는 전농윤으로 좌천시켰다. 그리고 장령 윤수미와 양질은 파면시켰다.

하지만 그것으로 끝나지 않았다. 보름 뒤인 2월 23일에 김맹성을 비롯한 관련 인물들이 모두 의금부에 갇혔다. 죄목은 사헌부에 있을 때, 왕거아내의 족인들이 나눠 쓴 미곡을 추징하지 않고 대충 꾸며 계달했다는 것이었다. 그 정도 일로 대사헌 이하 대간들을 하옥시킨다는 것은 있을 수 없는 일로, 임금에게 대항하여 등청 거부 투쟁을 벌인 것에 대한 괘씸죄가 적용된 것이다.

3일 뒤인 26일에는 황해도의 민정을 살피기 위해 떠난 경차관 김소남을 의금부로 압송했다. 사헌부 장령의 말을 김종서에게 누설한 죄였다. 아마도 김소남이 사헌부의 분위기를 하옥된 김종서에게 알려줬던 모양인데, 그 점을 문제 삼은 것이다.

그로부터 4일 뒤에는 왕거 족친의 미곡 추징 문제로 의금부에서 김맹성, 김종서 등을 치죄할 것을 요청했다. 세종은 이를 윤허하고 김맹성은 공신의 자식이라 하여 관직에서 내쫓기만 하였고, 김종서는 장 80대를 맞았다. 하지만 다행히 직첩은 회수되지 않아 벼슬길로 나가는 것은 차단되지 않았다.

다시 세종 곁으로

벼슬에서 쫓겨난 김종서는 1년 6개월간 관직에 나가지 못하다가 1429년 9월 30일에 다시 승정원에 기용됐다. 비록 양녕 문제로 내쫓긴 했지만 세종은 김종서의 능력을 높이 평가하고 있었던 까닭에 품계를 올려 정3품 당상관인 우부대언(승지)에 임명했다.

승정원에 발탁되었다는 것은 권력의 핵심으로 부상했다는 뜻이다. 승정원은 임금의 비서기관으로 왕명을 출납하고, 육조의 업무를 분담해 보고하는 중책을 맡고 있었다. 이곳엔 소위 6승지가 있는데, 도승지, 좌승지, 우승지, 좌부승지, 우부승지, 동부승지 순으로 서열이 매겨졌고, 당시엔 도승지를 지신사(知申事), 나머지 승지를 대언(代言)이라 불렀다. 이들은 모두 정3품 당상관으로, 도승지는 이조, 좌승지는 호조, 우승지는 예조, 좌부승지는 병조, 우부승지는 형조, 동부승지는 공조를 맡아 육조의 업무를 파악하여 임금에게 전달하고, 중요 사안의 결정에 조언을 했다.

김종서는 당시 우부대언이었으므로 형조의 일을 보고하는 업무를 맡고 있었다. 그해 11월 13일에 그는 형조의 일과 관련하여 광주목사 신보안의 간통 사건을 보고했다.

"전하, 광주목사 신보안이 고을 기생 소매와 간통하였는데, 소매의 서방인 전 호군 노홍준이 소매를 결박하고 신보안을 능욕했다고 암행 찰방 윤형이 보고해왔습니다. 듣사오니 홍준이 질투 끝에 신보안을 때려서 죽게 되었다는데, 그의 처자식은 원수를 갚고 싶어도 신보안의 간통죄가 탄로날까 봐 두려워하여 감히 보복하지 못하고 있다 하옵니다. 사람들이 이를 듣고 개탄한 지가 이미 오래되었는데, 이제 노홍준을 국문하여 그 단서를 확보했으니 국문을 더 가하여 진상을 가리소서."

세종이 명했다.

"헌부에서 감찰을 파견하여 노홍준을 추국한 후 내게 보고하라."

이듬해 2월 28일에 김종서는 형조의 일과 관련하여 세종의 명령 하나를 받들었는데, 그 내용은 이렇다.

"기상렴이란 자가 계모의 머리털을 자르고 형조에 고하니, 형조에서 이를 받아 추핵(椎覈, 죄인을 심리하는 일)했다고 하는데, 내 생각에는 어미와 자식 사이에 이와 같은 일이 있어서는 안 된다. 사안을 의금부로 넘겼으니, 그대는 의금부 제조와 위관 허조 등과 함께 형법 조문을 상고하여 자세히 의논하여 내게 고하라."

기상렴이 계모를 고발한 것은 계모와 이복동생을 죽이고 재산과 노비를 모두 차지하기 위함이었다. 《대명률》에는 비록 계모라도 어미인 만큼 부모를 고발한 자는 부모의 죄와 관계없이 곤장 100대를 치고 3천 리 밖에 귀양 보내며, 부모를 무고한 자는 교수형에 처한다고 되어 있었다. 또 《당률》에는 자손이 부모를 고발한 경우엔 무조건 교수형에 처한다고 되어 있었다. 허조와 김종서 등은 《당률》에 의거하여 사건을 처리할 것을 아뢰었다. 이에 세종이 명했다.

"앞으로 부모를 고발하는 자는 《당률》에 의거하여 논단한다. 그리고 계모 김씨는 놓아주도록 하라."

이 사건들은 승지들이 자기 직분과 관계된 육조의 일을 임금에게 아뢰고 그 결정에까지 깊이 관여했다는 것을 보여준다.

우부대언으로 있던 김종서는 세종의 신임을 얻어 1430년 5월에 좌부대언으로 승격했고, 10월에는 우대언으로 승격했으며, 1431년 2월에는 좌대언으로 승격했다.

이때 대언 김종서, 남지, 송인산 등이 대죄를 청했는데, 홍수로 많은 사람과 말이 죽은 것이 자신들의 부주의 탓이라고 생각했기 때문이다. 이 일로 지신사 황보인은 스스로 자기 집에서 대죄를 청하고 있었고, 나머지 대언들은 책임을 통감하고 대죄를 청한 것이다. 그런데 세종은 황보인을 파직하고, 책임이 무거운 김종서는 파직하지 않았다. 김종서는 자기를 파직시켜달라고 청했으나 세종은 이렇게 말했다.

"그대도 실상은 죄가 있다. 그러나 다 파면하면 누가 명을 받들어 행하겠는가? 죄가 가장 무거운 사람을 이미 파면했으니, 안심하고 벼슬에 나오라."

세종은 이후 2년여 동안 김종서를 좌승지 자리에 앉혀뒀다. 1431년 8월에는 세종이 풍병이 들어 누웠는데, 오직 김종서만 밤낮으로 자기 옆에 머물게 하여 임금의 말을 조정에 전달하도록 했으며, 1433년 12월에는 자신을 대신하여 중국 사신들을 홍제원에서 접대하는 일을 맡기기도 했다. 이는 세종이 김종서를 매우 신뢰하고 있었다는 뜻이다.

마침내 6진 개척의 장도에 오르다

1433년 12월 9일, 세종은 김종서를 이조우참판으로 낙점하여 함길도 관찰사로 삼았다. 12월 18일에 세종을 인견한 김종서는 털옷과 털모자를 하사받고 함길도로 떠났다.

그 무렵 북변 여진의 한 족속인 우디거족이 알목하(지금의 하령) 오도리족을 습격하여 건주좌위도독 동맹가티무르(첨목아) 부자를 죽이고 달아난 사건이 일어났다. 세종은 이 기회를 이용하여 두만강변을 과감하게 영토에 편입시키려 하였고, 그 일환으로 김종서를 함길도 관찰사로, 이징옥을 영북진 절제사로 삼았던 것이다.

함길도로 떠난 김종서는 함흥과 영흥, 정평, 안변, 문천 등지에서 2,200호의 백성을 뽑아 두만강변의 새로 개척할 땅에 이주시켰다. 또 경원부와 영북진에 성벽을 축조하기 위해 총 6,100명의 군사를 동원했다. 이로써 6진 개척의 서막이 오른 셈이다.

6진을 개척하는 과정에서 무장 이징옥과 문관 김종서의 견해는 다소 달랐다. 당시 영북진 절제사로 있던 이징옥은 북변의 여진인들을 정벌하여 힘으로 상대를 눌러야 한다는 입장이었고, 김종서는 가급적 여진인들과 부딪치지 않고 북변을 개척하자는 주장을 폈다. 당시 정승들인 황희와 맹사성은 김종서의 의견을 옳게 보았고, 세종 또한 마찬가지여서 이징옥의 여진 정벌론은 받아들여지지 않았다.

그 뒤 여진의 우두머리 범찰이 이징옥을 찾아와 동쪽의 파저강 유역으로 옮겨 살기를 원한다는 요청을 하였고, 조선 조정은 범찰의 청을 들어줬다. 이때 이징옥은 범찰이 매우 위험한 인물이므로 사전에 제거하여 우환의 싹을 자르는 것이 옳다고 주장했지만, 김종서는 범찰을 함부로 죽이면 오히려 여진인들에게 불신감을 심어줘서 소란이 일어날 것이라고 했다. 이에 황희 등 정승들과 세종은 김종서의 의견을 좇고, 혹여 범찰이 난동을 피우거나 도둑질을 할 때엔 즉각적으로 군사 대응을 해도 무방하다는 내용을 전지했다.

이렇듯 북변의 안정과 영토 확대의 주역으로 부상한 김종서와 이징옥은 1435년 3월 27일에 각각 함길도 병마도절제사와 판회령부사로 자리를 옮겼고, 정흠지가 함길도 도관찰사로 파견되어 6진 개척의 한쪽을 맡았다.

6진 설치 작업은 비교적 순조롭게 진행되었으나 몇 번의 어려움을 겪어야 했다. 1436년 5월엔 두만강 지역에 역질이 돌아 죽은 백성이 무려 2,600여 명이나 되었다. 당시 찬성사였던 하경복이 이를 부풀려 1만여 명이나 된다고 보고하여 조정을 발칵 뒤집어놓았는데, 후에 과장하여 보고하였다는 이유로 벼슬에서 내쫓겼다. 또 김종서, 정흠지, 이징옥과 경원부사 송희미 등을 국문해야 한다는 사헌부의 상소가 이어졌다. 이들이 지방관의 책무를 다하지 않았기 때문에 역질 피해가 늘어났다는 의견에 따른 것이다.

그러나 세종은 사헌부의 탄핵을 받아들이지 않았다. 비록 그들이 죄가 없는 것은 아니지만, 새로 설치한 고을 백성들이 혼란스러워할까 염려했기 때문이다.

세종의 신임을 얻은 김종서는 1436년경부터 이징옥의 의견을 받아들여 야인을 정벌해야 한다는 주장을 폈는데, 이는 군사적으로 정벌하지 않고는 결코 그들의 저항을 물리칠 수 없다고 판단했기 때문이다. 하지만 세종은 군사 행동을 자제할 것을 당부하면서 그의 청을 받아들이지 않다가 1440년에 이르러 야인들의 내침이 잦아지자, 사안에 따라 적절히 조치할 것을 명령했다. 이에 따라 김종서는 몇 번에 걸쳐 군사 시위를 하였고, 필요에 따라 병력을 동원하여 적지에 침투하는 과감한 작전을 벌이기도 했다. 덕분에 6진 중에서 4진이 건설되었고, 나머지 2진의 토대도 확보되었다.

당시 북변 백성들 사이에서 김종서의 위세는 대단했다. 학문은 물론이고 지략과 무인의 기상까지 갖춘 그를 두고 '대호(大虎)'라는 별명까지 붙일 정도였다. 그런 까닭에 세종은 김종서가 북변의 안정에 꼭 필요하다며 10여 년을 그곳에 묶어둔 것이다.

사실 김종서는 변방에만 머무는 것이 못마땅했던 모양이다. 그런 까닭에 몇 번에 걸쳐 한양으로 돌아가게 해줄 것을 청했지만 세종은 그때마다 여러 말로 다독거리며 허락하지 않았다. 심지어 김종서가 모친상을 당했을 때도 기복을 명령하고 그곳에 머물도록 했다.

김종서가 다시 한양으로 돌아온 것은 1445년이었는데, 함길도로 떠난 지 무려 12년 만이었다. 세종은 이때 그를 예조판서에 임명하여 불렀는데, 결코 조정에 오래 머물러 있게 하지 않았다. 오자마자 도순찰사로 임명되어 경상, 전라, 충청도로 가서 목마장으로 적당한 곳과 방마가 가능한 곳을 조사해야 했다.

그가 잠시나마 한양에 머무른 것은 1446년에 이르러서였다. 그해에 의정부 우찬성이 되었는데, 판예조사를 겸하긴 했지만 그나마 한직을 맡아 몸을 쉴 수 있었다. 하지만 이듬해 다시 충청도로 파견되어 태안 등지의 군사 시설을 돌아봐야 했고, 1449년 8월에는 달달야선이 침입하여 요동 지역이 소란해지자, 평안도 도절제사로 파견되어 의주에 읍성과 행성을 쌓으며 변방 안정에 주력해야 했다.

그 무렵 그가 토대를 구축하고 기반을 쌓았던 6진이 완성됨으로써 조선은 두만강 유역을 국경으로 확정 짓는 개가를 올릴 수 있었다. 6진은 후방의 부령을 기반으로 두만강변의 회령, 종성, 온성, 경원, 경흥 등이었다. 신설된 6진에는 도호부사가 파견되었고, 그 아래 토관을 두고 남쪽 각 도에서 많은 백성을 이주시켜 변방이 크게 안정되었다.

계유정난으로 비명에 가다

1450년 2월에 세종이 승하하자 김종서는 조정으로 돌아와 좌찬성을 거쳐 1451년에 우의정이 됨으로써 정승의 지위에 올랐다. 1452년에 《세종실록》 편찬의 감수를 맡았고, 그해 문종이 죽고 단종이 즉위하자 좌의정에 올라 권력을 손안에 쥐었다. 하지만 64세 되던 1453년 10월, 수양대군에 의해 자행된 계유정난으로 비참한 최후를 맞이한다.

그의 죽음은 어린 단종이 즉위한 후 김종서를 비롯한 고명대신들과 수양대군 사이에 발생한 권력 다툼의 결과였다. 단종은 열두 살의 어린 나이로 왕위에 올랐는데, 스무 살 이하인 미성년의 어린 왕이 즉위하면 궁중에서 가장 서열이 높은 후비(后妃)가 수렴청정을 하는 것이 일반적이었다. 하지만 당시 궁중의 사정은 수렴청정할 상황이 못 되었다. 대왕대비는 물론이고 대비도 없었고 심지어는 왕비도 없었다.

단종의 모후 권씨가 산욕열로 죽었고 문종의 후궁도 귀인 홍씨, 사칙 양씨 두 사람뿐이었다. 비록 세종의 후궁 중에 혜빈 양씨가 있기는 하였지만 늦게 입궁한 데다 후궁인 탓으로 정치적인 발언권은 거의 없었다. 후궁들은 모두 비슷한 위치에서 다만 내사를 돕는 정도에서 그쳐야 했다. 따라서 단종은 수렴청정조차 받을 수 없는 처지에서 즉위한 것이었다.

단종은 나이가 너무 어려 정사를 돌볼 수 없었기에 모든 조처는 의정부와 육조가 도맡아 했으며, 왕은 단지 형식적인 결재를 하는 데 그쳤다. 인사 문제에서도 대신들은 황표정사 제도를 썼는데, 이는 조정에서 지명된 일부 신하들이 인사 대상자의 이름에 황색 점을 찍어 올리면 왕은 단지 그 점 위에 낙점을 하는 방식이었다. 따라서 모든 정치 권력은 문종의 유명을 받든, 이른바 고명대신들인 황보인, 김종서 등에게 집중되어 있었다.

이는 곧 조정이 신권에 의해 완전히 장악당했음을 의미한다. 하지만 이러한 신권의 팽창이 왕권 자체를 위협하지는 않았다. 오히려 왕권을 위협한 것은 수양을 위시하여 호시탐탐 왕위를 노리던 왕족들이었다.

단종 즉위 당시 조정은 영의정에 황보인, 좌의정에 남지, 우의정에 김종서가 포진하고 있었다. 하지만 남지는 건강이 좋지 않아 그해 10월에 좌의정을 내놓게 되고, 좌의정에 김종서, 우의정에 정분이 앉게 된다. 당시는 의정부서사제였기에 조정의 권력은 의정부의 삼정승이 쥐고 있었는데, 건강이 악화된 남지가 정사에 적극 참여할 수 없게 되자 조정은 황보인과 김종서가 좌지우지하는 상황이 되었고, 정분이 우의정이 된 다음에도 계속 두 사람이 권력을 잡고 있었다.

《단종실록》에는 이들 대신이 안평대군 등 종친뿐 아니라 혜빈 양씨, 환관 등과 모의하여 궁중에까지 세력을 펴는 한편, 황표정사를 통해 자신의 세력을 요직에 배치하여 붕당을 조성하고 끝내는 종실을 뒤엎고 수양대군에게 위협을 가한 것이 계유정난의 원인이라고 기록되어 있다.

하지만 《단종실록》이 세조 때에 편찬된 점을 고려할 때 이 기록은 왜곡되었을 가능성이 높다. 즉 황보인 등 고명대신들은 문종의 유지를 받들어 어린 왕을 보필하는 데 최선을 다했을 뿐, 붕당을 조성하려고 한 흔적은 거의 없다는 것이다. 다만 대신들의 협의체인 의정부가 본래의 권한을 넘어서서 왕권을 미약하게 만들었던 것만은 분명한 듯하다.

한 사관의 기록에 따르면 "왕은 손 하나 움직일 수 없는 허수아비로 전락하고, 백관은 의정부는 알았으나 군주가 있는 것은 알지 못한 지 오래 됐다."고 했다. 또한 재상 중심 체제를 주장하던 성삼문을 비롯한 집현전 학자들도 김종서의 지나친 권력 증대에 비판적인 자세를 취했다. 이런 두 가지의 예는 곧 의정부가 권력을 남용했다는 것을 말해주며, 한편으로는 왕권이 완전히 땅에 떨어져 있었음을 반증해준다.

하지만 대신들의 합의체인 의정부가 세력을 키워 수양대군을 제거하려 한 것 같지는 않다. 수양은 자청해서 명나라에 고명 사은사로 간 바 있는데 만약 의정부가 그를 제거하려 했다면 이 기간에 충분히 가능했을 것이다. 그러나 수양은 수하들의 만류에도 불구하고 명을 다녀왔다. 이는 곧 김종서 등이 수양의 행동에 별로 관심이 없었음을 보여준다. 오히려 수양은 명을 다녀옴으로써 의정부 대신들에게 자신이 정권에 대한 야욕이 없다는 것을 보여주려 했다고 보아야 한다. 즉 의정부 대신들을 안심시켜 허를 찌르겠다는 계산이었던 것이다. 이는 수양대군의 거사 계획이 명에서 돌아온 뒤 급진전된 것만 보아도 알 수 있는 사실이다.

수양대군은 명에서 돌아온 1453년 4월에 신숙주를 막하에 끌어들이는 한편 홍달손, 양정 등 심복 무사를 양성하기 시작했고, 6개월 뒤에 드디어 거사를 감행했다.

그는 우선 김종서를 제거했다. 당시 김종서는 병권에 깊이 관여한 데다 조정 대신들의 구심체였기에 그를 제거하지 않고는 거사를 성공시키기 어려웠다. 그래서 그해 10월 10일 밤 유숙, 양정, 어을운 등을 데리고 김종서를 찾아가 간계를 써서 철퇴로 죽였으며, 영의정 황보인, 병조판서 조극관, 이조판서 민신, 우찬성 이양 등은 왕명을 핑계로 대궐로 불러들여 참살했다.

또한 친동생 안평대군을 붕당 모의의 주역으로 지목해 강화도에 유배시켰다가 사사시켰다. 게다가 자신의 형제들 중 뜻을 달리했던 금성대군을 유배시켜서 죽였으며, 단종을 상왕으로 밀어낸 후 노산군으로, 그리고 서인으로 전락시켜 죽였다.

이런 일련의 과정들은 수양대군이 왕권에 대한 야심이 없었다면 일어날 수 없는 일들이다. 또한 비록 의정부 대신들이 조정을 쥐고 있었다고 해도 이는 적어도 왕권에 대한 야심에서 비롯된 것이 아니라 왕이 권한을 펼 능력이 없는 상황에서 이루어진 한시적인 일이었다.

　조선이 개국 초부터 재상 중심제를 정치 이념으로 삼았던 점을 감안할 때 사실 임금은 상징적인 존재로 남아 있어도 통치에는 별문제가 없는 것이었다. 따라서 계유정난은 수양과 그 주변 무리들이 왕권을 탐한 나머지 저지른 비윤리적인 역모라고 보는 것이 올바른 평가일 것이다.

　세조는 재위 말년에 예종에게 계유정난 당시 참살했던 신하들과 연좌된 인물들을 풀어주라고 하였는데, 이는 김종서에게 죄가 없음을 스스로 인정한 것이다. 예종은 세조의 명을 받들어 대리청정할 때에 계유정난과 연좌되었던 모든 인사들을 풀어줬다. 그러나 주범으로 인식되었던 김종서와 황보인의 관작은 복구되지 않았다.

　이들의 관작이 정식으로 회복된 것은 1746년(영조 22년)에 이르러서였고, 그들의 자손이 관리로 채용된 것은 그보다 훨씬 전인 1678년(숙종 4년)이었다.

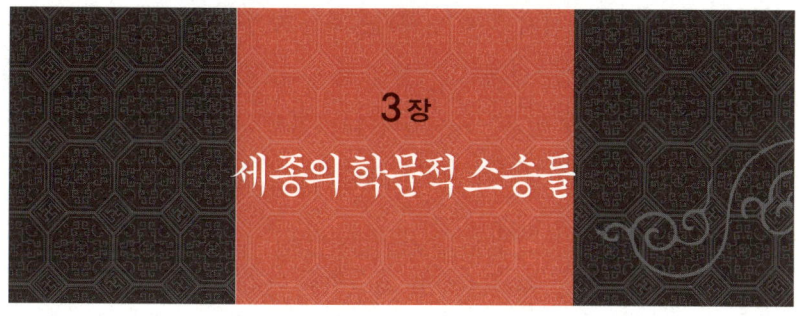

3장
세종의 학문적 스승들

　세종은 일국의 왕이기 이전에 배움에 있어서는 당대의 그 누구에게도 뒤지지 않을 열정과 노력을 쏟는 열렬한 학생이었고, 삶을 통해 철저하게 자신의 학문을 검증해야만 직성이 풀리는 실천적인 이론가였으며, 이론을 현실에 적용하여 성공적으로 실현시킨 행동주의적 학자였다.
　그는 어린 시절부터 낮밤을 가리지 않고 학문에 열중하였고, 지나친 독서로 몸을 상하면서도 책을 손에서 놓지 않았으며, 심지어 태종이 병석에 누운 그의 건강을 염려하여 책을 모두 빼앗아도 기어코 책을 찾아내 읽는 즐거움을 만끽하던 책벌레였다.
　임금이 된 뒤에도 책 읽기를 단 하루도 등한시하지 않았고, 매일같이 경연장에 나가 학자들의 강연을 즐겨 들었고, 편전에서도 재상들과 학문적인 논쟁을 피하지 않았다.
　그는 올바른 정치는 올바르게 아는 데서 비롯된다고 보았고, 올바른 앎은 곧 학문에 심취하지 않고는 불가능하다고 생각했다. 그러나 앎이 인격으로 승화되지 않으면 군자의 삶을 살 수 없고, 군자가 되지 못하면 도학정치를 구가할 수 없다. 그는 일찍이 이 이치를 깨달아 학문과 정치, 그리고 삶이 하나로 어우러져 실천적으로 드러날 때 비로소 태평성세를 일굴 수 있다는 것을 알았다.

이런 그의 사상적 기반은 공자를 숭상하는 유학이었다. 흔히 군자학(君子學)으로 불리는 유학은 가장 모범적인 인간상을 '군자'라 지칭한다. 더불어 군자의 도리와 역할을 가르쳐서 현실 정치에 적용함으로써 백성에게 태평성세를 안겨주는 것을 목표로 삼는 지극히 현실적이고 실천적인 학문이었다. 그는 이러한 유학의 정신을 고스란히 치세에 적용하여 이른바 '조선의 황금시대'를 이끌어냈던 것이다.

하지만 그 황금시대는 결코 홀로 이끌어낸 것이 아니다. 학문의 산실이자 인재 양성소였던 집현전과 그를 가르치고 이끈 학문적 스승들이 없었다면 불가능했을 것이다. 어린 시절 그에게 학문을 가르친 이수, 집현전을 이끌었던 당대의 석학 윤회와 변계량 등이 그 대표적인 인물이라 할 것이다.

1. 세종의 황금마차, 집현전

집현전의 유래

 군주가 아무리 뛰어나도 우수한 인력이 없다면 좋은 정치는 불가능한 법이다. 그 때문에 세종은 즉위 초부터 인재 양성에 주력했다. 그는 뛰어난 인재란 학문이라는 나무에 열리는 열매라고 생각했고, 그 열매를 얻기 위한 텃밭으로 일군 것이 바로 집현전(集賢殿)이었다.
 집현전 제도는 원래 중국에서 유래한 것으로 한나라 때에 처음 설치되었다. 하지만 그 조직이 확대되고 학문적인 기관으로 성장한 것은 당나라 현종 무렵이었다. 우리 역사에 이 제도가 도입된 것은 삼국시대였지만, 구체적인 조직을 갖추고 집현전이라는 명칭을 처음 사용한 것은 고려 인종 대였다.
 인종은 연영전(延英殿)을 집현전으로 개칭하고 대학사와 학사를 두고 강의를 하는 기관으로 삼았다. 그러나 원나라 지배가 확고해진 충렬왕 이후 유명무실한 곳으로 전락했다.
 조선 개국 이후에는 정종 1년(1399년) 3월 13일에 조박의 건의로 집현전 활성화 방안이 마련됐다. 이때 조박의 상언(上言)은 이렇다.
 "집현전은 그 이름만 있고 실상은 없으니, 청컨대 옛 제도를 회복하여 서적을 대거 비치하고 예문교서로 하여금 주장하게 하되, 문신 4품 이상인 자 중에서 번갈아 경서를 강론하게 하고 늘 전하의 물음에 대비토록 하소서."
 정종이 조박의 상언을 받아들여 좌정승 조준, 예천백 권중화, 대사헌

조박, 중추 권근, 이첨 등을 제조로 삼고 문신 5품 이하로 교리(校理)에 충당하였으며, 7품 이하로 설서(說書)와 정자(正字)에 충당했다.

하지만 그 뒤로 집현전은 별다른 구실을 하지 못하고 또다시 유명무실한 기관으로 전락하고 말았다.

집현전에 인재를 모이게 하라

세종 1년(1419년) 2월 16일에 좌의정 박은이 계를 올려 말했다.

"문신을 선발하여 집현전에 모아 문풍을 진작시키소서. 또 문과는 어렵고 무과는 쉬우므로 많은 양반 자제들이 무과에만 몰리니, 이제부터 무과도 사서를 통달한 뒤에만 응시할 수 있도록 하소서."

세종은 박은의 말을 매우 달가워하며 무과에 학문을 추가하고, 집현전을 확대 개편할 것을 명령했다. 그런데 그로부터 10개월이 지나도 별다른 진척이 없었다. 그해 12월 12일에 세종은 직접 나서서 집현전 확대 개편을 서둘렀다.

"일찍이 집현전 설치를 의논한 바 있는데, 어찌하여 다시 아뢰는 이가 없는가. 선비 10여 인을 뽑아 날마다 모여서 강론하게 하라."

세종의 강력한 추진 의지를 확인한 신하들은 3개월 뒤인 이듬해 3월 16일에 집현전의 인원수를 확정했고, 세종은 즉시 관원을 임명했다.

세종은 집현전의 위상을 세우기 위해 집현전 최고직인 영전사 2인을 정1품 정승급이 맡도록 하고, 실제적인 운영자인 대제학은 판서급인 정2품 2인으로 정했다. 또 2인의 제학은 종2품으로 했다. 이들은 모두 겸직이어서 실제 연구 활동을 하는 직책은 아니었다. 하지만 그 이하 부제학부터는 겸직이 아닌 순수 학관직이었다. 부제학은 정3품, 직제학은 종3

품, 직전은 정4품, 응교는 종4품, 교리는 정5품, 부교리는 종5품, 수찬은 정6품, 부수찬은 종6품, 박사는 정7품, 저작은 정8품, 정자는 정9품으로 정했고, 이들 모두는 임금에게 강의를 하고 정치 토론을 이끄는 경연관을 겸하도록 했다. 또 집현전 제학과 부제학의 서열을 사간보다 위에 둠으로써 그들의 정치적 비중도 높였다.

당시 임명된 관리들의 구체적인 면면을 보면, 영전사는 재상직에 있던 박은과 이원이 당연직으로 맡았고, 대제학은 류관과 당대의 명유 변계량이 맡았다. 제학은 탁신과 이수였고, 직제학은 김자와 신장이었으며, 그 아래로 어변갑과 김상직이 응교에, 설순과 유상지가 교리에, 유효통과 안지가 수찬에, 김돈과 최만리가 박사에 임명되었다.

세종은 문관 가운데서 재주가 뛰어나고 행실이 올바른 인물을 택하되 되도록 나이가 젊은 사람으로 택하여 경전과 역사 강론을 주로 하며 임금의 자문에 응할 수 있는 능력이 있는 자를 등용 기준으로 삼았다. 노소에 관계없이 당대 최고의 석학들을 집현전 관리로 등용했던 것이다.

세종은 또 집현전 학사들의 잡무를 없애기 위해 집현전을 전담하는 노비를 책정하고, 서리도 10명을 뒀다.

집현전 관리들은 품계에 관계없이 대제학의 감독 아래 정기적으로 시를 지어 평가받았고, 경전과 역사를 강독하게 하여 월말에 평가를 받았으며, 두세 명씩 돌아가며 매일 강의해야 했다. 또 백성 교화와 학문에 필요한 서적을 편찬하고 중국에 보내는 표(表, 군주에게 올리는 글)와 외교문서를 작성하고, 어려운 법령을 백성이 알기 쉽게 이두로 번역하는 일도 맡았다. 이 때문에 이들은 다른 관원보다 일찍 출근하고 늦게 퇴근하며 오직 공부에만 열중해야 했다. 이런 집현관의 임무에 전념토록 하기 위해 일부 학관들에겐 본전에 출근하지 않고 집에서 글을 읽고 대제학의 지도만 받으면 되는 특혜도 주어졌다. 말하자면 그들은 공부하고 강의하는 것이 유일한 임무였고, 시작(詩作)과 강의, 서적 편찬을 통해 그 성과를 보여야만 능력을 인정받을 수 있었던 것이다.

집현전의 변천사

집현전의 존속 기간은 1420년(세종 2년)부터 1457년(세조 2년)까지 37년간이다. 이를 대략 4기로 나눠볼 수 있는데, 제1기는 설립 때부터 세종 10년까지다. 이 기간은 집현전 학사들이 학문 수련에 전념하던 시기로 주로 강연이나 문서 작성, 경서 연구를 했고, 관원 수도 16명에 불과했다.

제2기는 세종 11년부터 18년까지로 잡을 수 있는데, 가장 활발한 활동을 하던 시기다. 이 무렵의 집현전은 법제와 의례 등을 손질하고 정리했으며, 각종 사서를 편찬하고, 당면하는 정치제도의 문제점을 보안하는 데 필요한 참고 자료들을 만들어냈다. 세종은 이들이 만들어낸 자료와 학설을 바탕으로 소신 있는 정책을 구사하였고, 때때로 조정 대신들의 반대에 부딪히면 집현전 학사들을 통해 그들을 물리칠 수 있는 명분을 얻곤 했다. 따라서 이 시기엔 관원 수도 대폭 늘어 32명이나 되었다.

제3기는 세종 19년부터 세종 말년까지다. 이때 집현전의 관원 수는 20명으로 축소 조정되었으며, 정치적 비중이 높아지고 학문적인 기능은 다소 축소되었다. 이는 세종의 지병 때문에 세자가 정무를 대신 처리하면서 빚어진 결과였다. 집현전 학사들은 종래에 맡아왔던 서연직 이외에 세자의 정무 처결 기관인 첨사원직까지 겸하게 되었던 것이다. 하지만 세종이 살아 있을 때까지만 해도 집현전은 여전히 학문적인 기능이 훨씬 강했다.

제4기에 해당하는 문종·단종 대부터 집현전 학사들의 대간 출입이 잦아지고, 집현전 출신들이 대거 대간으로 차출되는 경향이 생기면서 집현전은 정치적 출세의 요람으로 변질되었다. 특히 세조가 등극한 이후에 집현전은 왕권에 집착한 세조와 잦은 충돌을 일으켰고, 급기야 1456년 6월에 집현전 출신자들이 단종 복위를 도모하는 사태가 벌어졌다. 이른바 사육신 사건으로 불리는 이 일이 발생한 후 세조는 집현전을 혁파해버렸다.

이후로 조선 조정에선 집현전과 같은 기능을 하는 곳이 사라졌다가 성종 대에 이르러 홍문관이 설립됨으로써 그 전통을 이었다. 하지만 홍문관은 집현전처럼 순순한 학문 연구를 위한 기관이라기보다는 정치적 성향이 짙은 곳이었다. 사간원, 사헌부와 함께 언론 삼사라 불리며 정치적인 발언을 하는 것이 주요 업무 중 하나였기 때문이다.

야사 속의 집현전

서거정은 《필원잡기》에 집현전 학사들의 학구열과 출세에 대해 기록해놓았는데, 그 내용은 이렇다.

> 세종이 문치에 정신을 기울여 재위 2년 경자년에 비로소 집현전을 설치하고 문사 10명을 뽑아서 채웠더니, 그 뒤에 더 뽑아서 30명이 되었다가 또 20명으로 줄여 10명에게는 경연의 일을 맡기고 또 10명에게는 서연의 일을 보게 하였다. 그들은 오로지 학문과 관련된 일만 맡았으며, 낮밤으로 고금의 일을 토론하는 것을 쉬지 않았다. 덕분에 문장을 아는 선비가 대거 배출되어 많은 인재를 얻을 수 있었다.
> 집현전 남쪽에 큰 버드나무가 있었는데 기사년과 경오년 사이에 흰까치가 와서 둥지를 짓고 흰 새끼를 얻더니, 몇 해 사이에 요직에 오른

이는 모두 집현전 출신이었다.

성현의 《용재총화》는 집현전에 관해 매우 간단하게 기록하고 있지만, 세종이 집현전 학사들을 어떻게 대접했는지를 단적으로 보여주고 있다.

집현전은 일찍 출근하여 늦게 파했는데, 항시 일관이 시간을 아뢴 뒤에야 퇴청하게 했다. 조식과 중식 때는 내관이 직접 식사를 챙겼으니, 그 우대하는 뜻이 지극하였다.

《필원잡기》에도 학사들에 대한 세종의 극진한 마음을 읽을 수 있는 기록이 있다.

임금이 인재를 기르는 그 아름다운 일은 어느 옛 임금보다 뛰어났다. 집현전 선비들이 날마다 숙직을 했는데, 임금이 그들을 사랑하는 것과 융숭하게 대접하는 것을 두고 사람들은 신선이 사는 땅에 오른 것에 비교하였다.
하루는 밤 2경 무렵에 내시를 시켜 숙직하는 선비들이 무엇을 하는지 엿보게 했는데, 신숙주가 촛불을 켜놓고 글을 읽고 있었다. 내시가 돌아와서 임금에게 아뢰었다.
"서너 번이나 가서 봤지만 글 읽기를 끝내지 않다가 닭이 울자 비로소 취침하였습니다."
이를 가상하게 여긴 임금은 돈피갖옷을 벗어 깊이 잠들 때까지 기다렸다가 덮어주라고 했다. 숙주가 아침에 일어나 이 일을 알게 되었고, 선비들이 이 소문을 듣고 더욱 학문에 힘을 쏟았다.

이정형의 《동각잡기》에도 세종이 학사들을 배려하는 내용이 실려 있다.

세종 8년에 임금이 집현전 부교리 권채, 저작랑 신석견, 정자 남수문 등을 불러 일렀다.

"내 들으니, 너희들이 나이가 젊고 장래가 있다 하니, 이제부터 벼슬을 그만두고 각기 집에서 편히 지내면서 독서에 전력하라. 또 그 효과를 드러내게 하되, 독서하는 규범은 대제학 변계량의 지도를 받도록 하라."

하지만 세종이 집현전 학사들과 항상 잘 지낸 것은 아니었다. 중종 대의 개혁자 조광조의 글에 이런 내용이 있다.

임금이 말년에 궁궐 안에 불당을 지었으므로 대신들이 간했으나 듣지 않았다. 집현전 학사들이 그 부당함을 간했으나 역시 듣지 않았다. 그 때문에 학사들이 모두 집현전을 나가버려 텅 비게 되었다. 임금이 눈물을 지으면서 황희를 불러 일렀다.

"집현전 선비들이 나를 버리고 가버렸으니 장차 어이 할꼬?"

황희가 대답했다.

"신이 가서 달래겠습니다."

황희가 곧 모든 학사들의 집을 두루 찾아다니며 간청하여 돌아오게 하였다.

2. 하늘이 낸 문재, 변계량

　변계량(卞季良)은 네 살에 고시(古詩)를 줄줄 외웠고, 여섯 살에 시를 지은 신동이었다. 또 열네 살에 진사 시험에 합격하고, 열다섯 살엔 생원 시험에 합격하고, 열일곱 살에 문과에 급제한 재목이기도 했다.
　그는 관직 생활의 대부분을 학관직에 종사하여 세종 대의 학문적 기반을 닦는 데 중추적인 역할을 했던 대표적인 문형(文衡)이었다. 그는 예문관과 집현전에 주로 근무하며 태종 대와 세종 초의 외교문서 작성을 거의 전담하다시피 했고, 한편으론 학자 양성에 주력하여 많은 학사들을 길러냄으로써 세종의 문치주의 정책에 획기적인 공헌을 했다.

특출한 문재로 출세가도를 달리다

　변계량은 1369년(공민왕 18년) 판중추원사 변옥란의 아들로 태어났다. 본관은 밀양, 자는 거경(巨卿), 호는 춘정(春亭)이다.
　계량의 집안은 전형적인 문관 가문으로 증조부 변현인과 조부 변원이 모두 문관으로 출세했다. 아버지 변옥란은 어린 나이에 벼슬하여 고려 조에선 호조, 이조판서 등을 역임했으며, 조선 개국 이후에는 원종공신으로 검교 판중추원사에 올랐다. 태조는 그를 실직 중추원사로 임명하려 했으나 그가 74세로 죽는 바람에 벼슬을 내리지 못하여 무척 안타까워했다는 기록이 있다. 옥란은 아들 둘을 낳았는데 첫째가 중량이요, 둘째가 계량이었다.

변계량은 문관의 집안에서 태어난 터라 어린 시절부터 책을 가까이할 수 있었는데, 외우고 쓰고 창작하는 데 남다른 재주를 보인 까닭에 신동이라는 소리를 듣고 자랐다. 신동이라는 말에 걸맞게 열네 살에 진사가 되었고, 열일곱 살에 문과에 급제하여 종6품 전교주부로 관직생활을 시작했다. 그 뒤 성균관 학정을 거쳐 직예문관, 예문관 응교, 예문관 직제학, 제학 등을 거치며 예문관 붙박이가 되었다.

변계량은 학자로서 두각을 드러내며 출세가도를 달렸다. 예문관 직제학으로 있던 그는 1407년 4월 22일에 태종이 실시한 중시에서 을과 일등을 하여 당상관인 예조참의가 되었다. 또 상으로 밭 20결을 받았다. 1결은 가로와 세로가 각각 약 100미터로 면적이 약 1만 제곱미터 정도다. 요즘 단위로 하면 1헥타르 정도 되는데, 무려 20결을 받았으니, 농지 6만 6천 평을 받은 셈이다. 거기다 노비 1구를 더해줬으니, 일거에 부자가 된 것이다.

대개 나라에서 내린 전지는 다시 환수하는 것이 관례였지만, 변계량은 6년 뒤인 1411년 9월 27일에 이 땅과 노비를 자손 대대로 물려줄 수 있는 사패(賜牌)를 받게 된다.

그가 예조참의에 오른 그해 8월 25일에 임금은 권근의 요청에 따라 관리들에게 시를 짓게 하여 30명을 뽑았다. 이번에도 역시 변계량이 일등이었다. 그야말로 조선 최고의 문장가로 공인된 것이다.

덕분에 그는 이듬해 1월 29일에 생원시원(生員試員)이 되었다. 생원을 뽑는 시험의 출제자가 된 것이다. 이때 함께 시원이 된 사람은 성균관 대사성 유백순이었는데, 대사성이 시원이 되는 것이 관례였던 점을 상기할 때, 변계량에겐 크나큰 영예가 아닐 수 없었다.

그해 10월 25일에 변계량은 세자시강원의 강의를 맡았다. 시강원은 세자에게 강의를 하는 곳인데, 정1품 정승이 관례로 맡는 세자사(師)와부(傅)가 있고, 판서급이 맡는 빈객(賓客, 정2품), 그 아래 찬선(정3품), 보덕(輔德, 정3품)과 진선(정4품)과 필선(정4품), 문학(정5품) 등이 있다. 그 외에도 사서, 설서, 자의 등의 6~7품 학자들이 있다. 이 중에서 변계량은 좌보덕을 맡았다.

시강원 관원 중에 빈객 이상은 모두 겸직이었고, 찬선부터 녹관이었다. 다른 일은 하지 않고 세자에게 강의만 하는 직책은 찬선과 보덕 이하였다는 말이다. 보덕은 그런 녹관 중에 제일 윗자리였으므로 실제로 강의를 주관하는 직책인 셈이다.

세자를 가르친다는 것은 곧 미래의 왕에게 제왕의 도리와 가치관을 가르친다는 뜻이다. 그러므로 세자시강원 자리는 학자 중에서도 가장 뛰어난 자가 맡는 게 당연했고, 또 시강원의 관원으로 뽑히면 출세가 보장되는 셈이다.

하지만 당시 학자들은 세자시강원 벼슬을 달가워하지 않았다. 이때 변계량이 가르치던 세자는 바로 세종의 형 양녕대군이었다. 양녕은 학문에 뜻이 없고 활쏘기와 사냥, 여색을 즐기는 위인이었다. 그런 까닭에 당시 세자시강원의 학자들은 툭하면 태종에게 불려가 책임 추궁을 당하는 일이 잦았고, 그것은 곧 시강원 직책을 꺼리는 현상으로 이어졌다. 변계량은 그런 어려운 상황에서 양녕을 가르쳤다. 그러면서 내심 충녕대군의 학구열을 부러워하곤 했다.

그렇게 6개월이 흐른 1409년 4월 13일, 변계량은 학문을 등한시하는 양녕 때문에 속을 끓이던 시강원 보덕 자리에서 벗어나 예문관으로 돌아왔다. 예문관은 그의 젊은 시절이 그대로 녹아 있던 까닭에 고향 같은 곳이었다. 그의 직위는 종2품 제학이었고, 동지춘추관사를 겸직했다.

태종은 그의 문장을 좋아하여 무척 총애했던 모양이다. 변계량의 문재(文才)를 귀하게 여겨 나라의 중요한 문서 작성은 거의 다 맡겼다. 또한

1410년 7월 12일에 태종은 죽은 왕사 무학에게 시호를 내리고 변계량에게 비명을 짓게 했다. 이는 상왕으로 물러난 정종이 무학을 존경하여 태종에게 극력으로 요청한 결과였다. 그해 9월 29일엔 문묘에 비를 세웠는데, 그 비문 또한 변계량이 지었고, 돈화문 누각의 종명과 태종의 신도비문도 그가 지었다.

1412년 3월 22일엔 세자의 우빈객에 임명되고, 이후 예조판서 등을 거쳐 태종 말년인 1418년에 마침내 예문관 대제학에 오른다. 학관(學官)으로 시작한 벼슬살이 초반부터 계속 예문관 붙박이로 있다가 마침내 그곳 수장이 된 것이다.

누나로 인해 망신살이 뻗치다

하지만 변계량의 출세가도는 결코 순탄하지 않았다. 그는 직무와 관련한 일에서는 예조판서 시절에 한 번 탄핵된 것을 제외하면 거의 문제를 일으킨 적이 없었다. 이때의 탄핵도 스스로 죄를 밝혔기 때문에 관대하게 처리되었다. 하지만 그는 개인적인 문제로 여러 번 어려움에 봉착한다. 그 첫 번째 사건이 누나로 인한 것이었다. 변계량 위로 누나가 한 명 있었는데, 여간 방만한 여자가 아니었다.

누나 변씨는 원래 박충언이라는 남자에게 시집갔는데, 박충언이 죽자 박원길에게 재가했다. 재가할 무렵에 그녀는 전 남편의 종들인 포대, 사안 형제와 사통을 즐기고 있었는데, 박원길이 그 사실을 알게 되었다.

급한 나머지 그녀는 동생 계량을 찾아가 도움을 청했다.

"내 남편이 성질이 더러워서 함께 해로하기 어렵다. 제발 헤어지게 해 다오."

하지만 평소부터 누나의 행동거지를 잘 알고 있던 계량은 청을 들어주지 않았다. 변계량이 가타부타 대답이 없자, 그녀는 악감정을 품고 계량은 물론이고 자기 남편 박원길까지 죽이기로 결심했다.

그녀는 우선 사통하던 포대, 사안 등과 의논한 후, 정안공(태종 이방원)의 수하로 있던 김귀천을 포섭했다. 그녀는 김귀천을 양자로 삼고 노비 네 명을 준 후, 정안공을 만날 수 있도록 주선해달라고 했다. 귀천의 주선을 받아 정안공을 만나자, 그녀는 역모를 고변했다.

"의안공 이화가 박원길과 변계량, 이양몽, 이양중 등과 더불어 몰래 난을 획책하고 있습니다. 그냥두면 큰 변란이 일어날 것이니 미리 그들을 죽이소서."

그녀가 이방원을 찾아간 것은 1399년 8월이었다. 바로 한 해 전에 군대를 일으켜 정도전을 살해하고 방석을 참살한 뒤 정종을 왕위에 앉힌 터였다. 원래 의심이 많은 데다 정변을 일으킨 지 얼마 되지 않은 터라 이방원은 그녀의 말을 심각하게 받아들일 수밖에 없었다. 하지만 역모에 거론된 인물이 의안군 이화였다. 이화는 이성계의 이복동생으로 방원에게는 숙부였다.

"무슨 근거로 그런 말을 하는 것인가?"

이방원이 묻자 변씨는 꾸며댄 말을 쏟아놓았다.

"제가 박원길에게 시집가기 전인 금년 정월에 이양몽이 그의 형 이양중을 내게 중매했습니다. 그때 양몽이 말하길 '내가 일찍이 재주 있는 사람 수백 명을 휘하에 거느리고 있고, 우리 주장(主將) 의안군 또한 휘하에 수천 명의 군사를 두고 있으니, 하루에 난을 일으키면 나는 하루아침에 대장군이 될 것이오.'라고 했습니다."

이방원의 얼굴이 굳어지자 변씨는 한층 더 그럴싸한 말들을 꾸며 붙였다.

"그 뒤에 소첩이 박원길에게 시집가서 그 얘기를 했더니 그 사람은 의안공을 높게 평가하며 자기도 그리 생각한다고 했습니다. 또 박원길이 말하길 의안군이 자기의 기상을 뽐내며 왕위를 얻더라도 어려움이 없을 것이라고 했답니다. 지금 박원길과 변계량이 이양몽, 이양중 등과 어우러져 몰래 난을 획책하고 있습니다. 머지않아 일이 터질 것이니 먼저 그들을 도모하소서."

이방원은 곧 그 말을 정종에게 전하고 조정 대신을 비롯한 장수들과 의논한 뒤, 먼저 대장군 심귀령을 시켜 박원길을 잡아와 국문했다. 하지만 박원길은 끝내 부인했다. 그리 되자, 거짓말이 탄로날 것을 염려한 변씨는 포대와 함께 몸을 숨겼으나 이내 붙잡혀서 하옥됐다.

변씨는 박원길, 이양몽 등과 대질 심문을 당했는데, 그 자리에서도 변씨는 거짓말을 둘러댔다.

"이양몽은 의안공 휘하의 패두입니다. 내 남편과 함께 의안공을 받들어 거사하려고 했습니다. 제 귀로 똑똑히 들은 말입니다."

그 소식을 들은 의안공 이화와 그의 아들은 두려움에 떨며 울음을 터뜨렸다. 이방원은 사실을 캐내기 위해 박원길과 사안을 심하게 매질했는데, 장독이 심해 둘 다 죽고 말았다. 이양몽도 고문을 했지만 혐의 사실을 찾아낼 수 없었다. 그 와중에 포대가 매를 견디지 못하고 실토했다.

"우리 형제가 주인 마님과 사통했는데, 박원길이 그 일을 알게 되었으므로 거짓말을 꾸며 그를 사지에 빠뜨리고자 한 것입니다. 의안군이 역모를 획책한 일은 없습니다."

사실이 밝혀지자 이양몽 등은 석방되고 변씨와 포대는 참형을 당했다.

변씨의 무고 내용 중에 변계량이 포함되어 있었지만, 이방원은 그를 아끼고 있던 터라 잡아다 국문하지 않았다. 다만 역모에 이름이 오른 만큼 하옥되는 처지에 놓였는데, 태종은 그를 총애했던 까닭에 가급적 해가 가지 않도록 배려했다. 하지만 계량의 처지가 난처했을 것이란 점은 쉽게 짐작할 수 있다. 다른 사람도 아닌 친누나가 자신을 역적으로 몬 것도 충격적이지만, 누명을 벗고 보니 누나가 천하의 악녀이자 색녀였다는 사실이 세상에 알려진 것이다. 망신살이 뻗쳐도 보통 뻗친 것이 아니었다.

아, 이번엔 누나의 딸 때문에

탄탄대로를 달리던 변계량은 살인 사건의 피의자로 몰려 또 한 번 곤욕을 치렀다. 1410년 6월에 형조판서 함부림이 그가 누나의 딸 소비를 죽였다면서 그 죄를 물어야 한다고 태종에게 청한 것이다.

사건의 내막은 이랬다. 1399년에 자신이 종놈들과 간통한 사실을 숨기기 위해 남편 박원길 등이 역모를 획책했다고 무고하여 참형을 당했던 계량의 누나 변씨에게 소비라는 딸아이가 하나 있었다. 소비는 변씨와 첫 남편 박충언 사이에서 태어났는데, 행동거지가 어미 못지않게 난삽하고 방만했다. 소비는 처음엔 밀양 사람 구의덕에게 시집갔는데, 한양에 올라와 별군 김인덕과 사통을 일삼았다. 남편 구의덕이 그 사실을 알았으나 제재하지 못했고, 결국 변계량에게 그 사실을 호소했다. 변계량은 평소 소비의 행동거지를 알던 터라 그녀를 더럽게 여겨 일가 사람 양승지에게 특별한 조치를 하라고 했다. 양승지는 소비를 붙잡아 밀양의 구의덕에게 돌려보내려 했는데, 소비는 말을 듣지 않았다. 변계량이 그 말을 듣고 양승지로 하여금 그녀에게 매질을 가하게 했다. 그리고 양승지의 집에 가둬놓았는데, 소비가 그만 분한 마음을 이기지 못하고 목을 매어 자살해버린 것이다.

그 사건을 접한 형조는 일단 양승지를 붙잡아 힘으로 다른 사람을 괴롭힌 죄를 적용하여 곤장 70대를 때리고 변계량을 주모자로 몰아 벌줄 것을 계청했다.

변계량은 곧 겉봉을 봉한 글을 임금에게 올려 형조의 법률 적용이 잘못되었다고 지적하며 자신을 변명했다. 태종이 변계량의 봉장을 받고 승정원에 일렀다.

"겉봉을 봉한 것은 남에게 보일 수 없는 것이니, 너희들이 변계량을 불러 봉한 글의 내용을 물어보라."

이에 승정원에서 변계량을 소환하였고, 계량은 대궐로 나와서 아뢰었다.

"율(律)에 이르기를 '집안의 어른이 노비나 어린아이를 구타한 것은 부러지고 상한 것이 아니면 논하지 말라'고 했습니다. 여기서 집안 어른이란 한 집안의 백숙부, 고모, 어머니의 형제와 부모 등입니다. 그런데 형조에서 이를 따지지도 않고 오직 같은 성이 아니라는 이유에 근거하여 '힘으로 사람을 구타하고 압력을 행사한 죄'를 물어 논한 것은 잘못된 것입니다.

저는 죽은 소비의 외숙으로 집안 어른에 해당하며, 그 아이가 남편이 아닌 남자와 간통하여 집안의 이름을 더럽히고 행실을 함부로 하는 것을 벌주려 했습니다. 삼촌이 질녀에게 이런 벌을 내리는 것은 형률에 의거할 것이 아닙니다. 또 그 아이는 맞아서 죽은 것이 아니라 스스로 목을 맨 것이므로 위압을 가하여 구타로 인해 목숨을 잃게 한 죄를 적용하여 저를 살인의 주범으로 모는 것은 옳지 않습니다.

이 법이 신 한 사람에게 그친다면 그만이겠지만, 만일 후일에 형률을 전혀 모르는 백성이 이와 같은 법의 적용을 받아 억울한 일을 당할까 염려되옵니다. 법을 모르는 그들은 어떻게 스스로 죄 없음을 밝히겠나이까?"

변계량의 말을 듣고 승정원의 승지들이 모두 옳은 주장이라 하였다. 승지들이 곧 형조의 법을 적용한 검률들을 불러 계량의 말을 논박해보라 하자, 그들은 아무 말도 하지 못했다.

이 일로 형조판서 함부림이 파직되고 정랑 김자서, 양윤관, 좌랑 이맹진, 검률 배약 등이 모두 귀양 가거나 유배를 당했다. 형법 적용을 잘못하여 변계량의 죄를 잘못 청한 데 따른 벌이었다.

태종은 이 일이 있은 후 변계량을 불러 다독였다.

"경이 기묘년에 누이의 일로 옥리에게 잡혀왔을 때, 나는 몹시 마음이 상하였다. 친족 안에 이와 같은 사람이 있으면 그 누가 미치는 것은 당연한 일이니, 경은 너무 한스럽게 생각하지 말라."

변계량에 대한 태종의 배려가 얼마나 지극했는지 엿볼 수 있는 대목이다. 덕분에 변계량은 쓰린 속을 조금이나마 가라앉힐 수가 있었다. 그렇다고 집안일로 세간 술상의 안줏감이 되는 것까지 막을 순 없는 일이었다. 더구나 별 죄도 없는 형조판서가 파직되었으니 양반가의 눈길이 고울 리 없었다.

그 일로 부끄러워 고개를 들 수 없게 된 변계량은 예문관에 등청을 하지 않았다. 태종이 직사에 나올 것을 명하자, 변계량은 이렇게 아뢰었다.

"형조의 판서와 관원이 모두 신과 관련한 일로 죄를 얻어 쫓겨났으니, 석방해주소서."

하지만 태종은 아무런 회답도 하지 않았다. 결국 변계량은 사직을 청했다.

"몸에 질병이 얽혀 책임을 다할 수 없습니다. 또 구차하게 형벌을 면한 것은 선비의 도리가 아니며, 저는 그릇이 작아 소임을 다할 수 없나이다."

변계량의 병은 울화병이었다. 집안 망신에다 양반가의 눈총에다 조정 대신들의 입방아까지 당하게 생겼으니, 속병이 날 만도 했다.

태종은 변계량의 글을 승정원에 내리며 말했다.

"내가 어떻게 해야 할지 모르겠다. 경들은 어찌 생각하는가?"

승지들이 의견을 모아 아뢰었다.

"변계량이 사직을 청한 전(箋)에는 세 가지 말이 있었는데, 질병에 관한 것은 신들이 모두 아는 바이고, 형벌은 구차하게 면한 것이 아니라 법에 따른 판단이었으며, 그릇 운운한 것은 합당치 않습니다."

태종이 고개를 끄덕이며 말했다.

"나도 그렇게 생각한다. 하지만 경 등은 많은 말을 하지 말라."

태종은 결국 변계량의 글을 돌려보냈다.

이렇듯 임금이 입지를 세워준 후에야 변계량은 다시 출근했다.

아내를 학대하다 탄핵되다

그의 문재는 왕과 조야의 신뢰를 받고 있었지만, 그의 사생활에 대한 평가는 정반대였다. 그는 유독 아내에게 까다롭게 굴었는데, 그 행태가 심히 악하기 그지없었기 때문이다.

1412년 6월 26일, 사헌부에서 변계량이 부인이 있는데도 다른 부인을 취하였다는 이유로 탄핵했다.

변계량의 첫 부인은 철원부사 권총의 딸이었는데, 결혼한 뒤 얼마 되지 않아 쫓아냈고, 다시 얻은 계실 오씨는 시집온 지 얼마 되지 않아 죽었다. 그 후 세 번째 부인을 얻었는데, 이촌의 딸 이씨였다. 그런데 변계량은 여자에 대해서만큼은 정신적인 문제가 있었던 모양이다.

그는 이씨를 무척 박절하게 대했는데, 심지어 그녀를 방에 가둬놓고 창문에 구멍을 내서 음식을 넣어주고, 오줌도 함부로 누지 못하게 했다.

장인 이촌이 그 사실을 알고 분노하여 이씨를 친정으로 데려간 뒤 사헌부에 소송을 냈다. 변계량은 그 와중에 다른 아내를 취했다.

첫 부인을 쫓아내고, 이씨를 가둬둔 것으로 봐서 변계량은 의처증이 있었거나 가학증 환자가 아니었나 싶다. 그가 부인에게서는 자식을 얻지 못했고, 비첩에게서 아들 하나만 겨우 얻은 것도 정신적인 문제가 원인이었을 것이다. 또한 그의 성격이 까다롭고 옹졸하며 신경이 매우 예민했다는 것도 그 점을 대변해준다.

이촌의 소송으로 사헌부에 불려갔지만, 심한 취조는 당하지 않았다. 태종이 사헌부에 특별히 명령하여 그를 가혹하게 다루지 말라고 당부했기 때문이다. 하지만 사헌부에서 이촌과 언쟁을 벌이는 과정에서 그는 심한 정신적인 타격을 받아 더위를 먹고 병을 얻기까지 했다. 그런 상황에서 그는 도총제 박언충의 딸에게 새 장가를 갔고, 사헌부에선 그 점을 비판하며 탄핵했던 것이다.

탄핵을 당하자, 변계량은 사직을 청하는 장문의 글을 태종에게 올렸다. 골자는 집안일도 제대로 다스리지 못하는 자가 어떻게 나랏일을 보겠냐는 것이지만, 그것은 내용의 일부에 불과하고 나머지는 한껏 자신의 문장을 뽐내고 있다. 태종은 집안일로 인한 그의 추함은 대수롭지 않게 생각하고, 뛰어난 문장만을 높게 평가했다. 그래서 그가 쓴 장문의 사직서를 돌려주고, 사헌부 관원을 불러 일렀다.

"비록 성인이라도 허물이 있게 마련인데, 성인이 아닌 사람이 어찌 허물이 없겠는가? 지금 변계량을 파직하면 문한(文翰)의 임무를 맡길 사람이 없으니, 탄핵을 중지하라."

실로 뛰어난 문재 하나로 모든 부끄러움을 가리는 조치였다. 하지만 세간에선 변계량의 옹졸함과 잔인함을 손가락질하는 사람이 많았다.

집현전을 이끌다

변계량은 비록 사생활 때문에 식자들의 조롱을 받았지만, 학자로서는 역시 당대 최고였다. 그런 까닭에 세종은 1420년 3월 16일에 집현전을 확대 개편하고 변계량을 대제학에 앉혀 유망한 젊은 학사들을 가르치고 관리하도록 했다. 당시 집현전에서 공부하던 관리들 대부분이 변계량의 지도를 받았다. 또 경연을 주관하며 세종에게 정치와 역사를 가르치고, 조정에서 사용하는 여러 단어의 의미와 병력을 움직이는 원리인 진법(陣法)을 강의했다.

계량은 노래 가사도 잘 지어 곧잘 세종에게 올렸고, 사주와 운명을 볼 줄 알았기에 세자(문종)의 배필을 정하는 일에도 참여했으며, 문과에 합격한 사람들의 서용에도 깊이 관여했다.

또한 당시 성균관의 시험 과목을 결정하는 데도 큰 영향력을 행사했다. 세종 10년(1428년)에 예조참판 유영이 성균관에서 제술만 할 뿐 경전 강의는 시험 과목으로 포함시키지 않아 생도들이 경학에 신경 쓰지 않는다면서 과거에 경전 강의, 즉 훈고를 넣자고 했다. 이에 세종은 변계량과 의논해서 보고하라고 했다.

변계량이 그 말을 듣고 이렇게 아뢰었다.

"문과에 경학 강의를 시험 과목으로 넣는 것은 옳지 못하니, 그 이유가 한두 가지가 아닙니다. 학문을 하는 데 있어 어려서는 기송(記誦, 기억하여 외우다)과 훈고(訓詁, 경서를 고증하고 해명하고 주석하는 일)를 익히고, 장성해서는 제술(製述, 시나 글을 짓는 일)을 배우고, 늙어서는 책을 짓는 것이 그 범례입니다. 생원 과거에서도 오히려 제술로써 아래위를 정하는데, 대과인 과거의 초장(初場)에서 훈고만을 생각하여 떨어뜨리는 것이 옳겠습니까? 이것이 옳지 못한 첫째 이유입니다.

다음으로 수백 명이나 되는 응시자들에게 일일이 경전을 강의하게 하면 시험을 보는 데만 수 개월이 걸리게 되니, 그 시간과 비용을 어찌 감당하겠습니까?"

변계량은 경전 강의의 문제점을 열거하며 장문의 글을 올렸고, 세종은 결국 그의 의견을 받아들였다. 하지만 당대의 석학들인 이명덕, 윤회, 권채, 이선제 등은 강경(講經, 경전 강의)을 시험 과목에 넣어야 한다고 주장했다. 이 때문에 변계량은 그들을 몹시 미워했다. 또 경연에서 정초가 자신과 다른 의견을 냈다고 하여 그를 찾아가 심하게 꾸짖기도 했다.

변계량은 집현전의 수장이자 성균관의 겸직 대사성으로 당시 학문을 대변하는 인물이었으나, 속이 좁고 인간관계가 편협하여 자기 의견에 동조하지 않는 사람을 몹시 싫어했다. 당시 변계량과 견줄 만한 사람으로 윤회가 거론되었으나, 그는 윤회를 싫어하여 집현전 제학 자리에 자신의 제자인 신장(신숙주의 아버지)을 앉히려 했다. 세종은 윤회의 뛰어남을 잘 알고 있었기에 변계량의 속좁음을 질책했다.

좀팽이 대학자

변계량은 당대의 식자들 사이에 좀팽이로 정평이 난 인물이었다. 성품이 인색하여 보잘것없는 물건도 남에게 빌려주는 법이 없었고, 주변 사람과 음식을 나눠 먹는 것에도 매우 인색했다. 그는 동과(冬瓜, 겨울 참외)를 좋아했는데, 매일 잘라 먹은 뒤에 누가 몰래 훔쳐 먹을까 봐 자른 자리에 표시를 해두는 것으로 유명했다. 또 객을 접대하여 술을 내놓을 때, 상대방이 마신 술의 잔 수를 계산해두고, 한 잔 부은 다음에는 술병을 마개로 봉해두니, 손님들이 그 인색한 얼굴빛을 보고 그냥 가는 사람이 많았다.

세종 시절에 흥덕사에서 《국조보감》을 편집할 때의 일이다. 세종이 그의 문장을 높이 평가하여 자주 음식을 내렸고, 재상들도 다투어 술과 음식을 보냈다. 하지만 그는 그것들을 방 안에 가득 쌓아두고 남에게는 한 점도 주지 않았다. 그 때문에 온 집 안에 음식 썩는 냄새가 진동하고 방 안에 구더기가 들끓었다. 음식이 썩어나도 구덩이에 버릴지언정 하인들에겐 단 한 점도 주지 않았던 것이다.(용재총화)

그가 문형으로 이름을 떨치고 있을 때, 당시 후배 학자였던 김구경이 그의 단점을 여러 번 말했는데, 그 일을 마음에 두고서는 김구경을 깎아내리는 시를 짓기도 했다. 또 언젠가 〈낙천정기〉를 지어 김구경에게 보이니, 구경이 성리(性理)를 논한 것이 《중용》의 서문과 흡사하다고 비판하자, 그를 몹시 미워했다. 그 사건 이후로 김구경이 글을 지어내면 변계량은 고의로 입을 가리고 크게 웃어 그를 민망하게 하기 일쑤였고, 끝내 김구경에게 좋은 벼슬을 내주지 않았다.(필원잡기, 용재총화)

그는 성품이 편벽되고 고집이 대단했다. 한번은 중국에서 흰 꿩을 보내자 세종이 이에 하례하는 글을 짓게 했다. 그런데 그 표 중에 '오직〔惟〕이〔玆〕 흰 꿩'이라는 말이 있었다. 그는 이 자(玆)를 특별히 떼어서 따로 써야 한다고 주장했는데, 여러 대신들이 모두 어떻게 그 글자만 떼어서 쓰냐며 붙여야 한다고 했다. 그러나 그는 끝까지 떼어 써야 한다고 고집했다. 세종은 대신들의 말이 옳다고 판정했다. 그랬더니 변계량이 붉게 상기된 얼굴로 이렇게 대꾸했다.

"밭 가는 일은 마땅히 종에게 물을 것이요, 베를 짜는 것은 여종에게 물어야 합니다. 그러니 외교문서에 대해서는 마땅히 노신에게 맡겨야 할 것입니다. 함부로 다른 말을 옳다 할 것이 아닙니다."

세종은 하는 수 없이 그의 의견을 따랐다.(필원잡기)

성격은 괴팍했지만 하늘이 내린 문재였던 변계량은 1430년(세종 12년) 4월 24일에 62세를 일기로 죽었다. 적자는 없었고, 비첩에게 얻은 아들 영수가 있었다.

세종이 그에게 내린 시호는 문숙(文肅)이었으며, 그의 저서로는 《춘정집》 3권 5책이 있다. 남긴 글로는 〈화산별곡〉, 〈태행태상왕시책문〉 등과 기자묘의 비문, 〈낙천정기〉, 〈헌릉지문〉 등이 있으며, 김천택의 《청구영언》에 시조 2수가 전한다.

3. 세종의 글 선생, 이수

세종은 열한 살 때부터 형 이보(효령대군)와 함께 당시 생원에 불과하던 이수에게서 글을 배웠다. 그렇게 사제 관계로 인연을 맺은 두 사람은 나중에 임금과 신하로 다시 만났지만 세종은 늘 그를 곁에 두고 스승으로 대접하며 세심한 배려를 아끼지 않았다.

이수는 비록 정승 자리에 오르진 못했지만, 세종은 그가 죽었을 때 흰옷을 입고 애도하는 식을 거행하였고, 정승의 예에 준하는 장례를 명령했다. 이는 세종이 그를 평생의 스승으로 생각했기 때문이다.

세종이 상복을 입고 이수의 죽음을 애도하자, 당시 정승이던 황희와 맹사성은 이렇게 말하였다.

"이수의 직위로 봐서는 나라에서 장례를 거행하는 것이 옳지 못하나 이미 임금이 스승의 은혜를 더하여 애도하는 식을 거행했으니, 나라에서 장례를 주관하는 것이 마땅하다."

이렇듯 이수는 세종에게 특별한 존재였다. 세종은 세자를 가르칠 때도 이수가 자신을 가르칠 때의 예에 준하도록 명령했는데, 그만큼 이수가 세종에게 끼친 영향이 컸다는 뜻이다.

충녕과 효령의 스승이 되다

1407년 7월 28일, 태종은 성균관 대사성 유백순을 불러 말했다.
"왕자 둘을 가르치고자 하는데 시학(侍學, 왕이나 왕자에게 학문을 가르칠 사람)을 할 만한 사람 없겠소?"

경연관으로 있던 김과가 틈틈이 시간을 내서 효령과 충녕을 가르치고 있었으나, 동지경연사로서 한성부윤 자리에 있었기에 업무가 과중했다. 때문에 두 왕자의 교육을 전담할 시학이 필요했던 것이다.

유백순이 천거할 인물을 고민하는 동안 태종의 말이 이어졌다.

"경은 오랫동안 성균관에 있었으니, 선비들의 우열을 잘 알 것이 아니오. 서생 가운데 마음이 단정하며, 박학하고 경서의 이치를 꿰뚫은 자를 천거해주시오. 만일 그의 학문이 부족하여 의심나고 어려운 곳이 생기면 경이 돌봐주면 될 것 아니오."

유백순이 대답했다.

"생원 이수가 자질이 순수하고 마음이 아름다우며 학문이 정숙합니다."

"이수라…… 내 한번 봅시다."

유백순이 왕자들의 글 선생으로 천거한 이수(李隨). 그는 1374년(공민왕 23년)에 태어났다. 본관은 봉산(이수는 봉산 이씨의 시조다)이고, 호는 심은(深隱), 자는 택지(擇之)다. 1396년에 생원 시험에 일등으로 합격하였지만, 대과에는 여러 번 떨어져 벼슬길에 나오지 못하고 있었다. 그런 탓에 향촌에 은거하여 공부에 전념하고 있었는데, 유백순이 급히 상경하라는 전갈을 보내온 것이다.

한양에 온 그는 곧 태종을 만나뵈었다. 태종이 그를 보자 이렇게 말했다.

"듣건대, 그대가 학행이 뛰어나다 하니, 마땅히 두 대군을 가르치되 게을리 하지 말 것이다. 경서에서 의심나는 곳이 있으면 나도 물어볼 것이야."

하지만 충녕과 효령, 두 왕자의 글 선생이 된 뒤에도 이수는 대과에 대한 열망을 저버리지 못했다. 그런 까닭에 얼마 뒤에 과거 공부를 한다는 이유로 글 선생 자리를 내놓고 향촌으로 돌아갔다.

그 뒤로 초야에 묻혀 지냈는데, 이듬해에 지신사 김여지가 왕명을 받들어 그에게 서신을 보냈다.

"지존께서 그대가 산야에 숨어 있음을 들으시고 특별히 명하여 부르시니, 상경하는 것이 도리 아니겠는가?"

이수는 다시 한양으로 올라와 효령과 충녕을 가르쳤고, 그런 탓으로 그토록 열망하던 대과는 접었다. 이때 그의 나이 35세였고, 효령은 13세, 충녕은 12세였다.

태종의 특별한 배려

태종은 두 대군을 가르치는 이수에게 직접 옷을 하사하고 8품직인 종묘의 주부 벼슬을 내렸다. 1414년에 남재, 변계량, 김여지 등에게 회시(초시 합격자 중 33인을 뽑는 시험. 복시라고도 한다)를 맡겨 33인을 뽑게 했는데, 이수는 이 시험에 응시했으나 고배를 마셨다. 이때 태종은 이렇게 말했다.

"권도, 성개, 이하, 이수 등은 모두 조정의 관료들인데 아무도 합격한 자가 없으니, 가히 시험이 공정했음을 알 수 있다."

하지만 태종은 그해 가을에 다시 이들 관료들에게 기회를 줬다. 성균관에 직접 나가 선비들을 뽑았는데, 이수는 이 시험에서 4등을 했다. 태종은 기뻐하며 이수에게 종6품직인 전사주부를 제수하고 술 40병을 하사했다. 두 대군의 스승이라서 특별히 대접한 것이다.

비록 주부 벼슬에 있긴 했지만, 이수의 주된 임무는 두 대군을 가르치는 것이었다. 이수는 성품이 중후하고 겉치레를 좋아하지 않았으며, 얼굴에 쉽게 속내를 드러내지 않는 위인이었다. 기쁠 때도 크게 반색하는 법이 없었고, 궁할 때도 힘든 기색을 보이지 않았으며, 재산을 모으는 데에도 관심이 없었다. 충녕과 효령은 그런 스승을 존경하고 따랐으며, 이수 또한 명민한 두 왕자를 정성으로 가르쳤다.

그렇게 세월이 흘러 어느덧 충녕과 효령의 나이는 20세에 이르렀고, 그 즈음 이수는 그들을 가르치는 일에서 손을 뗐다. 두 왕자는 스스로 학문을 익힐 정도로 성장했던 것이다.

세종이 즉위하자 영화를 누리다

두 왕자를 가르치는 일에서 손을 놓을 무렵인 1415년 4월 21일, 이수는 주부 직에서 파면되었다. 당시 이수는 나라의 인장을 관리하는 상서원의 주부로 있었는데, 병부의 순패 주는 일을 녹사에게 맡겨두고 등한시하다가 조정의 문책을 당한 것이다. 이때 이수와 더불어 소윤 변처후와 직장 김종서도 파직되고, 의금부에서 태형 40대를 맞았다.

하지만 그 뒤로 이수는 공조와 예조의 정랑(정6품)으로 발탁되었고, 세종 즉위년인 1418년에는 직예문관(정6품)이 되었다. 또한 충녕이 세자에 책봉되자, 태종은 그가 세자의 스승이었다는 사실에 근거하여 서연관으로 임명하고 문학(시강원의 정5품) 벼슬을 내렸다. 세종은 어린 시절 글 선생이던 이수에게 다시 학문을 배울 기회를 얻은 셈이었다.

그해 8월에 세종이 왕위에 오르자, 상왕 태종은 이런 명령을 내렸다.

"주상이 일찍이 이수에게 배웠으니, 지금 비록 지위가 낮다 하더라도 대언 벼슬을 줄 만하다. 특진 발령토록 하라."

상왕의 명령에 따라 8월 27일에 이수는 일약 정3품 당상관인 우부대언으로 특진되었다. 그로부터 한 달도 채 안 된 9월 15일에 다시 좌부대언으로 승격하였고, 경연관을 겸하였다.

그해 10월에 이수는 장가를 들었다. 그의 나이 45세였으니, 아마도 상처하고 재혼한 것일 게다. 세종은 스승이 장가가는 것을 축하하기 위해 특별히 안장 갖춘 말과 갓, 신과 옷 한 벌을 하사했다. 또 그 다음달인 11월 4일엔 우대언으로 승격했으니, 세종이 스승이라는 이유로 그에게 특별 대접을 한 셈이다.

이수에 대한 세종의 특대는 이에 그치지 않았다. 1419년 4월 26일에는 이수에게 특별히 역마를 이용하여 봉산에 머물던 부친을 뵙도록 하고 주식을 내려주었다. 또 이수의 늙은 아버지가 홀로 있다는 말을 듣고 그를 황해도 감사로 임명하여 효도를 할 수 있도록 배려했다. 1420년에 집현전이 설치되었을 때, 그의 학문을 높이 평가하여 탁신과 함께 제학에 임명했고, 좌군동지총제를 맡겨 군권을 안겨주기도 했다.

식자들의 조롱을 받다

자신에 대한 세종의 총애가 그칠 줄 모르자, 이수는 방만한 행동을 하다가 망신을 당했다. 1422년에 세종은 그를 다시 황해도 관찰사로 내보냈는데, 이는 순전히 그가 부친에 대한 효도를 다하도록 하기 위한 배려였다.

그런데 고향으로 간 이수는 잠시 이성을 잃었던 모양이다. 금의환향한 데다 고향 사람들이 임금의 스승이라고 높이 대우하자 기고만장해진 것이다. 그는 관기를 거느리고 도내를 돌아다니기도 했고, 때론 관기와 함께 말을 타고 다니기도 했다. 또 이수 아래 있던 경력 하형도 그와 같은 행동을 보였는데, 이수는 그를 징계하기는커녕 함께 놀아났다. 거기다 관내의 관리들에게 임금을 제대로 주지 못해 어려움을 겪고 있을 때도 기생과 즐기느라 여념이 없었다.

이 사실이 사헌부에 알려져 결국 이수는 탄핵되는 처지에 놓였다. 세종이 탄핵 상소를 접하고 하형에겐 곤장 80대를 내리고 직첩을 회수했지만, 이수는 스승이라 하여 특별히 용서했다.

이 일에 대해 실록은 이렇게 기록하고 있다.

"이수가 초야에서 일어나 임금을 가르친 덕으로 몇 해가 되지 않아 벼슬이 재추에 이르니, 조정과 민간에서 놀랍게 보았는데, 하루아침에 감사가 되매 함부로 음탕하고 마음대로 행동하여 나라의 법을 범하니, 식자들이 그를 비웃었다."

누구든 출세하여 권력을 가지면 기고만장하여 함부로 행동하기 쉽다는 것을 보여주는 대목이다.

그 뒤에 이수는 좌군 동지총제 겸 예문관 제학에 제수되었는데, 이때 태종이 서거하자 북경에 부고를 전하기 위해 떠났다. 그런데 돌아오는 길에 의주에 들렀다가 김을신과 최윤복이 준 물건을 받은 게 화근이 되어 결국 면직되는 처지가 되었다.

마음을 잡고 관직에 충실하다

비록 잠시 이성을 잃어 두 번이나 불미스러운 사건을 일으켰지만, 이수는 훌륭한 가치관을 가진 관리였다. 1419년 6월 21일 조정에서 있었던 회의는 그런 사실을 단적으로 보여주고 있다.

이날 세종은 편전에서 정사를 봤는데, 허조가 간절히 청했다.

"전날에 상서했던바, 부락에 사는 백성이 그 고을 관장의 범죄한 것을 고하지 못하게 하여 풍속을 두텁게 하는 법을 마련하소서."

아마도 백성들이 관리들의 악행을 고변한 사건이 있었던 모양이다. 허조는 이를 나라의 기강을 해치는 것으로 판단했던 것이다. 당시 법으론 백성들이 관리의 잘못을 고변하는 것이 합법적이었다. 그러나 허조는 백성들이 관리들을 고발하기 시작하면 관리가 제대로 고을을 다스릴 수 없다고 보았다. 세종도 선뜻 판단을 하지 못하고 애매한 태도를 보였다.

"참고하겠지만, 법을 함부로 고칠 순 없지 않겠소."

그러나 대신들은 의견이 분분했다. 어쨌든 그들도 관리였으니, 자기들에게 불리한 법을 그대로 두고 볼 순 없다는 입장이 강했다. 그때 이수가 나서서 말했다.

"새로 고치는 것은 불가합니다. 만일 부락민이 탐관오리의 잘못을 고할 수 없다면 관리들의 방자한 행동이 넘쳐날 것인데, 그 피해가 고스란히 백성에게 미칠 것입니다."

세종은 이수의 견해를 옳게 여겼다. 그 뒤로 세종이 정사를 처리하는 데 가장 중요한 판단 기준은 항상 백성의 이익이었다. 이는 이수의 가치관이 세종에게 큰 영향을 끼쳤음을 의미한다.

세종은 그런 이수의 가치관을 높게 평가했던 것이다. 이수가 두 번에 걸쳐 실수를 했음에도 세종이 그를 중용한 것은 바로 그런 이유에서였다.

뇌물 사건으로 관직에서 내쫓겼던 이수는 1424년에 한직인 인수부윤으로 기용되어 조정으로 돌아왔다. 그리고 석 달 뒤에 이조참판이 되었고, 1425년 12월에는 중군도총제가 되어 군권을 맡았다. 당시 군권은 임금이 가장 신뢰하는 인물에게 주어졌다는 사실을 감안할 때, 이수에 대한 세종의 신뢰가 남달랐음을 알 수 있다.

1426년 6월 21일에는 학자로서 최고의 명예인 예문관 대제학에 제수되었다. 그해 11월 25일엔 의정부 참찬이 되어 재추의 반열에 올랐다. 그 뒤 이조판서를 지내다 다시 병조판서에 제수됐는데, 불행히도 이수는 이 무렵에 운명을 달리했다. 평소 술을 즐겼던 이수는 그날도 술에 취해 말을 탔다가 낙마하여 목숨을 잃은 것이다. 이때가 1430년 4월 18일이며, 그의 나이 57세였다. 그에게 아들이 넷 있었으니 구종, 서종, 복종, 길종이었다.

그에게는 문정(文靖)이라는 시호가 내려졌으니, '배우기를 부지런히 하고 묻기를 좋아하며, 몸을 공손히 하여 말이 적다'는 뜻이라 했다. 후에 그는 세종 묘정에 배향되었다.

세종은 그에게 내린 제문에서 그를 이렇게 평가했다.

"오직 경은 학문이 정밀하고 넓으며, 성품과 행동이 단아하고 방정하였도다. 어렸을 때 내가 배움을 얻었는데, 마음을 알아줌은 은나라 무정이 감반을 만남과 같았고, 지혜를 열어 교도함은 정열과 성의가 돋보였다. 슬프다, 생사의 무상함이여! 운명이라 피할 수 없으나 그 은혜와 의리는 이미 지극하니, 어찌 살고 죽음이 그 점을 다르게 할 수 있겠는가!"

4. 술독에 빠진 문성(文星), 윤회

　윤회(尹淮)는 태종과 세종이 가장 아낀 학자로 당대 천재의 대명사였다. 윤회는 술을 지나치게 즐겨 몸을 상하는 일이 많았는데, 두 임금은 천재를 잃을 것을 염려하여 늘 그를 불러 술을 줄이라고 당부했다. 그럼에도 그는 항상 술독에 빠져 지냈고, 술 때문에 여러 번 순군옥에 갇히기도 했다. 그러나 그는 취중에 교서를 작성해도 임금의 뜻에 한 치의 어긋남도 없었다. 태종은 그런 그를 앞에 두고 "과연 천재로고."를 연발했다고 한다.

술 때문에 벼슬을 내놓다

　윤회는 1380년에 윤소종의 아들로 태어났다. 자는 청경(淸卿), 호는 청향당(淸香堂)이며, 본관은 무송(茂松)이다. 열 살에 웬만한 선비는 엄두도 내지 못할 《통감강목》을 외워 신동이란 소리를 들었다.
　그의 집안은 대대로 문관으로 벼슬살이를 하였는데, 증조부 윤택은 찬성사를 지냈고, 조부 윤구생은 전농시의 판사를 지냈으며, 아버지 윤소종은 동지춘추관사를 지냈다.
　윤회가 관직에 나간 것은 1401년이다. 그해 4월에 실시된 복시에서 3등으로 합격하여 사재직장(종7품)의 관직을 얻었다. 11월에는 응봉사의 녹사(綠事, 중앙 관부의 상급 서리직, 정7품)가 되었는데, 이때 술로 인해 순군옥에 갇혔다. 그는 평소에 늘 술을 달고 살았는데, 그날도 술에 취해 일어나지 못하는 바람에 중국과의 무역 서류를 작성하지 못했던 것이다.

그 뒤 그는 벼슬을 내놓고 전국을 돌아다녔다. 이 시절에 그가 남긴 유명한 일화가《연려실기술》에 전하고 있다.

여행을 하던 그는 날이 저물어 한 여각을 찾았는데, 행색이 말이 아닌 까닭에 주인이 유숙을 허락하지 않았다. 그는 마땅히 몸을 누일 곳이 없어 그저 여각의 마당에 앉아 있었는데, 주인의 아들이 커다란 진주를 가지고 놀다가 마당 한가운데 떨어뜨렸다. 그 옆에 흰 거위가 한 마리 있었는데, 진주를 보자 냅다 삼켜버렸다. 잠시 후 주인이 붉게 달아오른 얼굴로 진주를 찾았는데, 끝내 찾지 못하자 윤회를 도둑으로 몰았다. 주인은 막무가내로 그를 밧줄로 묶었고, 이튿날 관아에 넘기겠다고 했다. 하지만 윤회는 아무런 변명도 하지 않고 이렇게 말했다.

"저 거위도 내 곁에 매어주시오."

이튿날 아침에 거위가 똥을 누자, 진주가 그 속에 있었다. 주인이 진주를 발견하고 부끄러운 낯빛으로 말했다.

"어제 진작 말했더라면 결례를 범하진 않았을 터인데…… 왜 아무 말도 하지 않았습니까?"

윤회가 웃으면서 대답했다.

"만일 내가 어제 말했다면 그대는 필시 거위의 배를 갈라 구슬을 찾으려 했을 것이오. 거위가 죽을까 염려되어 모욕을 참으며 기다렸소."

이 이야기에서 보듯 윤회는 성격이 느긋하고 헤아림이 깊은 인물이었다. 하지만 모든 일에 너그러운 것은 아니었다.

1406년(태종 6년) 4월 11일, 병조좌랑이었던 그는 또다시 순금사에 갇혔다. 한동안 벼슬살이에서 벗어나 있다가 좌정언(정6품)에 기용되었고, 이후 이조좌랑을 지내다 병조좌랑으로 옮겨온 터였다.

윤회가 순금사에 갇힌 것은 수문 갑사(甲士) 이분에게 태 50대를 때렸기 때문이다. 이날 윤회는 조회에 참석하여 군사들이 궁궐에서 숙위하는 문제를 의논하고자 병조 서리 세 명을 거느리고 궐문에 들어섰다. 그런데 궐문을 지키던 수문(守門) 갑사 이분이 서리들을 궐 안으로 들어오지 못하게 했다. 윤회가 그 이유를 따졌지만, 이분은 오히려 서리들을 구타하여 쫓아냈다.

갑사는 궐문을 지키거나 수도의 치안을 유지하는 업무를 맡고 있던 양반 출신의 근위병이었다. 이들은 양반 중에서도 신분이 확실해야 함은 물론이고 신체 건강하고 무예가 출중해야 했다. 그런 까닭에 자부심이 강하고 콧대가 높았다. 그런 인물 중 하나였던 이분이 병조의 실력자라고 할 수 있는 좌랑 앞에서 그 서리들을 두들겨팬 것이다.

윤회는 분을 참지 못하고 지신사 황희를 찾아가 사건의 정황을 고했다. 그랬더니 황희가 이렇게 말했다.

"내가 일찍이 삼군 경력(정4품)으로 있을 때 군사에게 죄가 있으면 바로 벌을 내렸소. 지금의 병조는 예전의 삼군부이니, 만일 무례하고 난폭한 갑사가 있으면 위에 계달할 것도 없이 죄를 다스려도 된다고 보오."

윤회가 다시 병조판서 남재를 찾아가니, 그는 이렇게 말했다.

"삼군부 시절과 지금은 때가 다르오. 함부로 다룰 수 없으니 차후로 상의해봅시다. 내가 별도의 말을 전할 때까지 기다리시오."

그러나 윤회는 황희의 말이 옳다고 판단하고, 즉시 군대를 보내 이분을 병조로 잡아들였다. 물론 직속상관인 정랑(정5품 인사권자) 조수도 동의했다. 조수와 윤회는 병조 뜰에서 이분에게 태장 50대를 가했다. 그런데 태종이 그 소식이 듣고 임금의 친위병력인 갑사를 함부로 때렸다고 하여 조수와 윤회를 감옥에 가둔 것이다.

병조의 정랑과 좌랑이 모두 갇히자 병조판서 남재가 태종을 찾아갔다.

"윤회가 이분에게 태를 친 것은 소인이 시킨 것입니다."

그러자 태종이 웃으면서 말했다.

"판서가 특별히 요속을 구하고자 하는구려. 어찌 그대의 말이 사실이 겠소?"

남재의 도움으로 조수와 윤회는 하옥된 지 이틀 만에 풀려났고, 직임(職任)도 회복되었다.

마침내 학관직으로

1409년 9월 3일, 이조정랑을 맡고 있던 윤회에게 춘추관 기사관을 겸하라는 명령이 내려졌다. 이조정랑은 비록 정5품 벼슬이지만 당상관의 인사를 좌지우지하는 요직이었다. 그런 까닭에 문관이라면 누구나 선호하는 자리였다. 하지만 그는 이조정랑보다 춘추관 기사관이 되었다는 사실을 더 즐거워했다. 당시 태종은《태조실록》편찬을 결정한 터였고, 윤회에게 춘추관 기사관을 명한 것은 실록 편찬에 참여하라는 뜻이었다. 많은 대신들이《태조실록》편찬을 반대했지만, 태종은 끝내 일을 추진했다. 대신들은 대개 실록 편찬은 몇 대를 모아서 한꺼번에 하는 것이 좋다고 버텼는데, 이는 실록을 좀더 객관화하기 위함이었다. 전왕의 아들이 바로 실록을 편찬하고, 전왕 대의 중신들이 거기에 가담하면 역사가 왜곡될 수 있다고 보았던 것이다. 그 때문에 많은 사관들이 사초를 숨겨놓고 내놓지 않았지만, 태종은 편찬 작업을 강행했다.

태종은 한편으론 사관을 달래 사초를 내놓게 하고, 또 한편으론 사초를 내놓지 않는 사관에겐 중벌을 내리겠다고 엄포를 놓았다. 그리고 1410년 1월 11일에 마침내《태조실록》편찬에 착수할 것을 명령했다.

편찬 작업에 참여한 인물은 불과 10명이었다. 그것도 춘추관 영사였던 하륜과 지관사 류관, 동지관사 정이오와 변계량을 빼면 실제 작업을 한 실무자는 6명뿐이었다. 기주관으로 조말생, 권훈, 윤회, 기사관으로 신장이 낙점됐다. 그 외에 편찬에 참여한 사관은 우승범과 이심 둘뿐이었다. 이는 사관들이 모두 참여하던 종래의 관례에 어긋나는 일이었다.

이 문제로 두 사관이 영사 하륜에게 반발했다.

"우리는 오직 직필을 잡고 당대에 벌어진 일을 기록하는 자들입니다. 그런데 지금 수찬하는 방식은 고례에 의하지 않고 당대에 수찬하고 있으니 옳지 않습니다. 또 사관들이 다 참여하지도 못하게 하니, 후대 사람들이 기록을 의심할까 두렵습니다."

하륜이 두 사관을 도닥거렸다.

"이번 일은 임금께서 비밀스럽게 진행하라는 내지(內旨)에 따른 것이니, 모든 한림이 다 참여할 순 없네. 지금 한림 두 사람이 참여한 것은 낭청(郞廳, 문관들이 일하는 청사)이 부족하기 때문이지, 별다른 의미가 있는 것은 아니네."

태종이 《태조실록》을 이렇게 극비리에 편찬한 것은 태조에 대한 평가 때문이다. 혹여 태조의 창업을 비판하는 내용이 실록에 실리는 일을 방지하려 했던 것이다.

실록 편찬이 끝난 뒤, 윤회는 예문관의 응교(정4품)가 되었다. 태종이 그의 문장과 학문을 높이 평가하여 학관직으로 옮겨준 것이다. 윤회는 평소부터 학관이 되길 소원했는데, 마침내 뜻을 이룬 셈이다.

태종과 세종 사이를 중재하다

당대의 정승을 지내고, 태종의 책사였던 하륜은 윤회의 문장을 높이 평가하여 매우 아꼈다. 그런 까닭에 1415년 7월 12일에 하륜이 겉봉을 봉한 서한을 태종에게 올려 인물을 천거했는데, 그 시작은 이렇다.

"윤회는 경전과 역사를 모두 통달하여 능히 대언이 될 만합니다."

그 부분은 태종도 고개를 끄덕였지만, 그 다음 인사들에 대해선 눈살을 찌푸렸다.

"김첨은 고금을 널리 통하여 육조의 판서가 될 만하고, 박제는 노성하여 관학의 소임을 맡을 수 있으며, 이의류, 이신전, 최유항, 최명달, 강비도 모두 쓸 만한 인물입니다."

윤회와 함께 거명된 나머지 사람들은 한결같이 하륜의 측근이었다. 태종이 지신사 유사눌을 불러 그 편지를 보여주며 말했다.

"김첨은 내가 이미 발탁하여 재상을 시켰는데, 민무구와 민무질 형제에게 붙어 불충하다가 사헌부에서 형벌을 받았다. 그런데도 하륜은 우매하게도 이런 자를 천거하였으니, 신하된 자로서 어찌 이럴 수가 있단 말인가? 그러나 그 공훈을 생각하여 책망하지는 않겠다. 그대는 내 말을 누설하지는 말라."

태종은 하륜의 입지를 고려하여 천거한 인물 중에 이의류만 목사로 삼고, 나머지에겐 특별한 벼슬을 주지 않았다. 그러나 함께 거명된 윤회에 대한 애정은 남달랐다. 윤회를 특별히 아끼던 태종은 그를 승문원 지사로 삼았다가 세종이 왕위에 오르자, 승문원 판사와 경연관으로 승진시켰다가 마침내 대언으로 추천했다. 1418년(세종 즉위년) 8월 27일에 윤회는 정3품 당상관인 동부대언에 임명되어 세종을 곁에서 모시게 된 것이다. 이때부터 윤회와 세종은 각별한 관계를 형성하게 된다.

윤회가 맡고 있던 동부대언은 육조 중에 공조를 담당하는 비서였지만, 세종은 윤회에게 특별히 몇 가지 일을 더 시켰다. 중국에서 온 사신을 접대하는 일이 그 중 하나였고, 상왕으로 물러난 태종과 세종 사이를 오가며 의견을 조율했으며, 경연에 참여하여 학문을 강의하고 정치 토론을 이끄는 역할을 했던 것이다.

윤회의 학문적 능력을 특별히 아꼈던 세종은 그해 12월에 그를 좌부대언으로 승격시켰다. 세종이 그의 학문을 높이 평가했다는 것은 1419년 1월 9일의 기록에서도 확인된다. 이날 동지사 이상의 경연관들이 모두 결석하여 사람들이 세종에게 휴강할 것을 청했는데, 세종은 오히려 윤회에게 특명을 내려 홀로 《대학연의》를 강의하게 했다. 경연관도 홀로 강의하는 법이 드물었는데, 경연의 참찬관에 불과한 그에게 단독 강의를 맡긴 것은 세종이 그를 높게 평가하고 있었다는 뜻이다. 그 뒤 대언직에 있던 윤회에게 《고려사》 개수를 맡긴 것도 그의 역사에 대한 지식을 남다르게 보았기 때문이다.

원경왕후 민씨의 상을 당했을 때 세종은 윤회에게 상사(喪事)를 감독하는 임무를 맡겼다. 당시 윤회는 형조의 업무를 보고하는 우부대언이었는데, 세종은 고금의 지식을 통달한 그에게 상사를 주관하게 했던 것이다.

세종은 농담을 잘 하지 않았는데, 이는 임금이 농담을 할 경우 신하가 그 진의를 오해하여 문제가 발생할 소지가 있었기 때문이다. 하지만 세종은 윤회에겐 곧잘 농담을 건넸고, 그런 사실을 신하들에게 알리면서 윤회와 자신이 농담을 주고받아도 될 만한 특별한 사이임을 은근히 강조하기까지 했다.

세종은 1419년 12월 7일에 윤회를 병조참의(정3품)에 임명해 대언에서 내보냈다. 그를 병조로 보낸 것은 병권을 쥐고 있던 태종과의 관계를 원만하게 하기 위해서였다. 원래 육조의 장차관인 판서와 참판은 실무를 직접 챙기지 않았고, 때문에 실무와 관련된 책임에서 면제되는 것이 상례였다. 즉 육조의 실무 책임자는 참의였던 셈인데, 세종은 윤회를 병조의 실무 책임자로 임명하여 병권을 안정시키려 했던 것이다. 이는 세종이 윤회를 매우 신뢰했음을 보여주는 대목이다.

세종의 믿음대로 윤회는 태종과 조정의 관계를 원만하게 조정하는 역할을 성공적으로 수행했다. 특히 태종은 윤회를 매우 신뢰하여 단순히 병조참의로서가 아니라 비서로 활용하기도 했다. 윤회는 매번 태종의 의중을 정확하게 읽어냈고, 태종은 자신의 뜻이 조정에 제대로 반영되고 있다는 사실에 매우 흡족해했다. 덕분에 윤회가 병조참의로 있던 3년 동안 병권으로 인해 태종과 세종 사이에 충돌이 일어나는 일은 전무했다.

집현전 제학이 되다

윤회의 병조참의 생활은 성공적이었지만, 결과는 파면이었다. 궁궐에 근무하던 행수(품계와 관직이 일치하지 않는 관원들에게 내린 칭호)들의 임명과 면직을 제대로 처리하지 못한 탓이었다. 이 일로 윤회는 사헌부의 탄핵을 당했지만, 세종은 그를 파면하는 것으로 사안을 종결했다.

그리고 파면된 지 14일 만인 1422년 12월 26일에 그를 집현전 부제학에 앉혔다. 원래 세종은 윤회를 제학으로 삼고자 했으나 대제학이었던 변계량이 강력하게 반대하는 바람에 부제학에 임명했다. 변계량은 자기 문하로 부제학에 있던 신장(신숙주의 아버지)을 후임자로 생각하고 있었던 것이다.

이듬해 6월 23일에 세종은 변계량의 후임을 정하는 것과 관련하여 이런 말을 내렸다.

"옛날 진산부원군 하륜과 길창군 권근이 문사를 맡았을 때 대제학 변계량이 그 문하에 내왕하면서 배웠다. 이제 집현전 부제학 신장 또한 변계량 문하에 내왕하면서 익히고 있다. 처음에 내가 계량에게 묻기를 '경을 이을 사람이 누구인가?' 하니, 신장이라고 대답했다. 그때 윤회의 문장이 신장보다 우월하였으나 본래 회가 계량과 의견이 많이 달랐고, 이 때에 이르러 관계가 더욱 좋지 못했다."

세종의 이 말 속엔 어떻게 해서든 윤회에게 집현전을 맡기겠다는 강한 의지가 담겨 있었다. 세종은 일단 변계량의 입장을 고려하여 윤회를 예문관 제학으로 임명하여 마찰을 피했으나 1424년 3월에 자신의 의지대로 윤회를 집현전 제학을 겸하게 했다.

집현전은 세종 정치의 구심체였고, 그 기반은 바로 학문이었다. 따라서 집현전을 맡은 관리는 당연히 학문적으로 가장 뛰어난 사람이어야 했다. 윤회가 바로 적임자였다. 윤회의 라이벌이었던 신장도 학문의 깊이가 없는 것은 아니었으나 윤회에 미치지 못한다고 세종은 판단했던 것이다.

하지만 세종과 윤회의 의견이 늘 일치했던 것은 아니다. 1425년 11월 29일의 일이다. 세종은 대제학 변계량에게 명령하여 사학을 읽을 만한 사람을 천거하라고 했다. 변계량이 천거한 사람은 정인지, 설순, 김빈이었다. 당시 정인지는 직집현전이었고, 설순은 집현전 응교였으나, 김빈은 인동(지금의 구미)현감이었다. 세종은 김빈에게 집현전 수찬을 제수하고 세 사람이 모든 역사책을 나눠 읽고 자신의 질문에 대비토록 했다.

그런데 이 일을 결정하기 전에 윤회와 세종은 한차례 논쟁을 벌였다. 먼저 세종이 윤회에게 물었다.

"내가 집현전의 선비들에게 모든 역사책을 나눠 읽히고자 하오. 어떻게 생각합니까?"

윤회가 대답했다.

"옳지 않습니다. 대체로 경학(經學)이 사학에 우선되는 것입니다. 오로지 사학만을 해서는 안 됩니다."

하지만 세종은 고개를 가로저으며 말했다.

"내가 경연에서 《좌전》, 《사기》, 《한서》, 《강목》, 《송감》에 기록된 옛 일을 물으니, 다 모른다고 했소. 만약 한 사람이 읽게 한다면 고르게 볼 수 없을 것이 분명하오. 지금 선비들은 말로는 경학을 한다고 하나, 이치를 제대로 밝히고 마음을 바르게 한 사람이 있다는 소리를 듣지 못했소."

세종은 결국 자신의 생각대로 사학 전문가를 양성했고, 그 선두 주자가 바로 정인지, 설순, 김빈이었다.

사실 사학은 당시 과거 과목이 아니었기 때문에 선비들로부터 경시되었다. 그러나 실제 정치에서는 사학 지식이 꼭 필요했다. 특히 중국과의 외교에 있어서는 필수적이었다. 세종은 그 점을 절실히 깨닫고 아예 사학 전문가를 양성하려 했던 것이다. 윤회의 말대로 비록 경학이 사학보다 상위의 학문이라 할 수 있으나, 경학이 단순히 출세의 수단으로만 쓰였던 점을 고려한다면 사학 전문가를 양성해야 한다는 세종의 주장이 옳았던 것이다.

술이 천재를 앗아가다

학문으로는 당대 최고였던 만큼 윤회는 왕세자의 빈객을 겸하였다. 또 춘추관의 동지관사를 겸하며 《팔도지리지》, 《삼강행실도》, 《통감훈의》 등의 편찬을 주도했으며 그 공로로 예문관 대제학에 올랐다. 학자로서는 가장 영광스러운 자리였다.

하지만 이 무렵 그는 풍질(중풍)에 걸려 있었다. 그는 술을 워낙 좋아하여 신장 등과 더불어 당대 최고의 술꾼으로 통했다. 하지만 술과 문장으로 윤회와 비교되던 신장은 1433년에 술병으로 사망했다. 당시 재상이었던 허조는 그의 죽음을 안타깝게 여기며 "이런 어질고 재주 있는 사람을 술이 앗아갔다."고 한탄했다. 세종 역시 신장을 따로 불러 술을 끊으라고 명했으나 그는 끝내 술을 끊지 못하고 죽었다. 그러자 세종은 윤회마저 잃을 것을 염려하여 술을 끊으라고 신신당부했으나, 윤회 역시 술을 끊지 못했다.

결국 그의 지나친 음주는 풍질을 악화시켰고 급기야 1436년 3월 12일에 그의 목숨을 앗아갔다. 그가 몸져누웠을 때, 세종은 내의(內醫)와 좋은 약을 보내 회복을 기원했지만, 끝내 숨을 거두고 말았다. 이때 그의 나이 57세였다.

그는 풍질을 앓고 있는 상태에서도 《통감훈의》 편찬 일을 지속했는데, 그로 인한 과로 또한 저승길을 재촉한 원인이었다.

세종은 그의 죽음을 비통해하며 제문을 내렸다.

"천성이 깊고 넓으며, 학문이 심오하고 넓었다. 세자의 빈객을 맡았을 때 가르치고 이끄는 것이 깊이가 있고 절도가 넘쳤으며, 경연에서 논강할 때엔 깨우쳐준 바가 많았도다. 그 외에도 가는 곳마다 공적과 명성이 있으매, 심히 가상히 여겨 사랑하기를 더욱 두텁게 했도다."

세종은 그의 시호를 문도(文度)라 했는데 '학문을 좋아하여 묻기를 좋아하고 마음을 능히 의리로써 제어할 줄 안다'는 뜻이다.

5. 학문 진흥의 주춧돌, 정인지

세종의 혁신적인 정책들은 대부분 조선 유학자들의 호응을 얻지 못했다. 오히려 전통적인 개념을 가졌던 유학자들은 세종에게 반기를 드는 경우가 많았다. 기득권 계층에 속한 그들로선 세종의 혁신 정책에 의해 이권을 빼앗길 것을 염려했던 것이다. 심지어 세종의 친위세력이라 할 수 있는 집현전 내부에서조차 때때로 세종의 정책에 반발했다. 특히 훈민정음 창제에 대해서는 부제학이었던 최만리 등이 세종을 힐난하며 결사적으로 반대하기도 했다. 그러나 세종의 새로운 정책들을 지지하며 묵묵히 소임을 다하는 학자들이 있었는데, 그 대표적인 인물이 정인지였다. 그는 역사, 천문학, 언어학, 경학 등에 두루 통달하여 세종이 요긴하게 써먹은 인물이다.

세종이 간의와 규표, 흠경각과 보루각을 제작할 때 대개의 신하들은 그 깊이를 이해하지 못했는데, 정인지만이 홀로 제대로 받아들였다. 이를 두고 세종이 이렇게 말했다.

"정인지만이 이 모두를 함께 의논할 수 있는 유일한 신하다."

정인지 졸기에 나오는 이 얘기만 보더라도 세종이 그의 학문을 얼마나 높이 평가했는지 알 만하다. 게다가 조선 학자들 중에 집현전의 탄생과 종말을 모두 경험한 유일한 인물이 바로 그였다.

(정인지 외에도 훈민정음 사업에 여럿이 투입되었으나, 그들은 모두 정인지의 가르침을 받은 소장 학자들이었다. 최항, 성삼문, 박팽년, 신숙주, 이개, 강희안, 이현로, 김증, 조변안 등이 바로 그들이었으며, 정인지와는 스무 살 정도 차이가 나는 신세대 학자들이었다. 하지만 이들이 훈민정음 창제 작업에 깊이

관여한 흔적은 찾아볼 수 없다. 이들이 주로 한 일은 《동국정운》 편찬 등의 훈민정음 언해와 반포 작업이었다. 집현전 신세대 중에서 성삼문과 신숙주의 학문이 단연 돋보였던 것으로 전해지는데, 이들 두 사람이 중국 음을 훈민정음으로 표기하기 위해 여러 차례에 걸쳐 명나라 한림학사 황찬을 만났다는 기록이 남아 있다. 특히 신숙주는 《동국정운》의 서문을 쓰기도 했기에 훈민정음 창제에 공이 많은 것으로 알려져 있다. 그러나 신숙주와 이들 소장 학자들의 역할은 모두 정인지와 세종의 지시에 의해 이뤄진 것이다. 그런 의미에서 보면 이들은 정인지와 세종의 제자들인 셈이다.)

내가 집는 것이 장원이다

정인지(鄭麟趾)는 1396년에 석성현감을 지낸 정흥인의 아들로 태어났다. 자는 백저(伯雎), 호는 학역재(學易齋), 본관은 하동이다.

그가 태어날 무렵 그의 아버지 흥인은 내직별감으로 있었는데, 소격전에 들어가 집안을 일으킬 아들을 낳게 해달라고 빌었다고 한다. 또 그의 어머니 진씨는 그를 낳기 전에 특이한 꿈을 꾸었다고 하는데, 아이를 낳고 보니, 글도 잘하고 암송도 잘하여 다섯 살에 한문을 줄줄 읽을 정도였다.

그런 까닭에 아버지로부터 집안을 일으킬 재목으로 인정받은 정인지는 16세에 생원시에 합격하고 19세 되던 1414년 3월 11일에 문과에 일등으로 급제하였다. 그가 대과에 응시했을 때, 시관 하륜 등이 세 명을 뽑았는데, 우열을 가릴 수 없어 그들의 글을 태종에게 바치면서 직접 등수를 가려줄 것을 청했다.

"장원은 신 등이 가히 정할 수 있는 바가 아닙니다."

태종이 시권(試券, 시험 답안)을 들고 온 대언 탁신에게 물었다.

"자네가 보기에 세 사람의 답안이 어떠한가?"

탁신이 대답했다.

"두 시권은 서로 비슷하고, 하나는 조금 아래입니다."

태종은 내용이 뛰어난 두 시권을 달라며 말했다.

"이제 내가 손으로 집는 것이 장원이다."

태종이 둘 중에 하나를 집으니, 바로 정인지의 시권이었다. 덕분에 정인지는 종6품 예빈시 주부(注簿, 부서의 문서 관리 임무를 맡음)에 임명되었다.

험난한 초년 시절

열아홉의 어린 나이로 예빈시 주부 자리에 앉아 출세가도를 달릴 것 같았지만, 정인지의 관직 생활은 그다지 원만하지 않았다.

관직에 오른 지 1년 3개월째 접어들던 1415년 6월 4일이었다. 정인지는 임관 당시보다 두 품계나 오른 종5품 승문원 부교리였다. 1년여 만에 두 단계나 뛰어올랐으니 확실히 빠른 출세였다. 그러나 이날 정인지는 의금부에 하옥됐다. 승문원은 중국과의 외교문서를 다루는 곳인데, 이날 요동으로 보낼 문서를 작성해 임금에게 올렸다. 그런데 지신사 유사눌이 가만히 살펴보니, 승문원에서 올린 외교문서의 날짜가 잘못 기재된 것이다. 이 일로 승문원 지사 윤회와 함께 부교리 정인지도 옥에 갇힌 것이다.

다행히 태종이 용서하여 풀려났지만, 그에겐 또 다른 일이 기다리고 있었다. 그는 부교리 이후에 사헌부 감찰을 지내고, 다시 예조좌랑(정6품)을 거쳐, 세종 즉위년 8월에는 병조좌랑이 되었다. 그러나 그로부터 5

개월 후인 1419년 1월 19일에 다시 하옥됐다. 중국에서 세종을 조선의 새로운 왕으로 임명하는 고명(誥命)을 받든 사신이 왔는데, 고명을 받을 때 고명 사신으로 온 황엄이란 인물의 의장을 준비하지 않았던 것이다. 이 일로 사신 일행은 몹시 분개했고, 결국 실무자들인 예조좌랑, 병조의 정랑과 좌랑이 문책을 당하게 됐다. 의금부에서 이들 세 사람을 심문한 결과, 직접적인 잘못은 정인지에게 있었던 것으로 밝혀져 나머지 두 사람은 직위가 회복되고, 정인지는 파직되었다.

그 뒤 명나라 사신 일행이 돌아가자, 병권을 쥐고 있던 태종은 정인지에게 태장 40대로 죄를 대신하게 하고, 다시 본직에 출근할 수 있도록 배려했다.

출근한 정인지에겐 뜻밖의 행운이 찾아왔다. 군신이 모이는 자리였는데 태종과 세종이 함께 나와 있었다. 당시 태종이 병권을 쥐고 있던 터라 정인지는 병조좌랑으로서 실무를 챙기기 위해 한쪽 귀퉁이에 서 있었는데, 느닷없이 태종이 그의 이름을 불렀다.

"정인지는 어디 있는가? 앞으로 나오라."

정인지가 영문을 모른 채 당황한 낯빛으로 앞으로 나와 엎드리자, 태종이 웃으면서 말을 이었다.

"내 그대의 이름을 들은 지 오래되었다. 하지만 아직 얼굴을 모르니 고개를 들라."

정인지가 고개를 들자, 태종은 세종에게 이렇게 말했다.

"주상은 인지의 얼굴을 자세히 봐두라. 나라를 다스리는 데엔 인재를 먼저 얻어야 하는 법인데, 앞에 선 이 사람을 크게 등용할 만할 것이다."

정인지는 그렇게 세종과 첫 대면을 했다. 모든 대신들이 지켜보는 가운데 두 임금 앞에서 그런 칭찬을 받았으니, 그의 가슴이 벅찰 법한 일이다.

정인지에 대한 마음이 각별했던지 태종은 그를 병조에서 내보내지 않았다. 그러나 정인지에겐 병조의 일이 맞지 않았던 모양이다. 정5품 병조정랑으로 승진했던 1421년에 그는 또 한 번 곤욕을 치렀다. 그해 3월에 태종이 군사들을 훈련시킬 것을 명령했는데, 정랑 정인지와 좌랑 구강, 진무 이영 등이 이를 따르지 않았던 것이다. 분개한 태종은 그들 실무자 세 사람을 모두 하옥시켜버렸다.

집현전에 들어가 고속 승진하다

정인지는 행정관보다는 학관이 어울렸다. 그는 학문을 좋아하여 곧잘 책에 심취했지만, 태종 시절엔 단 한 번도 학관에 제수되지 못했다. 그런 까닭에 그의 학문적 능력은 빛을 내지 못했다.

그가 두각을 드러내기 시작한 것은 태종이 죽고 난 뒤였다. 태종이 죽자, 그는 병조에서 벗어나 예조와 이조에서 정랑을 지내고, 이내 세종에 의해 종4품 집현전 응교로 발탁되었다. 그의 학문적 능력을 눈여겨본 세종은 그를 집현전의 기둥으로 키우고자 한 것이다.

응교에 임명된 그는 1423년(세종 5년) 6월에 춘추관 직위를 겸직하여 역사학을 심도 있게 연구할 기회를 얻었다. 평소부터 역사에 관심이 깊었던 세종은 그의 능력을 알아보고, 곧 정4품 직집현전으로 승격시켰다. 이 무렵 세종은 대제학 변계량에게 명하여 역사학을 전담할 인물을 천거하라고 했는데, 계량은 정인지, 설순, 김빈을 천거했다. 이때부터 정인지는 예문관과 집현전에 근무하며 학관으로 자리를 굳혔다.

더욱이 1427년 3월에는 문관들을 대상으로 중시가 실시되었는데, 정인지는 이 시험에서 일등을 하여 정3품 집현전 직제학에 제수되었다.

그는 또 세자시강원의 좌필선을 겸직했다. 당시 필선의 아랫자리인 문학에는 훗날 세종의 훈민정음 창제에 정면으로 반발한 최만리가 있었다. 그와 최만리는 번갈아가며 세자 향(문종)에게 강의를 했다.

정인지는 직제학에 오른 지 1년 만인 1428년(세종 10년) 종2품 부제학이 되는 영광을 누리기에 이르렀다. 30대 초반의 새파란 나이에 재추의 반열에 든 것이다. 등용된 지 14년 만이었고, 나이는 불과 33세였다. 정인지보다 여섯 살 많았으며, 조정의 이목을 끌며 무섭게 성장하고 있던 김서서의 당시 직책이 종3품 사헌부 집의였고, 정인지와 함께 부제학에 임명된 김효정이 46세였다는 사실만 보더라도 그가 얼마나 고속 승진했는지 알 만하다.

예문관 제학에 오르다

집현전에서 가장 높은 직위의 녹관(자기 직책으로 인해 월급을 받는 관리)은 부제학이었다. 제학과 대제학은 겸직이라 다른 부서의 업무를 봐야 했기 때문에 집현전을 실제로 책임지고 이끄는 사람은 부제학이었던 것이다.

정인지가 부제학으로 있을 때, 집현전의 기능은 대폭 확대되었고, 관원 수도 16명에서 32명으로 늘었다. 또 유명무실한 상태로 있던 수문전과 보문각은 폐지되고 그 기능이 집현전으로 통합되었다.

집현전에서 다루는 학문의 범위는 다양했다. 통치 이념의 근간이 되는 경학은 물론이고, 역사학, 천문학, 기술과학, 농학, 악학, 법학, 언어학 등 당시의 모든 학문을 연구했다. 정인지는 이러한 작업들을 현장에서 지휘하고 통솔했으며, 세종은 그들의 학문적 바탕에 힘입어 과감한 정책들을 입안하고 실천했다.

집현전에서 학문적인 보폭이 가장 넓은 인물은 역시 부제학 정인지였다. 수학에서 천문학, 경학, 역사학, 악학, 언어학에 이르기까지 모르는 분야가 없을 정도였다. 경연관이기도 했던 그는 세종에게 수학을 가르치기도 했고, 천체학이나 역사학을 강의하기도 했다. 그는 인재를 쓰는 데 있어 개인마다 전문적인 분야를 길러줘야 한다는 조언을 하기도 했는데, 세종은 그의 견해를 옳게 여기고 학자들을 전문적인 분야에 투입시켰다.

1429년에 정인지는 잠시 우군동지총제에 임명되었는데, 이때 이천 등과 더불어 새로운 무기를 개발하는 작업을 이끌기도 했고, 이듬해에 《아악보》가 완성되자 그 서문을 쓰기도 했다.

1431년에는 당대 최고의 학자인 신장, 윤회와 같은 선배들과 함께 세자의 빈객을 겸직함으로써 필선 시절에 이어 문종에게 다시 글을 가르치게 되었다. 이 무렵 세종은 역법을 교정하여 한눈에 볼 수 있는 역서를 만들어야 한다고 생각하고 있었는데, 이 일 또한 정인지와 정초에게 맡겼다.

그렇듯 정인지의 학문을 높게 평가하던 세종은 1432년 3월 18일에 정인지를 예문관 제학(정2품)에 임명했다. 이때 그의 나이 37세로, 조선사를 통틀어 가장 젊은 나이에 예문관의 수장이 된 셈이다.

예문관 제학으로 있던 중에 몇 달간 인수부윤과 이조참의 직책을 수행하긴 했지만, 정인지는 제학 직책에 3년 동안이나 머물렀다. 이때 세종은 풍수학에 관심을 두고 학자들에게 연구하도록 했는데, 정인지는 풍수학 제조도 겸했다. 일부 학자들은 풍수학을 학문도 아니라고 폄하했으나, 세종은 풍수학도 중요한 학문이라고 하면서 따로 기관을 마련하고 관원을 배치하였던 것이다.

1433년에 정인지는 정초, 이천 등과 함께 혼천의를 제작하여 세종에게 올렸다. 세종이 이를 가상하게 여기고 간의와 혼천의 제도에 대해 상세하게 질문하고, 발전 방향을 모색하도록 명령했다. 이후 세종은 매일 밤 세자와 함께 간의대를 찾아와 천문학의 발전을 논의했으니, 이때 혼천의 제작은 세종이 천문학에 적극적인 관심을 갖게 된 동기였던 셈이다.

녹록지 않은 지방관 생활

정인지는 1435년에 충청도 관찰사로 임명됐는데, 이는 본인이 간곡히 원한 일이었다. 당시 그의 아버지 정흥인이 칠십 노구로 충청도 부여에 살고 있었는데, 정인지는 아버지가 죽기 전에 곁에서 모시고 싶다고 귀향을 허락해줄 것을 청했다. 하지만 세종은 할 일이 많다며 맡긴 일이 어느 정도 정리되면 충청도 지방관이 될 수 있도록 해주겠다는 약속만 했다. 그리고 약속한 지 2년 만에 충청도 관찰사로 임명한 것이다.

그래서 지방관이 되어 충청도로 내려가긴 했는데, 막상 그는 행정 경험이 부족하여 임무를 제대로 수행하지 못했다. 그해 12월 17일에 도승지 신인손이 아뢰었다.

"충청도 감사 정인지는 관내의 수확을 크게 저하시켰습니다. 올해는 작년보다 날씨가 나쁘지도 않았는데, 곡식의 손상이 훨씬 심합니다."

이 말을 듣고 영의정 황희가 말을 보탰다.

"옛말에 정사에 경험이 없으면 재화를 제대로 쓰지 못한다고 했습니다. 곡식 생산을 크게 저하시킨 정인지를 벌하소서."

세종이 말했다.

"정인지는 내 곁에 있을 때도 학문만 전담하여 정사 경험이 부족한 게 사실이다. 하지만 비록 행정 경험이 부족하여 곡식 생산이 줄었지만, 그가 백성을 사랑하는 마음이 깊다고 들었다. 그러니 죄를 용서해주도록 하라."

정인지도 지방관의 소임이 녹록지 않음을 알고 제법 당황했던 모양이다. 그래서 이듬해 여름엔 스스로 흉년 구제에 대한 방책을 마련하여 임금에게 상언함으로써 첫해의 실책을 만회하려 했다. 또 상언 속엔 영동현감 곽순이 수령의 신분으로 기생을 싣고 돌아다닌 내용도 함께 기재했다. 세종은 즉시 곽순을 파면시켜 정인지의 위상을 높여주었다.

정인지는 그로부터 2년간 더 감사로 지내다가 1438년 12월에 형조참판을 제수받아 조정으로 돌아왔다. 세종이 행정 경험이 없고 게다가 실책까지 한 그를 3년 동안이나 지방관 직책에 머물게 한 것은 학관의 임무를 완수하면 부모 곁에 머물도록 해주겠다는 약속을 지키기 위함이었다. 만약 세종이 그런 약속을 하지 않았다면 정인지는 1년도 못 돼 조정으로 소환되었을 것이다. 그만큼 행정 처리에는 영 재주가 없었다.

불교 문제로 세종과 대립하다

1439년 9월 6일, 그는 다시 예문관 제학이 되어 조정으로 돌아왔다. 하지만 세종은 7개월 뒤인 이듬해 4월 2일에 그를 형조참판으로 제수한다. 너무 오랫동안 학관 생활만 한 탓에 행정력을 전혀 키우지 못한 그의 처지를 고려한 조치였다. 그리고 한 달 뒤에 전격적으로 형조판서에 기용했다. 당시 형조판서였던 정연이 다른 자리로 옮기면서 정인지를 천거했던 것이다.

정인지의 형조판서 생활은 반년 남짓 이어졌다. 이 자리에 있으면서 그가 상소한 내용은 주로 절도죄 처벌을 강화해야 한다는 주장이었다.

"절도죄를 범한 자의 힘줄을 끊어버리는 것은 악을 징계하기 위함인데, 지금 힘줄을 끊긴 자가 상처가 아물고 이전처럼 걷게 되면 다시 도둑질을 하므로 도둑이 나날이 성해지고 있습니다. 지금부터는 절도죄를 세 번 저지르면 법률대로 시행하되, 더하여 무릎 힘줄을 끊어버리소서. 그러면 다시는 도둑질을 못할 것입니다."

하지만 세종은 그의 상소에 고개를 끄덕이지 않았다. 다만 그의 위신을 생각해서 의정부에서 상의토록 하라고 했다.

형조판서로서 정인지의 이런 처방은 형편없는 강압 일변도의 방안이었다. 법이 강력하면 도둑이 사라질 것이라는 사고방식 자체가 한계가 있었던 것이다. 먹고살기 편하면 도둑의 숫자는 자연스럽게 줄어들 것이고, 또한 도둑 전과가 있는 사람이 제대로 살 수 있는 제도적 방안을 우선적으로 마련했어야 옳았다. 법을 맡은 관리로서 처벌 위주의 발상만 내놓았으니, 법의 본질을 제대로 꿰뚫고 있지 못한 것이다. 이런 점에서 그는 판서의 임무를 무난히 수행할 만한 정치인은 못 되었다. 역시 그는 학자가 격에 맞았다.

세종은 1440년 11월에 그를 지중추원사로 임명하여 역사서 편찬에 주력하도록 했다. 중추원은 고려시대에 있던 관부로 원래 왕명을 출납하고 군대 기무를 담당하던 곳이었으나, 이 무렵엔 왕의 고문 기관으로 축소된 상태였다. 세종은 그를 중추원에 머물게 하며 《치평요람》의 편찬을 지시했다.

이 시절에 정인지는 불교 문제로 세종과 논쟁을 벌였다. 당시 세종은 흥천사에서 부도 세우는 것을 축하하는 잔치를 베풀겠다고 했는데, 정인지가 정면으로 반박한 것이다.

"전하께서는 오경의 이치를 모두 깨우치고, 백대의 흥망성취를 두루 살피셨는데, 어찌 한낱 불도에 의지하려 하십니까?"

세종이 대답했다.

"예부터 제왕들이 모두 부처에 귀의했고, 또 천하가 부처를 섬기고 있는데, 동방의 작은 나라인 우리가 어찌 홀로 불도를 폐할 수가 있는가?"

"한나라 이후로 역대 제왕이 불도를 섬겨 화를 입지 않은 이가 없었습니다. 그런 까닭에 불도는 가히 본받을 바가 못 됩니다. 전조 고려에 불도가 성행하여 승려가 세도를 일삼은 일을 잊으셨습니까?"

"지금 백성들은 어떠하냐? 그 부모는 집에서 부처를 섬기지만, 자식들은 유생이라 하여 조정에 나와서는 불도를 비방하는 형편 아니냐. 집에서 부모들이 염불하고 불경 읽는 것을 그치지 못하게 하는 이들이 어찌 임금이 불도를 공부한다 하여 허물이라고 탓하느냐? 이는 옳지 못하다."

세종은 결국 정인지의 의견을 받아들이지 않았다. 세종의 이런 조치에 반발한 집현전 학자들은 출근을 거부하며 강력하게 저항했다. 자신의 친위세력이라고 할 수 있는 집현전 학자들의 반발은 세종에게 큰 충격이었다. 세종의 상심한 마음을 읽고 재상 황희가 일일이 집현전 학자들을 찾아다니며 달랬고, 그들은 다시 집현전으로 돌아왔다.

《훈민정음》 창간을 이끌다

불교 문제로 집현전 학자들과 힘 겨루기를 하고 있을 무렵, 세종은 조정을 재상들에게 맡겨두고 서무 결재권을 세자에게 넘긴 채 운학 연구에 몰두하고 있었다. 이를 위해 경연에 언어학 서적들을 대거 비치했고, 그 내용을 모두 간파한 뒤에는 모자라는 부분을 보충하기 위해 일본과 중국으로 사람을 보내 운학 서적을 구해오도록 조치했다. 세종은 경연에 채워진 음운학 서적들을 모두 독파하고, 홀로 훈민정음 창제 작업을 시작했다.

세종은 훈민정음이 창제되면 반포 과정에서 학자들의 반발이 있을 것으로 예상했고, 이를 막아줄 인물을 모색했다. 그래서 선택한 이가 정인지였다. 정인지는 그간 세종이 벌였던 학문 사업과 과학 발전 계획에 지속적으로 도움을 줬고, 음운학에도 조예가 깊은 유일한 인물이었던 것이다.

세종은 곧 정인지를 예문관 대제학에 임명했다. 이때가 1442년 9월로, 정인지의 나이 47세였다. 예문관 대제학은 국가의 학문 정책을 책임지는 위치이므로 훈민정음의 반포 여부에 크게 영향력을 끼칠 수 있는 자리였다. 세종은 정인지를 이 자리에 배치하여 훈민정음의 입지를 강화하고자 했던 것이다. 그리고 이듬해인 1443년 12월 30일에 기습적으로 훈민정음 창제 사실을 공표하였고, 세종의 예상대로 정인지는 새로운 문자 창제에 찬성했다. 최만리 등이 훈민정음을 강력하게 반대했지만, 세종은 오히려 최만리를 꾸짖으며 반대 여론을 물리쳤다. 세종이 최만리 등 집현전 학자들의 저항을 물리칠 수 있었던 것은 정인지처럼 훈민정음에 대해 적극적인 태도를 보인 학자들이 있었기 때문일 것이다.

세종은 새 문자의 창제 취지와 각 자모의 음가를 알려주는 구체적인 해설서를 만들도록 했고, 정인지는 이 작업을 주도하여 1446년 9월에 결실을 보았다. 훈민정음 해설서의 제목은 새 문자의 이름을 따서 《훈민정음》이라 했고, 정인지는 해설에 해당하는 해례편의 서문을 썼다.

그 내용의 대략은 이렇다.

천지자연의 소리가 있으면, 반드시 천지자연의 글이 있게 마련이다. 옛날 사람들은 소리를 통하여 글자를 만들어 만물과 교통함으로써 삼재[天, 地, 人]의 도리를 적었고, 이런 까닭에 후세 사람들이 변경할 수 없게 되었다. 그러나 사방의 풍토가 구별되매, 소리의 기운도 각각 다르게 되었다. 대개 외국의 말은 소리는 있어도 글자는 없었기에 중국의 글자를 빌려서 사용하게 되니, 이는 네모진 구멍에 둥근 것을 억지로 끼워넣은 것처럼 어긋남이 많을 수밖에 없다. 그러니 어찌 막힘이 없을 수 있으랴. 중요한 것은 모두 각기 처지에 따라 편안하게 해야만 될 것이며, 억지로 같게 만들 순 없는 것이다.

우리 동방의 예악과 문물이 중국에 견줄 만하나 글자만은 같지 않으므로 글을 배우는 사람은 내용을 이해하는 데 어려움이 있어 근심하고, 옥사를 다스리는 사람은 각자의 곡절을 제대로 알지 못해 괴로워하였다.

옛날에 설총이 이두를 만들어 민가와 관부에서 사용하고 있지만, 모두 글자를 빌려서 썼기 때문에 혹은 뜻이 잘 통하지 않고, 혹은 뜻이 왜곡되었고, 때론 쓰는 말의 근거를 제대로 알 수 없어 비루하였으니, 말과 글 사이에 그 만분의 일도 제대로 통하지 못했다. (중략) 하지만 우리 전하께서 만드신 정음 28자는 간략하면서도 요령이 있고, 자세하면서도 쉽게 통할 수 있다. 그런 까닭에 지혜로운 사람은 아침나절이 되기 전에 이를 이해하고, 어리석은 사람도 열흘 만에 배울 수 있게 된다."

이 서문을 보면 정인지가 세종의 훈민정음 창제 의도를 정확하게 간파했음을 알 수 있다. 뿐만 아니라 언어의 자주성에 대한 개념도 분명하다. 소리와 말이 일치해야 백성이 편안해질 수 있으며, 억울한 일도 줄어든다는 가치관도 세종과 일치한다. 세종이 훈민정음 반포를 위해 그에게 해설서를 쓰도록 한 이유가 이 서문에 고스란히 담겨 있는 것이다.

탐욕스러운 만년

정인지는 세종 대엔 주로 학관직에 머물며 학문 진흥에 기여했지만, 세종 이후에는 정치인으로 변모했다. 훈민정음 창제 이후 예조판서와 이조판서를 지낸 그는 문종이 즉위한 뒤에는 의정부 좌참찬이 되었다가 단종 재위 시에는 병조판서가 되었다. 하지만 당시 권신이었던 김종서, 황보인 등과 사이가 나빠 한직인 판중추원사로 밀려났다.

그런 가운데 1453년에 수양대군 이유가 정변을 일으키자 이유의 편에 섰다. 계유정변이 성공하자, 그는 정변에 조력한 공로로 좌의정에 발탁되고, 수양대군의 두터운 신임을 얻었다. 또 정난공신 2등에 책록되면서 하동부원군에 피봉됐다. 그야말로 학자의 길에서 권력가의 길로 들어서는 순간이었다.

좌의정으로 있으면서 그는 《세종실록》의 총 감수를 맡았고, 1455년에 마침내 수양대군이 단종을 밀어내고 즉위하자, 영의정의 자리에 올랐다. 이때 세조의 즉위에 공로가 있다 하여 그는 좌익공신 3등에 책록됐다.

하지만 불교 문제로 세조와 대립하기도 했다. 1458년 세조는 공신들에게 잔치를 베풀었는데, 이 자리에서 세조의 불교 융성책을 비판하고 나섰던 것이다. 이에 노한 세조는 그를 불경죄로 다스렸고, 그는 고신을 몰수당했다가 얼마 뒤에 돌려받았다.

하지만 세조와의 불화는 그것으로 끝나지 않았다. 이듬해인 1459년에 세조와 술자리를 같이 하다가 취중에 실언을 한 것이 문제였다. 술에 취한 그가 세조를 '태상(太上)'이라 불렀던 것이다. 태상이라 함은 재상 중의 우두머리라는 뜻인데, 이는 세조의 즉위를 인정하지 않는 발언이었다. 비록 취중이었지만 세조는 이 문제를 그냥 넘어가지 않았다.

"오늘 경들과 함께 즐기는데 임금을 감히 태상이라 부르는 것은 무슨 일인가?"

그러자 세조의 근신들이 입을 모아 말했다.

"조정에서 실언을 했으니 죄를 줘야 마땅합니다."

결국 정인지는 충청도 부여로 유배되었다. 하지만 세조는 몇 달 지나지 않아 그를 다시 불러올렸다. 이후 그는 신숙주, 한명회 등과 원상이 되었고, 국정의 논의와 실권을 장악했다.

성종 대인 1478년에 이르러서는 그의 문풍과 학덕을 높이는 뜻에서 삼로(三老)에 선정해 왕사로 임명했다. 그런데 진봉식 직전에 대간에서 반대 상소가 올라왔다.

"정인지는 한미한 가문에서 스스로 일어났지만 치부에 전념하여 삼로로 마땅치 않습니다."

노년 시절의 정인지는 무척 재물을 탐했던 모양이다. 《성종실록》에 기록된 정인지에 대한 사관들의 평가는 그의 탐욕스러운 행동을 잘 보여주고 있다.

"정인지는 타고난 성품이 검소하여 생활이 매우 검박했다. 그러나 치부를 좋아하여 수만 석 부자가 되었고, 전원을 널리 차지했으며, 심지어 이웃의 소유까지 점유했다. 그러므로 당시의 의논이 그를 그르다고 평했다. 그의 아들 정숭조는 아비의 그늘을 바탕으로 벼슬이 재상에 이르렀으며, 재물을 늘림도 그 아비보다 심하였다."

그는 결국 삼로에 선정되지 못한 채 그해에 83세를 일기로 죽었다. 시호는 문성(文成)이었으며 현조, 숭조, 경조, 상조, 네 아들이 있었다. 정현조는 세조의 딸 의숙공주에게 장가들어 부마가 되고, 좌리공신에 올랐으며, 숭조도 좌리공신이 되었다.

4장
과학 혁명의 선구자들

　세종의 빛나는 업적 중에 또 하나 간과할 수 없는 것이 과학과 기술 분야에서의 혁명적 발전이다. 천문학에서부터 농학, 인쇄술, 화기, 의학, 아악에 이르기까지 다양한 분야에서 과학적인 변혁이 시도됐다. 그 중에서 특히 천문학의 발전은 가히 혁명이라 할 만했다.

　과학 혁명을 주도한 기관은 서운관(書雲觀)이었다. 서운관은 고려왕조대에 설치된 천문연구소인데 초기엔 태복감, 사천대, 사천감 등으로 불리다가 1308년(충렬왕 34년)에 이르러 서운관으로 바뀌었다. 이곳에서는 해와 달, 그리고 지구 주변의 5성인 수성·금성·화성·목성·토성의 운행, 혜성과 유성 등의 출현을 관찰하고 기록하는 역할을 했다.

　고려의 서운관에는 정3품 판사 휘하에 20명가량의 관원이 근무했는데, 조선 개국 후 과학 발전의 중요성을 인식한 세종의 적극적인 지원에 힘입어 정3품 판사 아래 80여 명으로 확대 개편되었다. 당시 명나라 천문기관인 흠전감의 인원이 11명이었던 점을 감안한다면 엄청난 숫자다. 이런 획기적인 조치 덕분에 조선은 천문학 분야에서 세계 어느 나라보다 우위에 설 수 있었다.

천문학 발전 과정에서 인류 천문학사에 획을 긋는 여러 소산들이 나왔다. 당시 최고의 천문학서로 원나라의 역법과 아랍의 역법에 대한 해설서였던 《칠정산내·외편》이 번역되었고, 농업 혁명의 토대가 되었던 《농사직설》이 편찬되었으며, 활판 인쇄술의 대명사인 갑인자, 천문관측대인 간의대, 당대 기계문명의 첨단이었던 앙부일구, 물시계, 측우기, 혼천의 등이 개발되었다.

세종은 이 일을 위해 신분을 따지지 않고 인재를 선발했으며, 여기엔 학자와 역학(曆學)자, 기술자 등이 망라되었다. 그 대표적인 인물 중에 이론가로는 정인지와 정초가 있었고, 천문학자로는 이순지가 있었으며, 기술자로는 장영실이 있었다. 이들 이외에도 정흠지, 김담, 김빈, 이천, 김조 등이 함께 땀을 흘렸다.(당시 과학 혁명에 종사한 이들은 많았지만, 대표적인 인물로 정초와 이순지, 장영실을 다룬다. 과학 혁명에 대한 정인지의 공로가 막대하나 그는 앞에서 다루었으므로 여기선 생략한다.)

1. 과학 혁명의 초석을 다진 정초

세종은 과학 발전에 대한 열망이 누구보다도 강한 임금이었다. 세종이 그토록 과학에 집착한 것은 과학이 곧 경제의 근간인 농업의 발전을 도모하고 국방력을 증강시키는 원동력이라고 확신했기 때문이다. 그런 까닭에 뛰어난 학자 중에 특히 과학 이론에 밝은 인물을 항상 옆에 두고 조언을 구했는데, 그 대표적인 인물이 정초(鄭招)였다.

정초는 경서에 통달했음은 물론이고 천체학과 역산(曆算)에도 해박한 지식을 가진 인물이었다. 세종은 그에게 내린 제문에서 이렇게 밝히고 있다.

"일찍이 경제의 재주를 품고 성현의 학문을 연구하여 보고 들음이 넓고 충만하여 의심 가는 일을 판단하는 일에 능했고, 지식과 도량이 굳세고 밝아서 어떤 것이든 의구심을 떨쳐버리고 단행할 수 있게 하였다. 그런 까닭에 근신(近臣)으로 뽑아서 오랫동안 모든 정무를 자문하였다. 정치에는 깊이와 명성이 있었고, 재주는 내놓는 것마다 적합하지 않은 것이 없었으며, 100가지를 마련하고 지음에 있어서 한결같이 제대로 재단하여 이룩하지 못한 것이 없었다."

세종이 정초에 대해 이렇듯 애틋한 글을 남긴 것은 그의 해박한 지식과 업무 처리 능력, 특히 그의 과학에 대한 이론과 실천력에 감탄했기 때문일 것이다.

한 번 보면 뭐든지 외운다

정초는 사헌부 집의를 지낸 정희(鄭熙)의 아들이다. 언제 태어났는지는 기록되어 있지 않으며, 본관은 하동이고, 자는 열지(悅之)다. 당대의 명유이자 고관대작을 지낸 인물이지만, 이상하게도 그에 대한 기록은 자세하지 않다. 다만 《연려실기술》에 그의 총명함을 엿볼 수 있는 몇 가지 기록이 남아 있을 뿐이다.

그는 어떤 서적이든 한 번 보면 당장 외워버리는 수재였다. 과거가 바로 앞에 닥쳐도 놀기만 했는데 당당히 급제하여 주변을 놀라게 했다. 육경을 뽑아 단 한 번 보고 나서 다시는 읽지 않았으나 막상 경전에 대한 강의를 하게 되자, 그 오묘한 뜻을 줄줄 쏟아내는 것은 물론이고 질문에 응답하는 것이 마치 산에 울리는 메아리처럼 거침이 없었다고 전한다.

청년 시절에 그는 어떤 스님이 《금강경》을 읽는 것을 보고 이렇게 말했다.

"그 경전을 한 번 보고 외울 수 있을 것 같소이다."

스님이 가당치도 않은 소리 말라는 듯 웃으며 대꾸했다.

"그대가 만일 외운다면 성찬을 차릴 것이오. 그러나 못 외우면 그대가 성찬을 차리시오."

그렇게 약속한 뒤 정초가 북채를 잡고 북을 치면서 외우기를 물 흐르듯 하자, 질 것을 염려한 스님이 줄행랑을 놓았다.

언젠가 군부의 직분을 수행할 땐 군사 수백 명을 한 번 보고는 얼굴과 이름을 정확히 기억하여 사람들이 모두 감탄했다.

그는 외우는 데만 탁월했던 것이 아니라 해석하고 적용하고 실천하는 데도 남다른 데가 있었다. 그런 그의 능력은 관계에 진출하면서 더욱 빛을 발하게 된다.

직언하다 요직에서 밀려나다

정초는 1405년(태종 5년)에 을과 제2등에 급제하여 예문관 검열이 되었다. 검열은 비록 예문관의 정9품 하위관직이었지만, 조선시대의 대표적인 청요직이었다. 검열은 봉교 2명, 대교 2명과 함께 소위 팔한림(八翰林)으로 불리면서 문사들이 선망하는 직책이었다. 왕의 측근에서 사실(史實)을 기록하고 왕명을 대필하는 임무를 맡고 있어서 늘 권좌에 가까이 있었기 때문이다.

검열에 있던 그는 그해 4월 27일에 태종이 실시한 문과 복시에서 2등을 하여 내자(內資) 직장(종7품)으로 승진했다. 관직에 진출한 지 불과 몇 달 만에 일군 성과였다. 그 뒤로 정초는 빠르게 성장하여 1407년에는 사간원의 정6품 좌정언이 되었다.

좌정언 시절에 정초는 태종에게 직언을 서슴지 않았는데, 그 말이 논리에 맞고 뜻이 정확했으며 절개 또한 굳었다. 그해 5월 22일의 기록은 정초의 그런 면모를 잘 보여준다.

당시 가뭄이 심하여 백성들이 큰 어려움에 봉착하자, 태종은 대간과 형조 장무를 불러 의견을 물었다.

"지금은 바야흐로 여름이 한창인데, 가뭄이 너무 심하다. 혹 과인이 덕을 잃은 까닭인가? 반드시 가뭄이 닥친 까닭이 있을 것이다. 너희 언관들은 한마디씩 해보라."

당시 사고관으론 나라에 어려움이 닥치면 임금이 책임을 통감했다. 또 하늘이 내린 재앙은 인간과 무관하지 않다고 보았다.

태종의 물음에 먼저 지평 민사정과 좌랑 홍복흥이 대답했다.

"가뭄이 든 이유를 신 등은 알지 못합니다. 만일 말할 것이 있다면 어찌 입을 다물고 있었겠습니까?"

그렇게 상관들은 난처한 자리를 피하려 했지만, 정초는 그 기회를 이용하여 잘못된 정책을 꼬집었다.

"하늘과 사람이 한 이치이니, 사람이 아래서 느끼면 하늘은 변고로써 위에서 응합니다. 이것은 진실로 당연한 이치입니다. 그러나 어찌 아무 일 때문에 아무 재앙이 왔다고 꼬집어 말할 수 있겠습니까? 신의 어리석은 소견으로는 새롭게 마련된 법이 많아서 백성들의 원망하는 마음이 높기 때문인 것으로 판단됩니다."

"새 법이라니?"

"둔전(屯田, 병력의 식량을 생산하는 농지)과 연호미(煙戶米, 노비나 천민으로 구성된 예비군을 먹이기 위한 비상 식량) 같은 것이 그것입니다. 연호미는 백성을 위해 설립되었다곤 하나 10호 정도밖에 안 되는 고을에 가난한 사람이 8, 9호나 되는데, 쌀을 거둘 때가 되면 그들은 부잣집에서 빌려서 바치니 어찌 원망하지 않겠습니까? 이는 장래에 이익이 되지 않습니다."

태종이 고개를 끄덕이며 말했다.

"이 법은 내가 혼자 독단으로 만든 것이 아니다. 그렇다고 정부에서 건의한 것도 아니다. 다만 내가 신하들에게 널리 물어서 시행한 것인데, 그로 인해 백성들이 원망한다면 어찌 고치지 않겠느냐?"

태종은 즉위 이후 병권을 강화하여 국방비를 대폭 증가시켰다. 이에 따라 백성들의 세금이 늘었는데, 정초는 그 점을 비판한 것이다. 다행히 태종은 정초의 말을 받아들이며 한마디 더 보탰다.

"이것뿐 아니라 백성들에게 병폐가 되는 것이 있으면 남김없이 말하라."

하지만 태종은 정초의 건의를 받아들이지 않았다. 정초는 그로부터 한 달 뒤에 하륜과 조영무를 탄핵했다. 가뭄과 수재가 겹쳐 나라가 극심한 어려움에 빠지자, 많은 대신들이 책임을 통감하고 사직서를 제출했는데, 정작 정승인 하륜과 조영무는 사면하지 않고 오히려 둔전과 연호미에 관한 법제를 강화할 것을 청했다. 태종이 두 정승의 말을 받아들이자, 간관이었던 오승과 정초가 태종에게 다시 한 번 그들을 벌줄 것을 아뢰었다. 그러나 태종이 받아들이지 않자, 오승과 정초는 스스로 물러날 것을 청했다. 간관으로서 정승을 탄핵하였는데, 임금이 받아들이지 않으므로 간관의 자리에서 물러나야 한다는 논리였다. 이날 태종은 그들을 달래며 그냥 돌려보냈다.

실록에 기록되지는 않았지만, 이때 정초는 언관에서 내쫓긴 듯하다. 이날 이후 실록엔 정초에 관한 기록이 오랫동안 보이지 않는다. 언관인 그의 직분을 감안한다면 당연히 그의 이름은 지속적으로 실록에 기록되어야 정상이다.

수군에서 노역하다 다시 요직으로

실록에 그에 관한 기록이 다시 보이는 것은 7년 후인 1414년 12월 2일이다. 이때 정초는 도청사(都聽使) 제용감정(濟用監正)이었다. 제용감은 왕실에서 쓰는 의복이나 직물, 옷감 등을 맡아보는 기관이었다. 그는 이곳의 수장인 정(正)을 맡았으니 종3품 벼슬에 있었던 셈이다. 하지만 제용감은 요직과는 거리가 멀었다. 특히 청요직 출신인 그가 이곳에서 근무했다는 것은 권력 핵심 부서에서 밀려났다는 뜻이다.

이날 실록에 그의 이름이 오른 것은 좋은 일 때문이 아니었다. 하륜이 대간과 형조에서 노비 사건을 오결했다는 글을 올리자 태종은 승정원을 시켜서 오결 사건의 진상을 조사하게 했다. 조사 결과, 과연 하륜의 말대로 오결이었다. 이 일과 관련하여 변정도감 판관 하면, 변정도감 제조 류정현, 민여익 등이 의금부에 갇히고, 정초도 함께 갇혔다. 정초가 이 일에 어떻게 연루되었는지에 대한 세세한 기록은 없다. 어쨌든 이 일로 정초는 장 80대를 맞고 고신을 빼앗긴 채 수군에서 노역을 하게 되었다.

이때 함께 제용감정으로 있던 성발도는 노역에서 제외됐는데, 그가 공신의 아들이었기 때문이다. 또 류정현과 민여익도 공신이라는 이유로 풀려났다. 정초도 사실은 공신의 아들이었다. 정초의 아버지 정희가 원종공신이었던 것이다. 그런데 그 사실을 몰랐다. 뿐만 아니라 대언들은 그 점을 알고 있으면서도 정초를 수군의 노역자로 보냈다. 태종이 그 사실을 알게 된 것은 이듬해 11월 3일이었다. 이날 태종은 정초를 특별히 석방했는데, 그의 시문을 높이 평가했기 때문이다.

"정초는 장차 시문(詩文)에 쓸 만한 사람이다. 죄를 받아 폄출하긴 했으나, 그런 까닭으로 특별히 발탁한 것이다."

그때서야 형조판서 정역이 말했다.

"정초가 죄를 받을 때 원종공신의 아들로서 그 혜택을 받지 못했습니다. 그런 까닭에 신분이 평민과 다름없습니다."

이 말을 듣고 태종이 노발대발했다.

"어째서 대언들은 그 사실을 고하지 않았단 말이더냐?"

대언 한상덕이 변명을 늘어놓았다.

"그의 죄가 워낙 중한 까닭에 감히 아뢰지 못했습니다."

"무슨 소리를 하는 거냐? 내가 노하여 용서해주지 않을 것이라 생각하고 고하지 않은 것 아니더냐? 원종공신의 죄를 사해주는 것은 공적인 일인데, 어찌 사적인 감정이 개입될 수 있겠는가? 대언들은 마땅히 죄를 받아야 할 것이다."

태종은 곧 정초를 불러올려 세자시강원의 필선(정4품)으로 삼았다가 다시 사헌부 집의(종3품)로 제수했다. 그의 집의 생활은 태종 대 말까지 3년 동안 지속되었다. 한직을 전전하다 비로소 요직으로 돌아온 셈이다.

세종을 만나 진가를 발휘하다

1418년, 태종은 양녕을 폐위하고 충녕을 세자에 책봉했다. 이때 정초는 세자시강원에서 처음으로 충녕을 만났다. 당시 정초가 서연관을 겸하고 있었던 까닭이다.

충녕을 세자로 삼은 태종은 곧 선위하고 상왕으로 물러났다. 그에 따라 서연관이었던 정초는 경연관이 되었고, 시강관의 소임을 맡았다.

이듬해 10월 16일, 정초는 승진하여 사간원의 정3품 당상관인 우사간대부(훗날의 대사간)가 되었다. 사간대부는 직책상 일이 많아 대개 겸직을 주지 않는 법인데, 세종이 경연에 나와 경연관들에게 물었다.

"정초는 어디에 있느냐?"

세종은 당연히 그가 경연장에 있을 것으로 생각했는데, 보이지 않았던 까닭이다. 경연관이 대답했다.

"그는 지금 사간대부의 직책에 있습니다. 사간은 경연을 겸직하지 않는 것이 관례입니다."

하지만 세종은 단호하게 말했다.

"무슨 소린가? 정초는 경연에 없으면 안 된다."

세종의 뜻에 따라 정초는 경연관을 겸직하게 되었다. 사간으로서 경연관을 겸직한 전례가 드물었던 점을 감안한다면 분명히 특별한 조치였다. 그만큼 세종은 정초를 눈여겨봐뒀던 것이다.

그 뒤로 세종은 경연 때마다 정초를 불러 곧잘 질문하곤 했다. 하루는

《대학연의》 '채미편' 강의를 듣다가 이런 질문을 했다.

"내가 궁중에서 나고 자랐으므로 민생의 어려움과 고통을 다 알지 못하니 어떻게 하면 좋겠소?"

정초가 대답했다.

"백성을 직접 찾아가 물어보소서."

세종이 고개를 끄덕이며 말했다.

"옳은 말이로다."

그 후 경연에서 세종이 정도전이 편찬한 《고려사》가 《고려왕조실록》 초본과 다른 곳이 많아 역사가 왜곡되었다고 말하자, 정초는 변계량과 함께 《고려사》를 개편할 것을 권해 실행시켰다.

한번은 《시경》의 '칠월편'을 강의하던 중에 세종이 이렇게 한탄했다.

"칠월편은 백성의 가난함만을 두루 말했고 그 가난을 해결할 수 있는 방법은 말하지 않았으니, 장차 무슨 방도로 가난을 타개한단 말이오?"

그러자 변계량이 사람을 잘 쓰는 것이 해결책이라고 대답했다. 이에 정초가 덧붙여 아뢰었다.

"각 도 감사가 수령들을 올리고 낮추는 것이 적중하지 않고 대개는 사리 판단만 능사로 알고 있습니다. 이 때문에 전하의 뜻이 백성에게 미치지 못하니, 원컨대 새로 임명된 지방 수령은 반드시 전하께서 친히 인견하소서. 그리고 그의 능력과 성정을 살핀 다음에 부임하게 하면 반드시 좋은 수령을 얻을 것이며, 백성도 전하의 뜻에 따른 혜택을 얻을 수 있을 것입니다."

세종이 환한 얼굴로 고개를 끄덕였다.

"좋은 방도로다."

이렇듯 정초는 경연 자리에서 세종에게 구체적인 조언을 자주 하였고, 세종은 그의 조언을 받아들여 대부분 실천에 옮겼다.

물시계 제작을 이끌다

1419년 5월 10일에 정초는 공조참의로 임명됐다. 물론 여전히 경연관을 겸직했다. 당시 세종은 과학기술의 개발에 관심을 가지기 시작했는데, 정초의 역산에 대한 해박한 지식이 큰 보탬이 될 거라 판단하고 기술개발을 주도하던 공조에 보낸 것이다. 당시 공조의 공장에는 뛰어난 기술자로 이름이 오르내리던 장영실이 근무하고 있었다. 이때 정초는 장영실에게 시계 제작에 대한 이론을 전수하고 물시계 작업을 진행했던 것으로 보인다.

공조참의로 있던 그는 이내 우대언으로 임명되어 세종 곁으로 갔다. 그가 대언으로 근무할 무렵에 장영실은 공조에 소속된 상의원 별좌 벼슬을 받았는데, 여기엔 그의 능력을 높이 평가한 정초의 후원이 컸던 것으로 보인다. 장영실의 상의원 별좌 제수를 놓고 세종과 대신들 사이에 팽팽한 설전이 오갔던 것으로 봐서 기생의 자식이자 노비 신분인 그에게 벼슬을 내리는 것은 결코 쉬운 일이 아니었다. 당시 병조판서였던 조말생, 병조참의였던 이천, 우대언 정초 등이 지원하지 않았다면 세종도 이 문제를 매듭짓기 힘들었을 것이다. 특히 장영실이 소속된 상의원의 내막을 잘 알고 있던 정초의 입김이 가장 크게 작용했을 게 분명하다.

수년 동안 대언 생활을 하던 정초는 1423년 12월 21일에 함길도 감사로 발령받아 임지로 떠났다. 이때 세종이 그를 감사로 내보낸 것은 승진 발령을 내기 위한 예비 조치로 보인다. 세종의 인사 스타일에 특이한 면이 있다면 아끼는 신하에게 승진 명령을 내리기 전에 몇 달간 외방직을 제수하는 것이었다. 정초에게도 그런 선례가 적용된 셈인데, 그는 반년 뒤인 1424년 6월 20일에 승진하여 공조참판이 되어 돌아왔다. 이 시기에 정초는 조선 과학에 획을 긋는 중요한 성과를 얻어낸다. 그의 휘하에 있던 장영실이 드디어 물시계를 만들어낸 것이다.

당시 명나라엔 물시계가 있었지만 조선 과학으론 요원한 일로 여겨졌다. 세종은 어떻게 해서든 이런 현실을 타개하고자 했다. 이를 위해 정초와 정인지는 이론을 익히게 하고, 장영실을 은밀히 중국으로 보내 시계 제작 기술을 배워오게 하여 거둔 과학적 쾌거였다.

당시 사회에서 시계는 최첨단 기기였다. 특히 물시계는 낮밤에 관계없이 정확한 시간을 알 수 있게 하므로 세종은 그 제작에 심혈을 기울였다. 기계 제작에 성공한 장영실에게 5품 벼슬을 내린 것만 봐도 세종이 얼마나 이 일의 성공을 애타게 기다리고 있었는지 알 만하다.

《농사직설》 편찬을 주도하다

물시계 제작에 성공한 정초는 1425년 12월 4일에 형조참판으로 승격되었고, 다시 이조참판으로 승격되었다. 이조참판 시절이었던 1428년 9월 17일의 기록엔 세종의 성품을 단적으로 보여주는 이야기가 있다.

이날 정초는 임금에게 이렇게 말했다.

"옛날에는 신하가 임금을 진현하고자 출입할 때 모두 절을 했는데, 지금은 조계(朝啓), 윤대(輪對), 배사(拜辭)를 할 때만 땅에 엎드릴 뿐이고, 배례를 하지 않으니 이는 잘못되었습니다. 참작하여 고치소서."

그러나 세종은 고개를 내저었다.

"임금 앞에서 신하가 절하는 것이 예법이지만, 그러나 너무 번잡하지 않습니까. 무릇 예법이란 간단하고 쉬운 것을 추구하는 것이니, 의리에 해가 되지 않는다면 세속을 좇는 것이 옳습니다. 또 우리나라의 옛 제도가 모두 맞지도 않은데, 어찌 예법만을 좇을 수 있겠소."

이 말에 판부사 허조가 아뢰었다.

"신하가 임금을 뵙는 데는 예도가 없을 수 없사오니, 청컨대 조계에 입참하는 자에게는 사배(四拜)한 뒤에 들어가게 하소서."

그러나 세종은 여전히 받아들이지 않았다. 허례와 형식을 싫어하는 세종의 소탈하고 현실적인 면모를 엿볼 수 있는 대목이다.

이렇듯 정초 등의 대신들은 세종에게 학문을 가르치기도 했으나, 때론 세종에게 배우기도 했던 것이다.

세종의 신임을 얻은 정초는 1429년에 우군총제에 오르는데, 이때 집현전 학자들을 이끌며 《농사직설》 편찬을 주도했다.

세종은 당시 농사법의 개량에 심혈을 기울이고 있었지만, 농민들을 지도할 수 있는 실용 농서가 없어 고민하고 있었다. 중국의 농서인 《농상집요》, 《사시찬요》 등과 우리나라 농서인 《본국경험방》이 있긴 했지만 그 책으로 농민들을 계몽하기에는 무리였다. 내용이 구체적이지 못하고 농업 방식도 뒤떨어졌기 때문이다. 《농사직설》은 바로 이런 문제를 해결한 책이었다.

《농사직설》은 무엇보다도 곡식 재배에 중점을 둔 농서였다. 곡식 재배에 필요한 수리(水利), 기상, 지세 등의 환경 조건도 상세히 기술하여 농민들이 어떤 환경에서 어떤 곡식을 재배하면 유리한지를 알 수 있게 했다. 정초는 이 책을 짓기 위해 실제로 각 도 농민들의 재배법을 확인하는 한편, 농민들의 경험담을 기술하기도 했다. 그리고 이 책은 세종의 명에 의해 편찬되어 각 도의 감사와 주·부·군·현 및 장안의 2품 이상 관리들이 모두 소장하게 되었다.

이후 《농사직설》은 판을 거듭하며 조선 농업의 기본서로 자리매김했으며, 성종 때 간행된 내사본은 일본으로 전달돼 일본 농업의 발전에도 지대한 공헌을 하였다. 그 뒤에도 《산림경제》, 《임원경제지》 등 여러 농서에 그 내용이 인용되기도 했다.

정초는 이 책의 서문에서 "풍토가 다르면 농사법도 달라야 한다"고 기술하고 있는데, 이 점이 곧 《농사직설》의 가장 큰 특징이었다. 즉 각 지역에 따라 그곳에 알맞은 농사법을 수록했는데, 이는 농민들의 절실한 요구 사항이었다.

정초의 이러한 농업관은 조선 후기의 실학자들에게 막대한 영향을 끼치게 된다. 그는 중농주의 실학의 선구자였던 셈이다.

혼천의 제작과 《칠정산내·외편》 편찬

1432년에 정초는 예문관 대제학에 임명되었다. 이때 그는 또 하나의 과학적 업적을 이뤘다. 1433년 6월 9일에 박연, 김진 등과 함께 새로 만든 혼천의(渾天儀)를 세종에게 올렸던 것이다. 이때 혼천의를 직접 제작한 기술자는 이천과 장영실이었고, 정초는 그에 대한 이론을 구축하고 작업을 지휘했다.

혼천의는 천체의 운행과 그 위치를 측정하는 기구로, 고대 중국의 우주관인 혼천설에 기초하여 서기전 2세기 중국에서 처음 만들어졌다. 우리나라는 삼국시대에 이미 이것을 받아들였고, 신라와 고려를 거치며 발전해왔다. 이때 정초 등이 만들어 올린 것은 이전의 것보다 정교하고 결과가 훨씬 정확했다. 이 혼천의는 목재로 만든 것인데 나중에는 구리로 만들어지고, 효종 대에 이르면 혼천의와 시계 장치를 연결하여 혼천시계로 발전하게 된다.

혼천의 제작은 1423년부터 본격적으로 연구되기 시작한 《칠정산내·외편》 편찬 작업과 직접적인 관계가 있었다. '칠정(七政)'이란 해와 달,

그리고 목화토금수 5성을 합쳐서 이르는 말인데, 이 별들의 운행 원리와 결과를 기록한 책이 바로《칠정산내·외편》이다.

《칠정산내편》은 원나라 수시력(授時曆)에 대한 해설서이고,《칠정산외편》은 아라비아 역법인 회회력법(回回曆法)을 연구하여 해설한 것이다. 따라서 내편과 외편은 칠정을 이해하는 시각과 해설하는 방법에서 큰 차이를 보였는데, 세종은 이 둘을 합쳐 보다 발전된 역법을 얻고자 했고, 그 결과로 편찬된 것이《칠정산내·외편》이다.

《칠정산내편》해설에 기여한 인물은 정흠지, 정초, 정인지 등 세 사람이었다. 당시 천문관들은 역서를 만드는 방법은 알고 있었지만, 일식과 월식의 계산법이나 5개 행성의 움직임을 측정하는 계산법은 몰랐다.《칠정산내편》편찬 작업은 이런 한계를 극복하기 위해 이뤄진 것이다. 또 회회력인《칠정산외편》해설 작업에 참여한 인물은 이순지와 김담이었는데, 이들은 회회력의 오류까지 찾아내는 등 대단한 성과를 일궈냈다.

《칠정산내·외편》의 해설 작업이 끝난 것은 1433년이었다. 이 작업에는 세종도 직접 참여했다. 이 작업의 성공으로 조선 과학계는 칠정의 운행 원리에 통달함으로써 혼천의, 혼상, 앙부일구 등의 과학적 성과물을 얻게 된다.

정초는 바로 이러한 과학 발전을 이끄는 데 구심체 역할을 했다. 특히 과학 이론을 분석하고 해석하는 일은 거의 그가 주도했다.

하지만 안타깝게도 정초는 혼천의를 올린 그 이듬해인 1434년 6월 2일에 죽음을 맞이했다. 이미 몇 해 전부터 시름시름 앓고 있었으나, 병상에서도 연구를 게을리 하지 않았다.

실록의 졸기는 그를 이렇게 평하고 있다.

"정초는 천성이 총명하고 영매함이 보통 사람이 아니었고, 경사에 널리 정통한 데다 관리의 재질도 뛰어났다. 대체로 국가의 제도 마련에 숱하게 참여하였고, 역산(曆算)과 복서(卜筮)에 통달하였다."

　세종이 그의 시호를 문경(文景)이라 하니, 배움에 부지런하고 묻기를 좋아하며 의로움을 기반으로 절제한다는 뜻이다. 슬하에 두 아들이 있었으니, 정심과 정황이었다.

2. 천문학의 대가, 이순지

세종은 천문학에 특별한 관심을 보였다. 당시의 천문학은 칠정(七政, 일월목화토금수)의 움직임을 파악하는 데 중점을 두고 있었는데, 이를 위한 계산법이 역산이다.

이순지는 이 역산에 남다른 능력을 보인 인물이다. 역산의 기초는 산학(算學, 수학)이었는데, 당시 학자들은 이를 등한히 여기고 열심히 연구하지 않았다. 하지만 이순지는 젊었을 때부터 산학에 열중하였고, 산학의 가장 높은 경지라 할 수 있는 역산의 대가로 이름을 얻었다. 세종은 이순지의 능력을 십분 활용하여 조선의 천문학을 크게 발전시켰다.

이순지는 조선 천문학계의 거두였고, 특별한 존재였다. 그는 당시 일반적인 선비들이 걸었던 경학 연구에는 크게 관심을 보이지 않았고, 오히려 등한시되던 천문학, 산학, 풍수지리 등에 열중했다. 그러나 세종이라는 걸출한 임금을 만나지 못했더라면 그의 지식은 빛을 보지 못하고 사그라졌을지도 모른다.

역산의 대가로 성장하다

이순지(李純之)는 지사간 이맹상의 아들이며, 언제 태어났는지는 기록되어 있지 않다. 자는 성보(誠甫), 본관은 양성(陽城)이다.

그는 태어날 때부터 병약하여 혼자 제대로 먹을 수도 없었고, 다섯 살이 되도록 제대로 말하지 못하고 걷지도 못하는 아이였다. 그의 어머니는 병약한 그를 살리기 위해 유모에게 맡기지 않고 직접 길렀으며, 늘 포대기에 싸서 다녔다고 한다. 그런 어머니의 헌신과 노력 덕분에 그는 다섯 살이 넘어서야 말문이 열리고 제대로 걷게 되었다. 하지만 늘 귀에서 고름이 나고 눈에선 항상 눈물이 흐르는 병을 지고 살았다. 그럼에도 그는 학문을 좋아하고 책을 가까이했다.

처음엔 동궁에서 행수(行首)로 지내다가 1427년 문과에 급제하여 관직 생활을 시작했다. 이때 천문학에 관심이 깊던 세종은 명석한 문인들을 따로 뽑아 산학을 익히게 했는데, 이순지도 그 중 하나였다. 이순지는 이 무렵에 이미 역산에 정통한 상태였다. 세종이 그 명성을 듣고 이순지를 불러 물었다.

"지도상으로 이 나라는 어디에 위치해 있는지 아느냐?"

이순지가 자신 있게 대답했다.

"본국은 북극에서 38도 강(强)에 위치하고 있습니다."

하지만 세종은 그 말을 믿지 않았다. 이순지를 과소평가한 것이다. 그런데 얼마 뒤 중국에서 온 산학자가 천문학 책을 바쳤다. 그에게 세종이 물었다.

"이 나라가 어디에 위치해 있는지 그대는 잘 알겠군."

중국 학자가 대답했다.

"고려(당시 중국에서는 조선을 여전히 고려라고 부르는 사람이 많았다)는 북극에서 38도 강에 위치한 나라입니다."

그 소리에 세종은 이순지를 의심했던 것을 크게 반성하고, 역산에 관한 한 이순지의 말을 모두 인정했다.

이순지가 과거에 합격하여 처음 근무한 곳은 승문원이었다. 이곳은 중국과의 외교를 담당하는 곳으로 주로 사대교린에 관한 문서를 작성하고, 이두를 가르치고, 역관의 교육에 대한 업무를 담당했다. 이순지는 여기서 4년 동안 이두를 배우고 역산을 연구했다.

역산에 대한 지식이 깊어지자, 세종은 그에게 고래의 역법을 상고하여 사실과 맞지 않는 부분을 수정하는 작업을 시켰다. 이후로 그는 3년 동안 역법 교정에 전념하였고, 이 기간 동안 역산의 대가로 성장하게 된다.

간의대를 이끌다

그의 역산 능력을 높이 평가한 세종은 그를 서운관에 예속시켜 간의대 업무를 보게 했다. 간의대는 천문을 관측하여 별의 운행과 변화를 기록하고 그 원리를 파악하는 곳으로 요즘의 천문관측대 역할을 했다. 이곳에서 장영실, 이천 등과 머리를 맞대고 간의(簡儀), 규표(圭表), 앙부일구, 보루각, 흠경각, 서책 인쇄를 위한 주자(鑄字) 등을 제작했다.

1437년에 이순지는 모친상을 당했는데, 세종은 그가 빠지면 역산에 큰 차질이 생긴다고 판단하고 상복을 벗고 관직에 나올 것을 명령했다. 이순지가 이를 받아들이지 않자, 세종은 그의 아버지 이맹상에게 명하여 아들 순지가 벼슬에 나올 수 있도록 설득하라는 명령을 또 내렸다. 당시 이순지는 정4품 벼슬인 호군의 자리에 있었는데, 이런 하위직에 대해 임금이 직접 기복 명령을 내리는 일은 거의 없었다. 이는 세종이 얼마나 천문학의 발전에 심혈을 기울이고 있었는지 잘 보여주는 대목이다.

세종의 기복 명령이 있자, 이순지는 장문의 글을 올려 효도를 다할 수 있도록 해달라고 청했다. 이순지는 다른 형제들에 비해 어머니의 은혜를 크게 입어 절대로 기복할 수 없다고 하면서 역산 업무는 굳이 관청에 나가지 않아도 할 수 있는 일이라고 역설했다. 그 내용을 들어보면 이렇다.

"역산이란 반드시 관아에서 벼슬을 얻어야만 판단할 수 있는 것이 아닙니다. 예전에 유흥이란 인물은 단지 평상에 단정히 앉아서 20년을 생각하고서야 비로소 그 이치를 깨달았다 했습니다. 원컨대 역산하는 책을 받아서 밤과 아침으로 마음을 다하여 깨닫고, 홀로 앉아 생각을 반복하고 연구하여 조금이라도 그 깨침이 있으면, 시끄러운 가운데 종일토록 모여 앉아 한 가지 일도 정하지 못하는 것보다 훨씬 나을 것입니다."

이순지는 이런 이유 말고도 상중에 자기 몸을 치유할 생각도 있었다. 그간 관직 때문에 치료에 전념하지 못했는데, 거상 중에 시간을 내서 치료에 열중하고자 했던 것이다.

세종은 그의 청을 받아들이지 않고 기복을 명령했다. 그러나 이순지는 상이 끝날 때까지 출사하지 않았다. 세종은 하는 수 없이 이순지의 관직을 그대로 유지시키고, 그의 부재를 메울 인물을 물색했는데, 이때 뽑힌 사람이 집현전 정자로 있던 김담이었다. 당시 젊은 학자였던 김담은 훗날 이순지의 뒤를 이어 역산의 발전에 크게 기여하게 된다.

《제가역상집》을 편찬하다

세종은 1437년에 이순지를 정4품 호군으로 삼았다가 1443년에는 동부승지로 전격 발탁했다. 동부승지는 공조를 맡은 비서관인데, 이순지를 이 직책에 배치한 것은 과학, 특히 천문학 분야의 업무를 세종이 직접 챙기겠다는 의미였다.

이 시절에 세종은 이순지에게 천문학에 관한 새로운 서적을 편찬하라는 특별한 명령을 내렸는데, 이는 종래의 천문역서가 가진 문제점을 보완하고 중복된 부분을 삭제하여 긴요한 사항들만 한눈에 볼 수 있도록 하라는 것이었다.

1445년(세종 27년) 3월 30일, 드디어 이순지가 세종의 명령을 실천에 옮겼으니, 바로 《제가역상집(諸家曆象集)》의 편찬이 이뤄진 것이다.

4권 4책으로 이뤄진 이 책은 제1권은 천문, 제2권은 역법(曆法), 제3권은 의상(儀象), 제4권은 구루(晷漏, 해시계와 물시계)를 다루고 있는데, 그 편찬 동기를 이순지는 발문에서 이렇게 밝히고 있다.

> 제왕의 정치는 역법과 천문으로 때를 맞추는 것보다 더 중요한 것은 없는데, 우리나라 일관들이 그 방법에 소홀하게 된 지가 오래다. 1433년 가을에 우리 전하께서 거룩하신 생각으로 모든 의상과 구루의 기계며, 천문과 역법의 책을 연구하지 않은 것이 없어서, 모두 극히 정묘하고 치밀하셨다.
>
> 의상에 있어서는 이른바 대간의와 소간의, 일성정시의, 혼의 및 혼상이 만들어졌다. 구루에 있어서는 이른바 천평일구, 현주일구, 정남일구, 앙부일구, 대소 규표 및 흠경각루, 보루각루와 행루가 있다. 천문에 있어서는 칠정을 중심으로 주변의 별자리를 배열하였고, 각 별마다 북극에 대한 몇 도 몇 분을 모두 측정하였고, 고금의 천문도(天文圖)를 참고하여 같고 다름을 알아내어 바른 것을 취하였고, 그 28수의 도수(度數)와 분수, 12차서(동양에서 적도를 따라 하늘을 30도씩 12구역으로 구분한 것으로 이는 12년 만에 제자리로 돌아오는 목성의 천구상의 위치를 파악하는 데 주로 쓰였다)의 별의 도수 일체를 《수시력》에 따라 수정해서 석판으로 간행했다. 역법에 있어서는 《대명력》,《수시력》,《회회력》,《통궤》,《통경》 등 여러 책을 본받아 서로 비교하여 교정하였다. 또 《칠정산내·외편》을 편찬했는데, 그래도 미진해서 다시 신에게 명령하셔서 전기에 기록된 천문·역법·의상·구루에 관한 내용을 모두 찾아내 중복된 것은 하나로 정리하고 긴요한 것은 취하여 부문별로 나눠 1질을

편찬토록 하셨으니, 진실로 이 책에 의하여 이치를 구해보면 생각보다 얻는 것이 많을 것이며, 더욱이 전하께서 하늘을 공경하고 백성에게 힘쓰시는 정사가 극치에 이르지 않은 것이 없음을 보게 될 것이다.

이 책의 원본은 현재 규장각에 소장되어 있고, 《서운관지》나 《증보문헌비고》에도 자세한 소개가 나와 있다.

《칠정산내·외편》과 더불어 당대 최고의 천문역서인 《제가역상집》은 이순지와 세종의 천문학에 대한 열정이 고스란히 담겨 있는 역작이다. 천문학의 요점을 일목요연하게 정리하여 역산에 대한 깊은 지식이 없더라도 한눈에 알 수 있게 만든 점이 이 책의 강점인데, 이는 실용주의 정책으로 일관했던 세종의 면모와 고금의 천문역서에 통달했던 이순지의 지식 체계가 일궈낸 조선 천문학의 쾌거였다.

사방지 사건으로 파직되다

이순지는 문종, 단종, 세조 대에도 중추원부사, 중추원판사, 개성부 유수 등을 지냈다. 비교적 만년을 편안하게 보냈으며 경제적으로도 부유했다. 그러나 그도 장안을 떠들썩하게 만든 사건에 휘말린 적이 있었다.

이순지에게 딸이 하나 있었는데, 김구석에게 시집갔다. 그녀는 일찍 과부가 되었는데, 그녀 곁엔 항상 사방지라는 시녀가 따라다녔다. 사방지는 단순히 그녀를 시중들기만 한 것이 아니라 함께 먹고, 같은 옷을 입었으며, 심지어 동침을 하기도 했다. 그런데 세조 8년(1462년) 4월 27일에 의금부 장령 신송주가 사방지를 하옥시키고 계를 올렸는데, 그 내용이 예사롭지 않았다.

"여경방에 사는 고(故) 학생(學生) 김구석의 처 이씨의 가인 사방지가 여복을 하며 종적이 괴이하다고 하였으므로 본 부에서 이를 보았더니, 과연 여복을 하였는데, 음경과 음낭은 곧 남자였습니다. 남자인 그가 여장을 한 것은 반드시 까닭이 있을 것이니, 청컨대 가둬 알아볼 수 있도록 하소서."

세조가 그 말을 듣고 승정원 승지들이 살펴보게 했다. 그들이 사방지를 살펴보고 세조에게 보고했다.

"신들이 살펴보니, 사방지는 머리 장식과 복색은 여자였으나 음경과 음낭이 있는데, 다만 정도(精道)가 경두 아래쪽에 있어 다른 사람과 달랐습니다. 또 턱수염이 없고, 여자들이 하는 일을 좋아하니 이는 이의(二儀, 양성)를 가진 사람인데, 흔히 남자의 형상이 많습니다."

세조는 난감한 표정을 지었다. 한참 동안 생각한 끝에 세조가 말했다.

"황당한 사람이 여자의 집을 출입했는데도 이순지는 가장으로서 능히 금하지 못했으니, 진실로 그릇된 일이다. 그러나 간통한 것을 잡은 것도 아닌데, 재상 집의 일을 경솔하게 의논하고, 또 이와 같이 괴이한 일을 계품도 하지 않고 함부로 취조했으니, 심히 불가하다. 사방지를 취조한 의금부의 관리들을 파직하도록 하라."

그러나 승지들이 사방지를 국문해야 한다고 주장하자, 세조는 의금부에서 사방지를 국문토록 조치했다. 국문 결과, 김구석의 처 이씨가 사방지와 간통한 지가 여러 해 되었고, 그 이전에 사방지는 김중렴의 계집종이었다가 여승이 된 여자와 간통한 사실이 밝혀졌다. 하지만 세조는 애매한 일로 대부의 가문을 욕되게 한 의금부 관리들을 벌줬다.

그 뒤로 의금부에서 다시 사방지를 추국할 것을 요청했지만, 세조는 사방지가 병자라 하여 허락하지 않았다. 그런데 5월 1일에 연회장에서 세조는 도승지 홍응이 사방지를 추국해야 함을 역설하자 이렇게 말했다.

"내가 사헌부에서 사방지를 추국하려는 것을 그르다고 하는 것이 아니고, 혹여 편견을 가질까 봐 염려해서다. 이제 사방지를 국문하여 이순지를 죄줄 것이니, 승지는 내 말을 잊지 말라."

비록 취중이었지만 어명은 엄한 법이었다. 곧 사방지가 다시 잡혀왔고, 그간의 행각들이 들춰졌다.

사방지는 그간 여승 중비와 지원, 소녀 등과 간통하였고, 한때 머리를 깎고 여승이 된 적도 있었다. 그러다가 중비의 소개로 이순지의 딸 이씨를 만나게 된 것이다. 이들 이외에도 사방지는 고모인 김연의 처와도 간통한 사실이 있었다.

이 일로 이순지는 5월 2일에 파직되었다. 그리고 이순지에게 사방지를 맡겼다. 하지만 이순지는 사방지 일로 재상들에게 억울함을 호소하고 모두 풍문에 불과하다고 말했는데, 재상들이 오히려 집안을 제대로 다스리지 못했다며 이순지에게 면박을 줬다.

그 무렵 다시 사방지에 대한 국문 여부를 놓고 논쟁이 붙었는데, 간통 장면을 목격하지도 않았는데, 풍문만으로 국문을 하는 것은 옳지 않다는 것이 대세였다. 그러나 한쪽에선 사방지가 이씨와 추잡한 짓거리를 한 흔적이 역력하다며 먼 지방으로 유배 보내는 것이 마땅하는 논리가 전개되었고, 세조는 이 말을 따랐다.

사방지는 결국 외방으로 쫓겨났고, 며칠 뒤에 이순지는 다시 복직되었다. 하지만 사방지 사건은 그 뒤로도 몇 년간 이순지를 줄곧 괴롭혔고, 그런 와중인 1465년 6월 11일에 이순지는 유명을 달리했다. 아들이 여섯이니 이부, 이지, 이공, 이파, 이포, 이국이다. 세조는 그에게 정평(靖平)이라는 시호를 내렸다. 이는 행동이 공손하고 말이 드물며, 일을 맡으매 절제가 있다는 뜻이다.

3. 세종의 '위대한 손' 장영실

세종의 과학 정책이 결실을 볼 수 있었던 것은 장영실(蔣英實)과 같은 뛰어난 장인이 있었던 덕이다. 설사 이론적으로 결함이 없다손 치더라도 어떤 기계가 실제로 만들어지기 위해서는 그 이론을 완제품으로 전환시킬 능력을 갖춘 기능공의 손을 거쳐야 하기 때문이다. 그런 의미에서 장영실은 세종의 과학 정책을 현실화시킨 '위대한 손'이었다고 해도 과언이 아니다.

관기의 아들로 태어나다

장영실이 언제 태어났는지는 기록되지 않았다. 다만 《세종실록》에 그의 아버지가 원나라 소항주(蘇杭州) 사람이며 어머니가 기생이었다는 사실, 그가 동래현의 관노 신분이었다는 사실만 기록되어 있다. 장영실의 성씨를 감안할 때, 그의 아버지는 원나라 사람이긴 했지만, 몽골인이 아닌 한족이었고, 장영실이 관노였다는 사실을 통해 그의 어머니는 관비였음을 알 수 있다. 즉 장영실은 몽골 지배 시절의 한족 아버지와 고려 동래현에 예속된 관기 사이에서 태어난 혼혈아였다는 뜻이다.

그의 어머니가 관기였다면 필시 몸이 자유롭지 않았을 터이고, 마음대로 결혼할 수 없는 처지였다. 그런데 어떻게 장영실의 아버지와 부부가 될 수 있었을까?

이러한 의문은 《세종실록》 19년 7월 6일의 기록을 통해 풀린다. 이때 중국인 지원리와 김새 등 7명이 여진족에게 붙잡혀 있다가 조선으로 도망왔는데, 김새는 금은 제련 기술이 뛰어났다. 세종은 그를 조선에 머물게 하고 싶어서 기생을 아내로 주고 후하게 대접했다.

당시 대신들은 명나라와 외교 마찰을 일으킬 수 있다며 그들을 돌려보내야 한다고 주장했다. 하지만 세종은 김새의 제련 기술을 장영실에게 전수토록 했다. 물론 나중엔 그의 존재가 드러날 것을 염려하여 중국으로 돌려보냈지만, 세종은 뛰어난 제련 기술자인 그를 돌려보내는 것을 무척 안타까워했다.

아마도 장영실의 아버지가 관기와 부부의 연을 맺을 수 있었던 것도 김새의 경우와 유사했을 것이다. 즉 장영실의 아버지는 중국의 장인이었는데, 어떤 죄를 짓고 고려로 도망쳐왔다가 뛰어난 기술 덕분에 관기를 아내로 얻어 살았다는 유추가 가능하다. 그렇다면 장영실의 뛰어난 능력은 아버지로부터 전수받았다는 뜻이 된다. 또한 비록 관기의 아들이었지만, 아버지로부터 물려받은 능력 덕분에 그는 일찍부터 기술자로 대우받았을 가능성이 높다.

세종을 만나 날개를 달다

동래의 관노 신분인 그를 태종이 궁궐로 데려와 공장 일을 맡겼던 것으로 미뤄 그의 능력은 이미 조선 건국 초부터 명성을 얻고 있었던 모양이다. 하지만 그의 신분은 여전히 동래현의 관노였다. 그러다 관노의 신분에서 벗어난 것은 세종 5년인 1423년이었다. 이때 세종은 그를 관노 신분에서 풀어주고 상의원 별좌 자리를 주고자 했다. 그간 장영실은 공장에서 많은 기계를 제작했는데, 제련 기술에서도 남다른 재능을 보이자 그를 기술 관료로 키우고자 했던 것이다.

세종이 장영실을 상의원에 예속시켜 별좌에 앉히려 하자, 이조판서 허조가 반대했다. 기생 소생을 상의원에 둘 수 없다는 것이었다. 상의원(尙衣院)은 임금의 의복과 궁중에서 소요되는 일용품이나 금은보화 등을 공급하는 일을 맡아보는 기관이었고, 별좌는 비록 월급을 받지 못하는 무록관(無祿官)이었지만 종5품의 문반 실직이었다. 또 1년을 근무하면 다른 직책으로 옮겨가 녹봉을 받는 녹관이 될 수도 있었다. 허조는 한낱 관기의 자식이 작은 능력이 있다 하여 문반의 5품직 관직을 받는 것을 용납할 수 없었던 것이다.

그러나 병조판서 조말생은 장영실을 상의원 별좌에 앉히는 것이 옳다고 주장했다. 비록 천인 신분이지만 능력이 있고, 국가에 공로가 있으면 신분을 상승시킬 수 있다는 견해였다. 세종은 조말생의 주장에 힘입어 장영실을 종5품 별좌에 앉혔다. 관노 출신의 그에겐 파격적인 대접이 아닐 수 없었다.

그 뒤로 세종은 장영실을 한층 가까이 둘 수 있었다. 세종은 후에 장영실의 직위를 호군(정4품)으로 올리면서 "영실이 재주만 정교하고 뛰어난 것이 아니라 명민하기가 보통이 넘는다."고 평하고 있다. 그런 까닭에 세종은 장영실을 자주 데리고 다녔다. 때론 내시를 대신하여 어명을 전달하는 역할을 맡기도 했다. 이는 세종이 황희에게 직접 말한 내용으로 장영실에 대한 세종의 총애가 얼마나 대단했는지 알려주는 대목이다. 신분에 관계없이 능력과 자질만으로 사람을 평가하던 세종의 진면목이라 할 수 있다.

장영실은 별좌가 된 뒤 1년 만에 사직(司直)의 벼슬에 오른다. 사직은 원래 실무는 없지만 월급을 받는 녹관으로, 군부에 속한 직책이었다. 세종이 그에게 실무가 없는 직책을 준 것은 조정 대신들의 반발을 의식한 조치였겠지만, 한편으론 세종이 시키고자 하는 일을 마음대로 시킬 수 있다는 계산이 뒤따랐을 것이다.

실제로 세종은 장영실에게 갖가지 일을 시켰다. 세종 스스로 만들어보고 싶었던 도구나 기계 장치들을 만드는 것은 기본이었고, 지방에 출장을 보내 물품을 만들어 오도록 했고, 금은 제련과 관련된 일이나 철광 채굴을 위해 광산으로 출장을 보내기도 했다.

1425년 4월 18일엔 평양감사에게 이런 명령을 내리기도 했다.

"내가 보낸 사직 장영실의 설명대로 석등잔 대, 중, 소 30개를 만들어두라."

전방 부대를 통괄하는 평양감사에게 이런 명령을 내렸다는 점을 감안할 때 장영실이 고안한 석등잔은 군사 작전에 필요했던 것으로 보인다.

1432년에는 벽동군 사람 강경순이 청옥을 진상하자, 세종은 장영실에게 채굴 책임을 맡겨 옥을 채취하게 했고, 1438년에는 장영실을 채방별감으로 삼아 경상도 지역 광산의 연철 채굴을 지휘 감독하는 업무를 맡기기도 했다. 별감은 왕명을 받고 지방 유지들과 함께 특별한 임무를 수행하는 직책인데, 장영실을 별감으로 내보냈다는 것은 세종이 그를 크게 신뢰하고 있었다는 의미다.

세종 곁에서 그런 업무들을 수행하며 장영실의 품계도 올라갔다. 1433년엔 정4품인 호군이 되었고, 1437년엔 종3품 대호군의 벼슬을 얻었다. 일개 관노였던 그가 군부의 중책인 대호군의 벼슬에 오른다는 것은 당시로선 꿈도 꿀 수 없는 일이었다.

과학 혁명의 증거들

세종의 적극적인 지원 아래 장영실이 일궈낸 과학적 쾌거를 열거하자면 대표적으로 혼천의, 혼상, 물시계, 해시계, 측우기, 간의대, 갑인자 등을 들 수 있다. 물론 장영실 혼자 이 일을 해낸 것은 아니었다. 주로 정초와 정인지, 세종 등이 이론과 원리를 설명하고 이순지, 김담 등이 수학적 기반을 마련했으며, 이천이 현장을 지휘했다. 하지만 실제 이 기계들을 제작한 인물은 장영실이었다. 장영실이 이때 만들었던 과학적 산물들의 면면을 살펴보면 이렇다.

우선 간의대를 살펴보면, 경복궁의 경회루 북쪽에 설치된 석축 간의대는 높이 6.3미터, 길이 9.1미터, 너비 6.6제곱미터의 천문관측대였다. 이 간의대에는 혼천의, 혼상 등이 설치되었다. 간의대와 주변 시설물들은 중국과 이슬람 양식에다 조선의 전통 양식을 혼합한 것이었는데, 1438년(세종 20년) 3월부터 이 간의대에서 서운관 관원들이 매일 밤 천문을 관측한 것으로 기록되어 있다.

혼천의란 천체의 운행과 그 위치를 측정하는 기계로 중국 우주관 중 하나인 혼천설에서 비롯된 것이다. 혼천설의 골자는 우주는 새알처럼 둥글게 이 땅을 둘러싸고 있고, 땅은 마치 새알 껍데기 같은 우주 속에 있는 노른자위처럼 생겼다는 학설이다. 쉽게 말하면 우주는 둥근 원으로 얽혀 있고 지구는 그 속에 있는 또 하나의 둥근 원이라는 뜻으로, 곧 지구 구형설인 셈이다.

혼천의는 천구의와 함께 물레바퀴를 동력으로 움직이는 시계장치와 연결된 것으로서 일종의 천문시계 기능을 하고 있었다.

또 혼상은 일종의 우주본으로 지구본처럼 둥글게 되어 있으며, 둥글게 만든 씨줄과 날줄을 종이로 감싼 것이다. 어설프게 보이는 이 천문관측기는 당시로서는 최고의 과학적 결정체였다.

이 외에도 간의대에 방위와 절기, 시각을 측정하는 도구인 규표, 태양시와 별의 시간을 측정하는 일성정시의도 설치되어 있었다.

천문학의 발전은 시계의 발명을 가져왔다. 당시의 시계는 해시계와 물시계로 대표된다. 해시계는 앙부일구, 현주일구, 천평일구, 정남일구 등이 있었으며, 물시계는 자격루와 옥루가 있었다.

해시계를 일구(日晷)라고 한 것은 해 그림자로 시간을 알 수 있도록 했기 때문이다. 이 일구들은 모양과 기능에 따라 여러 가지로 나뉘는데 우리나라 최초의 공중시계인 앙부일구는 그 모양이 '솥을 받쳐놓은 듯한 [仰釜]' 형상을 하고 있다 하여 이 같은 이름이 붙여졌다. 이것은 혜정교와 종묘 남쪽 거리에 설치됐다. 현주일구와 천평일구는 규모가 작은 일종의 휴대용 시계였고 정남일구는 시계바늘 끝이 항상 '남쪽을 가리킨다'고 해서 붙여진 이름이다.

장영실 등이 만든 앙부일구는 단순히 해시계를 발명했다는 측면 외에 더 중요한 과학적 사실을 내포하고 있다.

다른 나라의 해시계가 단순히 시간만을 알 수 있게 해준 데 반해 앙부일구는 바늘의 그림자 끝만 따라가면 시간과 절기를 동시에 알게 해주는 다기능 시계였다. 또한 앙부일구는 세계에서 유일하게 반구로 된 해시계였다. 앙부일구가 반구로 된 점에 착안해서 그 제작 과정을 연구해보면 놀라운 사실이 발견되는데, 그것은 당시 사람들이 해의 움직임뿐만 아니라 지구가 둥글다는 사실도 알고 있었다는 점이다.

해시계는 이처럼 조선의 시계 문화에 획기적인 발전을 가져다주었지만 기능적인 한계를 안고 있었다. 해시계는 해의 그림자를 통해 시간과 절기를 알게 해주는 것이었기에 흐린 날이나 비가 오는 날에는 이용할 수 없었던 것이다. 그래서 만들어진 시계가 물시계였다.

물시계로는 자격루와 옥루가 있었다. 자동으로 시간을 알려주는 시보 장치가 달린 이 물시계는 일종의 자명종이다. 1434년 세종의 명을 받아 장영실, 이천, 김조 등이 고안한 자격루는 시, 경, 점에 따라서 자동적으로 종, 북, 징을 쳐서 시간을 알리도록 되어 있었다. 1437년에는 장영실이 독자적으로 천상시계인 옥루를 발명해 경복궁 천추전 서쪽에 흠경각을 지어 설치했다. 옥루는 중국 송, 원 시대의 모든 자동시계와 중국에 전해진 아라비아 물시계에 관한 문헌들을 철저히 연구한 끝에 고안한 독창적인 것으로서 중국이나 아라비아의 그것보다도 뛰어났다는 평가를 받고 있다.

해시계, 물시계와 더불어 천문학의 발전으로 이루어진 또 하나의 뜻깊은 발명품은 측우기였다. 측우기는 1441년에 발명되어 조선시대의 관상감과 각 도의 감영 등에서 강우량 측정용으로 쓰인 관측장비로, 현대적인 강우량 계측기에 해당된다. 이는 갈릴레오의 온도계나 토리첼리의 수은기압계보다 200년이나 앞선 세계 최초의 기상 관측장비였다. 측우기의 발명으로 조선은 새로운 강우량 측정 제도를 마련할 수 있었고, 이를 농업에 응용하게 되어 농업기상학에서 괄목할 만한 진전을 이룩하였다. 또 강우량을 정확하게 파악할 수 있어 홍수 예방에도 도움이 되었다.

인쇄 문화에서도 획기적인 발전이 이뤄졌는데, 바로 갑인자의 등장이었다. 세종은 당시까지 사용하던 활자인 경자자의 문제를 해결하기 위해 새로운 활자를 만들도록 했고, 이천의 지휘 아래 이순지, 장영실, 김돈, 김빈 등이 중심이 되어 두 달 만에 활자 20만 자를 만들었다. 1434년 갑인년에 동활자로 만들어진 갑인자는 가늘고 빽빽하여 보기가 어렵고, 판이 잘 허물어져 글자가 한쪽으로 쏠리고 삐뚤어지는 경자자의 문제점을 거의 완벽하게 개선했다. 갑인자는 필력이 정확하게 나타나고, 아름답고, 보기에 편하며, 크기가 일정하여 흔히 한국 활자본의 백미라고 하며,

세계 활자사에도 일획을 긋는 업적으로 평가받고 있다.

　조선 정부는 그 이후에도 400여 년 동안 갑인자를 계속 사용했는데, 세종 이후로 동활자가 계속 유실되어 많은 부분이 목활자로 대체되었고, 그런 까닭에 조선사를 통틀어 세종 때 만든 동판 갑인자로 찍어낸 글자보다 세밀하고 유려한 활자는 없다. 갑인자는 조선 500년은 물론이고, 중국의 어느 활자보다도 정교했던 것이다.

　간의대, 해시계, 물시계, 측우기, 갑인자 등 세계 과학사에 빛나는 이와 같은 업적들은 세종의 뛰어난 지도력 없이는 탄생할 수 없었을 것이다. 학문은 물론이고 기술적인 측면에도 지대한 관심과 노력을 아끼지 않았던 세종은 측우기의 제작에 왕세자를 직접 참여시키는 열성을 보였는가 하면, 출신 성분에 관계없이 능력에 따라 학자와 기술자를 등용하기도 했다. 장영실은 세종의 그와 같은 실용적 가치관에 힘입어 마음껏 능력을 발휘할 수 있었다.

불경죄로 파직되다

　비록 세종의 총애를 얻었지만 장영실의 삶이 늘 평탄했던 것은 아니었다. 사직 벼슬에 있던 1425년(세종 7년) 5월 8일, 장영실은 탄핵을 받았다. 뇌물을 받은 사실이 들통난 것이다. 당시 사헌부에서는 대사성 황현, 양주부사 이승직, 한을기, 황득수, 장영실, 구중덕, 조맹발, 기석손 등이 이간에게 뇌물을 받았으니 모두 태 20대를 쳐야 한다고 장계를 올렸다. 장물이 1관 이하일 때 태 20대를 내리곤 했으니, 대수롭지 않은 뇌물이었던 것으로 보이나 세종은 공신의 후손인 황득수와 조맹발만 제외하고 나머지에겐 사헌부가 올린 대로 벌을 줬다.

1430년 4월 27일에 의금부에서 계를 올려 세종에게 아뢰었다.

"이징과 이군실이 동관 노상에서 각각 종자를 거느리고 참마(站馬)를 타고 사냥하다가 요동도사에게 욕을 당했으며, 각 역참에 이르러 중국 사람을 손으로 때렸사옵니다. 청하건대 주범과 종범을 가려 이징은 형장 100대에 처하고 이군실, 종사관 구경부, 박세달, 장영실, 신서, 홍노, 이득춘, 이초, 장현, 조일신 등은 형장 90대로 하며 장후는 검찰관으로서 사냥을 금하지 아니하였으니, 형장 100대에 처하소서."

놀랍게도 이 일은 중국 요동에서 벌어진 사건이다. 이 무렵에 장영실은 사신 오승을 따라 중국에 갔다. 직책은 사신을 보좌하는 종사관이었지만, 실제 임무는 세종의 지시에 따라 중국의 특정한 과학기술을 견학하기 위한 것일 게다.

이들은 북경에서 돌아오던 길에 요동 조선관에 잠시 머무르는 틈을 이용해 관아의 말을 타고 사냥을 즐겼던 모양이다. 사냥에는 부사신 이군실, 판부사 이징 그리고 수행하던 종사관이 모두 가담했다. 요동도사가 이 일을 사헌부에 통보하자, 의금부에서 오승은 물론이고 이징 이하의 관리들을 모두 벌주라 했던 것이다. 세종은 사신 오승을 하옥시켰다가 나중에 사냥에 가담하지 않은 것이 밝혀져 풀어줬다. 그러나 이징과 이군실은 외방직으로 쫓아보내는 한편, 나머지 종사관은 품계를 2등씩 감하도록 했다.

다만 장영실은 특별히 벌금으로 처리했다. 아마도 두 사람은 특별한 임무를 띠고 사신 행렬에 따라갔다가 사냥을 함께 하자는 일행의 강압에 마지못해 참여했던 모양이다. 비록 같은 종사관이었지만 장영실은 천민 출신이었고, 그런 까닭에 양반들의 제의를 거부할 수 없는 처지였을 것이다. 세종은 그 점을 감안하여 벌금형으로 처리한 듯하다.

1442년 3월 16일에 장영실은 안여(安輿, 가마)를 잘못 만들어 국문을 당했다. 대호군 장영실의 주도 아래 임금의 가마를 만들었는데, 시험으로 타보던 중에 부서지는 사태가 발생한 것이다. 이 일로 장영실은 탄핵을 당했다. 죄는 불경죄였다. 사헌부에서는 곤장 80대를 쳐야 한다고 했지만, 세종은 2등을 감해주라고 했다. 하지만 그것으로 끝나지 않았다. 불경죄는 본래 크게 다루는 죄였기에 세종은 정승들에게 장영실의 처리 방안을 물었다. 정승 황희가 대신들과 의논하여 이렇게 보고했다.

"그의 죄는 불경죄에 해당하니, 마땅히 직첩을 회수하고 곤장을 집행하여 다른 사람들의 경계로 삼아야 할 것입니다."

세종도 그 말을 옳게 여기고 장영실의 직첩을 빼앗아 파직시켰다. 《조선왕조실록》에는 이후 장영실이 어떻게 되었는지에 관한 기록이 없다. 실록에 더 이상 등장하지 않는 것으로 봐서 파직 이후에 서인으로 살다가 죽은 것으로 보인다.

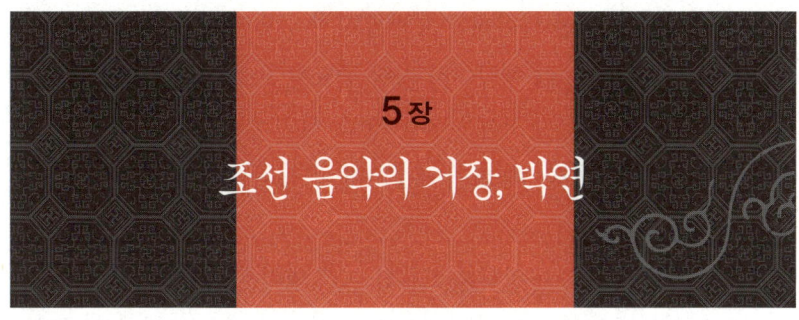

5장
조선 음악의 거장, 박연

공자는 인간이 갖출 가장 중요한 덕목으로 예(禮)와 악(樂)을 꼽았다. 공자가 예와 악을 중시한 것은 그것이 인간 사회의 질서와 조화를 이끌어내는 초석으로 작용한다고 믿었기 때문이다. 그런 공자의 견해는 제자들에게 이어져 유학의 중요한 가치관이 되었고, 송나라의 주희에 의해 새롭게 주창된 신유학을 건국 이념으로 삼은 조선은 당연히 예법(禮法)을 사법(司法)보다 상위에 두었다. 그런 까닭에 예법은 사법보다 훨씬 강력한 강제력을 가진 실정법이었는데, 특히 왕실과 양반들은 사법보다는 예법에 의해 준엄한 심판을 받기 일쑤였다.

예는 국가적 의미에서 보면 대개 좋은 일을 치르는 길례, 찾아온 손님을 대접하기 위한 빈례, 왕 또는 세자의 혼인을 위한 가례(嘉禮), 거상 등 흉사를 위한 흉례, 군대 조직의 행사를 위한 군례 등 다섯 가지로 구분되는데, 이를 통칭하여 오례(五禮)라 했다.

예를 중시하던 조선 사회에선 오례에 관한 규범인《오례의》에 의해 국가 행사를 치렀는데, 이 행사에서 가장 중요한 요소는 음악이었다. 외국 사신을 맞는 빈례든, 출정식을 앞둔 군대 사열식에서의 군례든 음악을 빼놓곤 예식 자체가 불가능했기 때문이다. 음악과 오례는 불가분의 관계에 있었던 것이다.

음악은 무엇보다도 분위기를 조율하는 데 없어서는 안 될 중요한 수단이다. 손님을 맞는 빈례를 거행한다면 즐겁고 반가운 분위기의 음악이 필요할 것이고, 국상 같은 흉례는 슬프고 숙연한 느낌을 불러일으켜야 할 것이며, 적을 무찌르기 위해 전장으로 떠나는 출정식에선 힘차고 패기 넘치는 곡조가 필요한 법이다. 제왕의 즉위식이나 군대의 분열식에선 걸음걸이 하나까지도 모두 곡조에 맞춰 움직였던 만큼 음악은 모든 행사를 이끄는 틀이라고 해도 과언이 아니었다.

예식은 크게 보면 다섯 가지에 불과하지만《오례의》각 항목마다 숱한 행사와 예식이 있으므로 다양하고 세심한 음악적 배려가 필요했다. 하지만 건국 초기의 조선 음악은 그 점을 충족시키지 못했다.

왕자 시절부터 음악에 관심이 깊었던 세종은 이런 현실을 절감하며 음악의 혁신과 발전에 심혈을 기울였고, 스스로 작곡을 하기도 했다. 그러나 임금이 혼자서 그 일을 모두 할 순 없었다. 그렇다고 음악을 모르는 유학자들에게 맡길 수도 없었고, 학문을 모르는 악공에게 맡길 수도 없었다. 세종에게 절실한 인물은 유학은 물론이고 예학에 정통하고 음악 이론에 밝으며 악기도 잘 다루는 그런 인재였다.

악공을 천시하던 당시 풍조 때문에 세종의 그런 열망을 충족시킬 인물은 오직 한 사람뿐이었다. 바로 조선 500년 역사를 통틀어 최고의 악인(樂人)으로 불린 박연이었다.

광대에게서 음을 배우다

박연(朴堧)은 1378년(우왕 4년)에 충청도 영동에서 태어났다. 삼사좌사를 지낸 박천석의 아들이며, 우문관 대제학을 지낸 박시용의 손자다. 초명은 연(然), 자는 탄부(坦夫), 호는 난계(蘭溪), 본관은 밀양이다.

그는 청년 시절에 우연히 피리를 익힐 기회가 있었는데, 음에 대한 남다른 깊이가 있어 피리 솜씨에 감탄한 고을 사람들이 '선수(善手)'라고 부를 정도였다. 그 뒤 음악을 제대로 배우기 위해 한양으로 올라왔는데, 마침 음악에 밝은 광대를 만날 수 있었다. 그는 광대 앞에서 제법 목에 힘을 주고 피리를 불었는데, 찬사는커녕 혹평을 들었다.

"선비님의 피리 소리는 음절이 야비하여 가락에 맞지 않습니다."

그 말에 충격을 받은 박연이 간절한 음성으로 부탁했다.

"그렇다면 내 음을 바로잡아줄 순 없겠소?"

광대는 고개를 절레절레 흔들었다.

"이미 습관이 굳어져 고칠 수 없습니다."

하지만 박연은 그에게 매달리며 사정했다.

"내 그간 마음대로 익힌 재주라 그렇소. 제대로 가르쳐준다면 필히 잘못된 습관을 고칠 것이오. 제발 내게 피리를 가르쳐주시오."

양반의 간절한 부탁이라 광대는 거절하진 않았다. 하지만 내심 며칠 지나지 않아 포기할 것으로 생각했다. 물론 엉터리 연주법은 고치지도 못할 것으로 판단했다. 그러나 박연은 단 며칠 만에 잘못된 습관을 완벽하게 고쳤다. 그제야 박연의 천부적 능력을 높이 평가한 광대가 말했다.

"선비님은 정말 가르칠 맛이 납니다."

그로부터 며칠이 지나지 않아 또 광대가 혀를 내두르며 찬사를 쏟아냈다.

"정말 완벽합니다. 곡조가 절실하고 소리가 깊습니다."

며칠 후에는 무릎을 꿇고 오히려 가르침을 구하면서 말했다.

"나로서는 선비님의 천부적인 감각에 미칠 수가 없습니다."

박연은 이렇듯 광대를 스승으로 모신 지 한 달도 안 돼 그를 능가해버렸다. 그 뒤로 거문고와 비파 등 모든 악기를 섭렵했는데, 그 솜씨가 가히 신기에 가까웠다.(용재총화)

마침내 악관이 되다

박연은 음악에 몰두한 탓에 1405년(태종 5년)에 스물여덟이라는 늦은 나이로 생원시에 합격했다. 6년 뒤인 1411년에 진사시에 합격하고, 나이 마흔이 다 돼서야 대과에 붙었다.

문과에 합격하여 출사한 뒤로 그는 집현전 교리, 사간원 정언, 사헌부 지평, 세자시강원 문학 등 주로 언관과 학관직을 수행했다. 그러다 세종 즉위 후 처음엔 집현전 교수관을 지내다가 1423년 3월 17일에 의영고 부사를 맡아 의녀들을 교육시키는 훈도관이 되었다. 이런 사실을 볼 때 그는 의학에도 꽤 지식이 깊었던 것으로 보인다. 하지만 이때까지도 박연의 진가는 발휘되지 못했다.

그의 진가가 드러난 것은 세종 6년(1424년)부터였다. 당시 세종은 음악을 정비해야 한다는 신념을 가지고 인재를 찾고 있었는데, 마침 박연이 천거된 것이다. 세종은 그를 악학별좌에 임명하여 음률을 정비할 것을 명령했다.

박연은 우선 음률 정비를 위해 필요한 사항들을 점검하고, 그에 관한 구체적인 사안들을 조목조목 적어 예조에 보고했다. 예조에서는 박연의 보고를 요약하여 세종에게 이렇게 아뢰었다.

"음악의 격조가 경전과 사기 등에 무분별하게 산재해 있는 까닭에 보기가 어렵게 되어 있습니다. 또《문헌통고》,《진씨악서》,《두씨통전》,《주례악서》등을 소장한 사람이 없기 때문에 선비가 비록 뜻을 두고 개인적으로 음률을 연구하고자 하더라도 악서를 구하기 어려워 지금은 악률이 폐절될 위기에 있습니다. 청컨대 문신 한 명을 본 악학에 더 배정하여 악서를 찬집하게 하고, 향악, 당악, 아악의 율조를 상고하여 그 악기와 악보법을 만들고 써서 책으로 만드소서. 그리하여 한 질은 대궐 내에 두고, 예조와 봉상시와 악학관습도감과 아악서에도 각기 한 질씩을 수장토록 하소서."

세종이 흔쾌히 예조의 청을 수락했다. 그 뒤로 박연은 오직 음악에 관련된 업무에만 매달리며 자신의 역량을 한껏 발휘하기 시작했다.

아악의 기틀을 잡다

1426년에 박연은 악학별좌로 있으면서 봉상시 판관의 벼슬을 제수받았다. 봉상시는 나라에서 지내는 제사나 신하들에게 내리는 시호를 의논하고 결정하는 곳으로 판관은 종5품 벼슬이었다. 세종이 그를 봉상시에 배치한 것은 악기에 관한 업무가 봉상시 소관이었기 때문이다.

그해 1월 10일에 예조에서 박연의 말을 인용하여 세종에게 이렇게 아뢰었다.

"봉상시에 중국 악기인 소관(簫管)이 있는데, 이는《악기도설》에 기록된 소관과 같은 것입니다. 소관은 황종(黃鐘)의 소리 중 하나를 고르게 하여 만든 것인데 척팔관, 중관, 수적이라고도 하며, 민간에서는 소관이라고 합니다. 소관은 음률의 소리가 모두 갖춰져 있으나 봉상시에서는 현재 사용하지 않고 있습니다. 소관을 사용하지 않는 것은 헌가(軒架, 악기의 종과 경을 거는 시렁. 악단의 대명사로 씀)에 적(篴)이 있기 때문입니다.

적은 《주례도(周禮圖)》에 따르면 옛날에는 구멍이 네 개였으나, 후에 구멍을 하나 더 내 오음을 갖춘 것입니다. 이는 오늘에 사용하는 저(笛, 작은 피리)라고 했습니다. 이것은 모양과 제도가 수적(竪笛, 소관)과 비슷하나 음률의 질이 떨어지니 헌가에 사용하기에는 부족합니다. 바라옵건대 종래에 쓰던 저를 버리고 중국에서 보내온 소관을 헌가에 사용하여 음악의 소리를 조화시키소서."

세종은 박연의 의견에 따라 저를 빼고 소관을 사용하라고 지시했다.

4월 25일에 박연은 직접 상소를 올려 제향악의 잘못을 지적했는데, 박연의 음악 이론에 대한 지식이 나열되어 있어 그 문장이 자못 치밀하고 논리적이며 유장한 맛까지 느껴진다.(이 상소문의 내용은 매우 전문적일 뿐 아니라 장문이지만 조선 음악의 성격과 악기의 내용을 알기 위해선 반드시 읽어볼 필요가 있어 여기에 그 일부를 옮겨놓는다.)

박연이 상소문에서 첫 번째로 서술한 것은 《주례》가 기술한 육률과 육동의 의미였다.

> 신이 삼가 생각하건대 《주례》의 춘관 태사(太師)가 육률(六律, 양성에 속하는 여섯 소리)과 육동(六同, 음성에 속하는 여섯 소리)을 관장하여 음양의 소리를 합치시켰습니다. 황종·대주·고선·유빈·이칙·무역 등 여섯 악기는 모두 양(陽)의 소리요, 대려·응종·남려·함종·소려·협종 등 나머지 여섯 악기는 음(陰)의 소리입니다.
>
> 대개 두병(斗柄, 북두칠성의 자루가 되는 세 별)이 열두 별을 운행하되 왼쪽으로 돌게 되는데, 성인이 이를 본떠서 육률을 만들었습니다. 또 해와 달은 십이차(十二次)로 모이면서 오른쪽으로 돌게 되는데, 성인이

이를 본떠서 육동을 만들었습니다. 육률은 양이니, 왼쪽으로 돌아서 음에 합치고, 육동은 음이니 오른쪽으로 돌아서 양에 합치게 됩니다.(이들 악기들은 황종은 대려, 대주는 응종, 고선은 남려, 유빈은 함종, 이칙은 소려, 무역은 협종 등으로 각각 양음과 음음이 쌍을 이룬다.)

그러므로 대사악(大司樂, 궁중 악단)이 천신(天神)에게 제사 지낼 경우에는 황종을 연주하고 대려로써 노래하여 합칩니다.

지지(地祇, 땅신)에게 제사 지낼 경우에는 대주를 연주하고 응종으로써 노래하여 합칩니다. 사망(四望, 지구를 중심으로 해와 달이 일직선이 되는 때)에 제사 지낼 경우에는 고선을 연주하고, 남려로써 노래하여 합칩니다.

산천(山川)에 제사 지낼 경우에는 유빈을 연주하고 함종으로써 노래하여 합칩니다.

선비(先妣, 죽은 왕비)에게 제향할 경우에는 이칙을 연주하고 소려로써 노래하여 합칩니다.

선조(先祖)에게 제향할 경우에는 무역을 연주하고 협종으로써 노래하여 합칩니다.

이때 양률(陽律)은 당하에서 연주하고 음려(陰呂)는 당상에서 노래함으로써 음양이 배합되어 서로 부르고 화답한 뒤에야 중성(中聲, 중용의 소리)이 갖춰지고 기운이 서로 화합하여 응하는 것입니다.

한나라는 고대의 제도와 가까워서 무릇 음악을 사용할 때 모두 음성과 양성을 합하여 사용했고, 당나라에 이르러서도 음악의 제도가 지극히 상실(詳悉, 내용을 자세히 앎)하여 오직 제사 때에만 아래에서 대주를 연주하고 위에서 황종을 노래했는데, 그때 조신언이라는 인물이 황종을 고쳐 응종으로 하기를 청했는데, 이는 합성(合聲, 음성과 양성을 합침)을 사용하자는 의도였습니다.

육률과 육동의 의미를 거론한 다음에는 각 악기들의 위치를 설명했다.

대개 대주는 양이니 인방(寅方, 24방위의 하나. 정동북에서 남쪽으로 15도 기운 방위를 중심으로 한 15도 각도 안)에 위치하고, 응종은 음이니 해방(亥方, 정서북에서 북쪽으로 15도 방위를 중심으로 한 15도 각도 안)에 위치합니다.

인과 해가 합치되는 것은 두병(북두칠성의 자루가 되는 세 별)이 해(亥)의 달에는 일월이 인방에서 모이고, 두병이 인의 달에는 일월이 해방에서 모여, 좌우로 빙빙 돌고 교대로 서로 배합할 수밖에 없기 때문입니다. 다른 달에도 이와 같은 이치로 합치되는 것이니, 음악에서도 성인이 음과 양을 취합하여 당상(堂上, 대청 위)과 당하(堂下, 대청 아래)에 반드시 음성과 양성을 합하여 사용했습니다. 이는 소리의 중용을 만들고 음양을 조율하여 신과 사람을 조화시키려 한 것입니다.

박연은 그 다음으로 조선 음악의 문제점을 지적했는데, 그 서두는 이렇다.

"그윽히 생각하건대, 우리 조정의 제향악은 모두 주나라의 제도에 근거한 것인데, 그 쓰임새가 정확하지 않습니다."

이렇게 시작된 그의 지적은 각 악기의 연주 방식의 문제점을 하나하나 나열하고, 조선 제향악이 음악의 원리와 근본 취지에 충실하지 못한 것에 대한 신랄한 비판을 가하며 《주례》에 있는 대로 다시 고쳐야 한다는 주장으로 끝을 맺고 있다. 세종은 그의 의견을 받아들여 자연과 인간의 조화를 꾀하는 제향악의 근본 취지를 살릴 방안을 강구하라는 명령을 내렸다.

민족 음악의 기틀을 다지다

그 뒤로 박연이 석경(石磬)을 만들어 바치고 악기를 대대적으로 손질하여 원래의 소리를 되찾자, 세종은 그에 대해 이렇게 말했다.

"세상 사람들이 박연은 세상일은 모르고 음악만 안다고 하는데, 그렇지 않다. 박연은 세상일에도 통달한 학자다."

쉽게 찬사를 늘어놓지 않는 세종이 이런 말을 했다는 것은 박연에 대한 신뢰가 매우 깊었음을 보여준다. 세종의 신뢰에 보답하듯 박연은 조선 음악체계를 정립하기 위해 몸을 사리지 않았다. 열정을 지나치게 쏟아낸 탓으로 몇 차례 병을 얻어 앓아눕기도 했지만 그는 신명을 바쳐 음악 개혁을 지속했다.

세종 대의 음악적 부흥은 크게 아악의 부흥, 악기의 제작, 향악의 창작, 정간보의 창안 등으로 대변될 수 있는데, 이는 모두 박연이 이룬 것이었다.

조선의 음악은 좌방과 우방으로 나누어져 있었다. 좌방으로는 흔히 궁중 음악으로 일컬어지는 아악(雅樂)이 있는데, 이는 원래 중국의 고대 음악으로서 고려 예종 때 송나라에서 들여와 왕실의 대중사에 사용되었다. 우방으로는 민속악을 대변하는 향악과 당악이 있었다.

박연은 음악의 정리 작업에 앞서 중국의 고전들을 통해 참고자료를 확보했으며, 이후 아악기와 아악보를 만들었다. 이 과정에서 수입되던 악기들을 국내에서 생산할 수 있는 기반을 닦았고, 음률의 기초가 되는 악기인 편경과 편종 등을 대량으로 생산할 수 있게 하였다.

이러한 성과는 율관 제작 과정에서 이루어진 것이다. 박연은 편경의 음정을 맞출 정확한 율관을 제작하기 위하여 여러 번 시험 제작을 했고, 흐트러진 악제를 바로잡기 위해 수십 번에 걸쳐 상소문을 올리기도 했다.

그는 아악을 정리하는 과정에서 향악과 아악의 조화로운 결합을 시도했다. 이는 세종의 의견에 따른 것이었다. 박연은 원래 아악을 되살리고 제향에 모두 아악만을 사용하자고 주장했지만, 세종은 반론을 제기했다.

"아악은 본시 우리나라의 성음이 아니고 중국의 성음이다. 중국 사람들은 평소에 익숙하게 들었을 것이므로 제사에 아악을 연주하는 것이 정상일 것이다. 그러나 우리나라 사람들은 살아서 늘 향악을 듣는데, 죽어서 아악을 듣는다면 이상하지 않겠는가."

또 세종은 조정 대신들에게도 이런 말을 했다.

"박연이 조회의 음악을 바로잡고자 하는데, 바르게 한다는 것은 쉬운 일이 아니다. 《율려신서》도 형식만 갖춰놓았을 뿐이다. 우리나라의 음악이 비록 다 잘되었다고 할 수는 없으나, 반드시 중국에 부끄러워할 필요는 없다. 중국의 음악인들 바르게 되었다고 할 수 있겠는가?"

이런 세종의 자주성은 박연에게 향악의 가치를 일깨웠고, 그 결과 《세종실록》의 악보에는 아악과 향악을 겸용한 원구악이 실리게 된 것이다.

또 김종서 등 유학자들이 중국에는 여악(女樂)이 없다며 철폐할 것을 주장했는데, 세종은 여악이 우리의 전통이라며 없애지 않았다. 그만큼 세종은 우리 민족의 독창적이고 전통적인 면을 살리려 했고, 박연은 세종의 그런 의지를 수용하여 조선 음악의 새로운 장을 열게 된다.

박연은 세종과 함께 〈보태평〉, 〈정대업〉 등의 향악을 만들기도 했는데 이것이 세조 이후에 아악을 대신하게 된다. 이는 곧 궁중 음악에서도 중국의 것을 원용하지 않고 우리의 음악을 사용하게 된 것을 의미한다.

그는 악현의 제도를 개정했는가 하면 옛것으로 되돌려놓아야 한다고 주장했다. 그 덕분에 조선은 악기를 생산할 수 있게 되었고, 독자적인 음악을 향유할 수 있게 되었다. 게다가 정리되지 않은 채 민간에만 남아 있던 향악을 궁중악으로 끌어들여 민족 음악의 기틀을 다졌다. 이 같은 박연의 음악적 공헌은 중국 순임금 시절의 유명한 음률가인 '기(夔)'에 비견되기도 했다.

소리만 듣고도 악기의 문제점을 찾아내는 세종

세종은 박연 못지않게 음악에 조예가 깊었다. 오히려 우리 음악에 대한 애정만큼은 박연이 세종을 따라잡지 못했다.

세종은 박연을 시켜 아악과 향악을 결합하여 새로운 음악을 만들어냈는데, 조정 대신들이 강하게 비판하며 폐지할 것을 청했다. 대신들은 박연이 처음 주장한 대로 《주례》와 동일한 아악만을 고집했는데, 세종은 중국 음악만 쓸 수 없다며 우리 음악을 되살리는 작업을 병행했다. 그렇게 해서 탄생한 것이 신악(新樂)이었다. 하지만 대신들은 신악도 폐지할 것을 주장했다. 이에 세종은 1449년(세종 31년) 12월 11일에 이런 명령으로 대신들의 주장을 맞받아쳤다.

"새롭게 만든 신악이 비록 아악에 쓰이는 것은 아니나 조종(祖宗)의 공덕을 그려내는 일을 했으니, 함부로 폐할 수 없다. 의정부와 관습도감에서 함께 이를 듣고 관찰하여 가한 것과 그렇지 아니한 것을 가려 보고하라. 그러면 내가 마땅히 빼고 더하겠다."

하지만 의정부에는 세종의 음악적 지식을 능가하는 인물이 없었다. 기실 세종은 신악의 절주를 모두 스스로 만들어냈는데, 막대기를 짚고 땅을 치는 것을 한 음절로 삼아 하룻저녁에 고안한 것이었다. 수양대군 이유(세조)도 음악에 조예가 깊었는데, 세종은 그로 하여금 기생들과 함께 궁중에서 음악과 춤을 익히도록 독려하기도 했다.

한번은 박연이 옥경을 만들어 올렸는데, 세종이 직접 쳐서 소리를 들어보고 이렇게 말했다.

"경쇠 소리가 약간 높으니, 몇 푼을 감하면 조화가 될 것이다."

박연이 그 말을 듣고 옥경을 자세히 살펴보니, 공인이 경쇠를 만들면서 제대로 하지 못한 부분이 몇 군데 있었다. 그 부분을 고쳐놓으니 세종의 말대로 음의 조화가 이뤄졌다. 당대 최고의 음악가이자 연주가였던 박연도 때론 세종에게 배워야 했던 것이다.

부끄러운 시절

박연은 음악적 공훈에 힘입어 소윤, 대호군(종3품), 상호군(정3품), 관습도감사 등을 거쳐 공조참의를 지내고 예조참의에 올랐다. 이 무렵인 1445년에 박연은 낯부끄러운 일을 겪는다.

그해 10월 9일에 사헌부에서 세종에게 아뢰었다.

"전 현감 정우가 고하기를 박연의 아들 박자형을 사위로 삼았는데, 자형이 신부가 비싼 예물을 갖추지 못하고 뚱뚱하고 키가 작은 점에 불만을 품고 실행(失行, 그릇된 행동)했다는 이유로 신부를 버렸다 합니다. 의금부에서 국문하고 있으나 오래도록 실상을 밝히지 못하고 있습니다."

말인즉, 자형이 결혼을 해보니 신부의 행동이 영 배운 데가 없어 예의를 모르더라는 것이다. 그러나 실상은 신부가 가난하고 보잘것없어서 그런 구실을 만들어냈던 모양인데, 세종이 그 보고를 받고 이렇게 말했다.

"그 여자가 정말 실행했다고 하면 자형이 첫날밤에 버리고 떠났을 것이다. 그런데 자형은 그날은 신부 집에서 자고 다음 날 아침에 유모를 통해 예물을 돌려줬으니, 혼례는 성사된 것으로 봐야 한다. 아마도 자형은 이불과 요, 의복 등이 화려하지 못한 것을 보고 가난한 것을 싫어한 까닭에 실행했다고 칭탁하여 버린 것이 분명하다."

세종의 그런 판단에 따라 의금부에서 박자형을 다시 국문하여 진상을 캤더니, 과연 자형이 죄 없는 신부를 무고한 것이었다. 자형은 곧 무고죄로 장 60대를 맞고 징역 1년에 처해졌다. 이렇듯 자식으로 인해 한 번 수치를 당했는데, 3개월 뒤인 1446년 1월 28일엔 고신(임명장)을 빼앗기는 곤욕을 치렀다.

당시 박연은 동지중추원사가 되었는데, 절일사(신년 축하를 위해 보내는 사절)가 되어 명나라를 다녀왔다. 그런데 돌아올 때 회동관을 출발하면서 부험(符驗, 중국에 가는 사신들이 사신 일행이라는 징표로 가지고 다니는 것)을 놔두고 왔던 것이다. 그것도 모르고 귀로에 올랐다가 국경을 건너올 때 관원이 부험을 보이라고 하자, 그때서야 회동관에 두고 온 것을 깨달았다. 박연은 부랴부랴 통사 김자안을 시켜 부험을 찾아왔지만, 조정에 돌아와 복명할 때 이 사실을 숨겼다. 하지만 서장관 김중량이 그 사실을 아뢰니, 세종이 조정에 조치를 취했다.

"부험은 조정에서 내려준 것이므로 이번 일은 가벼운 것이 아니다. 만일 잃어버렸다면 국가에 큰 누를 끼치는 일이 발생했을 것이기 때문이다. 박연에게 부험을 잃어버린 죄를 물어 고신을 빼앗도록 하라."

이때 박연의 나이 69세였다. 나이로 보면 건망증이 있을 법할 때였다. 그렇다고 국가에서 내린 중요한 신분증인 부험을 잃어버린 일을 세종은 결코 용서하지 않았다.

박연은 그로부터 약 1년간 벼슬에 나가지 못했다. 그러다 이듬해 1월 16일에 인수부윤으로 발령이 났다. 그러나 14개월 뒤인 1448년 3월 10일에 박연은 파직되고 말았다.

이날 사헌부에서는 이렇게 아뢰었다.

"인수부윤 박연이 휴가를 얻어 귀향했는데, 이때 누이가 죽었습니다.

그러나 박연은 귀찮은 생각에 한양으로 급히 돌아갈 일이 생겼다고 핑계하여 나흘 만에 장사 지내고 그 재산만 나눠 싣고 왔습니다. 또 악학제조로 있으면서 사사로이 악공을 데리고 영업 행위를 하여 축재했으니, 청하건대 죄를 주소서."

세종이 그 말을 듣고 노하여 박연을 파직시켜버렸다. 그 뒤 1년여 동안 박연을 등용하지 않고 근신시켰다가 이듬해 5월에야 다시 인수부윤으로 삼고, 악학제조를 겸하게 했다.

팔순의 노구를 이끌고 낙향하다

박연은 칠순이 넘어서도 관직을 유지했다. 그를 대신하여 악학을 이끌 인물이 마땅치 않았기 때문이다. 그런 가운데 1450년에 세종의 죽음을 맞이했다. 또 문종이 죽고 단종이 왕위에 올랐다가 수양대군에게 왕위를 찬탈당했다. 그러면서 세월은 어느덧 10년이 흘러 1458년(세조 4년)이 되었고, 박연의 나이 81세였다. 그때까지도 그는 음악에 관한 업무를 보고 있었다. 문종도, 세조도 그의 탁월한 음악적 능력을 높이 평가하여 다른 사람으로 쉬이 대체하지 못했던 것이다.

그렇듯 영화를 누리던 박연에게 청천벽력 같은 소식이 들렸다. 그의 막내 아들 계우가 단종 복위사건에 연루된 것이다. 이 일로 계우는 죽음을 당했지만, 박연은 목숨을 건졌다. 세조가 그의 음률에 대한 공적을 감안하여 연좌시키지 않았던 것이다. 그러나 그는 벼슬에서 내쫓기고 낙향 조치되었다.

그가 고향 영동으로 가기 위해 나루터에 섰는데, 말 한 필과 시종 한 명밖에 없을 정도로 행장이 초라하였다. 후학들이 강나루에 나와 전송하였고, 그는 배 가운데 앉아 술잔을 베풀었다. 이윽고 손을 잡고 하직할 때 박연은 떠나는 배 위에서 피리를 뽑아 물고 곡조를 흘렸는데, 그 소리를 듣고 울지 않는 이가 없었다고 한다.

그는 낙향한 그해에 81세를 일기로 죽었다.

부록

1. 조선시대의 정부기관
의정부 | 육조 | 삼사 | 승정원 | 그 외의 기관들

2. 내명부와 외명부

3. 《세종실록》 인물 찾기

1 조선시대의 정부기관

의정부

의정부는 조선시대 백관의 통솔과 서정을 총괄하던 최고의 행정관청이다. 별칭으로 도당, 묘당, 정부 또는 황각이라고도 했다.

이 기관은 1400년 4월에 왕권을 강화하기 위한 정치적인 목적으로 고려시대 최고 관청인 도평의사사를 혁파하고 설치되었다.

1400년 이후 의정부는 의정부서사제가 실시되면서 국정을 총괄하였으나 1414년 태종이 왕권 강화를 위하여 육조직계제를 도입하면서 정치적인 권력이 상대적으로 약화되었다.

그러나 1436년 의정부서사제가 부활되어 국정을 주도하게 되었고, 세조 등극 이후 왕권 강화를 목적으로 다시 육조직계제가 부활하면서 1455년부터 1516년까지는 힘이 약했다. 또한 세조 말년에는 원상제도가 운영되면서 의정부나 육조를 제치고 일시적으로 원상들이 권력을 장악하기도 했다.

중종반정 이후 의정부서사제가 부활하면서 의정부가 중심이 되어 국정을 운영하다가 1554년부터 비변사가 설치되어 실권을 장악하자 1864년까지 유명무실한 형식상의 최고 기관으로 남아야 했다.

1865년 비변사가 의정부에 합속됨으로써 기능을 회복하였으나 1873년까지는 대원군의 섭정으로, 1873년 이후에는 민비 척족의 민씨 일파가 정권을 장악하여 다시 유명무실하게 되고 말았다.

의정부는 조선 개국 이후 10여 차례의 변천을 거치면서 정1품의 영의정·좌의정·우의정, 종1품의 좌찬성·우찬성, 그리고 정2품의 좌참찬·

우참찬 각 1인에다가 정4품의 사인 2인, 정5품의 검상 1인, 정8품의 사록 1인으로 구성되었다.

육조

육조는 고려와 조선시대에 국가의 정무를 나누어 맡아보던 이조, 호조, 예조, 병조, 형조, 공조의 총칭이다. 별칭으로 육부 또는 육관으로 불리었다. 이 기관은 고려 성종 때인 982년 중국식 관제를 본떠 설치한 육관(선관, 민관, 병부, 의형대, 예관, 공관)을 995년에 상서육부로 개칭하면서 성립되었다.

육조는 각 조마다 정2품의 판서 1인, 종2품의 참판 1인, 정3품의 참의 1인에다가 정5품의 정랑이 2인에서 4인, 정6품의 좌랑이 2인에서 4인 등으로 구성되어 있다.

사무 운영에 있어서 상례사(尙例事)는 19개의 속사(屬司)를 각각 주관한 정랑·좌랑이, 중대사 및 돌발사는 판서·참판·참의 등 당상관(정3품 이상)이 중심이 되어 처리했다.

육조의 순서는 의례적으로 1418년까지는 이, 병, 호, 예, 형, 공조의 순서였고, 이후에는 이, 호, 예, 병, 형, 공조의 순서가 되었다. 즉 조선 세종 이후 무반이 중심이 된 병조가 약화되고 재무를 다루던 호조와 상례를 다루던 예조가 강화된 것이다.

육조의 기능을 보면 이조는 주로 인사를 담당하였으며, 호조는 재정 경제와 호적 관리를, 예조는 과거 관리 및 일반 상례를 담당했고, 병조는 군제와 군사를, 형조는 형벌 및 재판과 노비 문제를, 공조는 도로·교량·도량형 등을 관리했다.

육조의 실제 기능은 왕권 및 통치구조와 연관되면서 수시로 그 세력이 조절되었지만 법제적으로는 국정의 중심이 되는 기관이었다. 육조의 정랑·좌랑은 임기를 마치면 승진되는 특혜를 받았으며, 이조, 예조, 병조의 정랑·좌랑은 문관만 재직할 수 있도록 되어 있었다.

삼사

삼사는 언론을 담당한 사헌부, 사간원, 홍문관을 합해서 일컫는 말이다. 일명 언론삼사라고도 한다.

사헌부는 백관에 대한 감찰·탄핵 및 정치에 대한 언론을, 사간원은 국왕에 대한 간쟁과 정치 일반에 대한 언론을 담당하는 언관으로서, 이 두 기관을 합해 대간 또는 언론양사라고 부르기도 했다. 그리고 홍문관은 궁중의 서적과 문한을 관장하였고, 경연관으로서 왕의 학문적, 정치적 고문에 응하는 학술적인 직무를 담당하였으며, 세조 대에 집현전이 없어진 뒤에는 그 기능까지 대신했다.

이들 기관은 독자적으로도 언론을 행하지만 중요한 문제는 사헌부, 사간원 양사가 합의하여 양사합계를 하기도 하고, 때로는 홍문관도 합세하여 삼사합계로 임금의 허락을 받을 때까지 끈질긴 언론을 계속하기도 했다. 그래도 언론이 관철되지 않을 때에는 삼사의 관원들이 일제히 대궐문 앞에 꿇어앉아 임금의 허락을 간청하는 합사복합을 하기도 했다.

따라서 이 삼사가 제대로 기능할 때는 왕권이나 신권의 전제를 막을 수 있었으나, 삼사의 언론이 특정한 세력에 의하여 이용될 때는 혼란을 면치 못했다.

삼사의 인적 구성을 보면 사헌부에 종2품 대사헌 1인, 종3품 집의 1인, 정4품 장령 2인, 정5품 지평 2인, 정6품 감찰 24인으로 조직되어 있다. 그리고 사간원에 정3품 대사간 1인, 종3품 사간 1인, 정5품의 헌납 1인, 정6품의 정언이 있었다. 마지막으로 홍문관에는 정2품의 대제학, 종2품 제학, 정3품 부제학, 정3품 당하관의 직제학, 종3품 전한, 정4품의 응교, 종4품의 부응교 각 1인과 정5품의 교리 2인, 종5품의 부교리 2인, 정6품의 수찬 2인, 종6품의 부수찬 2인, 정7품의 박사, 정8품의 저작, 정9품의 정자 2인 등이 있었다.

승정원

승정원은 왕명을 출납하던 곳으로 비서실에 해당한다. 별칭으로 정원, 후원, 은대, 대언사 등으로 불리었다.

조선 개국 때의 관제에 의하면 원래 왕명 출납은 중추원의 임무였다. 그러나 왕자의 난으로 정권을 장악한 태종이 집권하면서 사병의 혁파를 단행했는데 이 과정에서 중추원의 기능을 축소, 분할하여 군기의 사무는 의흥삼군부가 승추부로 개편되면서 승정원의 기능도 여기에 귀속되었다. 그리고 1405년 승추부가 병조에 흡수되면서 승정원은 독립적인 기구가 되었다.

승정원에는 도승지, 좌승지, 우승지, 좌부승지, 우부승지, 동부승지 각 1인씩 6인의 승지가 있으며 이들은 모두 정3품 당상관이었다. 그리고 승지 이외에도 정7품의 주서 2인이 있었고, 서리 28인이 있었다.

승정원의 핵심적인 구성 인원인 6승지는 동벽과 서벽으로 나누어졌는데, 도승지, 좌승지, 우승지는 동벽, 좌우부승지와 동부승지는 서벽이라 하였다.

이들 6승지는 분방하여 도승지는 이방, 좌승지는 호방, 우승지는 예방, 좌부승지는 병방, 우부승지는 형방, 동부승지는 공방을 맡게 하여 이들의 업무를 분할하였으나 반드시 지켜졌던 것은 아니다. 되도록이면 이 같은 원칙을 고수하였지만 이들의 능력에 따라 업무 관장을 융통성 있게 변경하기도 하였다.

승지의 품계는 정3품이었지만 종2품이 승지가 되는 경우가 많았다. 승지들은 그들의 고유 업무 이외에도 타기관의 직책을 겸하기도 하였다. 즉, 승지는 경연참찬관, 춘추관 수찬관을 겸하는 것이 상례였고, 도승지는 홍문관 직제학을 겸하여 지제교가 되고, 상서원정을 겸하였다. 그리고 승지 중에는 내의원, 상의원, 사옹원의 부제조를 겸하기도 했으며, 형방승지는 전옥서 제조를 겸하였다. 이처럼 승지가 여러 직을 겸한 것은 왕의 보필을 위해 다양한 정보를 수집할 필요가 있었을 뿐 아니라 왕명 출납을 용이하게 하기 위해서였다. 또한 이런 겸직은 승지가 여러 면에서 왕의 고문 역할을 수행했음을 말해준다.

승정원에서는 왕명 출납과 제반 행정사무, 의례적 사항 등을 기록하여 만든 《승정원일기》가 있었는데, 이것은 실록 편찬에 없어서는 안 될 중요한 기록이었다.

그 외의 기관들

- **의금부** : 왕명을 받들어 죄인을 다스리는 곳으로 일명 순군, 의용이라고도 불리었다.
- **포도청** : 조선 중기 이후에 생긴 것으로 도둑이나 기타 범죄자를 잡기 위하여 설치한 경찰기관이며 좌, 우청 둘로 나누어져 있었다.
- **중추부** : 군무의 최고 기관이었으나 세조 때부터는 실무가 없었고, 문무 당상관을 우대하기 위한 명예 기관으로 남아 있었다.
- **성균관** : 국가의 최고 학부로 유학의 진흥과 문묘 등에 관한 사무를 맡았다.
- **예문관** : 왕의 칙명과 교서를 기록, 정리하는 곳이다.
- **오위도총부** : 의흥위, 용양위, 호분위, 충좌위, 충무위 등 오위의 군무를 총괄하던 관청이었으나 중종 때 비변사가 설치되고 임진왜란 이후에 오위병제가 무너짐에 따라 실권이 없는 기관으로 전락했다.

- 상서원 : 옥새, 병부, 마패 등에 관한 사무를 맡아보던 곳이다.
- 훈련원 : 군졸의 능력을 시험하고 무예를 연습하던 곳으로 병서와 진영의 강습을 맡았다.
- 종친부 : 왕실 사람들을 위한 관청으로 왕실의 행사와 제례 등을 주관하고 왕실의 종실에 예속된 땅을 관리하고, 종친들의 벼슬 관계를 정리하는 업무를 맡는다.
- 충훈부 : 공신들을 위한 관청으로 공신들의 땅과 작위, 훈장 등에 대한 업무를 담당한다.
- 의빈부 : 공주나 옹주에게 장가든 부마들을 위한 관청이다.
- 돈녕부 : 임금의 친족과 외척들을 위한 관청으로 임금, 왕비, 세자빈 등의 친척들이 이곳 관리로 임명된다.
- 한성부 : 서울을 담당하는 관할 관청이다. 수도의 호적 관리와 시장 및 점포, 가옥, 토지, 산과 도로, 교량, 개천 등에 관한 일을 맡는다.
- 춘추관 : 역사에 관한 기록을 맡은 곳이다. 모두 문관을 쓰며 다른 직무를 맡은 관리들이 이곳 임무를 겸한다.
- 승문원 : 외교문서를 관장하는 기관이다.
- 봉상시 : 제사를 지내고 시호를 주는 임무를 맡은 기관이다.
- 종부시 : 왕실 자손들의 족보를 편찬하고 종실 사람들의 범법 행위를 조사해 규탄하는 임무를 맡은 기관이다.
- 교서관 : 서적의 인쇄와 반포, 제사에 쓸 향 및 축문, 도장에 새겨넣을 글씨 등을 관리하는 곳이다.
- 사옹원 : 임금에 대한 음식물의 공급과 궁궐에서 소용되는 음식에 관한 업무를 맡는다.
- 내의원 : 왕실에서 소용되는 약을 제조하는 곳이다.
- 상의원 : 왕실에서 소용되는 의복을 관리 공급하는 곳이다.

- 사복시 : 수레와 말 및 목장 등의 일을 맡아보는 곳이다.
- 군기시 : 무기 제조를 담당하는 곳이다.
- 내자시 : 왕궁에서 공급하는 쌀, 밀가루, 술, 장, 기름, 꿀, 채소, 과실 등과 궁중의 연회 및 직물에 관한 임무를 맡는다.
- 내섬시 : 각 궁이나 전에 공급하는 물건, 2품 이상 관리에게 주는 술, 왜인이나 야인을 접대하는 음식 등을 맡아보는 곳이다.
- 사도시 : 왕궁 창고의 양곡과 대궐에 공급하는 장 등을 맡아보는 곳이다.
- 예빈시 : 손님들에게 연회를 차려주고 종친인 재상들에게 음식을 대접하는 임무를 맡고 있다.
- 사섬시 : 종잇돈의 제조와 외거노비들이 노역 대신 바치는 베를 관리하는 곳이다.
- 군자감 : 군수 물자를 비축하는 곳이다.
- 제용감 : 중국에 바치는 직물과 인삼, 의복, 각종 비단 등을 관리한다.
- 장악원 : 음악을 가르치는 일을 맡는다.
- 관상감 : 천문, 풍수, 달력, 술수, 기상관측, 시간 측정 등의 일을 맡는다.
- 전의감 : 왕궁에서 쓸 의약과 특전으로 줄 약을 맡고 있다.
- 사역원 : 다른 나라의 말을 번역하는 곳이다.
- 세자시강원 : 세자에게 경서와 역사를 강론한다.
- 세자익위사 : 세자를 호위하기 위한 기관이다.
- 종학 : 종실 사람들을 가르치는 곳이다.
- 수성금화사 : 궁성과 도성을 수축하는 일과 궁궐 관청 및 동리의 각 민가에서 일어나는 화재를 끄는 일을 맡는다.
- 전설사 : 장막을 공급하는 곳이다.
- 풍저창 : 쌀, 콩, 종이 등의 물건을 관리하는 곳이다.
- 전함사 : 중앙과 지방의 선박을 관리하는 곳이다.

- 전연사 : 궁궐을 수리하는 임무를 맡고 있다.
- 내수사 : 대궐에 소용되는 쌀, 천, 잡물과 노비에 관한 업무를 맡고 있다.
- 소격서 : 별에 제사 지내는 임무를 맡고 있다.
- 종묘서 : 임금 조상들의 사당을 지킨다.
- 사직서 : 사직단 청소 일을 맡는다.
- 평시서 : 시장을 단속하고 말이나 자와 같은 것을 균일하게 하며 물가를 조절하는 임무를 맡는다.
- 사온서 : 궁중에서 소용되는 술을 담당한다.
- 내시부 : 왕궁에서 음식물을 감독하고, 명령을 전달하며 궁문을 지키고 청소하는 일을 맡는다.
- 활인서 : 도성 안의 급한 환자들에 대한 구제 사업을 맡고 있다.
- 와서 : 기와나 벽돌 굽는 일을 담당한다.
- 전옥서 : 옥에 갇힌 죄수를 관리하는 곳이다.
- 귀후서 : 관을 제조하고 파는 곳이다.
- 조지서 : 각종 종이를 뜨는 일을 맡은 곳이다.
- 혜민서 : 일반 백성의 병 치료를 맡은 곳이다.
- 도화서 : 그림 그리는 일을 임무로 한다.
- 사축서 : 집짐승을 관리, 감독하는 곳이다.
- 장원서 : 대궐 안의 꽃과 과실에 대한 관리를 맡는다.
- 사포서 : 후원의 포전을 가꾸고, 채소를 제공한다.
- 양현고 : 성균관 유생들에게 쌀이나 콩 등의 식량을 제공한다.
- 빙고 : 얼음 저장을 맡는다.
- 의영고 : 기름, 꿀, 후추 등을 맡은 곳이다.
- 장흥고 : 돗자리, 종이, 유둔(기름 종이 방석) 등을 맡은 곳이다.

2 내명부와 외명부

- **내명부(內命婦)** : 대궐 안에 머물면서 작위를 받은 여인들을 일컫는 것인데, 후궁들은 1품에서 4품 벼슬을 받고 궁관(궁녀)들은 5품에서 9품 벼슬을 받는다.

	내명부	세자궁
정1품	빈(嬪)	
종1품	귀인(貴人)	
정2품	소의(昭儀)	
종2품	숙의(淑儀)	양제(良娣)
정3품	소용(昭容)	
종3품	숙용(淑容)	양원(良媛)
정4품	소원(昭媛)	
종4품	숙원(淑媛)	승휘(承徽)
정5품	상궁(尙宮), 상의(尙儀)	
종5품	상복(尙服), 상식(尙食)	소훈(昭訓)
정6품	상침(尙寢), 상공(尙功)	
종6품	상정(尙正), 상기(尙記)	수규(守閨), 수칙(守則)
정7품	전빈(典賓), 전의(典儀), 전선(典膳)	
종7품	전설(典說), 전제(典製), 전언(典言)	장찬(掌饌), 장정(掌正)
정8품	전찬(典贊), 전식(典飾), 전약(典藥)	
종8품	전등(典燈), 전채(典彩), 전정(典正)	장서(掌書), 장봉(掌縫)

정9품	주궁(奏宮), 주상(奏商), 주각(奏角)	
종9품	주변치(奏變徵), 주치(奏徵)	장장(掌藏), 장식(掌食), 장의(掌醫)
	주우(奏羽), 주변궁(奏變宮)	

- **외명부(外命婦)** : 궁궐 바깥에 머물면서 작위를 받은 여인들을 일컫는데, 공주와 옹주, 군주, 현주를 비롯한 왕과 세자의 딸들, 국왕 친척의 부인과 관리의 부인들이 모두 해당된다.

	왕의 유모	왕비의 모	임금의 딸	세자의 딸
			공주(公主, 적녀) 옹주(翁主, 서녀)	
정1품		부부인(府夫人)		
종1품	봉보부인(奉保夫人)			
정2품				군주(君主, 적녀)
정3품 당상관				현주(縣主, 서녀)

	종친의 처	문무관의 처
정1품	부부인(府夫人, 대군의 아내)·군부인(郡夫人)	정경부인(貞敬夫人)
종1품	군부인(郡夫人)	정경부인
정2품	현부인(縣夫人)	정부인(貞夫人)
종2품	현부인	정부인
정3품(上)	신부인(愼夫人)	숙부인(淑夫人)
정3품(下)	신인(愼人)	숙인(淑人)
종3품	신인	숙인

정4품	혜인(惠人)	영인(令人)
종4품	혜인	영인
정5품	온인(溫人)	공인(恭人)
종5품	온인	공인
정6품	순인(順人)	의인(宜人)
종6품		의인
정7품		안인(安人)
종7품		안인
정8품		단인(端人)
종8품		단인
정9품		유인(孺人)
종9품		유인

3 《세종실록》 인물 찾기

ㄱ

강경순 490
강비 442
강사덕 57
강상인 85, 135, 136, 145~152
강선덕 100
강유두 243
강윤 309, 310
강희안 111, 116, 276, 448
경안궁주 29
고미 191
고약해 256, 257
곽규 191
곽선 33, 61
구강 452
구경부 495
구의덕 420
구종지 50~52
구중덕 494
권근 38, 54, 161, 335, 408, 444
권도 431
권맹손 272
권보 61, 64
권제 99, 266, 271
권중화 407

권진 99, 215, 231, 233
권채 208, 215, 235, 413, 426
권총 423
권홍 100
권희달 370
기상렴 396
기석손 494
길재 161
김경 379
김과 47, 430
김구 100
김구경 427
김구덕 209
김구석 484, 485
김귀천 418
김기 62
김단 353
김담 100
김돈 100, 257, 409, 493
김말 100
김맹성 394, 395
김문 100, 111, 115, 116
김반 100
김분 322
김빈 445, 452, 493
김사신 190

김상직　204, 409
김새　488
김소남　395
김숙자　100
김습　390
김시양　74
김여지　59, 431
김오문　209
김용기　150
김용생　206, 207
김위민　210, 211
김을생　268
김을화　367
김이공　335
김인　186
김자　175, 409
김자서　422
김자온　146
김점　70
김조　100, 493
김종서　156, 230, 234, 263, 271, 318, 319, 361, 387~404
김중곤　312
김중제　172
김증　276, 448
김천택　428
김첨　55, 442, 172
김하　100
김한로　47, 60, 64, 65
김한제　324, 325
김해　369
김화　216
김효성　100, 369, 382
김효손　144
김효정　394, 452
김훈　367, 370
김희　369

ㄴ

남수문　208, 413
남은　24, 292
남재　24, 41, 43, 51, 292, 431, 439, 440
남지　397, 402
남회　273
남효온　74
노응향　187
노이　367, 370
노종득　212
노한　99
노호　310
노흥준　396
노희봉　38, 43, 45

ㄷ

대화상　324
도희　352, 353

ㄹ

류관　99, 144, 343~358, 409

류량 51, 53
류정현 70, 72, 79, 87, 143, 146, 165, 177, 195, 364, 367, 369, 370, 470

ㅁ

맹귀미 334
맹사성 97, 99, 144, 162, 210, 211, 214, 225, 231, 233, 253, 289, 309~311, 319, 344, 394
맹희도 320
목인해 328~334
문귀 352, 353, 379
민무구 47, 48, 50, 54~56, 83, 84
민무질 47~56
민무회 57
민무휼 57
민신 403
민심언 322
민여익 470
민의생 377
민제 40, 50

ㅂ

박계우 510
박구 375
박규 379
박돈지 251
박두언 243
박무양 369

박문실 352
박상충 182
박서 191
박서생 51
박석명 296, 297
박성양 165
박세달 495
박수기 295
박습 144, 146
박시용 499
박실 367, 369
박안신 204, 334
박연 100, 224, 497~511
박원길 417~420
박유 312
박은 55, 78, 123, 136, 143, 148, 151, 160, 182, 315, 364, 369, 370, 409
박의손 190
박자형 508, 509
박제 442
박제가 241
박지생 68
박천석 499
박초 165, 367, 379
박충언 417
박팽년 102, 111, 116, 130, 136, 138, 139, 276, 448
박홍신 369
박희중 307
방유신 64, 65
배약 422

백환 199

범령 203

범찰 398, 399

변계량 23, 24, 63, 67, 144, 170, 200, 208,
   214, 217, 225, 389, 406, 409, 413~428,
   431, 444, 445, 452

변옥란 414

변원 414

변현인 414

봉여 221

봉지련 57, 58

ㅅ

사방지 484~486

사안 418, 419

상침 송씨 126

서거정 74, 411

서달 211, 308, 310

서미성 373

서선 211, 308, 310

설순 217, 409, 445, 452

성개 431

성달생 211

성발도 51, 52, 470

성삼문 102, 111, 116, 130, 276, 448

성석린 38, 40, 45~47, 54, 189, 335

성억 26

성엄 76, 144

성여완 189

성현 74, 118, 412

소헌왕후 85, 121, 123, 148, 152, 275

송을개 146

송인산 397

송처검 111

송희미 399

숙빈 65

숙원 이씨 126

신개 97, 99, 210, 252, 255, 262, 263, 266,
   271, 275, 310

신경준 119

신극례 54, 55

신기 311

신보안 396

신빈 김씨 124

신사근 352, 353

신상 100, 215, 381, 394, 495

신석견 208, 413

신석조 100, 111

신숙주 102, 111, 116, 276, 448

신장 172, 175, 204, 409, 444, 454

신포혈 223

신효창 295

심선 134

심안의 134

심온 30, 70, 85, 123, 135, 136, 143, 145,
   147, 148, 150~153, 218, 219, 299, 301

심정 136, 149

ㅇ

안견 217

안기생 217
안망지 133
안맹담 133
안복지 211
안성 215, 322, 381
안숭선 100, 210, 310, 314, 343
안제 100
안지 409
양승지 420
양여공 146
양윤관 422
양질 394
양홍도 295
어리 33, 61, 62, 65
어변갑 100, 409
어을운 403
연사종 183, 207, 332
영빈 강씨 124
오명의 383
오승 469, 495
오척 211
오치선 304
우박 165, 367
우성범 175
원경왕후 50, 73, 83, 173
원민생 77
원숙 76, 144, 147, 151
유공권 344
유기 55, 352
유백순 429, 430
유상지 409

유숙 403
유원정 295
유의손 251
유창 38
유천 157, 158
유한우 294, 295
유효통 409
윤곤 163
윤구생 437
윤사로 134
윤상 100
윤소종 292, 437
윤수미 394
윤신달 295
윤은 134
윤자당 51, 53
윤저 51, 53
윤택 437
윤향 51, 52
윤형 396
윤환 310
윤회 96, 99, 200, 215, 242, 406, 426, 437~447, 454
은아리 58, 59
이각 146, 380, 381
이간 494
이개 102, 111, 116, 276, 448
이거이 26, 52, 324, 325
이관 149, 151
이구(임영대군) 128, 138
이군실 495

이귀수　64, 65
이내은　268
이득춘　495
이래　36~38
이만주　381
이맹균　100, 256, 258, 259, 311
이맹상　479
이맹진　422
이명덕　69, 76, 79, 80, 81, 151, 199, 215, 426
이무　49, 57
이백강　26, 31, 60, 325
이법화　62
이변　100, 191
이분　439
이사검　364
이사영　352
이사징　322
이색　161
이석형　317
이선로　102, 111, 116
이선제　426
이수　100, 144, 224, 255, 406, 409, 429~436
이수강　308, 310
이수광　118
이숙묘　367
이숙번　40, 44, 47, 52, 55, 57, 303, 329, 330, 332, 334, 335
이숙복　146
이숙치　266

이순몽　100, 165, 367, 380, 381
이순지　479~486, 493
이승　62
이승소　96
이승직　223, 494
이승평　367
이신전　442
이안유　146, 334
이양　403
이양몽　418, 419
이양중　418
이여(광평대군)　129, 270
이염(영응대군)　131
이영　452
이오방　58~62
이용(안평대군)　127, 137
이운　310
이원　51, 62, 63, 78, 99, 143, 150, 162, 315, 364, 409
이유(금성대군)　129, 138
이응　47
이의륜　442
이익박　187
이인　207
이임(평원대군)　130, 271
이자춘　360
이저　26, 52
이정형　413
이조　51
이종　26
이종규　303

이종무 100, 149, 150, 165, 361~371
이종선 389
이주 325
이중무 301
이지강 147, 390
이지란 360
이지실 165, 367
이징 176, 495
이징옥 398, 399
이천 165, 185, 454, 493
이천우 47
이첨 408
이초 495
이촌 423, 424
이하 431
이현로 276, 448
이화 40, 47, 50, 418
인인경 62
임군례 175, 176
임수 192
임언충 175
임합라 382

정갑손 100
정곤 216
정도전 24, 200, 292
정몽주 161, 292
정상 81
정선공주 196
정소공주 197
정순공주 26, 27
정숭조 462
정안옹주 134
정안지 176, 352
정연 136, 137
정우 508
정의공주 133
정이 144
정인지 96, 100, 102, 103, 106, 116, 445, 448~462
정진 161
정창손 111, 115
정척 100
정초 23, 81, 100, 160, 220, 238, 454, 465~477
정총 200
정탁 99
정현옹주 134
정효충 211
정흠지 219, 380, 399
정흥인 449, 455
정희 470
정희계 321~323
조계생 308, 310

ㅈ

장상금 162
장영실 198, 237, 251, 473, 474, 487~496
장윤화 147, 148
장현 495
저상 147
전유 295

조광조　413

조극관　403

조근　111

조대림　328~331, 333

조덕중　59

조말생　62, 69, 71, 72, 144, 147, 151, 195,
　　　207, 233, 300, 301, 364, 366, 368, 489

조맹발　494

조박　54, 292, 407, 408

조변안　276, 448

조상　59

조서강　263

조선　207

조수　100, 439, 440

조순　308, 310

조연　99

조영무　40, 41, 46, 335

조오　100

조용　38, 47

조의구　369

조일신　495

조준　292, 407

조화　295

조희민　51, 53, 55, 57

종웅와　171, 368~370

중태　203

지문　368

지원리　488

진원귀　331

ㅊ

차의가　324, 325

차지남　211

채지지　145

초궁장　27, 60, 61

최견　321

최경　217

최기　369

최녹　372

최덕의　162

최만리　104, 105, 106, 107, 111, 114, 116,
　　　409, 448, 459

최명달　442

최무선　359

최미　212

최사강　130, 136, 138, 210, 233

최세진　118

최영　359

최우　243

최운해　372

최유항　442

최윤덕　97, 99, 165, 234, 255, 274, 361,
　　　367, 372~386

최이　144

최중기　164

최치운　100

최한　75, 79

최함　51

최항　102, 111, 116, 276, 448

최해산　380, 381

최현배 118
최호생 210
최효손 379
최흥효 172
칠점생 31, 32, 60

ㅌ

탁신 63, 409

ㅍ

평원해 325
포대 418
표복만 309
표운평 308

ㅎ

하경복 100, 374, 399
하륜 40, 41, 43, 44, 47, 55~57, 299~301, 303, 315, 335~338, 441, 444
하면 470
하연 99, 147, 263, 266, 271
하위지 111
하형 433, 434
한고 322
한상경 78, 143
한상덕 470

한을기 494
함부림 422
허성 100
허수련 59
허원만 59
허조 87, 99, 109, 172, 193, 199, 231, 251, 254, 255, 296, 364, 381, 396, 434, 475
허주 255
허지 144, 147
허척 100
혜빈 양씨 125
홍노 495
홍달손 403
홍만 61
홍사석 379, 382
홍양호 118
홍유룡 301
황군서 291
황득수 494
황보신 259, 260
황보인 263, 266, 397, 410~403
황상 367
황엄 72, 157, 158, 166, 362
황중생 312
황찬 449
황현 494
황희 40, 43, 47, 56, 97, 99, 192, 211, 214, 225, 233, 240, 252 255~260, 263, 266, 289, 290~319, 335, 338, 399, 413

한 권으로 읽는 세종대왕실록

초판 1쇄 발행 2008년 2월 12일
초판 14쇄 발행 2023년 9월 4일

지은이 박영규

발행인 이재진 단행본사업본부장 신동해
편집장 김경림 표지디자인 민진기 본문디자인 정연남 교정 오효순
마케팅 최혜진 이은미 홍보 반여진 허지호 정지연 송임선
국제업무 김은정 김지민 제작 정석훈

브랜드 웅진지식하우스
주소 경기도 파주시 회동길 20
문의전화 031-956-7430 (편집) 02-3670-1123 (마케팅)
홈페이지 www.wjbooks.co.kr
인스타그램 www.instagram.com/woongjin_readers
페이스북 https://www.facebook.com/woongjinreaders
블로그 blog.naver.com/wj_booking

발행처 ㈜웅진씽크빅
출판신고 1980년 3월 29일 제406-2007-000046호

ⓒ박영규 2008, 저작권자와 맺은 특약에 따라 검인을 생략합니다.
ISBN 978-89-01-07754-3 ISBN 978-89-01-04749-2(세트)

웅진지식하우스는 ㈜웅진씽크빅 단행본사업본부의 브랜드입니다.
이 책은 저작권법에 따라 보호받는 저작물이므로 무단전재와 무단복제를 금지하며,
이 책 내용의 전부 또는 일부를 이용하려면 반드시 저작권자와 ㈜웅진씽크빅의 서면 동의를 받아야 합니다.

* 책값은 뒤표지에 있습니다.
* 잘못된 책은 구입하신 곳에서 바꾸어 드립니다.